천두슈부터 시진핑까지 초거대 집권당의 여정과 그 속성

중국공산당, 그 100년

역자 일러두기

1. 저자가 원문에서 구사한 영어 단어 중 필요한 경우엔 [ ]로 영어 원단어를 병기하였습니다.

2. 원저에서 저자가 직접 삽입한 ( ) 및 한자는 ( )를 사용했고, 본문과 같은 크기의 서체로 표기하였습니다.

3. 원저에서 「 」로 인용한 표기는 도서명 등의 고유명사를 제외하고는 ' '로 표기했습니다.

4. 역자가 본문 중에 삽입한 구절이나 설명은 ( ) 안에 작은 크기로 표기했습니다.

5. 각주 중 역자가 따로 추가한 각주는 '_역'으로 역자 주(註)임을 밝혔습니다.

편집 일러두기

1. 맞춤법과 띄어쓰기, 그리고 용어는 국립국어원 표준국어대사전을 기본으로 하되, 일부 원저의 표기에 따르기도 했습니다.

2. 인명, 지명 등은 원음 표기를 지향했습니다. 인명의 경우 신해혁명(1911년) 이전 출생자(예, 쑨원)와 우리나라에 한자음
   이 많이 알려진 인물(예, 화궈펑) 등은 각 장의 처음에 한자와 함께 우리말 한자음을 병기하였습니다. (예, 쑨원孫文손문,
   화궈펑華國鋒화국봉)

천두슈부터 시진핑까지 초거대 집권당의 여정과 그 속성

이시카와 요시히로 저
강진아 역

중국공산당,
그 100년

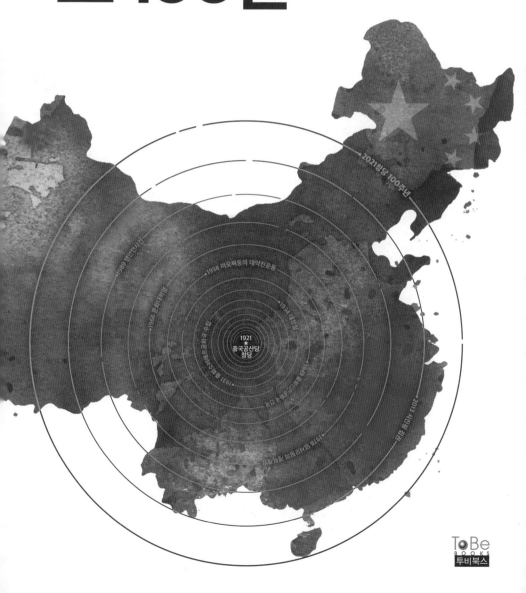

2021창당 100주년

1969 중소분쟁사건

1958 마오쩌둥의 대약진운동

1966 문화대혁명

1934 대장정

1931 중화소비에트공화국 수립

1921
★
중국공산당
창당

1931 노구교 만주사변 일제침략 6사변

1958 인민공사화운동 전개

2013 시진핑 집권

ToBe
BOOKS
투비북스

목차

들어가며 - 중국을 지배하는 자

중국 내륙부에 위치한 후난성湖南省은 근대에 수많은 혁명가를 배출한 것으로 알려져 있다. 특히 성도 창사長沙에서 남서쪽으로 조금 간 샹탄湘潭상담, 닝샹寧鄉녕향 근처는 그야말로 혁명가의 산실로 이름난 지역으로, 중화인민공화국의 원훈元勳으로 알려진 마오쩌둥毛澤東모택동, 류사오치劉少奇유소기, 펑더화이彭德懷팽덕회가 모두 이곳 출신이다. 이들 세 사람이 서로 알게 된 것은 공산당에 입당하면서부터이지만, 생가는 서로 30~50km 정도밖에 떨어져 있지 않다. 그래서 이 일대는 '위인의 고향[偉人故里]'으로, 또 세 곳을 연결하는 루트는 흔히 '붉은 여정[紅色之旅](혁명사 순례길)'의 '황금의 삼각'으로 불리며, 혁명 위인들의 생가 순례를 하는 여행객들로 늘 붐빈다.

그중 하나인 닝샹의 화밍러우花明楼화명루라는 곳은 당시 국가주석이었으나 문화대혁명 때 박해를 받아 세상을 떠난 비극의 지도자 류사오치의 고향이다. 생가 바로 근처에 있는 기념관에는 명예가 회복된 뒤 그의 부인 왕광메이王光美왕광미 여사가 기증한 물건들이 진열되어 있는데, 그 가운데 국가주석 시절 그의 공관 침실을 복원한 코너가 있다. 1960년대 초반에 사용했다는 이 침실에 독자들은 아마 기묘한 인상을 느낄 것이다. 이불이 깔려 있지 않다. 침대에 다리가 없다. 침대 다리가 잘려 있어서 매트리스가 마룻바닥 거의 바로 위에 놓여 있다. 류사오치는 왜 이런 특이한 침대를 썼을까. 전시실의 설명은 이렇다.

류사오치 동지는 다년간의 과로로 생긴 심한 불면증 때문에 매
일 밤 수면제를 복용하고 있었다. 그러다가 어느 날 밤 몽롱한 상태

에서 침대에서 굴러떨어져
버린 적이 있었다. 이후 떨
어져도 다치지 않도록 침
대 다리를 자르고, 매트리
스를 바닥에 깔고 자게 된
것이다.

| 류사오치 기념관 내 공관 침실을 복원한 전시실

기념관은 그가 나라와 백성을 위해 침식도 잊고 일한 것을 찬양하려고 이런 전시 설명을 달았을 것이다. 당시의 수면제는 복용하면 미처 침상에 눕기도 전에 바닥에 쓰러질 정도로 약효가 셌다고 하는데, 그렇게까지 하면서 일해야 했구나, 참관객들은 한결같이 류사오치의 성실함에 깊은 인상을 받을 것이다. 하지만 다리를 자른 이 침대 이야기는 인민공화국의 정치를 생각하는 이들에게 여러 시사점을 준다.

사실 수면제를 상용한 사람은 류사오치뿐만이 아니다. 당시 중공 중앙 지도자의 상당수는 수면제를 복용하고 있었다. 저우언라이周恩來주은래가 그러했고, 덩샤오핑鄧小平등소평 역시 그랬다. 그 이유 중 하나는 중요 회의가 한밤중에 열리기 때문에 어쩔 수 없이 불규칙한 생활을 할 수밖에 없던 데 있다. 당의 중추였던 중앙정치국 회의는 종종 심야부터 날짜가 바뀌도록 밤새 열렸고, 결정된 지시 문건이 새벽 2시, 3시에 발행되기 일쑤였다. 왜 한밤중에 회의를 하는가? 다년간 야행성 생활을 해온 마오쩌둥이 인민공화국의 국가지도자가 된 뒤에도 그 습관을 고치지 않았기 때문이다. 이런 마오 자신도 수면제를 끊지 못했다.

물론 마오만 해도 낮 시간에 통상적인 공무나 회견이 일정에 끼어 있기도 하고, 다른 지도자들은 오히려 낮 시간의 업무가 주를 이룬다. 그래서 마오

| 류사오치(劉少奇)

를 포함한 공산당 지도자들은 예외 없이 수면제에 의존할 수밖에 없었다. 그런 수면제도 마오 이외의 사람은 자정 넘어 날이 바뀔 때까지도 먹을 수 없었다고 한다.[1] 수면제를 먹었는데 마오에게서 긴급 소집 전화가 오면 일어나려 해도 못 일어날 수 있고, 겨우 그 앞에 달려간다고 해도 회의장에서 정신 못 차리고 자버릴 것이 훤하기 때문이다. 류사오치의 침대가 바닥에 놓여 있는 것은 이런저런 사정의 결과일 뿐이다. 그 당시 중국공산당에서 마오의 의향이 가지는 무게는 정책 결정뿐만 아니라 이런 생활시간에까지 미치고 있었던 것이다.

따라서 그 마오를 일상적으로 섬기는 비서들은 정말 힘들었다. 당시 중앙 지도자의 일상적 활동을 지원하는 비서부문(중앙판공청中央辦公廳)의 책임자였던 양상쿤楊尚昆양상곤(훗날 개혁개방기의 국가주석)의 일기를 보면, 퇴근 시간은 연일 거의 새벽 2시, 정치국회의가 있거나 하면 새벽 3시였다. 한편 기상 시간은 오전 10시 정도로, 이런 것들은 모두 마오쩌둥의 집무 시간에 맞춘 결과다. 그래서인지 양상쿤은 일기에서 자주 컨디션이 안 좋다고 호소하고 있다.

그렇지만 류사오치가 부지런했다는 것도 결코 과장이 아니다. 이 또한 류만 그런 것이 아니라 공산당 지도자들은 마오쩌둥이든 저우언라이든 모두 다 부지런했다. 한 나라를 이끄는 자라면 근면한 것은 당연하지 않느냐는 의견도 있겠지만, 그들 역시 인간이다. 자신의 판단이나 결정에 따라 수많

---

1) 위치우리(余秋里)의 회상(何建明, 『奠基者』, 作家出版社, 2010).

은 서민이 영향을 받고, 까딱 잘못하면 많은 인민이 생명을 잃을 수 있다는 압박감이 없었을 리 없다. 실제로 류사오치의 국가주석 취임을 전후하여, 마오의 무모한 경제정책(대약진) 실패로 수천만 명이 굶어 죽는 끔찍한 사태가 벌어졌다. '백성을 괴롭히는 일이 있어서는 안 된다'는 의식은 원래 전통적으로 중국의 위정자들이 강하게 품고 있지만, 공산당은 보다 선명하게 '민중'을 위한 정치를 표방하고 있었다. 중국의 지배자로서 류사오치에게는 헤아릴 수 없을 정도의 심리적 중압, 그리고 실정失政은 용납될 수 없다는 강박관념이 늘 달라붙었을 것이다.

그러나 이러한 지배는 공산당 자신이 마땅한 지배 형태로 선택한 것이며, 일당독재의 정치를 국시[是]로 삼아 여타 정치세력을 유명무실하게 만들어 버린 이상, 그 책임은 누구에게도 전가할 수 없고, 대신 맡아달라고 하고 싶어도 대신해 줄 사람도 없다. 공산당 지도자가 독재와 맞바꾸어 짊어져야 했던 것, 극단적으로 말하면 그것이 류사오치를 침대 다리까지 자르게 만들었던 것의 또 다른 정체正體가 아니었을까?

국정에서 정권 교체를 가능하게 할 시스템이 없고 극소수의 지도자가 정치의 구령을 내리는, 당시의 스타일은 오늘날에도 전혀 바뀌지 않았다. 그러고 보면 류사오치가 느꼈던 피할 수 없는 압박을 지금의 시진핑 역시 틀림없이 받고 있을 것이다. 물론 빈곤과 기아를 늘 겪던 시대에 비하면 중국은 훨씬 풍요로워졌으며, 세계 제2의 경제력을 배경으로 글로벌 규모의 경제개발 구상인 '일대일로一帶一路'를 내걸고, 내부적으로는 '중국의 꿈[中國夢중국몽]'을 이야기하는 시대이다. 하지만 그렇다고 해서 시진핑이 받는 압박이 이전 세대 지도자들에 비해 그만큼 줄었냐고 묻는다면 그렇게 답하기는 어렵다. 코로나19 확산이 전 세계에 유례없는 재앙을 초래하고 그 책임 소재를 추궁받는 이런 일은 쇄국에 가까웠던 마오쩌둥 시대에는 없었던 일로, 지금은 국제화된 중국이어서 지게 되는 책임의 무게다.

이처럼 공산당은 대역이 없거나 아예 대역의 존재를 인정하지 않도록 무대를 설계하고, 그 설계에 따라 연출을 하고 심지어 무대의 주역도 자신들이 맡았다. 그렇게 만든 이상 류사오치든 시진핑이든, 그들은 권좌에 있는 한, 이러한 압박이 자신들에게 닥칠 것을 각오해야 한다. 더욱이 그 중압은 어떤 특정 목표를 달성하면 해방되는 피상적인 것이 아니라, 한 번 짊어지면 끝끝내 내려놓을 수 없는 영원한 부담이라는 것도 깨닫게 될 것이다.

창당한 지 30년도 못 돼 천하를 차지했으며, 이후 중국에 군림하길 70여 년, 냉전 종식 후에도 여전히 초거대 집권당의 지위를 유지하고 있는 중국공산당의 존재와 책임이 얼마나 대단한 것인지, 그 점을 부정하는 사람은 이제 없다. 지금부터 백 년 전 중국공산당이 처음 태어났을 때, 마오쩌둥과 류사오치 등 창당 멤버 대다수는 머지않은 수십 년 뒤 자신들이 중국의 키잡이라는 중책을 맡게 될 것이라고 얼마나 현실적으로 예상했을까. 하물며 백 년 후에 당이 현재와 같은 형태로, 아직도 독재 체제를 계속하고 있다니… 또 반대로 창당 이래 백 년이 지난 오늘날로부터 지난날의 공산당을 회고할 때, 과연 얼마나 많은 사람이 공산당의 옛 모습을 떠올릴 수 있을까. 당이 백 년을 거치는 동안 크게 변모했을 뿐 아니라, 그 당을 둘러싼 안팎의 상황 자체도 지난 백 년 사이에 많이 달라졌기 때문에 그 옛 모습을 떠올리기는 상당히 어려운 일이 되고 말았다.

하지만 그 내실이 아무리 바뀌어도 오늘날의 공산당이 백 년 전에 첫울음을 터트리며 태어난 조직을 계승하고 있다는 점 역시 의심할 여지가 없는 사실이다. 백 년 동안 분열의 소란이 없지는 않았지만, 당의 이름을 바꾼 적도 없고, 당을 해산하거나 해체한 적도 없다. 그런데도 당의 모습이 이렇게 많이 달라졌다는 것은 중국공산당이 그때그때 세계와 중국을 둘러싼 정세에 적합하도록 자신을 변혁해 간 것이라고 해석할 수 있다. 좋게 말하면 적응력이 뛰어났다는 것이고 나쁘게 말하면 변절을 마다하지 않는다는 말이기도 하다. 이에 대한 평가와 시비는 다양하겠지만, 어쨌든 그만큼 중국공산당의 존재감이 크기 때문에 공산당의 역사를 빼놓고는 이 백 년의 중국 역사를 말할 수 없다. 마찬가지로 지난 백 년의 세계나 동아시아의 역사를 빼놓고는 중국공산당이 걸어온 길을 이야기할 수 없다는 점 역시 분명하다.

이 책은 중국공산당 창당 100주년을 맞는 시점에서 이 당이 걸어온 길을 되돌아보려 하지만, 그 역사를 통시적으로 빠짐없이 그려내는 교과서는 아니다. 물론 대체로 시간 순서에 따라 글을 쓰겠으나, 이 당이 걸어온 길을 그려내면서도 오늘날의 공산당까지 계승된 당의 여러 속성, 즉 공산당에만 있는 특질을 각 시대의 주제에 맞추어 다루면서 이야기를 풀어가겠다. 즉 첫머리에서 보여준 류사오치의 침대 에피소드에서 당 지도자나 당의 운영 스타일 같은 '속성'을 엿보았듯이, 공산당만의 특징이 어디에서 유래하고 어디에 나타나 있는지를 구체적인 사물이나 사건을 빌어 관찰하고 싶은 것이다. 이 책의 서술 비율은 공산당이 정권을 잡기까지의 시기가 많고, 집권 후의 행보, 특히 21세기 이후에 대해서는 매우 간략한데, 그 이유는 오늘날 공산당의 '속성'으로 여겨지는 것들의 근원을 찾아가다 보면 당의 초창기로 거슬러 올라가게 되는 경우가 매우 많기 때문이다. 균형은 안 맞겠지만, 이런 의도 때문에 빠짐없이 다 쓰는 개설서 같은 교과서로 쓰지는 않았다는 점을 미리 양해 부탁드린다.

한편, 중국공산당이 활동한 각 시기의 시대상을 엿보는 데 도움이 되도록, 1920년대부터 21세기에 이르는 여러 시기의 '중국 유행가'를 통해 공산당을 살펴보는 칼럼을 적절히 삽입하는 시도를 해보았다. 공산당이 어떤 세상에서 활동했는지, 또 공산당이 통치하게 되면서 중국은 어떤 세상이 되었고, 거기서 사람들은 어떻게 살고 또 음악가들은 어떻게 살았는지를 비추는 거울로서의 의미다. 물론 소재로 삼은 노래는 내 나름대로의 기준으로 고른 것이어서, 그중에는 엄밀히 말하면 '유행가'라고 볼 수 없는 것도 섞여 있을지도 모른다. 그래도 모두 다 세태를 잘 보여주는 노래라는 기준으로 골랐다는 점을 알아두기 바란다.

그럼 슬슬 시작해보겠다. 이런저런 핑계를 대며 장광설을 늘어놓다 보면, 당의 100주년에 늦고 만다.

제1장 | 혁명 정당의 출발

1. '중국공산당'의 기원

'중국공산당'이라는 이름이 중국에 나타난 지 올해로 백 년이다, 라고 말하고 싶지만, 사실 '중국공산당'이라는 다섯 글자는 그보다 10여 년 전에 이미 세상에 나타났다. 때는 1912년 3월 말, 즉 신해혁명으로 중화민국이 성립된 지 불과 3개월, 그 혁명으로 명맥이 끊긴 청조의 마지막 황제 선통제 푸이溥儀부의가 퇴위 조서를 낸 지 한 달 정도밖에 되지 않은 시기, 상하이의 신문 『민권보民權報』에 '중국공산당'의 당원 모집 광고가 난 것이다. 게다가 그 한 달 뒤(4월 28일)에는 봉천奉天(지금의 선양瀋陽)의 일간지 『성경시보盛京時報』에 '공산당 출현'이라는 제목으로 난징에서 곧 결성대회를 여는 '중국공산당'의 정치 강령이 실렸다(15쪽 사진). 다만, '무오無吾'라는 자가 깃발을 내건 이 '공산당'은 종이 정당에 불과했던 것 같고, 그 구체적 활동을 전하는 자료는 남아있지 않다.

참고로 『성경시보』에 실린 강령을 살펴보면 공화정부의 옹호, 재산 상속제의 타파, 토지의 국유 수용, 사회공장 건설, 평민 교육의 제창, 노동시간의 평균화 등의 문자가 나열되어 있어 제법 체제는 갖추고 있다. 즉, '중국공산당'은 유령 정당 이상은 아니었다고는 해도, 1910년대 초의 중국에서는 이미 '공산당'이라는 명칭이나 '노동', '국유', '재산'과 같은 사회주의와 관련된 어휘, 언어가 사용되고 있었음을 알 수 있다. 심지어 당원 모집 광고가 공개적으로 발행되는 신문에 버젓이 나왔다는 것도 혁명의 비밀결사라는 공산당의 이미지를 생각하면 약간 의외로 보인다.

이른바 '공산당'이 탄생하려면 그 나라에 사회주의나 마르크스주의 같은 사상이 퍼져있어야 한다. 또 그 활동을 뒷받침하는 무산계급 노동자, 이른바 프롤레타리아트가 어느 정도 있어야 말이 되겠지만, 청조가 막 무너진

| 『성경시보』에 실린 '중국공산당' 관련 기사

직후의 당시 중국에 그런 '모던'한 계급이 있었다고는 상상하기 어렵다. 다만 사회주의가 알려지지 않았냐 하면 그건 아닌 것이, 나름대로 지식으로 소개되고 있었다. 예를 들어 마르크스라는 '사회주의의 태두[社會主義之泰斗]'가 있다는 사실은 1902년 량치차오梁啓超앙계초라는 청나라 말의 유명한 개혁가이자 언론인이 소개하고 있다. 말하자면, 다수의 약자가 소수의 강자에게 억압당하고 있는 것이 오늘날의 사회이며, 토지나 자본의 공유로 이를 시정해야 한다는 것이 마르크스의 주장이라는 것이다. 조잡하기는 하지만, 사회주의의 ABC가 이미 중국어로 논의되고 있었던 것이다.

이러한 사회주의 이론은 아무래도 동시대의 일본 서적에서 옮겨 싣거나 번역하는 식으로 중국에 유입된 것 같다. 그 량치차오는 1898년 청 왕조의 개혁(무술변법)에 실패하고 일본으로 망명하여, 일본에서 활발하게 언론 활동을 펼친 인물이다. 당시 량치차오와 일본의 중국 유학생들이 서양의 신사상이나 신개념의 일본어 용어를 그대로 중국어 어휘로 사용하면서, 중국에서도 널리 유통되게 되었다. Society의 '사회'도 그런 경우고, Principle, -ism의 '주의' 역시 그러하다. 즉 '사회주의'라고 하는 말과 개념 자체가 일본을 거쳐 중국에 전파된 것이다. 그 결과 중국에서도 일본에서도 사회주의라고 하면 같은 의미로 쓰이고 있다.[1] 앞서 소개한 '중국공산당'의 강령 내용이 일본인이라도 바로 이해할 수 있는 것은 이러한 일본 유

---

1) 陳力衛, 「「主義」の流布と中國的受容:社會主義·共產主義·帝國主義を中心に」『成城大學經濟研究』199, 2013.

래의 어휘 섭취라는 역사적 배경을 드러낸다. 사실 진짜 중국공산당이 창당되기 전후로 중국에서 『공산당 선언』을 포함하여 상당수의 마르크스주의 문헌이 출판되었는데, 그중 다수가 같은 시기 일본어판을 중역重譯한 것이다.

다른 한편으로 프롤레타리아트(무산계급)는 어땠는가 하면 있기는 있었다. 그것도 꽤 있었다. 공산당이 생기기 직전의 단계로, 중국 전역에 약 200만의 산업 노동자가 있었다(그중 상하이에 50만 명 전후)고 알려져 있다. 하지만 이 숫자는 1925년에 마오쩌둥이 말한 숫자이고[1], 그는 이쪽 방면의 통계 전문가가 아니었으니 어떤 자료에서 얻은 숫자일 것이다. 통계의 근거가 믿을 만한지는 그렇다 치고, 그들 산업 노동자를 마오쩌둥은 근대 공업의 프롤레타리아 계급이라고 불렀고, 그만한 규모의 노동자가 있었으니 당의 활동도 시작됐다고 설명했던 것이다.[2] 참고로 일본의 경우 비슷한 시기에 실시된 인구조사에 따르면 이른바 근대 부문 노동자는 200만 정도로 딱 중국과 같은 규모였다. 하지만 당시 공업화의 진전을 비교한다면 양국의 프롤레타리아트 숫자가 같다는 것은 말이 안 되기 때문에, 실제 중국의 수치는 마오쩌둥이 말한 숫자보다 훨씬 적었다고 보아야 할 것이다.

또 마오가 노동자라고 한 사람들의 내실도 마르크스가 상정한 것과 같은 존재, 즉 '근대적 설비를 갖춘 공장이라는 생산 현장에서 임금노동에 종사하면서 자신의 노동력 이외에 팔 것이라곤 가지지 못한 존재'와는 뭔가 안 맞는다고 할까, 꽤나 다른 사람들이었다. 무엇보다 공산당 창당의 중심이

---

1) 「中國社會各階級的分析」(1925년 12월, 『毛澤東選集』 제1권에 수록). 참고로 이 문장은 『毛澤東選集』에 수록된 최초의 문장이다.
2) 이러한 생각은 후에 중공 창당은 "마르크스-레닌주의와 중국노동운동이 서로 결합한 산물이다"라고 정식화되어, 오늘날까지도 당의 공식 견해이다. 창당을 다루는 올해 2021년의 여러 설명에도 이 논조는 등장할 것이다(원문 그대로임).

된 지식인들 입장에서 보자면, '노동자' 혹은 프롤레타리아트는 자신들이 이미지를 파악하기 어려운 존재였다. 공장이나 광산 등 이른바 노동 현장과는 전혀 인연이 없는 도시 지식인들에게 '노동자'라는 말에서 떠오르는 '노동하는 자'란 일상에서는 인력거꾼들 정도이고, 자신과 더 가깝게는 자기 집에서 주인을 모시는 고용인雇傭人들이나 하인들이었다. 1920년 우한武漢무한에서 공산당 운동에 가담하려던 한 지식인은 동지들과 함께 한 스터디 모임에서 이렇게 말했다.

> 학교 안이든 가정 안이든 고용인을 자신과 평등한 존재로 대해야 합니다. 다른 사람의 손을 빌리지 않고 할 수 있는 모든 일은 고용인에게 부탁하지 않고 스스로 해야 합니다.

육체노동의 적극적 의의를 인정하지 않는 유교적 가치 기준 속에서 살아온 이들에게는 자기 일은 자기가 한다는 부분에서 의식을 바꾸어 가는 것이 공산주의 운동의 첫걸음이었다.

당시 '프롤레타리아트'와의 연대에 가장 노력했던 지식인들조차 이런 상태였으니, 일반적인 인텔리라면 글도 못 읽고 교양이라곤 찾아볼 수 없는 인력거꾼이나 하인 같은 무리가 다음 시대를 열게 되는 인간이라는 주장은 도저히 받아들일 수 없었다. 백보 양보하여 그 점을 받아들인다 하더라도, 사회주의란 그러한 '프롤레타리아트'가 지도하는 사회, 즉 하인에게 주인이 지도를 받는 황당한 세상이라고 이해하게 되는 것이었다. 앞서 언급한 량치차오는 1927년에 공산당이 힘을 얻으면 어떻게 되는지, 서른이 넘은 딸에게 다음과 같이 눈높이를 맞추어 설명하고 있다(당시 공산당은 국민당과 손잡고 중국의 남쪽 절반을 석권했고, 톈진에 사는 그는 그런 상황을 경계의 눈으로 보고 있었다).

> 우리 집안의 노동자인 궈씨[老郭]나 우씨[老吳], 탕씨네 다섯 째[唐
> 五] 세 사람은 아마 우리한테 와서 소동을 일으키는 정도까지는 안
> 할 것이다… (하지만) 숙부 집에서는 아마 숙부가 직접 식량을 사러
> 나가고 숙모가 직접 요리를 해야만 하게 될 것이다.(1927년 1월)

'궈씨' 등 세 사람은 모두 량치차오 집에서 일하는 하인들이었는데, 량은
이들을 '우리 집안의 노동자'로 부르고 있다. 입장만 달랐을 뿐 '노동자'라
는 말을 듣고 량치차오가 머리에 떠올린 것은 앞의 우한 공산당원들과 완
전히 똑같다. 다른 점은 사태를 받아들이는 태도 차이뿐이다. 공산당 세상
이 되면 일거에 입장이 거꾸로 되어 주인은 스스로 집안일 일체를 해야 하
기 때문에 그건 곤란하다는 것이다.

또 량치차오 집안과는 별개의 이야기이지만, 비슷한 일은 '공산共産'이라
는 단어를 놓고도 벌어졌다. 사유재산, 즉 자기 개인의 것을 강제로 모두의
것으로 만드는 것이 '공산주의'인 이상, 남편의 소유물인 아내도 모두(공공)
의 것이 된다. 무려 '공산'은 곧 '공처共妻'라는 윤리 파괴를 감행하는 사고방
식이라는 것이다. (공산주의에 대해서는) 이런 식의 이해마저 횡행하여 사람들
을 전율케 하였다.

이상에서 살펴보았듯이, 객관적으로 볼 때 프롤레타리아트의 내실과 규
모로 보든, 사회주의 이론의 수용이라는 면에서든, 100년 전 중국에서 공
산당이 자연스럽게 만들어질 수 있는 조건이 갖추어져 있었다고는 도저히
말할 수 없다. 그런데도 1920년대 초 중국공산당은 탄생의 첫울음을 터트
렸다. 그래서 그 창당을 '조산아'라고 부른 짓궂은 평론가도 있다. 하지만

이 시기에 탄생한 것은 중국공산당뿐만이 아니다. 마찬가지로 일본에서도, 또 일제의 식민지 체제하에 놓인 조선에서도 중국과 시기를 전후하여 공산당이 창당되어 활동을 개시했다.

앞서 일본과 중국의 프롤레타리아트 숫자를 들어 일본이 그 수가 더 많았을 것이라고 말했다. 또, 마르크스주의를 봐도, 메이지明治 이래의 서구 사상의 수입 전통을 가진 일본이 마르크스주의의 수용과 연구 모두에서 앞서 있던 것은 논쟁의 여지가 없는 사실이다. 하지만 동아시아 지역의 각국 공산당의 성립 순서를 보면 의외의 사실을 발견할 수 있다. 즉, 일본 공산당 제1차 대회가 열린 것은 중공보다 1년 후인 1922년이고, 반대로 조선공산당(고려공산당) 제1차 대회는 1921년 5월, 즉 중공 제1차 대회보다 두 달가량 앞섰다는 신기한 사실이다.

공산당 창당 시기의 빠르고 늦은 것이 단순히 마르크스-레닌주의의 전파와 노동운동의 발달에 비례한다면 동아시아에서 순서는 일본-중국-조선이어야 하는데, 현실은 거꾸로인 것은 대체 왜일까. 혹은, 그 정도 시간 차이는 무시해도 지장이 없을 정도의 '오차'에 지나지 않으며, 중국, 일본, 조선에서는 거의 동시에 공산당이 만들어진 것이라고 바꾸어 말해도 좋을지도 모른다. 그러나 그건 그것대로 중국, 일본, 조선의 공산당이 거의 동시에 태어난 이유가 있을 것이다.

말할 것도 없이, 이 현상을 야기한 것은 러시아 10월혁명의 충격과 그 후에 동아시아를 대상으로 전개한 코민테른의 활동이다. 바로 러시아 공산당(볼셰비키)과 코민테른의 개입이야말로 실은 중국, 일본, 조선에서 공산당 결성의 미묘한 시차의 역순, 혹은 그 동시성을 낳은 근본적인 요인이었다. 좀 과장해서 말하면 당시 세계 각국에 탄생한 공산당은 마르크스주의를 어느 정도 수용하고 프롤레타리아트(산업 노동자)가 조금 있기만 하면 만들어졌다. 특히 프롤레타리아트의 존재는 고려공산당의 예에서 보듯 꼭 필수는 아니었다. 오히려 혁명에 대한 심정적 친근감, 그리고 러시아와의 지리적·물리적 거리가 창당 시기를 좌우했다. 즉 코민테른이 있었기에 가능한 공산당이었다는 것이고, 각국 공산당을 신생아[1]에 비유한다면, 그것이 조산아일 경우든 그렇지 않든 러시아혁명에서 유래한 이 세계혁명 조직이 각국 공산당이 탄생할 때 산파였다는 것만은 틀림없다.

다른 측면에서 이 점을 설명해 보자. 앞에서 신해혁명 직후에 탄생한 '중국공산당'을 소개했지만 당연히 이 기묘한 당을 오늘날의 중국공산당은 인정하지 않으며, 이 종이 정당[paper party]을 중공의 기원으로 삼는 연구자도 없다. 왜 그럴까. 물론 그 '당'이 실체가 없는 당이기도 하지만, 그것만이 아니다. 사실 중국공산당도, 우리 같은 외부인들도, 1920년대 초에 코민테른의 승인을 얻어 그 산하 지부로 탄생한 것이야말로 진짜 공산당이라고 암묵적으로 생각하고 있기 때문이다.

참고삼아 1920년 코민테른 제2차 대회에서 채택된 '공산주의 인터내셔널 가입 조건', 이른바 '21개조의 조건'에서 '공산당'이라는 명칭이 어떻게 규정되어 있는지를 살펴보자.

> 공산주의 인터내셔널에 소속되기를 원하는 각 당은 모모 국가의 공산당 (제3공산주의 인터내셔널 지부)이라는 명칭을 붙여야 한다. 당명 문제는 단순한 형식상의 문제가 아니라 매우 중요한 정치 문제다.(강조점은 인용 원문 그대로임)

---

1) 赤兒, 일본어로 신생아의 あかご는 赤子이나 저자는 조산아(早産兒)의 메타포와 볼셰비키의 적군(赤軍) 메타포를 살리기 위해 의도적으로 赤兒라는 한자어를 쓴 것 같다. 兒와 子는 의미상 통용된다. 중국어로 신생아는 한국어와 마찬가지로 新生兒, 嬰兒이며, 한문 고전에서는 赤子를 사용하여 赤兒는 아니다._역

간단히 말해 '공산당'이라는 명칭은 필수이며, 코민테른 소속 조직이 사용하는 것이다. 또한 각국 공산당은 자동적으로 코민테른 지부와 동일한 것으로 취급된다. 좀 더 부연해서 말하자면, 세계 어느 나라에서 아무리 뛰어난 공산주의자들이 조직을 결성하고 거기에 '공산당'이라는 명칭을 붙여도 그것만으로는 '공산당'일 수 없다. 1912년 출현한 중국공산당을 현재 중공의 전신으로 보지 않는 것은 이 통념을 우리가 공유하고 있기 때문이다. 코민테른 활동의 일환으로 탄생함으로써 중국공산당은 어떤 피를 이어받았을까. 그런 피는 지금의 공산당에도 계승되고 있는 것일까? 절을 바꾸어 검토해 보자.

2. 코민테른 - 중공 DNA의 기원

공산당은 곧 공산주의, 공산주의는 곧 마르크스주의이므로 원래대로라면 마르크스주의의 가나다부터 일단 한 번 쭉 설명해야 하겠지만, 제대로 해설하기 시작하면 분량을 아무리 준다고 해도 모자란다. 게다가 오늘날 중국공산당의 정치 동향을 점치는 데 마르크스주의에 입각한 분석이 얼마나 유효한지에 대해서는 의문이 없지 않다. 마르크스가 자신의 주의를 신봉하는 후계자들이 이제 '중국의 꿈[中國夢]'을 내걸고 활동하고 있다는 말을 들으면 질 나쁜 농담이라고 생각하리라. '중화 민족의 위대한 부흥' 운운을 듣는 날이면 필시 솔도하고 말 것이다. 솔직히 말하면 '꿈'이나 '위대한 부흥'을 이해하는 데 도움이 되는 것은 베네딕트 앤더슨Benedict Anderson의 (근대 민족주의의 탄생을 다룬 저작) 『상상의 공동체』이지 마르크스주의가 아니기 때문이다. 어정쩡하게 마르크스주의를 아는 것은 오늘날의 중국공산당을 이해하는 데 방해까지는 되지 않더라도 관찰자의 눈을 흐리게 만들 수도 있다.

그러나 다른 한편으로 국제 공산주의 조직으로서의 코민테른에 대해서는 간단하게라도 대략적인 해설을 할 필요가 있다. 사람과 마찬가지로 조직체에도 DNA가 있다고 한다면, 오늘날의 공산당이 조직원리 및 활동원리 면에서 계승하고 있는 것은 마르크스나 엥겔스의 DNA라기보다는 오히려 직접적으로는 코민테른의 DNA라고 해도 좋기 때문이다. 그렇다면 코민테른 유래의 DNA의 특징은 어떤 것인가. 이하 코민테른에 대해 간단히 설명하겠지만, 그것을 읽으면 그 DNA야말로 중국공산당다움의 정체이며, 어떻게 보면 창당 이래 백 년이 지나도 변하지 않는 속성임을 이해할 수 있을 것이다.

흔히 말하는 코민테른(Comintern)은 영어로 말하면 '코뮤니스트 인터내셔널(Communist International)'의 약자로, 공산주의자들의 국제적 제휴 조직이다. 공산주의자들의 국제연대는 이미 마르크스의 시대(일본사에서는 막부 말기·메이지유신 시기)부터 있었지만 마르크스 시대의 조직(제1인터내셔널)도 그 이후의 조직(제2인터내셔널)도 국제적 연대협력 관계를 구축하지 못한 채 유명무실화되었다. 두 번의 실패 전철을 밟지 않도록 결성된 것이 제1차 대전 후인 1919년에 모스크바에서 성립한 인터내셔널이다. 크게 꼽자면 사상 3번째 인터내셔널이기 때문에 '제3인터내셔널'로 불리기도 한다.

이 인터내셔널(코민테른)의 특징은 혁명을 달성한 레닌이 이끄는 러시아 공산당이 중심이 되어 결성했다는 점, 그리고 종래의 인터내셔널이 각국 공산주의자들을 그냥 모아놓은 것(좋게 말하자면 각국 당의 자주성을 존중)에 불과했다는 점을 반성하여 집권적 전위주의, 기율주의로 각국 공산당을 강력하게 지도했다는 점이다. 러시아 공산당의 특징인 이와 같은 실천적 마르크스주의야말로 바로 레닌주의 혹은 볼셰비즘이라고 불리는 것이다. 지금까지의 인터내셔널에서 힘을 행사하던 독일, 영국, 프랑스의 사회주의 정당들은 대부분 이런 새로운 형태의 인터내셔널 가입의 지지 여부를 두고 내부적으로 분열, 재편되었다. 예를 들어 마르크스의 조국이기도 한 독일의 경우, 제2인터내셔널의 중심적 존재였던 독일사회민주당(및 계열 당파들)은 종지宗旨가 다르다며 코민테른에 가담하지 않았으나, 한편 같은 당에서 갈라져 나온 급진파가 독일공산당을 결성하고 코민테른에 가담하였다.

이에 반해 중국에서는 다른 나라에서 발생한 것과 같은 사회주의 당파의 재편은 일어나지 않았다. 원래 중국 국내에는 창당 활동 이전에 공산주의 운동의 역사나 축적이 거의 없었고, 코민테른 이전의 국제공산주의운동은 사실상 접한 적이 없었기 때문이다. 즉, 중국의 사회주의자들에게는 코민테른, 볼셰비키 스타일의 국제공산주의운동이 선택의 여지가 없는 새로운, 그리고 유일한 인터내셔널이었다고 할 수 있다. 따라서 중국에서 공산주의 사상은 처음 출발할 때부터 볼셰비즘과 거의 동의어로 이해되고 수용되었다. 중앙집권적 조직원리, 철의 기율로 대표되는 현저한 전위주의, 중앙과 각 지부 간의 분명한 상하관계 등 오늘날 공산당의 활동원리를 구성하는 것은 모두 코민테른, 혹은 그 핵심인 러시아 공산당에서 기원했다고 해도 무방하다.

덧붙여서, 오늘날 중국에서는 공산당에 입당할 때, 다음과 같은 맹세의 말을 하게 되어 있다. "당의 결정을 실행하고, 당의 기율을 엄수하며, 당의 비밀을 지키고, 당에 충성을 맹세하며… 언제든지 당과 인민을 위해 일체를 희생할 준비를 하고, 영원히 당을 배신하지 않을 것을 맹세합니다." 스스로를 당이라는 조직의 톱니바퀴로 삼고, 모든 것을 바치겠다는 복종의 맹세이다. 입당에 즈음해 서약을 읽는 행위는 마르크스 시절부터 있던 것으로, '당의 기밀을 지킨다', '당의 결의에 따른다'와 같은 문구도 이미 보인다. 하지만 마르크스 시대의 서약에는 이런 의무 조항 앞에 '재산의 공유라는 원칙은 진리라고 믿는다', '말과 행동으로 그 원칙의 선전과 실현을 촉구한다'는 주의에 대한 신봉을 읽었고, 기율이나 충성(배반하지 않는다), 희생 같은 절대복종의 의식은 상대적으로 희박했다.

이른바 '철의 기율'이나 '절대복종'이 당의 조직원리(즉, DNA)가 되는 것은 레닌의 볼셰비키 시대, 국제공산주의운동에서는 코민테른 시대가 된 이후의 일이다. 현재 중국공산당의 서약 정신이 마르크스의 그것에 가까운지, 코민테른의 그것에 가까운지는 불 보듯 뻔하다. 중국공산당 정도 되는 거대 정당이 지금도 여전히 비밀주의를 견지하고, 기율 위반을 명목으로 유력 지도자를 경질하거나 실각시키는 것은 바로 이러한 DNA가 그렇게 만드는 것이다.

코민테른식의 이러한 DNA를 계승하고 있는 것은 공산당만이 아니다. 중국의 전국 규모의 청년단체인 공산주의청년단(공청단共靑團), 마찬가지로 노동조합연합인 중화전국총공회(총공회總工會)도 각각 1920년, 1925년(전신은 1921년)까지 거슬러 올라가는 긴 역사를 가진 중국공산당의 하부 조직 혹은 외곽 조직인데, 공산당으로 치면 코민테른에 상당하는 국제적 조직에 일찍부터 각각 속해 있었다. 청년단의 상부 조직은 공산주의청년인터내셔널(약칭 킴KИM, 중국어 표기는 청년공산국제靑年共産國際), 총공회 상부 조직은 적색노동조합인터내셔널(약칭 프로핀테른, 중국어 표기는 적색직공국제赤色職工國際)인데, 둘 다 모스크바에 본부가 있고 코민테른과 비슷한 지침으로 조직 및 운영되었다. 현재에도 청년단은 8천만이 넘는 단원을, 총공회는 3억이 넘는 참가 조합원을 거느린 거대 조직이며, 전자는 학교를 중심으로, 후자는 생산 현장을 중심으로 대단한 동원력을 가지고 있다. 두 조직 모두 형성 과정이 중국공산당과 같았기 때문에 1940년대까지는 모스크바 상부 단체의 영향을 많이 받았다.

게다가 24년간의 코민테른의 역사는 시기에 따라 상당한 변화가 있는데, 중국공산당에 영향을 준 것은 레닌 사망 후 스탈린이 주도하면서 현저해진 것들도 많다. 스탈린주의는 보다 권위적, 독재적이며, 사회주의 체제를 전복시키려는 국내외 자본주의 제국주의 세력의 존재와 그 음모를 상정하기 때문에 조직의 방위, 이데올로기 방위를 강조한다. 중국공산당에게 코민테른이 산파였다고 했는데, 그 비유를 빌려 말하면 중공이 자라는 과정에서 그 양육과 인격 형성을 이끈 보육교사는 스탈린이었다. 마오쩌둥은, 특히 만년의 마오쩌둥은 스탈린과는 다른 공산주의 세계를 지향했다고 하지만 창당 이래 수십 년에 걸쳐 뇌리에 새겨진 공산주의상에서 벗어나기란 결코 쉽지 않았을 것이다.

코민테른은 1943년 해산되었고, 이후 중국공산당은 어떤 국제조직에 종속되는 정당이 아니게 되었다. 또 그 본가인 소련공산당이 지배 정당의 자리에서 내려오고 냉전이 종식된 후 옛 공산권이 일제히 탈공산주의 체제가 된 뒤에도, 중공은 여전히 백 년 전의 이 관념을 참으로 성실하게 근본정신으로 수호하고 있다. 즉 공산당의 역사를 되돌아볼 때에는 그 모든 과정을 관통하여 볼셰비즘이 줄곧 당 활동의 주춧돌이었다는 점을 먼저 염두에 두어야 한다.

칼럼① 「인터내셔널(국제가)」 - 영원한 저항가

'세계의 노동자여 단결하라', 『공산당 선언』의 마지막 글귀로 상징되는 국제적 연대의 의미를 노래에 담은 것이 혁명가 「인터내셔널」이다. 창작 시기는 그 유명한 파리 코뮌의 해(1871년)로, 외젠 포티에Eugène Pottier가 쓴 가사는 후에 각 나라말로 번역되어, 일본에서는 "일어나! 굶주린 자여, 지금이야말로 머지않았다. 깨어나라, 우리 동포여, 새벽은 온다[起て!餓えたる者よ, 今ぞ日は近し. 覚めよ, 我が同胞,暁は來ぬ]", 중국에서는 "일어나! 굶주리고 헐벗은 노예여. 일어나! 전 세계의 고통 받는 자들이여![起來, 飢寒交迫的奴隷, 起來, 全世界受苦的人]"라는 가사로 시작한다[1]. 참고로 중국어판(국제가)의 번역 가사는 마오쩌둥의 젊은 시절부터 친구이자 공산당 문화 활동의 지도자였던 샤오산蕭三소삼이 썼다.

20세기에는 혁명운동이 있는 곳에 반드시 이 노래가 있었고, 각국 공산당의 당대회나 행사 프로그램에서 늘 불렸다. 코민테른의 회의 기록에도 등단자의 연설이 한차례 끝나면 '끊임없는 우레와 같은 박수'와 함께 '인터내셔널 합창', '행사장에 드높게 울려 퍼지는 인터내셔널'이라는 장면 묘사가 보인다. 더욱이 소비에트 러시아(소련)에서는 1918년 이후 제2차 세계대전까지 「인터내셔널」이 국가國歌였다.

물론 「인터내셔널」은 중국에서도 공산당의 공식 노래라고 할

---

1) 한국어 가사는 "깨어라 노동자의 군대, 굴레를 벗어던져라. 정의는 분화구의 불길처럼 힘차게 타온다"로 시작한다. _역

수 있는데, 지금도 전당대회에서는 반드시 불린다. 중공의 역사에서는, 1922년경에 소련 유학에서 귀국한 당원들이 차츰 「인터내셔널」 제창이란 스타일을 들여왔고, 순식간에 당내에 퍼졌다. 비슷한 시기 중국에서 코민테른 대회 참석차 파견된 젊은 당원이 모스크바의 회의장에서 전원이 합창하는 모습을 목도하고 크게 감격했다는 기록도 남아 있다. 그때까지 정당 활동에 합창을 삽입하는 일은 중국에는 없었기 때문에 사기를 북돋우는 「인터내셔널」은 대단히 멋있는 노래였던 것이다.

이 「인터내셔널」은 원래부터 억압에 맞서 정의와 해방을 구하는 노래이기 때문에 시간을 초월하여 계속 불렸으며, 공산당의 부당한 지배나 독재에 반대할 때에도 진정한 해방을 요구하는 사람들의 단결의 노래로 불린다. 1989년 중국 톈안먼天安門 광장에서 반복적으로 불렸던 「인터내셔널」은 바로 그런 노래였다. '노예들아 일어나라', '이것이 마지막 투쟁이다'라고 호소하는 이 노래가, 당시의 중국에서는 가사 그대로 공산당에 대한 저항의 노래가 되었던 것이다. 공산당 입장에서는 그야말로 굴욕이다. 계엄령이 내려졌던 6월 3일 밤부터 4일 새벽까지 인민해방군의 시내 장악을 위한 군사행동이 벌어졌을 때 계엄부대는 도로 연변에서 저항하는 시민들에게 사정없이 총격을 퍼부으며 톈안먼 광장으로 압박해 들어갔다. 이런 상황에 이르자, 끝까지 광장에 머물러있던 학생들은 「인터내셔널」을 목소리 높여 합창하며 철수했는데, 대열을 이뤄 대학으로 돌아갈 때에도 「인터내셔널」을 부르며 길가의 성원에 응답했고, 시민들 또한 「인터내셔널」을 불러 학생들을 찬양했다.

필자는 그때 교토대학 대학원생이었는데, 일찍이 중국에서 유학한 시절이 있어서 중국어로 「인터내셔널」을 부를 수 있었다. 베이징 탄압의 소식을 듣고, 당시 교토대학에서도 민주화 지지, 중공 독재 반대를 호소하는 집회가 열렸다. 집회가 끝난 후 참석자 백여 명은 그대로 캠퍼스를 행진했는데, 자연스럽게 모두가 「인터내셔널」을 불렀다. 그로부터 30년 이상, 교토대학 구내에서 열린 큰 데모 행사에 「인터내셔널」이 울려 퍼지는 일은 더 이상 없었던 것 같다. 「인터내셔널」은 이른바 학원투쟁學園鬪爭[1] 때도 한창 불렸던 노래이기 때문에 많은 사람들이 부를 수 있었다. 중국인 유학생은 중국어로, 일본 학생은 일본어로... 힘껏 노래함으로써 멀리 떨어진 베이징의 동지들과 서로 이어져 있음을 느꼈던 것이다. 「인터내셔널」에는 그런 기분을 느끼게 해주는 힘이 있다.

3. 중국공산당의 결성 - 국제공산주의 시대

마르크스의 이름이 중국에서 알려지게 된 것은 20세기에 들어와서이다.

---

1) 1960년대 후반 일본의 학생운동._역

당초 마르크스의 중국어 표기로 '麥喀士맥객사(중국어 발음은 maikashi)', '馬格斯마격사(magesi)', '馬克思마크사(makesi)' 등 다양한 한자를 음차하여 썼는데, 1920년대 초 공산당 창당을 전후한 때가 되어 '馬克思마크사'가 번역어로 정착해 보급되었다. 엥겔스와의 공저로서 아마도 가장 널리 읽힌 저서 『공산당 선언』의 중국어 번역본(완역판)이 나온 것도 1920년의 일로, 원저의 출판(1848년)으로부터 실로 70년 이상의 세월이 흐른 때였다. 참고로 일본어의 완역(영문판에서 중역한 것)은 사카이 토시히코堺利彦가 1906년에 했는데, 사실 중국어판은 주로 이 일본어판을 번역하면서 군데군데 영어판으로 보정한 것이었다. 중국어판 번역을 맡은 사람은 천왕다오陳望道진망도라는 청년으로, 당시 상하이에서 천두슈陳獨秀진독수를 도와 잡지 『신청년』 편집을 담당하던 인물이다.

『신청년』이라면 일본 고교 세계사 교과서에도 나올 정도로 유명한 계몽 잡지로, 1915년 창간되어 유교 비판과 문학 혁명을 주장하며 중화민국에 신문화운동이라는 새로운 흐름을 가져온 것으로 유명하다. 잡지 주편主編이었던 천두슈를 중심으로 루쉰魯迅노신, 리다자오李大釗이대교, 후스胡適호적 등 신진 지식인들이 전통 비판을 전개했었으나, 1919년 즈음부터 이 계몽 잡지는 급속히 사회주의에 경도되어 러시아혁명을 배워서 중국에서도 사회주의 운동을 일으켜야 한다고 주장하게 되었다. 그것이 천두슈가 마침내 도달한 결론이었다. 이러한 급진화에 잡지 동인들 중 상당수는 위화감을 느끼고 편집진에서 이탈했고, 당국의 눈총을 받게 된 천두슈는 감시의 눈을 피해 베이징에서 상하이로 거처를 옮겼으며, 잡지의 편집부 및 발행소도 상하이가 되었다. 일손이 부족해진 편집 체제를 보강하기 위해 잡지에 합류한 것이 천왕다오 등 상하이에서 활동하던 젊은이들로, 중국공산당은 천두슈를 핵심으로 모여든 이러한 젊은이들에 의해 만들어진 것이다.

**중국공산당 초기 지도자 천두슈
(1879~1942)**

『신청년』은 '신문화운동'을 이끈 잡지로 유명하
지만, 나중에 중국공산당의 초기 기관지가 된 것
은 그다지 알려지지 않은 사실이다.

초기 공산당 지도자라고 하면 우선은 신문화
운동의 리더로 알려진 천두슈를 꼽는다. 일찍이
신해혁명 이전에 일본 유학 경험도 있던 천두슈
의 영향력은 청년층을 중심으로 절대적이었다.
그가 없었다면 창당에는 지도자 다툼과 같은 우
여곡절이 여럿 있었을 것이다. 중국공산당은 활
동 초기부터 나라 곳곳에 동지들이 흩어져 있는 전국 정당이었다. 그런데
도 조직이 뚜렷한 분열이나 분립 없이 단합을 유지할 수 있었던 것은 지명
도 높고 전국적으로 인맥을 가진 천두슈가 앞장서서 조직화를 추진했기 때
문이라고 봐야 한다. 천두슈를 도와 남쪽에서는 탄핑산譚平山담평산 등이, 북
쪽(베이징, 톈진 등)에서는 베이징대학 교원 리다자오 등이 초기 지방 조직
을 설립하는 데 협력했다. 리다자오 역시 일본 유학 경험자로, 1919년 『신청
년』에 「나의 마르크스주의관[我的馬克思主義觀]」이라는 학설 소개와 논평을
발표하여 청년들의 사회주의 붐[社會主義熱]에 불을 지폈다.

리다자오의 「나의 마르크스주의관」은 일본의 가와카미 하지메河上肇 등
의 마르크스주의 연구를 바탕으로 쓴 것이었다. 리다자오는 물론, 그때까
지 중국에서는 마르크스주의 연구가 별로 없었다. 그런데 제1차 대전이 끝
나면서 이웃한 일본에서는 사회주의 연구에 대한 심한 억압이 다소 완화되
어 사회문제의 해결을 목표로 마르크스주의 연구가 사상계와 대학에서 되
살아나기 시작했다. 학계에는 교토제국대학 경제학 교수 가와카미 하지메
등이 있고, 사상계에는 메이지 연간부터 사회주의자였던 사카이 토시히코

堺利彦, 그의 후배인 야마카와 히토시山川均 등이 대표적이다. 중국에서 발표된 사회주의·마르크스주의 관련 글의 상당수는 바로 이들 일본인의 사회주의 논문을 번역 및 번안한 것이었다. 창당 시기의 멤버 중 일본 유학 경험자가 많았기 때문이기도 하다.

왜 사회주의가 갑자기 인기를 끌었을까. 우선은 러시아혁명의 영향을 생각해야 할 것이다. 1917년 가을 러시아에서 일어난 10월혁명은 그 자체가 모종의 현대 불가사의처럼 보도되었지만, 레닌 등 혁명파가 각국의 잇따른 간섭을 물리치고 사회주의 지향의 국가 운영을 실제로 시작하자 마르크스가 지향한, 혹은 예언한 거대한 변혁이 마침내 현실 세계에 나타난 듯하다거나 세계는 이제 크게 변하고 있다는 식으로 점점 관심이 높아졌고, 나라에서 나라로 소문이 퍼져나갔다. 대개는 탁상공론으로 여겼던 사회주의나 마르크스주의는 이제 꿈이 아니다, 그렇다면 오랫동안 러시아와 마찬가지로 전제專制 체제였던 중국에서도 모종의 사회주의 운동이 가능하지 않을까. 어쨌든 러시아혁명은 마르크스의 흐름을 이은 혁명이므로 그 실상을 알려면 우선 먼저 마르크스주의 문헌을 펼쳐 볼 필요가 있다. 이런 이유로 갑자기 마르크스주의가 각광을 받게 되었다. 사정은 일본도 비슷했는데, 그동안의 금령이 다소 느슨해졌고 1919년에는 사회주의나 마르크스주의를 표방하는 간행물이 어느 정도 유통되어 인기를 얻게 되었다. 그런 책들이 중국으로 흘러들어왔다.

중국에는 이어서 '카라한선언'의 내용이 전해져 중국인들의 러시아에 대한 이미지를 확 바꿔놓았다. '카라한선언'은 1919년 7월 소비에트 정부 외무인민위원外務人民委員이었던 카라한L. Karakhan의 이름으로 발표해 중국에 공개한 문서이다. 그 주된 내용은 구 제정帝政 시절 러시아가 중국에게서 부당하게 획득한 권익을 무조건 반환하겠다는 것이었다. 과거 제국주의적 탐

욕에 있어서는 아무도 못 따라간다는 말까지 들었던 바로 그 러시아가 무려 빼앗은 것을 공짜로 돌려주겠다는 황당한 제의를 자발적으로 해왔으니, 중국인 대부분은 크게 감격했다. 러시아 같은 나라를 이렇게까지 맘 고쳐먹게'만든 사회주의혁명이란 도대체 어떤 것인가, 그 지존으로 추앙받는 마르크스의 주장은 어떤 것인가, 누구나 궁금해했다. 때마침 해결사가 된 것이 일본어 문헌이었다. 극히 대략적인 숫자와 추계이기는 하지만, 중국에서 1919년부터 2~3년 사이에 발표된 비교적 제대로 된 마르크스주의에 관한 글과 서적의 약 절반이 일본어 문헌에서 가져온 것이라고 할 수 있다.

그런데 차르 러시아 시절의 부당 권익을 무상 반환하겠다는 이 선언이 말 그대로 실행되는 일은 일어나지 않았다. 혁명 러시아가 점차 자국의 존립을 고민하게 되자, 중국 동북부에서 러시아 극동으로 빠져나가는 철도를 비롯한 권익은 국방상으로도 경제활동 측면에서도 계속해서 보유하고 싶은 것이었기 때문이다.[1] 다만 이런 속내가 점차 드러나기 전까지, 카라한선언이 혁명 러시아의 새로운 정신으로서 중국인들에게 받아들여졌던 것은 확실하다.

러시아혁명에 대한 공감대가 커지는 와중에 소비에트 러시아의 극동 지역에서 한 러시아 공산당원이 1920년 봄 중국에 파견되었다. 바로 그레고리 보이친스키Grigori N. Voitinsky이다. 북미에 노동자로 건너가 수년간 지낸 경험이 있는 그는 동아시아에서의 공산주의 운동, 반제국주의 운동 가능성을 알아보기 위해 중국에 도착, 봄부터 여름까지 베이징과 상하이에서 리다자오, 천두슈 등 이름 있는 급진적 지식인들과 접촉하고, 공산주의 운동을 위해 뭔가 조직을 만들라고 촉구한 것으로 보인다. 때마침 주의나 학설의 소

---

1) 선언에서 포기하겠다고 한 권익 중에는 의화단 배상금, 영사재판권처럼 이미 중국에 회수된 것도 포함되어 있었다.

개에서 한발 나아가 실천적
활동(노동자들에게 전단
뿌리기)을 모색하던 천두
슈는 이런 권유에 응했고,
그해 여름 무렵부터 창당을
위한 구체적인 절차에 착수
한 것이었다. 천두슈의 부
탁을 받고 천왕다오가 『공

| A

| B

산당 선언』의 번역에 착수한 것이 바로 이 시기이다. 마찬가지로 그즈음에
후난湖南성에서 활동하던 마오쩌둥도 상하이에 있는 천두슈를 만날 기회를
얻어, 그와의 대화를 통해 공산주의·마르크스주의에 대한 확신을 얻었다고
한다.

상하이에서 천두슈 등의 활동은 보이친스키와 접촉한 지 반년쯤 뒤에는
사실상 이미 당의 깃발을 들어올리기에 이르렀다. 이 사실을 뒷받침하는 것
이 1920년 1월 잡지 『공산당』의 발간과 「중국공산당 선언」의 작성이다. 『공
산당』은 상하이에서 창당 활동을 추진하던 천두슈 그룹이 당 내부를 대상
으로 간행한 월간지로, 창간호에 실린 「세계 소식」에서는 '우리 중국의 공산
당'이란 표현을 확실히 쓰고 있다. 이 기사가 출판물에서 공산당 멤버들이
자신들을 '공산당'이라고 부른 최초의 사례이다. 게다가 잡지의 창간일은 11
월 7일, 즉 러시아혁명 기념일이었다. 이 잡지가 공산당이라는 정당의 깃발
을 내거는 것을 확실히 의식하고 있었다는 점은 잡지 외관에서도 드러난다.
잡지 『공산당』은 제1면에 크게 The Communist라는 제호를 써놓고, 그 아
래에 바로 권두언을 싣는 체재를 취했는데(사진 A), 당시 중국에서는 상당
히 특이한 형식이었다. 그도 그럴 것이 이 디자인은 당시 영국 공산당

| C | | D

기관지 『코뮤니스트(The Communist)』를 본뜬 것이었다(33쪽 사진B). 게다가 같은 시기에 작성된 「중국 공산당 선언」이라는 문서도 그 내용은 『공산당』 창간호 발간사와 일치한다. 요컨대 '공산당'이라는 자칭, 그 이름을 딴 기관지, 그리고 '선언'의 세 가지를 갖춘 조직이 1920년 11월 상하이에서 태어났다는 것에는 의심의 여지가 없다.

중국의 경우 마르크스주의가 무엇인지 잡지나 신문에서 해설이 나오게 된 것이 1919년 중반인데, 그 이듬해 가을에는 사실상 당의 깃발이 내걸렸으므로 대단히 급하게 창당을 향해 움직였다고 말할 수 있다. 그 큰 이유 중 하나는 앞서 말했듯이 중국에는 19세기나 20세기 초까지 소급되는 사회주의 운동의 전사前史가 없었다는 점이다. 역설적이지만 사회주의 운동을 과거에 아예 경험하지 못했기 때문에, 소련식의 실천적 마르크스주의, 즉 레닌주의가 그들이 아는 유일한 사회주의 모델이었으므로 이를 위화감 없이 그대로 받아들였다.

창당 활동이 급속하게 진전된 또 다른 이유로 들 수 있는 것은 보이친스키의 존재와 원조이다. 사진 C를 보기 바란다. 이 그림은 앞에 나온 『신청년』의 1920년 가을호, 즉 천두슈 등이 창당을 목표로 활동하기 시작한 시기부터 등장한 표지인데, 자세히 보면 지구 양쪽에서 뻗어 나온 두 개의 팔이 왠지 대서양 위에서 악수하고 있다. 얼핏 이상하게 보이는 이 구도 역시, 그림의 원조가 미국사회당의 마크(사진 D)라는 것을 안다면 다음과 같이 추론하여 설명할 수 있다. 즉, 북미에 이민 가 있던 시기(1913~18년)에 미국 사회당에 입당한 경력을 가진 보이친스키가 천두슈 그룹에 미국사회당이 간행한 사회주의 관련 영어 문헌을 가져다주었고, 이를 제공받은 천두슈 등은 그 문헌에 붙어 있던 미국사회당 도안의 이념에 공감하여, 그것을 그대로 자파의 잡지에 사용한 것이라고 말이다.

중국에서는 아무도 실천하지 못한 '공산당'의 활동 방식, 그것을 아는 가장 단순한 방법은 다른 나라의 방식을 모방하는 것이다. 기관지라면 다른 나라의 포맷을 찾아내서 거기에 중국 콘텐츠를 담으면 된다. 물론 가장 좋은 것은 러시아 공산당의 선전물을 본뜨는 것이지만, 애석하게도 러시아어를 할 줄 아는 사람이 없었다. 마르크스주의 학설을 입수했을 때처럼 일본어 문헌을 사용할 수 있다면 번역할 인재야 부족하지 않았겠지만, 유감스럽게도 일본에서는 사회주의(마르크스주의) 학설 연구가 나름대로 활발하고 수준도 나쁘지 않았으나 실제 사회주의 운동이나 공산당의 운영 및 활동을 어떻게 하는가와 같은 실천적 지식은 일본어 문헌에서 얻을 수 있는 것이 아니었다. 일본에서 허용되었던 것은 어디까지나 학문과 이론[學理]이었고, 실천에 관한 문헌을 번역하거나 출판하면 바로 포승줄에 묶이는 신세가 되었기 때문이다.

그러므로 운동하는 법을 책에서 찾아 배우려 할 때 기댈 수 있는 것은 코민테른, 또는 러시아계 이민자들이 관여하는 영어권 국가의 좌파계 당파 출판물 정도였다는 얘기이다. 이들 입문 단계에서 손을 이끌어 준 보이친스키는 이후에도 1920년대 중반까지 종종 중국을 방문해 초기 중공의 활동을 뒷받침하는 중요 인물이 되어 갔다. 보이친스키는 건당으로 가는 길을 닦은 뒤 1921년 초에 일단 모스크바로 귀환하고, 그와 교체되듯이 1921년 6월에는 네덜란드인 공산주의자이자 코민테른 활동가인 마링Maring(본명

| 중국공산당 제1차 대회 기념관[中共一大會址紀念館]

은 Sneevliet)이 상하이에 와서 공산당 창당 그룹에 조기에 전당대회(제1회)를 열도록 촉구했다. 그리하여 1921년 7월 하순 중국 각지에서 온 13명의 중국인 당원 및 코민테른에서 파견된 2명의 외국인이 상하이 프랑스 조계에 있는 리한쥔李漢俊이한준(공산당원으로 일본 유학 경력)의 집에서 비밀리에 제1회 당대회를 거행했다. 이들 15명의 명단은 현재 중국공산당사 연구에서 가장 정통성 있는 학설에 따르면 다음과 같다.

리다李達이택, 리한쥔(상하이), 둥비우董必武동필무, 천탄추陳潭秋진담추(우한), 마오쩌둥毛澤東모택동, 허수헝何叔衡하숙형(창사), 왕진메이王盡美왕진미, 덩은밍鄧恩銘등은명(지난), 장궈타오張國燾장국도, 류런징劉仁靜유인정(베이징), 천궁보陳公博진공박(광저우), 바오후이성包惠僧포혜승(천두슈가 지명), 저우포하이周佛海주불해(일본), 마링, 니콜리스키(코민테른)

제1차 대회에 실제 참석한 사람들이 누구누구였는지, 또 정확한 개최 기간은 언제였는지를 두고 참석자들의 회상과 남겨진 문헌 사이에 안 맞는 부분이 좀 있어서 전문가들 사이에서도 견해가 엇갈리고 있다. 필자는 예전에 이를 고증하여 『중국공산당 성립사』라는 책으로 정리하였는데, 현재는 회기와 대표자의 면면을 다음과 같이 생각하고 있다.

회의에 관한 기록(러시아어 문서)에는 위 명단에서 허수헝을 빼고 중국인 참석자가 12명으로 나와 있다. 즉 허수헝은 회의에 참석하려고 상하이에 오긴 왔으나, 회의가 끝나기 전에 상하이를 떠나 후난으로 돌아간 것으로 보인다. 바오후이성은 천두슈가 자신의 대리로 지정한 대표가 아니라 광저우의 대표로 참여하였다. 회기는 7월 23일에 개막하여, 도중 상하이 조계 경찰의 수색(정찰)이 있었기 때문에 마지막 날(8월 3일) 회의를 상하이 교외인 자싱嘉興가흥의 난후南湖남호라는 호수에 띄운 유람선으로 이동하여 열고 폐막하였다.

당의 제1차 대회가 열렸던 상하이의 건물은 중화인민공화국 시기에 와서 확인 및 복원되어 매우 훌륭한 기념관[中共一大會址紀念館중공일대회지기념관]이 되었다. 다만 이 기념할 만한 대회 자체에 관한 자료, 특히 당시의 자료는 매우 적다. 회의록은 작성된 것 같지만 전해지지 않고, 참가한 대표자 명부도 안 남아있다. 회상록은 관계자들의 것을 중심으로 있기는 하지만 내용이 확실치 않고 특히 개막 날짜와 폐막 날짜가 애매모호하다. 오늘날 중공은 7월 1일을 건당기념일로 삼고 있으나, 그날 하루는 어디까지나 기념일이지 역사적 사실로서 제1차 당대회의 개막일은 아니다. 7월 1일을 일단 기념일로 정한 사람이자 실제 그 대회에 참가했던 마오쩌둥은 1938년에 창당기념일을 정해야 할 필요가 생기자, 개막이 며칠이었는지 확실히 기억나지 않는다면서 그달의 첫째 날, 즉 7월 1일을 창당 '기념'일로 삼겠다고 설명했다. 회의 장소나 참석자의 면면이라면 몰라도 날짜는 보통 가장 기억하기 힘든 법이다.

제1차 당대회 날짜를 정확히 기억한 참석자는 결국 한 명도 없었다. 즉, 당시 상하이에 모인 대표들은 베이징에서 온 사람이나 광둥에서 온 사람이나 누구나 먼 길을 마다 않고 상하이의 대회까지 찾아온 셈이지만, 아무래도 모임이 열린 기간 내내 회의 날짜가 역사적으로 대단히 중요한 날이 될 것이라는 자각은 없었던 것 같다. 이것은 이것대로 당시 공산당원들의 의식을 사실적으로 보여주는 얘기이기는 하다. 오늘날 중국에서는 창당을 비롯하여 역사상 있었던 일들을 영화나 드라마로 만들 때 등장인물들이 마치 그 뒤에 일어날 중국혁명의 역사적 의의를 자각하고 있는 것처럼 행동하는 연출이 일반적이지만, 적어도 제1차 당대회에 한해서는 그렇게 투철한 인식을 갖추고 그 자리에 있었던 대표는 한 명도 없었을 것이다. 그런 대표가 있었다면 일기든 편지든 자기가 참석한 회의가 얼마나 중대한지 간단하게라도 기록하려고 했을 것이기 때문이다.

제1차 당대회 문헌으로는 그 자리에서 채택된 것으로 보이는 규약과 결의가 남아있어 당시의 인식을 알 수 있는 단서가 된다. 하지만 이들 자료만 보면, 이 시점에서 당원들은 노동자를 조직해 파업 등을 무기로 사회의 생산수단을 접수함으로써 사회주의 혁명을 완수할 수 있다고 상당히 순진하게 전망했던 것 같다. 이제 막 걸음마를 뗀 비합법 정당인 중공에게 사회주의 혁명은 분명히 시기상조의 전망이었지만, 당시 혈기 넘치던 간부 당원 상당수는 사회주의 혁명이 아니면 그게 무슨 공산당이냐며 기개에 불탔던 듯하다.

제1차 당대회에서 채택된 문헌이 갓 탄생한 당의 것이라고는 생각되지 않을 정도로 높은 이상을 내세웠던 데는, 이들이 참고한 다른 선진국 공산당 문서를 그대로 빌려 썼던 사정이 있었던 것으로 보인다. 즉, '규약'은 바로 전 해 12월에 기관지 『공산당』(2호)에 번역되어 실린 「미국공산당 강령」을 바탕으로 책정되었다. 양자를 비교하면 입당 조건이나 조직 규정에서 형식적으로도 또 문구에서도 기본적으로는 미국공산당의 강령을 따랐음을 확실히 알 수 있다.

한편, '결의' 역시 『공산당』의 같은 호에 번역되어 실린 「미국공산당 선언」을 참고한 것이 분명하다. 예를 들면, 제1차 당대회에서 논쟁이 되었던 다른 당과의 관계 단절에 관해서는 「미국공산당 선언」에서도 "본당은 어떠한 상황에서도 타협 없는 계급투쟁을 견지하고, 혁명적 계급투쟁을 신뢰하지 않는 단체나 당파, 예를 들면 노동당, 사회당...과 협력하는 것을 거부한다."라고 명확히 규정하고 있다. 중공 측이 제1차 당대회 이전에 미국공산당의 여러 대회 문서를 입수하고 또 번역까지 한 이상, 그들이 자기 당대회를 준비하면서 그런 자료들을 원용한 것은 충분히 있을 수 있는 일이다. 즉, 중국공산당은 가까운 미국공산당의 규약이나 강령을 참고하여 제1차 당대회에 쓸 규약 초안과 결의 초안을 작성하였고, 그 결과 당시 실력 이상의 목표를 제시하는 대회 문서가 작성되었던 것이다.

코민테른의 대리인으로 두 명의 외국인이 참석하여 개최되었는데도, 이처럼 체급에 안 맞는 방침을 수립한 것은 약간 의외이다. 사실 중국 당대회보다 1년 앞서 모스크바에서 개최된 코민테른 대회에서는, 구미 경제 선진국 이외 지역에서는 우선 식민지 체제를 벗어나 민족 독립과 경제적 자립을 함으로써 제국주의의 자본주의 체제를 동요시키는 목표가 적당하다는 방침이 제시되었고, 마링 등이 그 대회에 참가했었기 때문이다.

아마도 몇 가지 실무적 이유로 이 같은 급진적 방침이 채택된 것으로 보인다. 첫째, 미리 미국공산당 문서를 연구하던 중국 당원들이 공산주의 운동이란 세계적인 혹은 인류사의 보편적 운동이라고 생각하여 그런 선진국의 당 강령을 그대로 원용했다는 것, 그리고 다른 하나는 대회 기간에 수상한 인물(염탐 요원)이 들이닥치는 바람에 위험을 느낀 참가자들이 급히 외국인 옵서버들을 남겨둔 채 상하이를 떠나 저장성浙江省 경승지에서 마지막 날 회의를 했다는 점이다. 이른바 중국 실정을 감안한 수정 의견을 내기도 전에 돌발 사태로 전당대회가 끝나버렸다는 것이다. 어쨌든 코민테른의 옵서버가 출석한 가운데 당대회를 개최함으로써 중국의 공산주의 운동은 일단 순조롭게 출발할 수 있었다.

코민테른 제4차 대회(1922년)에 참가한 각국 공산당원들. 앞줄 왼쪽 끝은 천두슈, 중앙은 가타야마 센(片山潛, 일본공산당). 뒷줄 왼쪽에서 두 번째가 취추바이(瞿秋白), 네 번째는 로이(인도 공산당원으로 국민혁명 시기에 코민테른 대표로 중국에 가게 된다). 그들은 대체 어느 나라 말로 서로 대화를 나눴을까?

코민테른과의 관계나 영향은 초기 공산당의 역사를 이야기하는 데 매우 중요한 사안이다. 여기서 코민테른과의 관계를 좀 더 보충하여 설명하도록 하겠다. 중공이 제1차 당대회를 열 무렵 눈을 멀리 모스크바로 돌려보면, 중국 당대회 한 달쯤 전에 코민테른 제3차 대회가 개최되고 있었다. 코민테른 대회에 참가한 중국 대표는 1919년 제1차 대회에도, 이듬해 제2차 대회에도 있기는 했다. 다만 당시에는 중국 러시아 간 교통이 시베리아 출병과 내전으로 두절되었기 때문에, 그 '중국 대표'는 러시아에 사는 거류민 단체의 일원이었다. 중국에서 파견된 대표가 대회에 참가하게 된 것은 1921년 제3차 대회가 최초인데, 훗날 공산당 혁명운동에 참여하게 될 장타이레이張太雷장태뢰 등 중국에서 출발한 활동가들이 처음으로 참가했다. 게다가 그 시점에서 장타이레이는 중국 공산당이 대회를 위해 정식 파견한 대표가 아니었다. 러시아혁명에 공감을 품고 러시아에 입국한 청년이 어학 능력과 사교 능력이 뛰어난 데다 중공이나 코민테른의 극동 활동과 간접적으로 연관이 있다는 점을 높게 평가받아 중공 대표의 직함으로 참가하게 되었던 것으로 보인다.

당시 내전 등으로 질서 붕괴의 상흔이 남아있는 러시아령 극동, 시베리아를 거쳐 모스크바로 가는 것은 결코 쉬운 여행이 아니었다. 그러던 중 코민테른은 어렵게 찾아온 중국 좌익 청년을 대표로 내세웠던 것이고, 중국공산당 측도 이에 딱히 트집을 잡지 않고 귀국한 장타이레이를 당원으로 받아들여 코민테른과의 절충 역 등으로 활동하도록 하였다. 코민테른과 중공의 관계는 그러한 편의주의를 섞어가면서 시작되었다. 그렇지만 혁명 러시아의 국내 혼란이 종식되고 체제가 안정화되자 초기에나 가능했던 이런 목가적 관계의 모습은 점차 사라지고, 모스크바는 공산당원들에게 혁명의 이념과 기법을 배우는 장소, 즉 혁명의 성지가 되어 갔다. 아시아의 혁명운동가를 양성하는 교육기관까지 설립되어 중국에서도 많은 청년들이 유학을 갔다.

코민테른이라는 일종의 국제기구에서 활동하는 것은 국내에서 혁명운동이나 투쟁을 지도하는 것과는 다른 기량이 필요했다. 바로 외국어 의사소통 능력이다. 코민테른은 조국 없는 노동자들의 국제조직을 표방하였고, 그 활동도 독일, 러시아, 프랑스, 영국 등 다국어주의로 이뤄지기는 했지만 사실상 후원국 러시아어와 사회주의 운동의 전통이 유구한 독일어가 실질적인 공통언어였다. 다만 러시아어든 독일어든 중국에서는 비주류 외국어였고, 더욱이 당 지도자라면 복수의 언어를 구사하는 것이 당연시되는 서양 국가들과 달리 동아시아에서는 지식인이라고 해서 반드시 외국어에 정통하다고 볼 수는 없다. 일례로 천두슈는 베이징대 교수를 지냈을 정도의 지식인이지만 외국어 의사소통이 서툴러 모스크바에서 활동할 때나 코민테른 대표와 소통할 때는 통역을 거쳤다.

그 결과 토차파 지도자들은 종종 코민테른과의 의사소통이 원활하지 못했고, 반면 러시아어와 마르크스주의를 익힌 모스크바 유학파들이 활개를 치는 사태가 발생한다. 이를 탐탁지 않게 여겼던 중국공산당 간부들 사이에서 러시아어에 능통한 젊은 당원들만 중용하는 코민테른 고문을 두고

'우리 당을 마치 통역 공급 기관처럼 취급한다'는 목소리까지 나올 정도였다. 또 코민테른의 지령을 앵무새처럼 선전하는 체질을 겨냥하여, '스탈린의 축음기'라는 말이 심심찮게 쏟아졌다. 통역 공급 기관이든 축음기든, 이러한 표현들은 중공이 코민테른 지부라는 조직적 제약이 종종 언어적 제약과 함께 나타난다는 것을 여실히 보여준다.

이처럼 중공과 코민테른의 관계는 마치 세계적 규모로 활동하는 다국적 기업의 중국 지사와 국외 본사 간의 관계와 같아서 중국공산당의 활동은 코민테른의 동향을 감안하지 않으면 설명할 수 없다. 양자의 관계는 그 사이에 개재된 문화나 언어의 골, 나아가 양자를 연결하는 통신·교통의 제약이라는 물리적 장벽 등의 사정에 의해 쉽게 좌우되는 위태로운 측면을 가지고 있었다. 이 책에서는 지금부터 1943년 코민테른의 해산까지 기회 있을 때마다 그 영향에 대해 언급할 것이다.

> **칼럼② 유행가 성립 이전 - 불리지 않는 국가**國歌
>
> 중국공산당이 탄생했을 무렵 중국의 국호는 중화민국이었고, 중앙정부는 베이징에 있었다. 당시에는 전국적으로 유행한 노래 같은 것도 없었고, 국가國歌조차 보급되려면 한참 먼 상태였다. 베이징 정부의 행정 지배가 미치는 범위가 극히 한정되어 있었으며 애초에 중국어 표준어[共通語공통어]조차 아직 통일되어 있지 않았기 때문이다.
>
> 중국에서 국가의 역사는 청 왕조가 1911년 공포한 「공금구鞏金甌」

라는 노래에서 시작한다. '금구金甌'는 영어로 번역하면 'Golden Vase', 흠집 하나 없는 황금 항아리를 말하며, 중국 고전에 나오는 유서 깊은 말이다. 일본의 전시가요 「애국행진곡」의 가사에도 "흠집 없는 황금 항아리, 흔들림 없는 우리 일본[金甌無缺揺ぎなき我が日本]"이라는 구절이 있듯이 완전무결하고 반석과 같은 국체國體의 비유로 자주 사용되었다. '공鞏'이라는 글자 역시 튼튼하다는 뜻이므로 '공금구'는 그야말로 흠잡을 데 없이 평안한 나라를 찬양하는 말이었다. 그런데 이 국가가 제정·공포된 지 일주일 만에 일어난 것이 청조에 반기를 내건 우창武틀무창 봉기였다. 바로 신해혁명의 발발로, 청조는 그대로 다음해 1912년에 멸망하고 말았다. 왕조의 영속을 읊조린 이 노래는 역설적이게도 청조의 만가挽歌가 되고 말았다.

이어 성립된 중화민국에서도 여러 차례 국가가 제정되었으며, 다듬고 또 다듬은 곡들이 채택되었지만 어느 것도 국가로 정착되지는 못했다. 공식 국가가 자꾸 바뀐다는 것 자체가 정권의 취약성과 정국의 불안정함을 보여주는 것에 다름 아니다. 그중 공산당 제1회 대회가 열린 1921년 시점의 국가는 「경운가卿雲歌」라는 것으로, 가사를 현대어(일본어) 번역과 함께 소개하면 "경운난혜, 규만만혜. 일월광화, 단부단혜. 일월광화, 단부단혜(卿雲爛兮, 糺縵縵兮. 日月光華, 旦復旦兮. 日月光華, 旦復旦兮, 상서로운 오색구름이 반짝이며 멀리 펼쳐진다. 해와 달이 천지를 비추니, 오늘도 내일도 영원히)"라는 의미이다. 가사의 출처는 고전 중의 고전인 『서경』이고, 곡을 붙인 사람은

샤오유메이蕭友梅소우매라는 음악가이다. 샤오는 독일에서 유학하고 박사 학위를 보유한 영재 중의 영재였고 곡은 우아하고 아름다웠지만, 이 노래가 널리 불리지는 않았다.

국가國歌로 대표되는 국가 상징은 국민국가를 형성할 때 '민족의 기억'이나 '공동 체험'에서 유래한 경우가 많다. 프랑스 혁명 때의 혁명가 「라 마르세예즈」가 나중에 프랑스의 국가가 된 것은 그 한 예이다. 하지만 신해혁명에는 모든 국민들을 끌어들여 '공동 체험'이나 '민족의 기억'을 불러일으키는 격렬한 내전이나 외세의 간섭은 없었다. 청조 황제는 혁명파와의 교섭을 거쳐 퇴위하였고, 더욱이 몇 년 후에는 극히 짧은 기간이었지만 복위까지 했던 형편이었다. 그러므로 힘없는 정권이 위에서부터 '관제의 국가 상징'을 만들어내 봤자 어차피 잘 풀릴 턱이 없었다.

한편 청나라 말부터 중화민국 초기에 걸쳐 일본의 음악 교육이나 창가唱歌가 중국에 소개되면서 중국의 초등학교에서 메이지 창가의 일본어 가사를 중국어로 바꾸어 가르치는 일이 생겨났다. 예를 들면, "깊어가는 가을밤[更けゆく秋の夜]…"으로 알려진 일본 창가 「여수旅愁」는 미국의 존 P. 오드웨이John P. Ordway 작곡의 노래에 일본어 가사를 붙인 것인데[1], 후에 그 「여수」가 중국에도 소개되어 친구와의 이별을 아쉬워하는 내용의 「송별」이라는 창가로 민국 시기를 비롯해 중국의 졸업식 같은 곳에서 불렸다. 이리하여 지금까지의 전통적 중국 음계와는 다른 서양식 음계와

---

1) 원곡명은 'Dreaming of Home and Mother'이며, 한국어 노래명은 '깊어가는 가을 밤에'이다._역

곡조가 점차 중국인들의 음악 감각을 바꾸어 갔다. 이제 국민적으로 확장성을 가지는 노래 - 그것이 국가이든 유행가이든 - 가 탄생하는 데 남은 것은 온 나라 사람들이 다 휩쓸리게 되는 큰 사건이 음악을 동반하여 일어나기를 기다리는 일뿐이었다.

4. 국공합작 – 닮은꼴의 만남

1차 대회를 열고 명실상부하게 혁명 활동을 시작한 공산당이지만, 당시 '혁명' 정당으로 자임한 것은 공산당만이 아니다. 중국에는 당시 공산당보다 훨씬 전부터 혁명운동을 벌여온 이른바 노포정당老舗政黨[1]이 있었다. 바로 쑨원孫文이 이끄는 중국국민당中國國民黨이다. 국민당의 역사는 공산당보다 20년 이상 앞선, 아직 청나라 때였던 1894년 쑨원이 창당한 흥중회興中會로 거슬러 올라간다. 그 후 중국동맹회中國同盟會, 중화혁명당中華革命黨을 거쳐 중국국민당(이하 편의상 '국민당'으로 약칭함)으로 자칭하게 되는 이 정치 그룹은 1921년 시점에서 쑨원의 지도하에 여전히 '혁명'을 기치로 내걸고 중앙정부 타도를 목표로 삼고 있었다. 그들의 거점은 중국 남부의 광둥성廣東省이었다. 광둥성 전역에 세력을 구축할 만큼의 실력은 없었지만, 국민당은 자칭 20만 이상의 당원을 보유하고 있었다. 당원 숫자가 백 자릿수에 불과했던 공산당에 비하면 거인이라고 할 만한 선배다.

---

1) 개업한 지 오래된 점포, 즉 전통 있는 정당이란 뜻._역

창당 초 공산당원의 상당수는 국민당이라면 질색을 했었다. 쑨원 개인에 대한 복종을 강요하는 것은 물론이거니와 '혁명'의 간판을 내걸면서 그 정권은 이권과 비리로 얼룩져 있고, 중앙 정권을 차지하기 위해서라면 이념이 다른 군벌 패거리들과 손잡는 것도 마다하지 않는 정객 집단으로 여겼기 때문이다. 실제로 공산당 제1차 대회 토론장에서도 다른 정치 세력에 대해 어떤 입장을 취할 것인가, 즉 연합전선 혹은 타 정당과의 정치 협력이 의제로 다뤄졌으나 결론적으로 결의문에서는 "타 정당에 대해서는 독립적이고 공격적이며 배타적인 태도를 취해야 한다. 군벌과 관료 제도를 반대하고 언론, 출판, 집회의 자유를 요구하는 정치투쟁에서 우리 당이 분명히 보여줘야 할 자세는 우리 당은 프롤레타리아트의 편에 설 것이며 다른 당과는 어떤 연계도 맺지 않을 것"이라며 강경한 태도를 확인했다. 이미 다른 당파와 관계를 맺고 있는 당원에 대해서는 "어떤 정당이나 단체와도 관계를 끊어야 한다"(규약)고 규정했다. 여기서 염두에 두고 있는 타 정당이란 다름 아닌 국민당이다.

이리하여, 우리야말로 진정한 혁명가라는 독선적 입장에서, 공산당은 여러 지방에서 노동운동에 뛰어들어 2년 동안 나름 기초를 다지고 파업도 지도하고 있었다. 하지만 산하의 경한철도京漢鐵道(베이징과 우한을 잇는 철도)조합이 일으킨 파업이 1923년 2월 군벌 세력의 폭력적 개입을 초래하여 탄압당하는 등(그 날짜를 따서 '2·7 대파업'으로 부른다), 노동자들의 힘은 약하고 군벌의 횡포는 거셌다. 그런 가운데 코민테른이 중공에 제시한 것이 쑨원의 국민당과 손잡고 국민당의 일원이 되어 중국의 당면 과제를 달성한다는 방침이었다. 그해 초 소련은 쑨원에게 외교관 이오페(요페, A. Ioffe)를 보내 쑨원의 혁명운동 지원 가능성을 타진하게 했다.

소련의 동아시아 외교 방침은 이후에도 마찬가지였지만, 최우선 순위가 일본의 군사적 위협을 억제하는 데 있었다. 즉 언제 다시 혁명 러시아에 무력간섭을 할지 모르는 일본의 압력을 줄이기 위해 중국을 비롯한 인근 국가들에 방파제가 되어줄 친소 정권이 안정적으로 존재할 필요가 있었다. 당시의 국력으로 볼 때 일본을 능가할 정도의 강력한 정권이 중국에서 곧바로 탄생하는 것은 기대할 수 없었기 때문에 적어도 일본이나 구미의 입김이 닿지 않는 세력으로, 현실에서는 민족주의적 성향을 가진 정권의 수립이 바람직했던 것이다. 그 조건에 맞는 것이 혁명가 쑨원의 세력이었다. 물론 공산당이 있기는 하지만 소련이 볼 때 이들의 힘이 갑자기 커지는 상황은 가정하기 어려웠다.

이오페(요페)의 파견은 이런 의도에서 나온 것으로, 그에게 지원을 제의받은 쑨원은 1923년 1월 '쑨원·이오페(요페) 연합선언'을 내고 소련과 제휴하겠다는 방침을 분명히 했다. 이러한 움직임과 병행하여 소련은 코민테른 채널을 이용해 창당 직후의 중국공산당에게 국민당과 협조할 것을 촉구하였다. 단순히 외교 전략 측면에서만이 아니라 중국의 사회경제적 상황에 비추어 볼 때, 한줌 밖에 안 되는 젊은이들 몇 명이 분투한다고 해서 공산주의 이상이 실현될 만큼 만만할 리 없으므로 국민당과의 협력을 지시한 코민테른의 방침은 타당했다.

그러나 당시 젊은 당원들 중 상당수는 애초에 쑨원 등의 혁명운동을 가망이 없다고 보고 공산당을 창당했던 것이어서 코민테른의 방침에 맹렬히 반발하였다. 더욱이 그 협력 관계라는 것은 양당이 대등한 입장에서 협의하겠다는 것이 아니라, 모든 공산당원이 개인 자격으로 국민당에도 입당한다는 변칙적이고 또한 굴욕적인 것이었기 때문에 반발이 한층 거셌다. 당수 격이었던 천두슈도 수차례 코민테른에 서한을 보내 재고를 요청했지만, 결국 코민테른의 방침에 따를 수밖에 없었다. 그때 중국에 코민테른 대표로 파견되어 있던 사람은 마링이다. 그는 중국인 당 간부들의 반대가 거센 것을 보고 일단 모스크바로 돌아가, 재차 마링의 지시에 따르라는 코민테른의 통지 서한을 받아내 중국으로 돌아왔고, 간부들을 설복했다. 이와 동시에 쑨원의 국민당 측도 쑨원이 전권을 행사해온 기존의 당에서 탈피하기 위해, 당 강령과 규약을 공표하는 등 당 운영 스타일을 근대적으로 바꾸고 있었다. 당의 개혁에는 마링 외에 정치고문으로 국민당에 파견된 보로딘M. Borodin등이 참여했다.

그리하여 국민당 역시 소련에서 파견되어 온 고문들의 권고에 따라 당을 개혁한 결과 국공 양당의 협력, 즉 국공합작은 상당히 유사한 두 집단 간의 연합이 되었다. 쑨원은 이오페(요페)와의 '연합선언'에서 혁명 러시아의 소비에트 제도는 중국에 적합하지 않다고 말했으나, 당의 운영 모델을 러시아 공산당으로부터 빌리는 데는 주저하지 않았던 것 같다. 1924년 제정된 국민당 규약은 러시아 공산당 규약을 바탕으로 한 것이었고, 이후 국민당이 당의 조직 원리로 내세운 '민주주의적 집권 제도' 역시 공산당의 조직 원리를 빌린 것이라고 해도 무방하다. 국민당 개편 작업에 관여한 공산당 간부 중 한 사람은 "국민당 문건은 모두 코민테른이 초안을 작성해 우리가 번역한 것이다."라고까지 잘라 말했다.

그 유사점을 몇 가지 소개하겠다. 우선 회의와 문서를 통한 당 운영이라는 활동 스타일이다. 정당을 포함해 모든 조직의 운영에는 회의와 문서가 따르기 마련이고 반대로 말하면 회의가 없는 조직 운영은 있을 수 없다. 다만 이를 정당 활동 속에 위치 짓고, 의사 결정의 순서를 명확하게 하고, 관련 규정을 정하고, 정기적으로 개최하는 대표대회를 통해 결정한다는, 말하자면 정당으로서 당연한 절차를 명확하게 정한 것은 중국에서는 이 시기의 국공 양당이 처음이다. 믿기 힘들겠지만, 쑨원이 이끄는 국민당은 그때까지 당대회라는 것을 열어본 적이 없었다. 처음으로 그러한 회의 규정을 마련한 것은 국공합작이 출발한 1924년이다.

통상 정당의 회의에서는 전국에서 대표를 모아 정기 개최하는 당대회를 가장 중시한다. 당의 구성원이 극히 적은 시기에는 아직 짧은 간격으로 개최할 수 있지만, 당이 커지고 활동 범위가 넓어지면 특정 장소로 집합하기 힘들어지고, 또 대표 선출에도 그만큼 시간이 걸리게 되어 당대회 개최가 어려워진다. 중국공산당의 경우 창당 직후에는 1년 또는 2년 간격으로 당대회를 열어 중요 사항을 결정했다(현재는 5년에 한 번). 당원 수가 수백에서 수천 정도 규모라면 짧은 간격으로 전국대회를 개최하는 것이 아직 가능했다. 그러나 이후 1927년 국민당과의 관계가 파탄이 나, 당 활동의 중점이 농촌 무장투쟁 및 도시 지하투쟁으로 옮겨가자 당대회를 안전한 환경에서 개최하기가 점점 곤란해졌고, 1928년 제6차 대회처럼 해외(소련)에서 개최한 경우도 있었다. 1930년대 이후에는 당과 군의 활동 영역이 더욱 전국 각지로 흩어진 데다 항일전쟁 발발이라는 사정까지 있어 당대회는 오랫동안 소집되지 않았다. 제7차 대회가 열린 것은 전前 회로부터 무려 17년 후인 1945년의 일이다.

물론 그동안 당 활동 전반을 논의하기 위한 회의가 열리지 않았던 것은 아니다. 당대회에 다음가는 결정권을 갖는 것은 대회에서 선출된 중앙위원들이 여는 총회, 즉 중앙위원회 총회(중국어로는 중앙위원회 전체회의)이다. 전국대회의 역할 중 하나가 중앙위원을 선출하는 것이고, 그 중앙위원이 나시 호선으로 중앙상무위원을 뽑고, 다음 당대회까지는 중앙위원 전체회의가, 나아가 그 전체회의 기간 이외에는 중앙상무위원(혹은 중앙정치국 상무위원) 몇 명이 자주 회합하여 일상적인 당무를 본다. 이것이 민주집중제이며, 이른바 '당 중앙'이란 명의상으로는 당 중앙위원회를 말하지만, 사실상은 이 정치국 상무위원회가 구현하는 것이다. 이 시스템은 국민당에서도 마찬가지였으며, 공산당에서는 지금도 견지되고 있다.

또 회의에 숫자를 붙여 부르는 것도 국민당과 공산당의 공통적인 방식으로 오늘날에도 계속되고 있다. ○기 ○중전회(중앙위원회 전체회의)라는 명칭으로 이어나가는 것이 그것이다. 예를 들면 공산당이 개혁개방 정책으로 방향을 크게 전환한 회의를 11기 3중전회라고 부르는 것처럼 독특한 셈법이 있다. 이 경우에 11과 3은 제11차 당대회에서 선출된 중앙위원이 개최한 3번째 총회라는 뜻이다. 국민당은 지금은 타이완에서 야당이지만, 2020년 9월에 20기 4중전회를 개최했다.

하지만 국공 모두 회의를 중시한다고 해도 공산당의 회의 편중은 국민당에 비할 바가 아니다. 예를 들어, 1924년 시점의 국민당의 경우, 당 규약에 회의에 관한 조항이 있기는 하지만 그 규정은 어디까지나 전국대회에 관한 규정에 그치는 것이지, 공산당처럼 (예를 들면 1922년의 제2차 당대회에서 제정한 규약), 몇 명 규모의 지부(세포) 레벨까지 회의 개최의 의무와 그 빈도('1주일에 1번')를 세세히 규정하지는 않았다. 설령 실제 결정이 복도나 밀실에서 이뤄지거나, 아니면 사전 정지 작업으로 어떻게 결정할지 이미 정해져 있더라도 공산당 조직의 결정은 반드시 공식 회의를 통해 이뤄져야만 한다. 당의 중요한 노선 전환이 말하자면 팔칠회의八七會議, 쭌이회의遵義會議 준의회의, 또는 11기 3중전회처럼 항상 회의와 함께 논해지는 이유가 여기에 있다.

회의 결과는 상급조직에 보고되는 한편 하부조직에 전달되며 그때마다 문서가 작성된다. 자연히 방대한 문서가 축적된다. 예를 들어 1949년 이전 각지의 공산당 조직이 작성한 문서는 현재 성 및 지역별로 '○○혁명역사문건휘집革命歷史文件彙集'이라는 명칭의 책자로 되어 있는데, 참고로 내가 가지고 있는 『허베이혁명역사문건휘집』 제9권이라는 자료집을 예로 들면, 전국적으로 봤을 때 결코 활발했다고 할 수 없는 이 지구(성위省委)의 이 시기(1932년 7월~9월)의 3개월치 문헌(당시의 것)만으로 500쪽 남짓, 24만 자나 된다. 이러한 성 차원의 지방조직 자료의 총계는 1949년 이전 것만 해도 5천만 자가 넘는다고 한다. 창당 1921년부터 1949년까지를 28년으로 단순 계산

쑨원이 국민당원들에게 삼민주의(민생주의)를 설명할 때 그린 개념 포함도. 공산주의 오른쪽에 작게 그려져 있는 것은 '집산주의'

하면 지방조직에서만 하루에 5천 자나 되는 문서가 작성되었던 셈이다. 비록 종이 위의 일이지만 일상 활동에 대해 이 정도로 문서를 남긴 조직은 중국 역사상 공산당밖에 없다. 회의에서 결정하고 문서로 전달하는 시스템은 공산당에 어떤 조직도 따라갈 수 없는 응집력을 부여하였으며, 이 시스템은 인민공화국이 되면 당 밖의 일반사회로까지 확대된다.

또 공산당과 국민당은 내세운 주의야 달랐지만, 둘 다 자기완결적 이데올로기를 가졌다. 공산당은 말할 것도 없이 마르크스-레닌주의이고, 국민당은 쑨원의 삼민주의다. 이들 주의는 단순히 현실정치에 대한 지침일 뿐만 아니라 정치 전반, 나아가 세계관과 인간관의 토대가 되는 것으로서 유일하고 절대적인 진리로 간주된다. 특히 쑨원은 자신의 주의에 대한 자신감이 이만저만이 아니었다. 그는 삼민주의의 하나인 '민생주의'를 마르크스주의 외 공산주의를 포섭한 더 원대하고 고차원적인 것이라고 자부하여 공산당 젊은이들도 국민당에 입당하면 중국의 국정에 맞지 않는 마르크스주의보다 훨씬 뛰어난 자신의 삼민주의에 감화될 것이라고 봤다(위의 그림).

앞서 언급했듯이 국민당과 공산당의 제휴(국공합작)는 공산당원이 개인

자격으로 국민당에도 가입해 이중 당적자가 되는 변칙적인 방식(당내합작)이었는데, 그 배경에는 당시 양당의 격(규모) 차이 외에 쑨원의 이러한 우월 의식이 깔려 있었다. 반면 공산당 당원들에게는 삼민주의 같은 것은 어차피 중국에서나 통용되는 어중간한 부르주아 사상에 불과했다. 코민테른의 지시 때문에 국민당에 들어가기는 하지만 다른 국민당원들처럼 쑨원과 그 주의에 충성을 맹세하다니 그런 건 제발 봐주시오, 라는 것이 숨길 수 없는 속내였을 것이다. 국민당 내에서도 공산당원 수용이나 소련과의 제휴 추진에 반대하는 사람은 결코 적지 않았다.

이러한 당 내부의 불만을 각자 안은 채, 국공합작은 1924년 1월에 광저우에서 열린 국민당 제1차 대표대회에 의해 정식으로 시작되었는데, 이득은 의외로 공산당 쪽이 컸다. 하나는 지방정권이라도 당시 광둥성에 지반을 가진 집권당이던 국민당의 일원이 됨으로써 공산당원들에게 생활비가 지원되었다는 점이다. 초기 공산당의 재정 기반으로는 직업적인 당직자를 상당한 숫자로 두기란 쉽지 않았다. 그랬던 것이 겉으로 국민당원이라는 옷을 걸치면서 봉급을 받고 가족과 같이 생활할 수 있게 된 것이다.

예를 들어 합작이 시작된 1924년을 보자면, 마오쩌둥은 국민당의 후보 중앙집행위원이나 선전부 부장 대리(부장은 왕징웨이汪精衛왕정위였는데, 중일전쟁 때 친일정권을 세운 왕자오밍汪兆銘왕조명이라는 이름으로 더 잘 알려져 있다)와 같은 자리에 앉았고, 저우언라이周恩來주은래는 저우언라이대로 당시 광저우 교외에 설립한 국민당 사관양성학교(황푸군관학교黃埔軍官學校)의 정치부 주임이라는 자리에 기용되었다. 참고로 이 사관양성학교 교장이 바로 장제스蔣介石장개석였다. 즉 마오와 저우 둘 다 그 시기에 국민당 요인들과 가까이에 있으면서 자주 얼굴을 마주쳤던 셈이다.

또 하나의 장점이었다고 할까, 요행스러운 점은 누가 이중 당적자인지 국민당은 파악하지 못하고 공산당만이 알고 있었다는 것이다. 듣고 보니 과연 그럴 만한 것이, 국민당으로서는 저명한 공산당원이라면 모를까 새로 입당한 젊은이가 공산당원인지 아니면 단순한 국민당 입당 희망자인지 본인이 솔직히 신고하지 않으면 사실상 판별이 불가능했다.[1] 실제로 합작이 시작되기 전부터 국민당 간부 중에는 공산당원을 수용하면 이들이 국민당을 탈취하는 사태를 초래할 것이라는 우려가 뿌리 깊었고, 1924년 국민당 제1차 대회에서는 공산당의 거물급 인사인 리다자오가 다음과 같이 변명하고 있었다. 중공은 코민테른이라는 국제조직의 멤버이기 때문에 국민당에 입당한다고 이탈할 수는 없지만, 개인적으로 국민당에 들어온 이상은 당연히 그 규칙과 지시에 따를 것이며 당 내부에 또 다른 당을 만드는 짓은 결코 하지 않겠다고 말이다.

그러나 국민당이 공산당원을 겸한 이중 당적자에게 숨기지 말고 신고하라고 요구해도 진짜로 받아들일 공산당원이 있을 것이라고 기대할 수 없었고, 또 실제로 국민당 내에서 적극적으로 활동한 것은 안타깝게도 당원으로서 단물만 빨아온 고참 국민당원들이 아니라 새로운 피로 수혈된 공산당원들이었다. 공산당원들은 국민당의 신체제(소련과의 연계, 민중운동의 지원) 하에서 새롭게 기획된 사관학교나 민중운동(농민운동, 노동운동)의 지도자 연수기관 등에서 일하며 국민당에 없어서는 안 될 존재가 되어 갔다.

공산당이 이러한 당 밖 활동을 교묘하고 효율적으로 하는 수단으로 이미 이 시기에 '프랙션'을 조직하여 활동한 것은 주목할 만하다. '프랙션

---

[1] 그 결과 국내외 언론은 국민당의 '적화(赤化)'를 보도하면서도 고위 지도자 중에서 누가 공산당원인지 판단하기 어려워, 때로는 왕징웨이, 쑹쯔원(宋子文)까지 각각 '중공 비서장', '중공 재정주임' 등의 직함을 가진 중공당원이라고 분석하고 있다.(「中國共産黨內部組織及び職員表」『外事警察月報』 제61호, 1927년 7월)

(fraction)'이란 정당(특히 좌익정당)이 대중단체나 다른 조직 내부에 설치하는 자파의 소집단을 가리키는데, 종종 타 조직에서 주도권을 잡거나 조직을 특정 방향으로 유도하기 위해 사전에 의사 통일을 하는 장으로 기능한다. 국민당의 전당대회를 비롯해 각급 회의와 지부 등에서 공산당원들은 프랙션을 만들고 지휘에 따라 행동을 취함으로써 당을 특정 방향으로 유도할 수 있는 단서를 얻었다. 다만 이는 국민당 관계자들이 볼 때 명백히 당 안에 당을 만들려는 획책, 이른바 기생 정책이었으며, 공산당 활동에 의혹의 눈길을 보내는 한 요인이었다. 이 프랙션 활동은 그 후에도 공산당이 당 밖의 합법적인 활동이나 조직에 잠식해 들어가는 데 중요한 무기가 되어 갔다.

이 밖에 국민당 지배 지역을 한 발짝만 나가도 공산당은 비합법 조직이었기 때문에, 비교적 공공연히 활동할 수 있는 노동자와 청년을 결속할 조직이 중요했다. 공산당계 노동조합은 공산당 제1차 당대회 직후 발족한 중국 노동조합 서기부가 총괄하여 1922년 노동절에 맞춰 광저우에서 제1차 전국노동대회를 개최하였고, 다시 1925년에는 마찬가지로 제2차 전국노동대회를 개최하여 중화전국총공회中華全國總工會를 설립하였다. 설립에 참여한 노조는 166개, 노동자 54만 명이었다. 철도 광업 해운 등을 중심으로 노조를 조직해 확대하기는 했지만 당시 노동자 모집은 동향 관계에 의존했고, 또 여러 중간단체(이른바 방회幇會)가 기승을 부렸기 때문에 근대적 이념의 노동운동이 침투하기는 쉽지 않았다.

한편, 청년을 대상으로 한 조직으로서 창당과 거의 같은 시기에 태어난 '중국사회주의청년단'의 경우는 거의 공개 조직이었기 때문에 혁명운동에의 인적 동원 면에서 공산당을 지탱하는 유력한 외곽 단체가 되었다. 나중에는 중공 입당의 예비 단계로 위치 지어져 당원 리크루트의 역할을 하게 되지만, 창당 초기에는 당과의 경계도 모호하고 때로는 당보다 첨예한 투쟁을 지향하기도 했다. 이 두 조직은 오늘날에도 '중화전국총공회'와 '중국공산주의청년단'이라는 명칭으로 존재하고 있는데, 그 내력은 공산당 창당기로 거슬러 올라간다. 이 두 조직의 초기 전국대회가 광둥에서 열렸던 것에서 알 수 있듯이 광둥에 지반을 둔 국민당과의 합작은 공산당에 여러 가지 편의를 가져다주었다.

거기에다 또 하나, 광둥에서 시도했던 공산당의 활동 중에 농민운동이 있다. 농민운동이라고 하면 마오쩌둥의 활동이 너무나 유명한데, 마오쩌둥보다 앞선 선구적인 사례가 광둥성 동부의 하이펑海豊해풍·루펑陸豊육풍 일대에서 있었다. 그 선두에 선 것이 현지 대지주 집안 출신으로 일본 유학 경험이 있는 펑파이彭湃팽배라는 청년 당원이었다. 원래 광둥의 이 일대는 마을 간 집단항쟁(계투械鬪)이 성행했는데, 펑파이는 자기 집안의 논밭 소작료를 감면해주는 한편, 계투에서 약자 집단의 방어와 저항이라는 요소를 농민운동 원리로 끌어들여 독특한 농민운동을 시도하였다. 펑파이의 운동은 상당한 성과를 거두었다. 말하자면 재지사회在地社會의 모순을 교묘하게 운동에 접목시키면 농촌에서 큰 혁명의 에너지를 끌어낼 수 있다는 것을 증명한 것이다. 후에 이 하이펑·루펑은 공산당이 독자 정권을 수립하는 무대가 되는데, 그 씨앗은 이 시기에 펑파이가 뿌린 것이다.

5. 국민혁명 - 최초의 혁명 체험

국민당에 공산당원이 가입하는 국공합작이 시작된 지 1년여 만에 그 추진자였던 쑨원이 베이징에서 병사했다. 쑨원의 죽음은 애초 국공합작으로 공산당원을 수용하기로 결정한 카리스마 있는 지도자의 죽음이었으므로 국공 관계에 동요를 가져올 수 있었다. 이런 가운데 어떤 의미에서 그런 상황을 구해준 것이 1925년 상하이에서의 노동쟁의를 발단으로 일어난 반제운동(5월 30일 항의 시위대에 대한 조계경찰의 발포를 계기로 확산된 반영反英운동)인 5·30운동이다. 상하이에서의 이 반제운동은 이윽고 국민당 정부의 근거지인 광저우에서 홍콩으로 불씨가 번지면서, '동양의 진주'라고 불리던 홍콩 봉쇄(성항省港 파업, 성은 광둥성廣東省, 항은 홍콩香港을 말한다)로 확대되었다. 국공 양당은 이렇게 반영反英 보이콧을 추진하는 측에 서서, 달리 말하면 공동의 적에 맞섬으로써 균열이 커지는 것을 막을 수 있었다.

공산당이 국민당의 우산 아래 실력을 키웠던 것처럼 국민당도 한편으로는 이러한 반제민족주의 운동의 에너지를 흡수하고, 다른 한편으로는 소련으로부터 군사원조를 포함한 물적 인적 지원을 받아 급속히 세력을, 특히 군사력을 확충해 나갔다. 그중에서도 당을 위한 군과 그 장교를 양성하기 위해 설립된 사관양성학교에는 교관으로 소련에서 전문가가 파견되어 소련의 적군을 본받아 이념을 위해 싸우는 혁명군, 즉 '국민혁명군'의 골간을 육성하였다. 이 사관양성학교에는 당연히 공산당에서도 인력이 투입되었다. 유명 인물로는 린뱌오林彪임표, 쉬샹첸徐向前서향전, 류즈단劉志丹유지단 등이 이 학교에서 공부했는데, 이들은 훗날 공산당의 당군, 즉 홍군의 장군으로서 동창이자 교장 장제스 밑에서 성장한 국민당의 두위밍杜聿明두율명, 후쭝난胡宗南호종남 등과 싸우게 된다.

쑨원 사후의 국민당에서 힘이 커진 이가 이들 황푸군관학교의 장교들을 거느린 장제스였다. 원래 국민당은 군사력을 자신의 영향 아래 있는 지방 군벌에 의존하는 경우가 많았고, 그래서 군무에 종사하는 당 간부보다 정무를 담당하는 문관이 더 고위직으로 대우받는 경향이 강했다. 대표적인 경우가 신해혁명 이전부터 쑨원의 측근이었던 왕징웨이나 후한민胡漢民호한민 같은 간부들이다. 쑨원 사망 후 국민당은 왕징웨이를 중심으로 한 집단지도체제로 이행하여 1925년 7월 '중화민국 국민정부'를 출범시켰다. 이 정부는 입법권·행정권·사법권을 일체화하는 한편 명확하게 국민당의 지도와 감독을 받아 정무를 담당할 것을 주창했는데, 그 과정에서 존재감을 보여준 것이 장제스와 각급 활동에서 적극성을 보이는 공산당원들이었다.

과거 소련 시찰 때 러시아 혁명가들의 대중對中 원조에서 중국을 깔보는 저의를 느꼈던 장제스는 날로 짙어지는 중공과 소련의 그림자에 경각심을 높이는 한편, 죽은 쑨원의 숙원이었던 중국 통일 전쟁의 조기 시작을 자신의 사명으로 삼았다. 그는 남쪽 광둥에서 북쪽을 향해 군사적 공세를 펼치는데 이를 북벌北伐이라고 한다. 이와 달리, 공산당 측은 군사 우선 방침이 장제스의 힘을 더욱 강대하게 만들 것이라 우려하고, 지반인 광둥의 통치 안정과 사회문제의 시정이 선행되어야 한다고 주장했다.

북벌의 시시비비를 둘러싼 이 같은 알력은 소련 군사고문을 연루시킨 미스터리한 음모사건으로 발전했다. 쑨원의 이름(호)을 딴 포함 '중산함中山艦'의 무단 출동을 두고 벌어진 계엄령 소동, 즉 '중산함사건'(1926년 3월)이다. 명령도 없이 중산함을 출항시킨 것은 자신을 납치하려는 공산당과 소련 군사고문들의 음모라고 판단한 장제스는 광저우에 계엄령을 내리고 공산당과 소련 관계자들을 연금했다. 장제스의 이런 행동은 소형 쿠데타라고까지 할 만한 폭주였지만, 꾸순히 힘을 키워온 장제스를 높게 평가하던 소련 고문들은 그의 지지를 계속 확보하는 것을 우선시하여 장제스에 저항하지 않고 그가 요구한 북벌의 조기 개시에도 동의하였다. 장제스는 처벌받기는커녕 거꾸로 그 지도력을 인정받아 국민정부 군사위원회 주석이 되었고,

중국공산당 당원수 추이 (1921~1949)

연도	당원 수(명)	중공의 주요 이벤트
1921	53	제1회 대회(상하이), 57명이라는 설도 있음.
1922	195	제2회 대회(상하이)
1923	420	제3회 대회(광저우)
1925	994	제4회 대회(상하이)
1926	11,257	
1927	57,967	제5회 대회(우한)
1928	40,000	제6회 대회(모스크바), 13만 명이라는 설도 있음.
1937	40,000	항일전쟁 개시
1940	800,000	
1942	736,151	옌안정풍운동
1945	1,211,128	제7회 대회(옌안)
1949	4,488,080	인민공화국 건국

출처: 郭瑞廷 主編, 『中國共産黨黨內統計資料彙編 (1921~2000)』(黨建讀物出版社, 2002年) 및 각 연도의 당내 자료 및 코민테른 보고를 참조하여 작성함.

7월의 북벌을 앞두고는 국민혁명군 총사령, 국민당 중앙집행위원회 상무위원회 주석에도 취임했다. 후자는 당의 최고 직위였다.

한편 공산당 측은 그동안(같은 해 5월) 국민당의 '정리당무안整理黨務案'(공산당원의 국민당 내 활동을 제한하는 것)에 동의하는 등 타협을 강요받았다. 공산당 지도부, 즉 천두슈 등은 쿠데타와 다름없는 무력 위협을 가한 장제스에게 강하게 반발했고 그에 대한 반격과 처벌을 요구했지만, 이러한 강경한 방침은 국공합작의 유지와 진전을 바라는 모스크바(즉 스탈린을 중심으로 한 러시아 공산당과 소련 정부)에 받아들여지지 못했다. 공산당은 북벌 과정에서 발전하리라 예상하는 민중운동(농민운동과 노동운동)을 뒷받침함으로써 북벌이 단순한 군사적 확대로 끝나지 않도록 노력하고, 나아가 북벌의 군사적 패배로 장제스의 위신이 떨어지는 사태가 벌어질 수 있다는 시나리오까지 염두에 두면서 북벌에 협력하기로 했다.

북벌이 개시된 1926년 중반의 공산당 당원 수는 5년 만에 드디어 1만 명을 넘어선 상황이었다(같은 시기 국민당은 30만 명 이상). 당원 구성도 노동자 66%, 농민 5%, 기타 29%로서 근로자 숫자가 늘면서 지식인 중심의 초기 상황은 상당히 개선되고 있었다. 젊고 활력 넘치는 공산당원들은 북벌의 주력인 국민혁명군 장교로, 혹은 후방 지원과 측면 지원 요원으로 각 방면에서 활동했는데, 특히 눈에 띄는 것은 농촌 지역의 농민운동(농민협회)에 기울인 노력이었다. 농민들에게 주의를 기울이라는 코민테른의 조언에 따라 중공은 1923년 중공 3차 대회에서 '농민문제 결의안'을 처음으로 채택하며 농민 중시의 자세를 보여주었고, 이후 국공합작 체제에서 농민운동 강습소도 운영하였다. 그간의 노력이 (북벌로) 드디어 실천의 때와 장소를 얻은 것이다. 1926년 7월의 '북벌 선언' 및 국민혁명군 동원령에 의해 북벌이 본격적으로 시작되자 농민운동가들은 앞으로 진군할 노선에 해당하는 후난과 후베이에서 농민협회를 조직하는 데 나섰다.

이리하여 후난성에서 후베이성湖北省을 향해 진격한 북벌군의 제1진은 농민들이 측면에서 지원하고 참여하면서 우위에 서서 전투를 벌이며 순식간에 창사長沙를 함락시키고, 10월에는 우한을 공략하여, 단 3개월 만에 창장 강(양쯔강) 중류 지역까지 도달했다. 원래 북벌을 강하게 우려했던 스탈린도 '한커우漢口(우한)가 이윽고 중국의 모스크바가 될 것'이라며 흥분할 정도로 기뻐했다. 실제 국민정부는 1927년 연초 광저우에서 우한武漢무한으로 이전했고, 우한은 한때 '붉은 수도[赤都적도]'로 불렸다. 하지만, 그 무렵부터 혁명운동에는 눈에 띄게 삐걱거림과 혼란이 나타났다. 우한과 주장九江구강 등 열강의 조계를 끼고 있는 도시에서는 조계 접수를 요구하는 격렬한 반제운동이 벌어졌다. 민중과 청년들은 "열강을 타도하자! 열강을 타도하자! 군벌을 몰아내자! 군벌을 몰아내자![打倒列强, 打倒列强, 除軍閥, 除軍閥]"라는 국민혁명군 군가軍歌의 용감함 그대로 반제국주의의 기치를 내걸고 행동을 과격화시켜 나갔다. 그리고 난징에서는 외국인 거류민에 대한 폭행에 영국과 미국의 포함이 보복 포격을 가하는 등(3월 24일) 큰 소란이 일어나고 있었다. 말하자면, 운동은 순식간에 정부(혁명정권)의 통제가 듣지 않는 거친

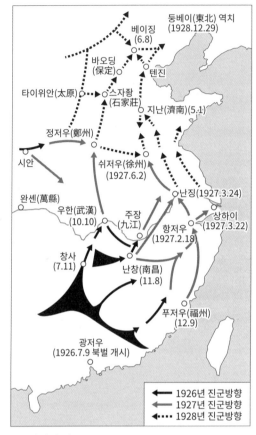

| 북벌 관련 지도

폭력성을 띠게 되었다.

난징을 비롯하여 상하이, 항저우 등 중국 경제의 선진 지역인 창장강 하류 지역도 1927년 3월 말까지 국민혁명군 제2진의 점령하로 들어갔다. 이 전장에서도 후난湖南, 후베이湖北만큼은 아니지만 공산당이 힘을 보여주었다. 그중에서도 이목을 집중시킨 것이 상하이 봉기이다. 공산당은 1926년 말부터 국민혁명군의 상하이 접근에 맞춰 산하 노동자 조직을 동원해 무장 봉기를 시도했고, 이듬해 3월에는 시가전 끝에 마침내 조계를 제외한 상하이 지역의 지배권을 장악하는 사태가 벌어졌다. 봉기를 지휘한 것은 저우언라이이다. 이때는 상하이도 흡사 '혁명도시'의 양상을 보이고 있었다고 해도 과언이 아니었다.

상하이에는 중국 최대의 조계가 있어, 실력 접수를 그곳까지 행사한다면 큰 충돌이 일어날 수 있었다. 조계에 권익을 가진 열강, 예를 들어 일본은 함정이나 육전대陸戰隊(지금의 해병대)를 상하이로 파견해 조계 접수와 같은 예기치 못한 사태에 대비하였고, 이와 동시에 국민혁명군의 실력자인 장제스과 접촉을 강화했다. 또 격화하던 노동운동의 표적이 된 기업인들도 장제스에게 대책을 기대했다. 원래부터 공산당에게 불신감을 가지고 있던 장제스는 난징에서 발생한 국민혁명군의 외국인 습격 사건도 공산당이 배후에서 조종했을 것이라 보고, 무력을 통한 철저한 제거에 나섰다. 즉 4월 12일 상하이 공산당계 노동자 자경조직(규찰대)과 현지에 들어와 주둔하게 된 국민혁명군 사이의 충돌을 중재한다는 명목으로 규찰대로부터 무기를 몰수하고, 그 반환을 요구하는 노동자들의 시위대에 발포와 학살로 화답한 것이다. 이 무력 행동은 '상하이 쿠데타' 혹은 그 날짜에서 이름 따 4·12쿠데타로 불리는데, 장제스는 이를 당내 불순분자·적대분자의 일소를 뜻하는 '청당淸黨'이라고 불렀다. 공산당은 일찌감치 장제스를 강하게 경계하고 있었지만, 막상 장제스의 선제에는 대응이 늦었다.

공산당의 대응이 늦어진 것에는 몇 가지 이유가 있지만, 그중에서도 컸던 것은 이 문제에서도 역시 소련 지도자 스탈린의 간섭이었다. 1년 전 중산함사건에서 모스크바가 장제스의 실력을 인정하여 그의 위세에 굴복했듯, 1927년에 와서도 스탈린은 국공합작의 지속을 최우선 사항으로 고려하여 장제스를 자기 편으로 계속 묶어두려 애썼다. 장제스가 반공으로 돌아서는 것은 시간문제라고 경고하는 사람도 있었지만, 그런 우려의 목소리에 스탈린은 "장제스가 배신하는 일은 있을 수 없다.", "우리는 최후의 최후까지 장제스를 실컷 이용할 것이다."라고 표명하였다. 심지어 자신의 초상 사진에 사인을 해서 장제스에게 보내기까지 했다(62쪽 사진). 상하이 쿠데타 나흘 전의 일이었다. 스탈린은 그런 식으로 신뢰를 유지하려 했던 것 같지만, 그건 너무 안일한 생각이었다. 다른 한편으로 스탈린은 중공에게는 장제스나 열강을 지나치게 자극하지 말라고 제지했다. 예컨대 조계 접수를 강행한 것이 열강의 간섭을 초래하여 혁명 자체의 실패로 이어질 수 있다고 우

스탈린이 1927년 4월 8일 장제스에게 선물한 초상 사진. 자필로 "중국 국민혁명군 총사령 장제스씨에게, 국민당의 승리와 중국의 해방을 기념하여, 스탈린으로부터"라고 적혀 있다.

려하면서 무기 비축이나 휴대를 자제하도록 했다.

결론부터 말하면 장제스에게 실컷 이용된 것은 소련과 공산당이었다. 스탈린의 정세 판단 오류로 공산당의 반제·반장反蔣 행동은 발목이 잡혀 공산당은 4·12쿠데타에 아무런 효과적인 준비나 대책을 내놓지 못했다. 12일부터 단 며칠 사이에 상하이, 난징 등지에서 국민당에게 적발·체포된 공산당원은 1천 명 이상에 이르며, 상하이에서만 여름에 걸쳐 300명이나 되는 중공당원(으로 보이는 자)이 살해되었다. 그중에는 천두슈의 두 아들(천옌녠陳延年, 천차오녠陳喬年)도 포함되어 있었다.

당연히 우한의 국민정부(국민당 중앙)는 격렬하게 반발하여 장제스를 모든 직무에서 해임하고 나아가 당에서도 제명했지만, 장제스 측은 천명은 우리에게 있다는 듯, 거꾸로 난징에 있던 국민당 중앙집행위원들의 지지 아래 국민당 중앙정치회의와 중앙군사위원회를 조직하여 4월 18일 난징에 후한민을 주석으로 하는 독자적인 국민정부를 수립했다. 즉 북벌이 창장강 유역에 이른 시점에서 혁명의 구심력은 상실되고 공산당원을 끌어들였던 국민당 내부에서 분열이 발생한 것이다.

4·12쿠데타 이후에도 우한에서는 국공합작 체제가 지속되고 있었다. 그러나 통제 불능의 민중운동에 휘둘리는 공산당은 그때까지 적을 향했던 민중의 폭력이 브레이크 없이 확대·과격화되는 상황에서 마치 호랑이 등에 올라탄 것처럼 중도에 그만 둘 수도 없이 형세에 몸을 맡길 뿐이었다. 국

민정부의 노공부장勞工部長 농정부장農政部長 같은 각료급에는 쑤자오정蘇兆徵소조징, 탄핑산 등 공산당원들이 취임하여, 그 점만 놓고 보면 국공 양당의 관계는 대등하게 바뀌고 있었지만, 그들에게는 사회질서를 회복시킬 만큼의 역량이 없었다. 그런 가운데 농민운동의 폭발적 에너지를 긍정적으로 바라본 사람이 후난의 농민운동을 시찰하고 우한으로 들어간 마오쩌둥이다. 당시 마오는 전년 11월에 막 창설된 중공 중앙농민문제위원회 위원장이었다.

후난과 후베이에서 농민운동의 격렬함을 목격한 마오는 '과화過火'(혁명의 과열)에 의문을 제기하는 목소리에 대해 그의 보고서 「후난 농민운동 고찰 보고湖南農民運動考察報告」에서 이렇게 단언했다. "혁명이란 손님을 초대해서 대접하는 것이 아니다… 혁명이란 폭동이다. 한 계급이 다른 계급을 무너뜨리는 격렬한 행동이다." 즉, 국민당도 공산당도 '국민혁명'을 내세우면서 '혁명'의 의미를 모른다, 조용히 부드럽게 품위 있게 할 수 있다면 굳이 혁명을 내세울 필요가 없다, 그것이 불가능하기 때문에 '혁명'을 하는 게 아니겠느냐는 것이다. 그는 오히려 농민운동의 격렬함과 과격성 속에서 중국혁명의 에너지와 가능성을 발견했다.

하지만 농촌의 혼란을 긍정적으로 바라본 사람은 마오 등 극소수에 불과했다. 당시 국민혁명의 현장을 직접 목격한 공산당 문화인 후위즈胡愈之호유지는 훗날 그 광란의 모습을 이렇게 회고했다. "이른바 토호열신土豪劣紳(지방 호족과 악질 인사)들은 종종 이름도 묻지 않고 고깔모자를 씌워 거리를 끌고다녔다. 그 자리에서 인민재판에 부쳐져 곧바로 총살되기도 했다."[1]

문제는 '토호열신'이라는 낙인이 찍혀 민중운동의 표적이 된 부농, 지주,

---

1) 胡愈之, 「早年同茅盾在一起的日子裏」 『人民日報』 1981년 4월 25일.

상점주들이 바로 국민혁명군(혹은 국민당 상층부) 장병들의 출신 가정이었다는 점이다. 국민혁명군이 당면한 적을 격파하고 우한을 점령한 뒤 일단 북진을 멈추자, 그동안 적군敵軍을 향했던 혁명군의 총구는 질서를 파괴하는 민중운동과 이를 조장하는 공산당에 겨눠졌다. 1927년 봄 우한 정부 지배하 각지에서 일어난 혁명군의 반란이 그것이다. "공산당이 발호하는 우한 정부를 토벌하여 정의를 되찾자". 원래대로라면 우한 정부를 지켜야 할 입장인 국민혁명군 부대 일부가 그렇게 외치며 반란을 일으켜 우한을 공황 상태로 빠뜨리고, 그것이 또 다른 혼란을 불러일으키는 사태가 이어졌다.

우한 국민당 수뇌부(그 중심에 있던 것은 쑨원의 후계자인 왕징웨이)가 이런 위기 상황에서 공산당과의 결별을 주저한 이유는 무엇일까. 물론 무모하다고는 해도 공산당원의 활동력 없이 우한의 정권을 유지할 수 없다는 사정이 있었을 것이다. 숫자는 국민당의 몇 분의 1이라고는 하지만 공산당은 확실히 일꾼이었다. 그리고 또 하나 생각할 수 있는 것은 소련의 동향이다. 우한 정부가 처한 곤경의 가장 큰 요인은 재정 파탄에 따른 경제 마비였다. 경제의 요지였던 강남을 장제스에게 빼앗기고 농촌 세수도 기대할 수 없게 된 우한 정부는 '현금집중조례(은행이 보유한 은화를 봉쇄하고 새 지폐로 전환하는 것)'를 실시하는 등 갖가지 경제 대책을 다 내놓았지만, 그렇게 해도 최소 필요 수입의 10분의 1밖에 확보하지 못했고, 마지막 희망을 소련의 긴급 경제원조에 걸고 있었다. 그러기 위해서는 공산당과의 관계를 끊을 수 없었다.

같은 시기 공산당은 공산당대로 멀리 모스크바에서 날아오는 지시에 우왕좌왕하고 있었다. 5월 말 코민테른이 보내온 지시('스탈린의 5월 지시'로 불린다)가 토지혁명의 단호한 실행, 우한 정부와 국민당의 재개조, 2만 명의 공산당원 무장, 5만 명의 노동자 농민의 국민혁명군 가입, 반동적인 우한의 군 장령에 대한 처벌 등 국민당이 도저히 받아들일 수 없는 정책을 우한 정부 좌파와 협력하여 시행하도록 명령했기 때문이다. 공산당 총서기 천두슈는 '지시'가 옳고 중요하며 전적으로 동의한다고 하면서도, 구체적 문제에 대해서는 그 어려움을 열거하는 답전을 보냈다. 체면 차린 거절이나 다름없다. 하지만 이에 대해 모스크바에서 돌아온 것은, "우리에게는 어떠한 새로운 방침도 없다... 우리는 앞서의 지시를 반복한다."는 단호한 언사였다.

이때 뜻밖의 일이 벌어진다. 우한에 파견되어 온 코민테른 대표 로이N. M. Roy가 이 지시를 국민당 지도자 왕징웨이에게 보여준 것이다. 그것도 6월 초, 즉 지시를 받은 지 얼마 안 된 시점이었다. 로이에 따르면 '지시'를 왕에게 보여준 것은 왕에 대한 신뢰를 보여주기 위한 것이었고, 과연 왕 측도 필요한 원조가 곧 올 것을 조건으로 '지시'에 동의했다고 한다. 이 '필요한 원조'야말로 우한이 기대했던 소련의 자금 지원이었다. 하지만 결국 돈은 오지 않았다. 모스크바의 스탈린이 가장 마지막 순간에 왕징웨이를 믿지 못하고 자금 지원 액수를 줄였기 때문이다.

이렇게 되면 국민당 더 이상 공산당을 끼고 있을 이유가 없다. 아니 오히려 방해였다. 그렇게 생각한 왕징웨이에게 '지시'는 바로 공산당과 결별할 좋은 빌미가 되었다. 7월 15일 국민당 중앙의 회의 석상에서 왕징웨이는 공산당의 음모를 보여주는 증거가 발견되었다며 '지시'를 '폭로'했고, 그 내용에 경악을 금치 못하는 당 간부들의 합의를 얻어내 공산당과의 관계를 청산하기로 결정했다. 이것이 이른바 '우한 분공武漢分共'의 전말이지만, 그동안 별로 주목받지 못했던 부분, 즉 왕이 로이가 보여준 지시를 알게 된 후 이를 '폭로'하기까지 실제로는 한 달 넘게 걸렸다는 것의 수수께끼는 눈치 빠른 독자라면 벌써 풀었을 것이다. 그렇다. 그 한 달은 왕징웨이 등 우한의 국민당이 국내외 정치·군사 정세를 떠보는 한편으로, 마지막 희망인 소련의 원조 답변을 기다리는 데 소요된 시간이었다고 볼 수 있다.

그리하여 1924년 이래 그럭저럭 이어져 온 국공합작은 국민당과 공산당 양측에 막대한 성과와 과제를 남기고 3년 반 정도 만에 막을 내렸다. 공산당을 배제한 우한의 국민당은 얼마 지나지 않아 난징의 국민당 정부에 합류했고, 이듬해인 1928년 재개된 북벌의 결과 장제스가 이끄는 난징 국민정부는 전국 통일을 이뤘다. 한편 공산당에 있어서 국민혁명은 창당한 지 5년여 만에 일찌감치 얻은 최초의 전국적 실천 경험이었으며, 결과적으로는 많은 희생을 치르고 재야로 내려가게 되지만 유력 정당으로 존재감을 보여줄 수 있었다는 점에서는 큰 의미를 갖는 혁명의 제1막이었다.

칼럼③ 중국 최초의 유행가 - 「국민혁명가」

중국 역사상 최초의 유행가가 무엇인지에 대해서는 뚜렷한 정설이 없다. 애초에 '유행가'가 무엇인지에 대해 명확한 정의가 없기 때문이다.[1] 필자가 생각하는 중국 역사상 최초의 유행가는 1926~27년 국민혁명군이 북벌 시에 행군하면서 부른 군가 「국민혁명가」이다. 핵심은 비교적 짧은 기간에 전국적 규모로 같은 노래가 시간대를 같이하여 불린다는 점, 그리고 거기에 국민국가 형성에 연관되는 공동의 체험이 반영되어 있다는 점

---

1) 유행가가 정의하기 어렵다는 점은 키시 토시히코(貴志俊彦)의 『동아시아 유행곡 아워(東アジア流行歌アワー)』(岩波書店, 2022년, 7~16쪽)에도 설명되어 있다. 키시의 책은 음반의 보급에 주목하여, 이를 매개로 널리 퍼진 노래를 대상으로 한 연구이다.

이다. 물론 TV도 라디오도 없는 시대이니 노래를 옮기는 것은 사람이다. 어떤 의사를 가진 집단이 노래를 가지고 나라를 돌아다니는, 즉 전국 규모의 행군이 유행가를 만드는 것이다. 남쪽으로는 광둥에서 출발한 국민혁명군은 2년여에 걸쳐 최종적으로 베이징까지 갔고, 충분히 그 전파 역할을 할 수 있었다.

덧붙여서, 일본 최초의 유행가에는 여러 설이 있지만, 메이지 유신 당시 보신전쟁(戊辰戰爭무진전쟁)에서 신新정부군이 퍼뜨린 「돈야레세츠トンヤレ節」도 그중 하나로 본다. "전하, 전하, 말 앞에서(宮さん,宮さん,お馬の前で)"로 시작하는 소절로 유명한 돈야레세츠가 정부군과 함께 교토에서 도호쿠까지 전국 대이동을 하면서 메이지 국가가 수립된 경위에 비추어 보면, 중국에서 이 노래에 대응하는 것이 바로 「국민혁명가」였다. 그 가사는 "열강을 타도하자! 열강을 타도하자! 군벌을 몰아내자! 군벌을 몰아내자! 국민혁명은 성공한다! 국민혁명은 성공한다! 모두 즐겁게 노래하자, 즐겁게 노래하자!"[1]로 지극히 단순하지만, 국공합작 아래 추진된 국민혁명의 정신을 훌륭하게 반영하고 있다.

하지만 이 노래의 멜로디를 듣는 사람은 의외의 느낌을 받을 것이다. 일본에서는 「조용한 종소리[静かな鐘の音]」로 알려진 창가의 개사곡이다.[2] 지금은 아이들을 위한 동요 「묵찌빠로 뭘 만들까[グーチョキパーでなにつくろう]」로 불리기도 하지만, 원래는 「프레르

---

1) 중국어 원문은 "打倒列强, 打倒列强, 除軍閥, 除軍閥, 國民革命成功, 國民革命成功, 齊歡唱, 齊歡唱"이다._역
2) 한국어 번안곡은 동요 「우리 서로 학교길에 만나면 만나면」이다._역

자크Frère Jacques」라는 지극히 목가적인 프랑스 민요이다. 중국어로도 사정은 일본과 비슷한데, 지금은 「두 마리의 호랑이[兩只老虎]」라는 동요가 되었다. 이 목가적인 멜로디에 혁명적인 가사를 담아 선전가로 만들어낸 사람은 1925년, 1926년 당시에 국민혁명군의 정치교육을 맡았던 공산당원이었다고 한다. 하지만 어떤 경위로 「프레르 자크」가 선택되었는지는 알 수 없다.

참고로 국민당은 당시의 베이징 정부를 중국의 정통성 있는 정권으로 인정하지 않는 입장이었으므로, 「경운가卿雲歌」를 국가로 인정하지 않았다. 하지만, 대안이 될 국가 역시 아직 만들어지지 않은 상태였다. 그런 가운데 누구나 부를 수 있고 인기도 있는 「국민혁명가」는 정식 국가國歌의 제정까지 잠정적 국가가 되었다. 북벌 개시와 거의 비슷한 1926년 7월의 일이었다. 그러나 북벌의 순조로운 진전과 함께 「국민혁명가」가 널리 퍼지면서 아무리 '잠정'이라고 해도 프랑스 민요를 개사한 곡을 국가로 삼는 것은 체면이 깎인다는 목소리가 자연스럽게 커졌다. 이에 따라 국민당은 정식 '국가'의 조속한 제정을 위해 나섰다. 하지만 국민혁명의 폭풍이 지나간 뒤 모집된 국가 후보작들은 모두 수작이긴 하나 결정적인 매력은 못 느끼겠다는 이유로 탈락해, 국가는 좀처럼 제정되지 못했다.

이리하여 국민당이 주도하는 국민정부는 이미 제정된 국민당의 당가黨歌(가사는 당원에 대한 쑨원의 훈시)를 국가로 대체한다는 고육지책을 내놓았으나, "삼민주의는 우리 당의 뿌리"라는 가사를 가진 이 노래를 국가로 삼는 것에 반발도 적지 않았다. 일단 국가를 만들기는 했는데, '피리를 불어도 춤을 안 춘다'는 비유처럼 국민들의 반응은 시큰둥했던 셈이다. 하지만, 이윽고 지나치게 강렬할 정도의 민족적 체험과 기억이 1930년대의 중국을 덮친다. 바로 일본의 침략과 망국의 위기로, 그로부터 미래의 국가 「의용군 행진곡」이 탄생하는 것이다.

6. 공산당의 정치문화 - '새로운 삶의 방식'이 주는 충격

국민혁명이 고양과 혼란, 그리고 국공 분열이라는 단계를 차례로 거치며 진행되었던 1927년은 중국근대사에서 격동의 해였다. 민중운동이 특히 불타올라 질서의 붕괴까지 갔던 후난-후베이 일대에서 혁명운동은 반세기쯤 전에 역시 화중 지역을 대동란으로 몰아넣었던 태평천국太平天國(장발적長髮賊의 난)을 상기시켰다고 한다. 태평천국이 특이한 종교(이단적 기독교)를 신봉하는 광신도 집단이었다면, 이번 국민혁명군은 국민당의 외피를 쓴 공산주의 집단이라는 이미지를 갖고 있었다. 이러한 부정적 이미지가 혁명운동에 대한 경계심과 우한 정권의 붕괴에 일조한 것은 틀림없다.

그런 부정적 이미지를 결정적으로 만든 풍문 중에 '부녀 나체 시위' 사건이 있다. 1927년 3월경 국민당의 지배하에 들어간 우한에서는 여성들이 나체로 가두시위를 벌였다거나 국민당이 시켰다는 식의 뉴스가 호기심과 공포에 휩싸여 온 나라로 퍼져나가 많은 이들을 경악하게 만들었다. 국민혁

우한의 부녀 나체 시위를 보도한 베이징 일간지 『순천시보
(順天時報)』(1927년 4월 12일)

명군의 지배하에 들어가면, 왜 여성들이 나체 시위를 하는가. 맥락은 앞서 언급한 공산共産=공처共妻와 크게 다르지 않다. 즉 국민당은 공산당에 휘둘리고 있고, 공산당은 남녀평등이기 때문에 남자나 여자나 뒤섞어 부대로 편성한다. 당연히 여자의 정숙은 무용지물이 될 뿐만 아니라 오히려 금기시되고, 여성해방의 증거로 알몸으로 거리로 쏟아져 나가 세상이 새로워졌음을 과시하는(과시해야만 하는) 것이다.

우한의 혁명정권은 그런 사실이 없다고 거듭 해명했지만, 뉴스(위의 사진)는 완전한 오보는 아니었다. 다만 우한 혁명정권 측이 그런 나체 시위를 조직하고 실행한 것이 아니라 사회 혼란을 일으켜 혁명정권을 흔들려는 세력이 시위행진 대열에 가슴을 드러낸 기녀들을 부추겨 난입시킨 것이었다고 한다.[1] 즉 우한 정권에 부정적인 인상을 심어주기 위해 기획된 야비한 모략이었다는 것이다. 단지 이 경악스러운 뉴스가 위와 같은 일련의 억측과 망상으로 연결되고 사람들에게 현실감 있게 받아들여져 확산된 배경, 즉 그런 해석을 유발하는 사회적 움직임이 있었다는 점에 주목할 필요가 있다. 바로 국민혁명과 함께 나란히 퍼져나간 젠더gender를 둘러싼 혁신적인 기류와 이에 대한 반발이었다.

---

1) 李焱勝, 「一九二七年武漢"婦女裸体游行"眞相」(『黨史文匯』 2001年 第10期). 安廣禄, 「北伐時期武漢裸女游行風波」(『文史天地』 2008年 第4期).

여성의 사회활동 참가에 따라 발생한 다양한 알력과 분규는 보다 일상적으로는 '단발'이라는 행위를 둘러싸고 일어났다. 오랫동안 중국에서는, 머리를 묶는 방식의 차이는 있어도 여성은 일반적으로 모두 긴 머리였다. 그러한 구舊풍속에 대해 5·4운동 시기 무렵부터 여성해방을 호소하는 목소리가 높아지면서, 여성스러움의 상징인 머리를 잘라 활동적인 머리 모양(쇼트커트)으로 바꾸고 양장을 입는 움직임이 확산되었다. 공산당은 바로 그러한 시대적 전환기에 탄생했다. 진정한 남녀평등은 사회주의의 세상이 되어야만 실현될 수 있다는 생각에 자극을 받고 집을 뛰쳐나와 공산당에 입당하는 젊은 여성도 있었다. 그녀들은 국민혁명 활동에 참여하면서 머리를 자르는, 즉 '단발'을 통해 자신의 결의를 보여주었다.

그런데 '단발'의 충격은 거대했고, 단발을 하는 것만으로도 '옛 도덕에는 따르지 않는다', '정조 관념도 부정한다'는 의사 표명으로 여겨졌기 때문에 주위의 가족이나 친족들은 대부분 맹렬히 반대했다. 당시 공산당을 둘러싸고 사회 여러 층에서 벌어지고 있던 논란과 분규, 대립은 단순히 정치사상이나 혁명운동 차원의 문제라기보다는 이런 습속이나 생활 방식의 문제로 더 강력하고 광범위하게 파급되고 있었다. 그리고 '붉은 수도'로 불리던 우한에서는 혁명의 열기에 휩싸인 가운데 단발은 개인의 지향에서 사회적인 것이 되었고, 실제로 여성(부녀) 단체가 단발 운동을 추진하면서 우한의 여성들에게 단발을 강요하는 사태가 벌어지기도 했다.

이쯤 되면 이야기가 '나체 시위'로 전개되는 것은 지극히 자연스러운 일이라 할 수 있다. 즉, 국민혁명기에 경악스러운 뉴스로 중국을 휩쓸었던 '나체 시위'는 이러한 젠더의 새로운 기류를 둘러싼 사회 전반의 삐걱거림이, 공산당원에 대한 의심 및 호기심과 맞물려 극단적인 수준으로 변형되어 표출된 것[déformer데포르메]이었다. 반대로 말하면 나체 시위를 기획한 측은 사람들의 마음속에 있는 옛 관념의 붕괴에 대한 잠재적 불안감을 이용하는 방법을 실로 잘 알고 있었다고 할 수 있다. 그 불안감은 이런 유언비어와 같은 어떤 계기로 순식간에 불타올라 혁명정권을 삼켜버리고 말았다.

이뿐만 아니라 공산당의 활동은 특히 그 초기에는 전통적 문화의 혁신자, 나아가 그 파괴자로서 어떤 이들한테는 인륜을 모독하는 자로 비웃음을 샀던 반면에, 신파新派의 젊은이들한테는 새로운 행동 원리를 실천하는 정당이란 기대를 받았다. 초기 공산당의 급속한 발전과 그 활약의 배후에는 정치 활동면에 그치지 않는 일종의 '새로운 삶의 방식'에 대한 제안이 있었다. 당시는 어떤 시대였는지, 앞서 단발의 배경에 있는 봉건적 가정규범의 뿌리가 얼마나 깊은지, 부모의 안배에 의한 결혼이 얼마나 당연하게 여겨졌는지 좀 더 살펴보자.

공산당이 탄생한 1920년대 초는 연애와 합의에 기초한 결혼, 심지어 결혼제도의 타파까지 외치던 시절이었지만, 당시(1921년) 한 학교의 학생들(오늘날 대학생에 해당함) 약 630명을 대상으로 연애와 결혼에 대해 실시한 다음과 같은 조사 결과가 남아 있다. 630명 중 이미 결혼한 사람이나 약혼자가 있던 사람은 365명, 즉 60%에 가까웠지만 상대를 스스로 선택한 사람은 고작 11명(3%)에 불과했다.[1] 즉, 대학에 진학할 무렵에는 절반 이상의 젊은이들이 부모가 정해준 혼약자와 결혼했거나 약혼하고 있었다. 부모의 명을 따르는 것, 그것은 유교의 가장 큰 덕목인 '효'이기도 했다.

이런 풍조를 좋아하지 않는 젊은이들은 점차 전통적 가정관을 고치는 것만으로는 부족하며, 궁극적으로 제반 악의 근원인 자본주의를 타파하지 않으면 사회개조는 불가능하고 남녀평등도 실현할 수 없다면서, 사회주의,

---

1) 陳鶴琴, 「學生問題之硏究」 『東方雜誌』, 1921년 제18권, 4~6기.

공산주의에 눈을 돌리게 되었다. 남녀평등뿐 아니라 가부장제와 '효도'의 부정, 전통적 종족 사회의 개조, 심지어 중국 내 민족 간의 평등 실현 등등, 이런 것들의 근본적 해결은 자본주의 사회에서는 어떻게 해도 불가능하다는 인식이 급속히 퍼졌다. 그러한 주장은 마오쩌둥이나 저우언라이와 같은 공산당의 제1세대에 해당하는 젊은이들 사이에서뿐만 아니라 보다 광범위하게 공유되고 있었다. 공산당의 결성에서 이 국민혁명에 이르는 시기는 그러한 의식 아래 현실이 조금씩, 이윽고 급격하게 변해가던 시기였다. 또한 단발도 그렇지만, 공산당처럼 여성이 남성과 같은 자리에서 활동하는 경우는 드문 일로, 당시에는 그 자체가 호기심 어린 시선을 받기 일쑤였다.

공산당 당원 중 여성의 비율은 1927년 국공 분열 직전까지 대략 10% 내외의 추이를 보이지만, 같은 시기 국민당의 경우 3% 내외였던 것을 감안하면 여성의 비율이 상당히 높다는 것을 알 수 있다. 공산당이라고 하면 운동이나 혁명 활동, 방침, 노선 등 정치적 측면만 논의되기 쉽지만, 그 정당 문화는 이러한 가치관의 혁신이나 새로운 인간관계의 모색 같은 측면에도 영향을 미쳤다.

무엇보다 당연한 말이겠지만, 공산당이나 혁명 활동에 가담한다고 해서 진정한 남녀평등 세계에 도달할 리도 없었고, 사실은 거꾸로 연애와 결혼이 가정이나 부모가 아닌 개인이 대처해야 할 사안이 되었기 때문에 현실에서는 남녀 당원 간의 말썽[trouble]이 끊이지 않았다. 이에 대한 당 지도자(윈다이잉惲代英윈다이잉)의 훈계는 다음과 같았다. 조금 길지만 공산당원 특유의 논리를 전달히는 전형적인 사례로 인용해보겠다.

　　마르크스주의 신봉자라면 경제제도가 완전히 개조되기 전까지
　는 시끄러운 연애 생활 따위는 있을 수 없다는 것을 알고 있을 것

이다. 마르크스주의자들은 결코 연애에 반대하는 것이 아니라, 모든 것을 희생해서라도 경제제도의 개조를 도모하여 모든 사람이 시끄러운 연애를 할 수 있게 되기를 바란다. 그러나 마르크스주의자들은 경제제도를 개조하기 위해, 때로는 모든 것(연애를 포함해서)을 희생해야 한다.(「마르크스주의자와 연애 문제」, 1925년 7월)

진정한 여성해방이 사회주의·공산주의 세상이 아니면 실현될 수 없는 것처럼, 연애 또한 '경제제도를 개조하기 위해'서는 희생해야 한다는 결론을 내린 것이었다. 각종 사회문제의 진정한 해결은 혁명의 성취를 기다려야 하며, 따라서 그날까지는 혁명운동의 추진을 우선시해야 한다. 이런 경향은 실제 공산당원들의 여성해방 문제를 다루는 자세에서도 나타나고 있었다. 앞서 소개한 마오쩌둥의 「후난 농민운동 고찰 보고」를 보자. 마오는 이 글에서 농민운동과 함께 고양되고 있던 여권운동에 대해서도 언급하며 불합리한 남성 우위의 제도는 당연히 타도해야 한다고 전제하면서도, "불평등한 남녀관계의 파괴는 정치투쟁과 경제투쟁이 승리하면 저절로 얻어지는 결과이다. 만약 너무 큰 힘을 들여서 억지로 이런 것들을 파괴한다면 토호열신은 반드시 그것을 구실로 삼아... 농민운동을 파괴할 것이 틀림없다."고 말했다. 즉 당면한 중요 과제는 농민운동의 추진이므로 여권운동은 이에 악영향을 주어서는 안 된다고 못을 박고 있는 것이다. 농민운동의 '과화'는 봐줄 수 있어도, 여성해방운동의 '과화'는 눌러야 했다.

따라서 공산당에서 여성해방의 위상은 이 시기에도, 또 그 후에도 주요 정책과 운동 추진에 협력한다는 부차적인 것에 머물렀다. 혁명을 성취하기 전까지는 여러 불합리를 참고 견뎌내야 하는 한편, 한 단계의 혁명 성취 뒤에는 다음 단계의 혁명이 기다리고 있으므로 또 다른 인내가 계속된다. 그런 논리로 해결이 질질 미뤄지고 불합리가 온존되고 만다. 이러한 '영원한 미루기'를 강요하는 논리는 여성해방 문제에서만 그랬던 것이 아니며, 또 중국에서만 그랬던 것도 아니었으니, 이는 인류의 궁극적 구제라는 이념을 내걸었던 20세기 공산주의 운동이 결국 인간다움을 갖지 못하게 된 큰 요인일 것이다.

이념적인 이야기를 차치하고, 당내 운영이나 인간관계를 포함해 공산당 지도부는 사실상 남성 사회였고, 여성 당원의 지위는 종종 배우자(파트너)의 지위에 머무르거나, 부녀부장 등 특정 직책에 한정되는 경우가 많았다. 이러한 경향은 인민공화국 시기에도 이어진다.

한편 1927년 국공합작의 종언은 공산당에게는 혁명운동의 좌절 혹은 실패로 여겨졌다. 도대체 왜 이런 사태에 이르렀는지 공산당 내에서는 당연하다는 듯이 '전범' 찾기와 그 책임 추궁이 이뤄졌다. 당 지도의 오류에 대해 당시 공산당 내에서는 다음과 같은 설명이 나왔다. 국민당에 대해 너무 약하고 타협적이어서 민중의 지지를 잃고 운동의 주도권을 잡지 못했다는 것이다. 이를 공산당 용어로는 'Opportunism'[日和見主義][1]이라고 부르고, 중국어로는 '機會主義기회주의'라고 부른다. 정세에 너무 맞추는 바람에 주체성을 잃는 것이기 때문에 우파냐 좌파냐로 말하면 우파(보수)이므로 둘을 묶어서 '우경 기회주의'라고도 한다.

1927년 여름에 그런 오류를 범했다고 지탄받은 이가 천두슈였다. 천의 입장에서는 알력이 커지는 국민당(장제스)과의 관계 재고와 국공합작의 재검

---

1) Opportunism의 번역어는 일본어로는 '해바라기[日和見]주의', 중국어와 한국어로는 모두 '기회주의(機會主義)'이다._역

토를 진작부터 주장했으나 코민테른(스탈린)이 상대해주지 않았던 것이었지만, 모스크바에는 그런 반박이 통하지 않았다. 모스크바에서 늘 '올바른 방침'을 제시했던 스탈린은 중국 사태를 어떻게 보고 있었나. 측근 모로토프V.M. Molotov에게 보낸 서한(1927년)이 이를 생생하게 전해준다.

나는 중국공산당 중앙위원회에 너무 많은 것을 요구하고 싶지는 않다. 게다가 과도한 요구를 해서는 안 된다는 점도 알고 있다. 그러나 간단하고도 쉬운 요구가 하나 있다. 그것은 코민테른 집행위원회의 지령을 달성하는 것이다.

애당초 무엇을 가르쳐 주어도 할 수 없을 것이니 이론 따위는 가르쳐봤자 소용없다는 이 오만함, 이것이 혁명을 이룬 자들이 중국공산당을 보는 시각이었다. 중공 지도자 천두슈가 국공합작 방식을 재검토해 달라고 여러 차례 호소했어도 귀를 기울이지 않더니, 반대로 불과 3개월 전에 자신의 장제스 평가가 허술했던 탓에 중공에 큰 손해를 끼친 것에 대한 반성 따위는 추호도 없다.

사실 당시 모스크바에는 천두슈의 이해자가 있었다. 스탈린과 대립하며 중국혁명의 위기를 두고도 다른 생각을 가졌던 트로츠키L. Trotsky다. 트로츠키는 일찌감치 장제스의 '배신'에 경종을 울렸고, 또 중공이 국공합작의 틀을 넘어 운동을 전개해야 한다고 주장했지만 그의 의견은 스탈린에게 봉쇄당했다. 그러나 스탈린은 국공합작 붕괴 후 입장을 180도 바꿔 마치 전에 자기가 했던 말 따위는 아예 없었던 것처럼 트로츠키의 지론이었던 중국에서 소비에트 혁명의 즉각 실행을 명령하고, 자신의 지령을 그대로 따랐던 천두슈에게 모든 책임을 떠넘겼다.

천두슈는 모스크바에 스탈린과는 다른 목소리가 있는지도 모른 채 국공분열을 전후하여 당 중앙의 정무를 보지 않게 되었고, 대신 그 코민테른의 방침을 받드는 다른 당 간부가 당 중앙에 앉게 되었다. 바로 취추바이瞿秋白구추백라는 인물이다. 취추바이는 러시아어전문학교 출신이라는 중국에서 드문 경력을 가진 인물로, 신문사의 모스크바 특파원을 거쳐 공산당에 입당했으며, 문학에도 조예가 깊은 인재였다. 국공합작이 깨짐에 따라 8월 초 우한에서 열린 공산당 긴급회의(회의 날짜에서 따서 팔칠회의八七會議라고 불린다)에서 당 최고지도자로 추대되어, 이후 일련의 폭동 방침을 수립하고 실행했다.

그러나 천두슈를 사실상 경질하고 지도자가 된 취추바이, 그리고 그의 폭동 방침이 실패한 뒤 취를 대신해 당의 최고지도자가 된 리리싼李立三이립싼(노동운동 출신)도 천두슈와 마찬가지로 모스크바의 올바른 방침을 집행하지 못했다거나 그에 반기를 들었다는 이유로 잇따라 경질되고 말았다. 특히 1930년 소련을 끌어들인 혁명전쟁까지 각오하고 도시부에 대한 적극 공세에 나섰다가 실패한 리리싼 등은 '반국제反國際 노선'[1]의 잘못을 저질렀다는 비판을 받아 모스크바로 소환되어 15년 동안이나 소련에 억류되었다. '반국제'의 죄과가 그만큼 무겁다는 뜻이었다.

코민테른은 조국이 없는 노동자·공산주의자들의 국제적 연대를 위한 조직을 표방했지만, 막상 각국 공산당을 지도할 때 그 국제주의 방침은 '노동자 계급의 조국'인 소련을 지켜야 한다는 논리로 바꿔치기 당했으며, 더 나아가 소련의 국익 옹호, 극동에서 소련의 안보라는 맥락으로 바뀌어 실행

---

1) 원문은 '반 인터(反インター)'이나 중국어로는 '반국제(反國際)'라고 한다. 코민테른의 영문명이 Communist International, 중국어로는 '공산국제(共産國際)' 제3기를 가리키는 '제3국제(第三國際)'이므로 Anti-International, 즉 코민테른에 반대하는 노선을 내건 혐의를 가리킨다._역

되는 경우가 많았다. 예를 들어 1929년 당시 동북을 지배하던 장쉐량張學良장학량이 중국 영내를 통과하는 철도(제정 러시아 시대에 건설된 중동中東철도)의 접수에 나서면서 소련과 격렬하게 대립하고, 이것이 군사 충돌로까지 확대되어 중국내에 반소감정이 고조되자 공산당은 이를 '제국주의에 의한 소련 침공 전쟁의 전조'로 간주하고, '노동자 계급의 조국' 소련을 지키자고 호소하는 캠페인을 전개했다. 말할 것도 없이 코민테른의 지시에 따른 것이었다.

다만 중국 내셔널리즘의 목소리를 거스르는 이런 논리가 여론의 지지를 받지는 못했다. 이 캠페인에 이의를 제기한 천두슈는 당 중앙과 격렬하게 대립했고, 결국 당에서 제명당했다. 그때쯤에는 트로츠키 사상의 동조자가 되어 있던 천은 공산당이 이제 '스탈린의 축음기'로 전락했다는 말을 남기고, 소위 트로츠키주의파 활동을 본격화하게 된다. 그러나 소련과 코민테른 계열의 공산주의 운동이 세계적으로 대세를 점한 상황에서 이들 트로츠키주의파 운동은 내부 갈등과 관헌의 탄압으로 극히 소규모에 그쳤다.

제2장 | 권력으로 가는 길

1. 농촌 혁명과 중화소비에트공화국 - 혁명 근거지라는 무대

1927년 여름 우한武漢의 국민당은 공산당과 관계를 끊었고, 이로써 국공합작은 와해되었다. 하지만 공산당은 그동안 국민당과의 합작을 간판으로 삼아 활동해 온 만큼, 어느 날 갑자기 그게 다 잘못되었다고 할 수는 없었다. 그래서 그 후로도 한동안 공산당은 자신들이야말로 우한이나 난징의 국민당보다 훨씬 쑨원의 유훈에 충실한 진정한 국민당이자 혁명파 국민당이라는 명분으로 활동했다. 사실상 공산당 주도의 무장봉기였음에도 불구하고 8월 1일 장시성江西省강서성 난창南昌남창에서 일으킨 무장봉기, 속칭 '난창봉기南昌蜂起' 당시 내걸었던 깃발이 국민당기였던 것은 이 때문이다.

참고로 봉기가 일어난 8월 1일은 공산당이 독자적인 군사투쟁을 시작한 날로, 인민해방군 창건기념일이 되었다. 우한 분공分共 이후 보름 만에 일어난 이 무장봉기는 혁명 정세의 퇴조를 만회하기 위해 공산당이 움직일 수 있는 국민혁명군 부대를 동원해 일으킨 것으로, 봉기 당시 발표된 선언문(격문)과 포고문 등에는 저명한 좌파 국민당원들의 이름이 (본인의 동의 없이) 사용되었다.

그런데 이 난창봉기를 비롯하여 여러 지방에서 공산당 주도의 무장봉기가 잇따라 일어났으나, 대부분 무참히 실패했다. 난창봉기 부대도 얼마 지나지 않아 난창을 넘겨주고 남하하여 국민혁명 발상지인 광둥에서 재기를 노렸지만, 그곳까지 가는 도중에 장병들은 뿔뿔이 흩어지고 궤멸하고 말았다. 공산당의 농촌 봉기 중에 그나마 간신히 살아남은 것은 마오쩌둥 등이 일으킨 봉기(추수봉기秋收蜂起)의 잔존부대가 1927년 가을에 도착한 후 난·장시성 경계의 징강산井崗山정강산에서 세운 근거지 등 극히 일부였다. 징강산에는 이윽고 주더朱德주덕가 이끄는 난창봉기 부대의 패잔병들이 합류하면서, 농촌을 무대로 하는 공산당의 새로운 스타일의 혁명운동이 시작된다. 당연히 더 이상 국민당의 기치를 쓸 필요가 없었고, 대신 내건 것이 독자적인 정권 '소비에트'를 수립하겠다는 '소비에트 혁명[蘇維埃革命소유애혁명]'이었다.

공산당이 농민운동에 힘을 쓰고 농촌에서 활동하는 것은 이전에도 없었던 일은 아니다. 초기에는 펑파이彭湃팽배나 선쉬안루沈玄廬심현려처럼 고향의 농촌에서 농민운동을 벌인 인물도 있었고, 북벌 시기에는 더 큰 규모의 농민운동이 조직되기도 했다. 그에 반해 1927년 이후 농촌에서의 활동이 이전의 운동과 다른 점은 당원(당 조직)이 무장하고 농촌사회에 파고들어, 거기에 자체 정권을 세웠다는 점이다. 바로 그 정권의 명칭이 '소비에트[蘇維埃소유애]'였다. 참고로 마오(당시 중공 중앙후보위원)는 추수봉기를 일으키기 전에도 농민 무장의 가능성을 언급하면서 '산에 오를 것'을 제기하며 '산에 오르면 군사력의 기초를 마련할 수 있다'고 발언했고, 우한에서 열린 '팔칠회의八七會議'에서도 '정권은 총에서 나온다'는 점에 주의하자며, 현지의 토비土匪와 회당會黨 같은 농촌의 무뢰배[outlaw]들을 적극적으로 끌어들여야 한다고 말하기도 했다. 마오가 징강산으로 간 것은 바로 그런 의미였다.

징강산에 들어간 마오쩌둥은 현지의 녹림綠林 두목들을 포섭함으로써 그곳에 뿌리를 내렸다. 녹림이란 숲을 근거지로 관리나 토호에 대항한 무장 집단·도적 무리를 가리킨다. 종종 '타부제빈打富濟貧(부자에게서 빼앗아 빈민에게 베푼다)'을 내걸고 의로운 일을 하는 한편, 때로는 도적이나 다름없는 행동을 하기도 하고, 관리를 대신하여 마을들을 지배하기도 하였다. 징강산의 경우, 현지의 수령격인 왕쭤王佐왕좌, 위안원차이袁文才원문재 일당은 때로는 '마도대馬刀隊'를 자처했고 때로는 '농민 자위군'을 자처했다. 이처럼 자치라고도 무법이라고도 할 수 있는 집단은 당시의 중국 농촌 지역 곳곳에서 볼 수 있었는데, 그 배경을 여기서 간단히 설명해 보겠다. 19세기부터 불안정기에 접어든 중국 사회의 상황이 공산당에게 생존과 훗날 승리를 가져다주는 토대가 되었기 때문이다.

18세기 후반 이후 대외교역으로 은 유입이 격증하면서 역사상 보기 드문 번영을 이루었던 청 건륭乾隆 연간의 중국은 19세기 초부터 심각한 경기후퇴 국면에 접어들었다. 지금까지의 번영을 지탱해 온 은이 국외로 유출되는 한편, 호황에 따라 급증한 인구 압력이 내륙 산간 지역 등으로의 이주와 개간을 촉진하여 원주민과 한족 이주민 간의 마찰, 나아가 개간지에서의 치안 악화를 낳았고, 내륙부에서 시작한 반란이 빈발하는 상황을 초래했다. 원래 청 왕조는 경제·금융에 거의 개입하지 않았고, 화폐 발행이나 경제 활동의 신용 보증부터 세금 징수·치안 유지에 이르기까지 사회의 많은 활동이 민간업자, 혹은 지역 유력자나 동업단체에 맡겨져 있었다. 그런데 크고 작은 반란과 소요가 잇따르면서 민간에 맡겨져 있던 경제와 사회 관리가 토대부터 흔들리게 된 것이다.

이렇게 지방 단위까지 뻗어있는 국가 권력이 민사民事에는 거의 관심이 없었기 때문에 사회 치안에 구멍이 뚫리자 지방 농촌에서는 크고 작은 수준에서 스스로 지키려는 움직임이 늘어났다. 마을들이 무장하거나 자경단(단련團練)을 조직하고, 혹은 방범대라고도 유력자라고도 말하기 애매한 무리들이 활개를 치게 되었다. 거기에 백련교도의 난(18세기 말), 태평천국의 난(19세기 중반), 의화단 사변(20세기 초) 등 대규모 반란과 전란이 반복적으로 찾아왔기 때문에 그 큰 파도가 밀려올 때마다 칼과 총포가 대량으로 지역 사회에 넘쳐났다. 개인, 집안, 그리고 일족이 날마다 그 경쟁 속에서 남들을 제치고 조금이라도 더 좋은 조건으로 살아남기 위해 필사적이었던 것이다.

한마디로 치안이 나쁜데도 정부는 아무것도 해주지 않고, 공동체의 유대는 약한데 개인 간의 경쟁은 치열하고, 일회용 인적 자원은 얼마든지 있는, 어떻게 보면 매우 위험한 사회가 중국 농촌 지역에 넘쳐났다. 청나라 때의 향촌이라면 관헌의 힘은 미치지 못하더라도 과거제도 하에서 권위를 부여받은 명망가(향신鄕紳)가 그나마 통제력을 유지했을 텐데, 중화민국이 되면 그런 명맥조차 끊기면서 기층사회 전체가 말하자면 '액상화液狀化'[1]되어 갔다.

쑨원은 일찍이 응집력도 단결 정신도 없는 중국 민중의 모습을 '흩어진 모래[一盤散砂]'라고 평한 바 있다. 그가 말한 것은 의식 수준의 이야기지만, 그런 분산성은 타고난 기질이라기보다는 사회의 양태로 인해 생성된 것이었다. 그런 의미에서 공산당은 유대가 상당히 느슨한 농촌사회에 쉽게 침투할 수 있었던 셈이다. 공산당의 조직력이나 군사력은 오늘날의 눈으로 보면 아직 목가적인 것이었지만, 크고 작은 여러 수준에서 빈번하게 이뤄지는 회의나 문서 전달을 통해 상부와 하부조직이 연락을 주고받는 집단은 조직체로서 상당히 견고한 것이었고, 이미 그것만으로 농촌을 장악하기에 충분했다.

같은 혁명정당이라고 해도 국민당의 경우 그 조직력이나 상명하달의 피라미드형 구조는 공산당에 한참 못 미쳤다. 훗날 공산당에 패해 타이완으로 달아난 장제스蔣介石장개석는, '공비共匪'에게 패한 요인을 여러 가지로 분석하고 반성하고 있지만 국민당이 조직으로서의 응집력에서 결정적으로 공산당에 뒤떨어진 것이 가장 큰 원인 중 하나라고 말했다. 군은 분명히 장악했고 그깃도 상당한 대군이었는데 공산당을 이기지 못한 것은 국민당 조직이 약해 군과 민중을 움직이지 못했기 때문이라는 장제스의 반성은 패장

---

1) 지역공동체의 기반이 무너져 농민들이 유민(流民)으로 전락하고 사회가 유동화되는 양상을 지칭함._역

자신이 토로한 말이므로 경청할 만하다.

　참고로 조직을 가진 집단에 대한 공산당의 경계감은 오늘날에도 보통 수준이 아니다. 예를 들어 '파룬궁法輪功법륜공'에 대한 비정상적인 철저한 탄압은 단순히 그것이 '사교邪敎'를 퍼트려 민심을 어지럽히고 있다는 이유뿐만 아니라, 파룬궁 집단이 공산당 조직에 은밀히 파고들 정도로 상당히 견고한 조직체를 갖고 있다는 점이 공산당의 경계를 불러일으키는 것이다. 중국 사회에서 '조직'의 효용과 두려움을 철두철미하게 알고 있는 공산당이기에 느끼는 본능적 경계심일 것이다.

　다시 이야기를 1920년대 말로 돌려보면, 그 조직의 원리를 군에 도입한 것이 바로 군은 당과 민중을 위한 것이라는 말을 알기 쉽게 표현한 '삼대기율 팔항주의三大紀律 八項注意'이다. 3대 기율이란 '모든 행동은 반드시 지휘에 따른다', '인민의 것은 절대 빼앗지 않는다', '토호土豪에게서 빼앗은 것은 독차지하지 않고 모두의 것으로 한다'는 지극히 단순한 것이다. 뒤집어 보면, 이러한 간단한 기율조차 이전의 군대나 녹림은 지키지 않았다는 말이 된다. 이런 당연한 것들을 철저하게 주지시키는 것이 군대를 '조직'으로 바꾸는 첫걸음이다.

　농촌으로의 조직적 침투와 나란히 진행한 것은, 군대와 포섭한 재지 세력에 의존하여 지주의 토지를 몰수해 가난한 농민들에게 나누어 주는 이른바 '토지혁명'이다. 공산당이 말하는 이야기로는 보통 이 '토지혁명'으로 농민들이 각성하고 당과 군에 합류한다는 식으로 스토리가 그려지는데, 사실은 그리 간단치 않다. 농촌을 덮고 있는 '동족', '혈연'과 같은 전통적 질서는 공산당의 조직적 침투를 막아낼 만큼 견고하지는 않았지만, 토지를 재분배한다고 해서 바로 해체, 재편할 수 있을 정도로 취약한 것도 아니었다. 더구나 농촌에서 토지혁명이 이뤄져도 공산당이 그 땅을 떠나는 일이 생기면, 혁명의 과실로 얻은 것을 순식간에 잃어버리는 것은 물론이고 보복까지 당할 수 있다. 공산당은 다른 마을로 갈 수 있어도, 토지는 다른 곳으로 가져갈 수 없는 것이다.

더욱이 농촌에 둥지를 튼 공산당에 대해 국가의 통일과 건설을 내세운 국민당(국민정부)은 수시로 포위 토벌전을 펼쳤기 때문에 농촌 근거지의 영역은 늘 변동이 심했고, 가장 안정된 근거지조차 공산당이 제대로 통치한 것은 불과 4년 정도였다. 이 짧은 기간 동안 토지혁명 추진이 농촌의 기존 질서 해체와 농민들의 홍군 참여를 가져오고, 이러한 홍군 확충이 지배 영역의 안정화와 추가적인 확대로 이어지는 단계에까지 이르는 경우는 거의 없었다. 오히려 초기에는 본보기를 보여주기 위해 악덕 지주나 내통자 처형과 같은 노골적인 폭력으로 우선 사람들을 공포로 복종시키고, 그 폭력에 호응하는 젊은이들이 나타나기를 기다렸다가 이들을 현지 지도자로 발탁하는, 구래의 반란군의 행태가 판을 쳤다.

물론 가난한 농민 중에서 기층 활동가들이 배출되는 경우가 있지만, 그 수는 결코 많지 않았다. 공산당의 혁명운동에 가장 적극적으로 호응한 것은 중등학교 수준의 청년 남녀, 특히 경제적으로 몰락해가던 중소 지주 가정 출신의 젊은이들이었다. 민국 시대의 교육을 받은 이들은 별다른 거부감 없이 혁명사상의 영향을 받아 공산당에 가담했다. 앞서도 썼지만, 공산당의 운영은 위로는 중앙에서부터 아래로는 말단 세포조직까지 회의와 문서주의에 따른다. 그런 조직에서 가난하고 성실하나 글도 쓸 줄 모르는 빈농은 당의 실무를 해낼 수 없다. 자연히 그런 사무는 (교육받은) 젊은이가 담당하게 되는 것이다.

마오쩌둥이 1930년에 장시성 남부의 쉰우尋鳥심오라는 곳에서 실시한 농촌 사회조사에 따르면 문자를 아는 사람의 비율은 일단 40%라고 되어 있는데, 그 내역은 다음과 같았다.

"200자를 알고 있다" 20%

"장부를 쓸 수 있다" 15%

"『삼국지연의三國志演義』를 읽을 수 있다" 5%

"편지를 쓸 수 있다" 3.5%

"문장을 쓸 수 있다" 1%

문맹의 기준으로 『삼국지연의』를 꼽은 것은 당시 서민들의 독서 수준을 알 수 있는 흥미로운 지표이고, 마오쩌둥의 고심을 엿볼 수 있는 대목이다. 그 점은 차치하고, 오늘날 중국에서는 초등학교 졸업까지 습득하는 한자가 약 3천 자이므로 이 조사에서 말하는 "200자를 알고 있다"나 "장부를 쓸 수 있다" 정도는 도저히 글자를 아는 수준은 아니라는 의미이다. "편지를 쓸 수 있다"와 "문장을 쓸 수 있다"로 답한 5%도 안 되는 농촌의 지식인이 기층 당 조직과 활동을 지탱하는 것이니, 이 지점에서 비밀결사라고는 해도 중국 기존의 '회당會黨' 등과 공산당은 수준이 다르다. 하지만, 위의 수치가 알려주듯 농촌 구성원들이 일반적으로 거의 글을 읽지 못하는 계층인 이상, 공산당원들은 농민들에게 당이 내세우는 방침이나 정책을 문자가 아닌 때로는 대담하게 단순화한 구호[slogan]로, 때로는 (일본의) '코단講談강담'[1] 등 구연동화와 비슷한 공연으로 전달해야만 했다. 농민에 대한 영향이 당이나 홍군 같은 조직 발전으로 연결되기보다는 오히려 이러한 대중 전달에 능숙

---

[1] 일본의 전통 예능으로 강연자가 높게 올린 작은 탁자 위에 앉아서 부채를 두드려 리듬을 주면서 정쟁과 전쟁 등 주로 역사 관련의 책자를 청중들에게 읽어주는 퍼포먼스이다._역

한 개별 지도자에 대한 충성심으로 이어지는 경향이 있던 것은 이 때문이다.

농민혁명이나 유격전이라고 하면 뭐니뭐니 해도 마오쩌둥이 유명하지만, 마오 외에도 당의 창립 시기부터 고참이었던 장궈타오張國燾장국도, 흡사 무협영화 같은 담력으로 숱한 아수라장을 헤쳐 나간 허룽賀龍하룡, 산시의 로빈 후드라는 별명을 가진 류즈단劉志丹유지단 등, 이런 인물들이 저마다 각지의 반란을 이끌며 혁명 근거지를 개척했다. 근거지마다 각각 약간의 차이는 있지만 거의 비슷한 과정에서 비슷한 구조의 근거지가 여럿 생겼다는 것은, 농촌혁명의 성공이 오로지 마오쩌둥의 탁월한 지도 운운처럼 개별 혁명가의 사상이나 기량 같은 것으로 얻어진 것이 아니라, 중국 각지 농촌의 공통된 사회구조에 모종의 작용을 하면 비슷한 결과(성공)를 이끌어낼 수 있었다는 사실을 의미한다. 이들 노력을 대략 정리하여 모은 것이 이른바 마오쩌둥 사상인 것이다.

여하튼 이렇게 게릴라전과 토지혁명을 전개하여 정권 수립에 이른 곳, 즉 '혁명 근거지'(소비에트구)는 1930년 3월까지 크고 작은 것을 합하여 약 15곳, 홍군 약 6만여 명, 총기 약 3만 정을 헤아리는 수준이 되었다. 이 성과 위에 설립된 것이 농촌 정권의 집합체인 중화소비에트공화국과 그 임시정부이다. 임시정부는 장시성江西省 남부의 도시 루이진瑞金서금에 자리 잡았다. 징강산에서 힘을 키운 마오쩌둥 등의 집단(공산당 내부에서는 공농홍군 제4군工農紅軍第四軍이라는 명칭이었으나 세간에서는 그 수장(주덕과 모택동)의 이름을 따서 '주보군朱毛軍'으로 불렀다)은 1929년 초 징강산에서 장시성 남부로 치고 나가, 이후 1931년 가을까지 이 지역에 광활한 근거지를 수립하는 데 성공했다. 이에 따라 1931년 러시아혁명(10월혁명) 기념일에 맞춰 임시정부를 세운 것이다.

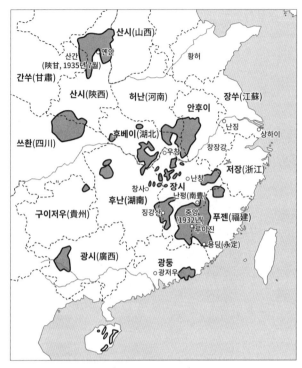

임시정부 주석은 마오쩌둥, 부주석에는 샹잉項英항영과 장궈타오(장은 당시 멀리 떨어진 어위완鄂豫皖악예환 근거지인 후베이·허난·안후이성의 접경지대에 있었다)가, 그리고 군사위원회 주석에는 주더가 각각 취임했다. 지배하의 인구는 어위완 근거지(350만 명) 등을

| 공산당 혁명 근거지 지도(1928~1935년 7월)

합치면 약 1,000만 명에 달한다. 4억이 넘는 전체 인구에 비하면 극히 작은 '나라'이고, 또 그 영역도 끊이지 않는 전투와 이동으로 인해 일정하지 않았으며 결과적으로는 3년 만에 무너졌지만, 동시대의 세계를 볼 때 이것이 러시아혁명과는 달리 농촌에서의 무장 할거割據라는 혁명운동의 결과로 성립했다는 의미는 결코 작지 않다.

또한 이 '공화국'은 국가 운영 시스템을 보면 현재의 중화인민공화국에 계승되는 공통점을 몇 가지 갖고 있어 그 원형이라고 볼 수 있다. 예를 들면 군대가 그것이다. 공산당이 군사력을 갖게 된 것은 국공합작 붕괴 이후로, 그 군대는 중국공농홍군中國工農紅軍, 줄여서 홍군紅軍이라 불렸다. 홍군은 공산당의 군대이며 당의 명을 받아 싸우는 존재이다. 소련의 적군赤軍을 모델로 삼았기 때문에 홍군에는 코미사르komissar(정치위원)에 해당하는 '당 대표'가 있어 군을 지도한다. 구체적으로 말하면 작전 및 전투명령서에는 당 대표의 부서副署가 있어야 하고, 부서가 없으면 군사령관(군인)은 군을 움직일 수 없다. 이는 군에 대한 정치(당)의 우위를 보증하는 것으로, 오늘날 인민해방군에서도 '당지휘창黨指揮槍(당이 총을 지휘한다)'의 원칙은 건재하다. 앞서 언급한 '주모군'만 해도 마오쩌둥은 군사령관이 아니라 당대표였으며, 그 위치에서 사령관 주더와 협동하여 군을 장악하였다. 마오가다른 직책보다 '당 대표'를 고집한 것은 그 자리가 바로 군의 지휘봉이기 때문이다.

아울러 알아야 할 것은 군의 당과 국가에 대한 양속성兩屬性이라고도할 성질이다. 홍군은 당의 군사력으로 출발했는데, 공산당이 집권하고 '정부'(국가)를 갖게 되면서, 군의 계통과 소속에 문제가 생겨났다. 즉 군은 당의 것이냐, 국가의 것이냐 하는 문제이다. 예산은 정부가 군사비(국방비)를 부담하나 군의 명령 계통은 당이 관장하는 괴리를 해소하기 위해, 공산당은 1928년 5월 「군사대강軍事大綱」이라는 문서에서 당 군사위원회 위원은동급 소비에트 군사위원회 위원을 겸직한다는 규정을 제시하였다. 즉, 당의 군사위원회와 정부(정권)의 군사위원회는 같은 위원으로 구성되며, 이를중국에서는 '인마 한 쌍에 간판 둘(一套人馬, 兩塊牌子 일투인마, 양괴패자)'이라 부른다. 오늘날 '중국군'으로 불리는 것은 '인민해방군'을 의미하는데, 현재도위의 구조는 변하지 않았다. 징부에 '국가중앙군사위원회'가 있고, 그와 같은 구성원으로 이뤄진 '당중앙군사위원회'가 있어 양쪽에서 군을 견제하고있는 것이다. 중앙 차원에서 이 양속적인 구조가 확립된 것이 소비에트공화국 시대였다.

그리고 또 하나, 후일 인민공화국 건국 때의 방침과 유사한 것이 국가·정부에 대한 공산당의 지도적 지위를 명문화하여 규정하지 않았다는 점이다. 소비에트공화국은 공산당이 수립한 것이고, 그 정권이 사실상 공산당의 지도하에 있음은 분명했다. 또한 공화국의 기본 방침으로 제정된 「헌법대강憲法大綱」에서는 정권의 성질이 노동자 농민의 민주독재[勞農民主獨裁노농민주독재]이며, 모든 근로대중을 대표한다고 규정되어 있기도 했다. 그러나 어디에도 공산당에 관한 조항, 예를 들어 공산당의 국가·정부에 대한 지도를 표방하는 규정은 없었다. 이와 같은 방향성은 1949년 인민공화국 성립 당시 기본 정책 합의서인 「공동강령」에서도 엿볼 수 있으며, 1954년 제정된 헌법에서도 조문 자체에 공산당의 지도적 지위가 명시되는 일은 없었다. 중국공산당도 당이 곧 정권은 아니라는 점을 의식하고 있었다고 할 수 있다.

한편 국가체제 구상에서 계승되지 않은 것도 있다. 예를 들어 중앙과 지방의 관계에 대해 소비에트공화국은 연방제를 취한다고 규정하여, 영내 소수민족의 자치권뿐만 아니라 중국을 떠나 독립할 수 있는 자결권까지 인정하고 있었다. 신해혁명기 이후 중국의 지배를 벗어나 그 귀속이 문제가 되었던 외몽골에 대해서는 그 독립을 조건 없이 인정한다고도 규정했다. 공산당은 제2차 대회(1922년)에서 장래의 국가 구상으로 연방제를 채택하고 소수민족에 대해서도 자치권을 대폭 인정했었는데, 그 내용이 중화소비에트공화국에 계승되었다고 할 수 있다. 연방제나 민족자치의 방침은 같은 시기 소련을 따라한 것이다. 외몽골의 독립 승인은 그럴 경우 당연하게 도출되는 결론이었고, 동시에 소련이 중국에서 외몽골(몽골인민공화국)을 분리 독립시키는 것을 사실상 추인하는 것이기도 했다. 다만 당시 중화소비에트공화국의 실질적 주권은 내륙 지역에 한정되어 있었고, 영내에는 소수민족이 거의 없었기 때문에 이 규정은 공산당에게 불편할 것이 없었다.

훗날 인민공화국 수립(1949년) 시점에 이르면 민족자치에 대한 생각이 크게 바뀌어 이른바 '민족구역자치'로 전환되면서 민족자결권은 부정되게 된다. 이는 1930년대 이후 이른바 소수민족의 자치·자립 운동이 쉽게 외세의 이용 대상이 되고, 현실 문제로서는 소수민족의 독립을 빌미로 삼은 영토·주권의 상실이 빈발했기 때문이다. 만몽滿蒙(만주와 몽골) 독립운동과 결탁한 일본의 대륙팽창정책은 그 대표적인 사례라고 할 수 있다.

덧붙여서, 중화소비에트공화국 성립 직전에 만주사변이 일어나자, 건국한 지 얼마 되지 않은 소비에트공화국은 이에 대한 대응으로 1932년 4월에 일본에 선전포고(대일전쟁선언)를 한 바 있다. 그렇지만, 중국 내지에 있는 이 '국가'가 일본군과 싸우는 것은 현실에서는 전혀 일어날 리 없는 일이었고, 또한 그 '대일전쟁선언'의 내용을 보더라도, "일본 제국주의와 직접 싸우기 위해서는 우선... 국민당의 반동적 지배를 타도해야 한다"는 논리여서, 결국 허울 좋은 간판에 불과했다고 할 수 있다. 말하자면 당시 장제스가 내정과 외정에서 정책 우선순위로 주창하던 '안내양외安內攘外'(우선 내부를 안정시키고, 그런 뒤에 외부의 외래침략자를 격퇴한다)와 사실상 흡사한 사고방식이었다.

이처럼 1931년에 수립된 이 소비에트공화국은 인민공화국의 원형原型으로 볼 만한 요소를 많이 가지고 있다. 물론 하나(1931년 중화소비에트공화국의 「헌법대강」)는 전간기戰間期[1])에 적대 세력에 둘러싸인 내륙지역에 수립된 것이고, 다른 하나(1949년 중화인민공화국의 「공동강령」)는 냉전체제 속에서 국민당 정권을 타도하고 전국 지배를 염두에 둔 시기의 시정施政 문서이기 때문에 단

---

1) 1차 세계대전 종결에서 2차 세계대전 발발 사이의 기간(1918년 11월 11일~1939년 9월 1일 간의 20년 9개월 21일)을 지칭하는 용어로, 세계사적 전환이 일어난 이 시기를 특별히 지칭하는 영어 'the interwar period'의 일본식 번역어이다. 현재는 중국어권, 한국어권에서도 그대로 쓰는 경우가 늘고 있다._역

순한 비교는 별 의미가 없다. 그러나 중화소비에트공화국은 오랫동안 마오 쩌둥의 불우했던 시대(즉 좌경노선으로 혁명운동이 위기에 빠졌던 시기)와 겹치기 때문에 전반적인 연구나 평가가 제대로 이뤄지지 않은 측면이 있어, 공산당의 집권당을 향한 국가상과 통치이념을 이해하는 데 아직 검토되어야 할 과제가 많이 남아 있다.

장시성 남부의 근거지를 포함하여 공산당의 혁명 근거지가 형성된 곳은 지리적으로 보면 대부분이 성과 성의 경계나 외딴 산악과 늪지대였다. 기존 권력의 지배 양상은 어땠는가 보면, 대부분 성省 정권과 토착 지배층 간의 모순을 안고 있는 지역(장시江西)이거나, 크고 작은 군벌 간 혼전이 계속된 지역(푸젠·쓰촨)에 한정되었다. 따라서 거시적으로 보면, 국민정부에 의한 통일화 정책이 진행된다면 혁명 근거지는 그에 반비례하는 식으로 점차 존립 기반을 빼앗기는 구조였다고 할 수 있다.

실제로 국민정부는 1930년대 초반에는 도시에서의 공산당 활동을 거의 궤멸 상태로 몰아넣었고, 농촌지역에서도 군사소탕(포위하여 섬멸한다는 뜻의 '위초圍剿'라는 용어가 쓰였다)을 규모를 키워가며 추진하였다. 그동안 국민당 내부의 무력 충돌이나 일본군의 침략(만주사변, 제1차 상하이사변)에 대처하느라 공산당 포위작전[위초전]이 실패하거나 중단되는 경우도 종종 있었지만, 만반의 준비를 갖춘 국민당의 포위작전[위초전]이 1933년에 시작되자 가장 큰 근거지마저도 결국 포기할 수밖에 없게 되었다. 그 사이 근거지 건설에서 성과를 올렸던 마오쩌둥은 그의 독선적 지도 스타일 때문에 미움을 받아, 1932년 가을 이후 당과 군의 지도권을 박탈당한 상태였다. 대신 소련 유학파 간부와 실무파인 저우언라이周恩來주은래, 혹은 소련에서 파견된 군사고문들이 융통성이 없는 군사 작전을 이끄는 바람에 근거지를 잃고 말았다, 라는 것이 공식적인 중공당사의 평가이다.

그러나 정면에서만 40만 명, 후방까지 포함하면 100만 명의 병력을 동원하여 1933년 가을에 시작된 장제스의 제5차 포위전(위초전)에서는, 설령 마오쩌둥이 지휘를 맡았다고 해도 반격하기는 대단히 어려웠을 것이다. 국민당은 '군사 3할, 정치 7할'의 방침 아래 농촌에 연대 책임제도(보갑제保甲制)를 실시하여 근거지 주변 농민들을 홍군으로부터 떼어내고, 경제봉쇄(소금, 의약품 등)로 근거지를 옥죄었다. 한편, 그전까지 네 차례에 걸친 포위전으로 피폐해진 근거지에는 동원령에 응할 만한 힘이 남아 있지 않았다. 말하자면, '즙을 다 짜버린 레몬' 상태가 된 근거지 방위전의 패색敗色은 마오쩌둥의 특기인 '적을 깊숙이 유인하는' 전술을 구사한다고 해서 도저히 만회할 수 있는 성질의 것이 아니었으리라.

칼럼④ 공산당과 군가 - 「삼대기율 팔항주의」

혁명가와 군가가 곡조를 만드는 법이 비슷하다는 것은 잘 알려져 있다. 앞서의 「인터내셔널」처럼 처음부터 혁명가로 만들어진 노래는 유럽과 미국에는 있지만, 중국이나 일본 같은 혁명 후진국에서는 자체적으로 혁명가를 만들 만한 여유가 없었고, 또 우아하고 고상한 노래를 만들어봤자 진짜 중요한 노동자나 서민이 부르지 못하면 아무 소용이 없었다. 그래서 고안한 것이 인기 있는 군가나 민요의 가사를 혁명적인 것으로 바꾸는 이른바 '개사곡'이다. 일본에서는 예를 들어 「노동절가(May Day歌)」라는 노동가요가 있는데, 이것은 「보병의 본령」이라는 군가의 멜로디를 차용하고, 첫 소절을 "들어라 만국의 노동자여, 우렁차게 울려 퍼지는 노동절(May Day) 시위자들의 발걸음과 미래를 향한 투쟁의 소리"라고 바꾼 노래이다.

중국도 이런 사정은 기본적으로 비슷했다. 인민해방군의 전신인 홍군의 군기軍紀에, '하나, 일체의 행동은 반드시 지휘에 따른다'로 시작하는 가장 중요한 3가지 사항과, 이와 관련하여 엄수해야 할 8가지 주의 사항을 구체적으로 열거한 규정 '삼대기율 팔항주의三大紀律八項注意'가 있다는 것은 이 책 84쪽에서 소개한 바 있다. 이 군기는 1930년대 중반에 가락이 붙어 불렸다. 지금도 인민해방군의 대표적 군가로 퍼레이드 등에서는 반드시 연주되며, 군인들은 누구나 부를 수 있다. 그 당시 공산당의 활동 지역은 농촌이었고, 병사의 상당수도 농민 출신이어서 그들이 부를 수 있도록 하려면 원래 있던 곡을 사용하는 것이 손쉬웠을 것이다.

다만 이 「삼대기율 팔항주의」도 뭔가 원곡이 있었던 것은 틀림없지만, 무슨 노래인지에 대해서는 논쟁이 계속되고 있다. 공산당의 농촌 근거지 중 하나가 있던 후베이湖北성 민요라는 설이 있는가 하면, 동북 군벌 장쭤린張作霖장작림 군대에서 불리던 「대원수 연병가[大帥練兵歌대수연병가]」라는 설도 있다. 또 청 말에 독일식 군대교련과 함께 도입된 「빌헬름 연병곡[獨皇威廉練兵曲독황위렴연병곡]」을 바탕으로 했다고 그럴듯하게 말하는 사람도 있는데, 실제로 당시 독일 프로이센의 군가에는 해당될 만한 것이 없다. 애당초 「삼대기율 팔항주의」는 행진곡이지만, 서양음악의 7음계와는 전혀 다른 5음계인 것이다.

| 군사 교련을 마치고 정렬하는 홍군 부대(1932년)

이 노래의 기원을 찾아 1970년대 말 민요와 옛 군가를 채록하는 조사를 했는데, 그때 어르신들이 부른 노래 중에 비슷한 가락의 노래가 발견되었다. 그것이 바로 후베이 민요와 「대원수 연병가」였으나, 애초에 그 노래들은 악보가 남아 있는 것이 아니라 현지 노인들이 기억에 의존하여 부른 것을 악보로 옮긴 것에 불과하다. 즉, 그들은 옛 노래를 떠올리며 부르려고 했겠지만, 인민공화국에서 자주 불렀던 「삼대기율 팔항주의」가 기억의 상위에 덧씌워졌을 가능성을 배제할 수 없다. 중국공산당에 의해 강력하게 확산된 결과, 개사곡이 원곡의 존재를 지워버릴 정도로 압도적으로 보급되어 버린 것이다.

'홍군'을 상징하는 노래로 너무나 유명해졌기 때문에, 「삼대기율 팔항주의」는 그 가사의 생성에 대해서도 논란이 일었다. 가사는 공산당의 군사활동 사상을 추적하는 데 있어서도 극히 중요한 역사문헌으로, 언제 누가 어떤 내용으로 군대 기율을 철저히 하려고 했는지에 대한 공적 및 평가와 직결되기 때문이다. '8항주의'는 원래 '6항'이었다고 하나, 그 변천이나 내용 변화를 상세히 추적할 만한 자료는 남아 있지 않다. 원래 여러 근거지 곳곳에서 편곡(arrange)되면서 불렸던 개사곡이니 오히려 당연한 일일 것이다. 인민공화국이 되면서 가사가 통일되었고, 한편으로 마오쩌둥 생전에는 '삼대기율 팔항주의'는 모두 마오의 공적이라고 했으나 지금은 가사의 변천이나 정형화에 기여한 현지 활동가들의 공헌도 알려지게 되었다.

이 노래는 국가지도자가 된 후에도 마오쩌둥의 애창곡이었던 것으로 보인다. 1973년 12월에는 중앙정치국 회의에서 문혁 초기 실각했다가 막 중앙으로 복귀한 덩샤오핑鄧小平등소평 등을 앞에 두고, 앞으로 보조를 맞추어 활동하라고 당부하면서 마오가 선창하여 모두가 「삼대기율 팔항주의」를 합창했다. 마오쩌둥이 대중 앞에서 노래한 것은 이때가 마지막이었다.

2. 장정 - 당 자립의 전환점

전황이 절망적으로 되어가는 가운데 공산당은 중앙 근거지(장시성 남부)에서 퇴각하기로 결정하고, 1934년 10월 상순에 당 중앙이 루이진瑞金서금에서 철수했다. 동시에 홍군의 주력 부대인 제1방면군 9만여 명이 서쪽을 향해 이동을 개시했다. 세간에서 말하는 '장정長征'의 시작이다. 오늘날 중국이 자랑하는 우주 로켓이 그 이름을 딴, 마오쩌둥과 공산당사의 신화로 전

쭌이회의를 그린 유화(일부분, 1997년 작). 마오쩌둥을 비롯해 훗날 유명해진 공산당의 주요 지도자들은 모두 그려져 있다.

해지는 '장정'은 근거지 철수 이후 꼬박 1년에 걸친 대행군('25,000리 장정'이라 칭함)을 말한다. 하지만 처음에는 눈앞의 군사적 곤경을 타개하기 위한 '전략적 퇴각[轉進]'[1]으로 시작된 것으로 구체적인 목적지를 설정하고 출발한 것은 아니었다. '장정'이라는 이름도 사후에 붙여진 것으로, 포위망을 돌파한 직후에는 후난성 북서부에 있는 또 다른 근거지로 옮겨가는 것을 목표로 삼았으므로 '서정西征'이라고 불린 시기도 있다. 장정 기간 동안 대부분의 홍군 장병들에게는 전략적 전망 같은 것은 보이지 않았다.

최초의 포위망 돌파야말로 순조롭게 이뤄졌지만, 인쇄기, 무전기를 비롯하여 대량의 기자재를 운반하면서 서쪽으로 진군하던 대부대는 금세 광시廣西광서성 북부 샹강湘江상강 봉쇄선에서 덜미를 잡혀 큰 타격을 입었다. 루이진을 출발한 지 물과 두 달 만에 병력이 무려 3분의 1로 급감했다고 한

---

1) 원문은 '전략적 전진(轉進)'이다. '전진'은 일본군에서 사용하는 용어로 제2차 세계대전 때 실제로는 적을 피해 퇴각하는 행동을 마치 그렇지 않은 것처럼 방향을 전환하여 진군한다는 식으로 표현한 것에서 시작되었다._역

다. 이에 후난성 북서부로의 진군은 어쩔 수 없이 단념하고, 해가 바뀐 1935년 1월 초 홍군은 구이저우貴州귀주성 북부의 쭌이遵義준의에 겨우 다다랐다. 그리고 그 쭌이에서 열린 당 중앙정치국 확대회의(지명을 따서 쭌이회의라 칭함)에서 마오는 근거지 상실과 이후 패배의 책임을 추궁하며 기존의 지도체제를 비판하고, 당 지도부에 복귀했다. 이로써 "마오는 공산당과 홍군에 대한 지도권을 확립했고, 이후 공산당은 올바른 지도 아래 혁명의 승리를 향해 나아갔다." 이것이 중국에서 정식화된 마오쩌둥과 쭌이회의를 둘러싼 설명이다.

실제로는 마오쩌둥의 권위 확립은 쭌이에서의 한 차례 회의로 극적으로 실현된 것이 아니라 장정 내내, 나아가 그 후에도 시간을 두고 점차 이뤄진 것이다. 하지만 이 장정 과정에서 공산당 내부의 의사결정 구조에 큰 변화가 생겼고, 결과적으로 장정이 공산당의 자립을 촉진하는 큰 전환점이 되었다고 볼 수 있다. 그 전까지 공산당 지도부는 상하이 혹은 근거지에서 무선으로 코민테른과 연락을 주고받으며 중요 사항을 결정하고 확인했지만, 장정 시작 후 얼마 지나지 않아 대형 통신기를 버릴 수밖에 없었다. 그리하여 1년 반 정도 모스크바와 연락할 수단을 잃은 공산당은 코민테른의 의향을 떠나서 모든 것을 독자적으로 판단하고 결정해야 하는 초유의 상황에 놓이게 되었던 것이다.

쭌이회의는 그런 상황에서 열려, 당 인사라는 큰 문제를 스스로 해결했다. 마오쩌둥은 만년까지 이 쭌이회의에 대해 이야기하는 것을 좋아했다. 때로는 스스로를 구제주인 보살에 비유하여, "즉, 영험한 보살이 있었다는 얘기야. 그런데 똥통에 버려져 냄새가 말도 못할 정도야. 그런데 장정 도중에 쭌이회의라는 것을 열어서 드디어 이 보살님이 향기가 나게 된 거지."라고 유머러스하게 말하곤 했다. 누군가의 지시나 권위가 아니라 스스로 결

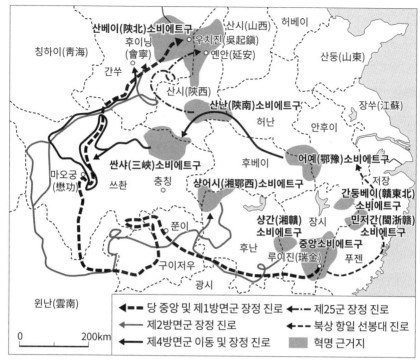

| 장정 관련 지도

정한 지도부이고, 나는 그렇게 뽑혔다는 마오쩌둥의 의식이 쭌이회의에 특별한 색깔과 의미를 부여하는 것이다.

쭌이회의가 한창 열리고 있던 무렵, 장궈타오 등이 이끄는 제4방면군도 쓰촨四川성과 산시성 경계의 근거지를 포기하고 서쪽으로 진군하기 시작했다. 또한 허룽 등의 홍군(훗날 제2방면군)도 1935년 11월에 후난湖南성 북부의 근거시를 줄발하여 장정 길에 올랐다. 마오쩌둥의 제1방면군을 포함한 이들 홍군 부대는 국민당군의 집요한 추격과 무수한 난관을 뚫고 마침내 산시성 북부에 도착해 그곳에 뿌리를 내리게 된다. 그 고난과 이를 이겨낸 병사들의 영웅담에 대해서는 에드거 스노의 걸작 르포 『중국의 붉은 별』

에 자세히 나와 있지만, 거기에 적혀 있지 않은 당내 분규와 분열도 일어났다. 바로 장궈타오의 당 중앙에 대한 도전이다.

쭌이회의로부터 반년 가까이 지난 1935년 6월, 마오쩌둥 등 중공 중앙의 주요 지도자들과 2만여 명의 제1방면군이 장궈타오의 제4방면군이 대기하고 있는 쓰촨성 마오궁현懋功縣무공현에 도착하여 양측 군대는 합류했다. 이때 장궈타오는 제1방면군 내부만의 정치국 회의였던 쭌이회의 결정에 이의를 제기하며 당 중앙의 개편을 요구하고, 나아가 장정의 진로와 목적지 설정에도 문제 제기를 하였다. 장궈타오는 창당 시기부터 실력자로, 휘하의 제4방면군은 장에게 충성을 맹세한 8만 명의 대부대였다. 오랫동안 서로 다른 근거지를 이끌어 왔기 때문에, 마오와 장이 얼굴을 마주한 것은 실로 8년 만이었다.

북상하여 항일전선의 일익을 담당하면서 서북 지역에 새로운 근거지를 건설해야 한다는 마오쩌둥 등과, 쓰촨성 서부에 근거지를 건설하여 신장-소련으로 가는 루트를 개척해야 한다는 장궈타오의 주장은 정면에서 대립했다. 9월 상순, 북상해야 할지 말지에 관한 논의가 매듭지어지지 않은 채 마오쩌둥 등 정치국 멤버 다수로 구성된 당 중앙은 8천 명의 제1방면군 주력과 함께 북상을 강행하기에 이른다. 그리고 쓰촨성 북부에서 간쑤성을 빠져나와 10월 19일 산시성 북부인 산베이陝北섬북의 우치진吳起鎭오기진에 도착, 마오쩌둥의 장정은 여기서 마무리되었다. 한편 당 중앙이 떠나버리자 남겨진 장궈타오는 10월에 스스로 제2중앙을 수립하는 행동에 나섰다. 그러나 국민당 중앙군과 쓰촨군의 추격을 받아 병력과 위신을 잃었고, 그 결과 이듬해인 1936년 6월에는 자신의 당 중앙을 취소할 수밖에 없었다. 당의 백년 역사에서 중앙이 분열된 사례로는 이 장궈타오파의 행동이 가장 컸다. 이후 그의 군대는 뒤늦게 장정을 개시한 제2방면군과 합류하여, 산베이로 향하게 되었다. 1936년 10월 제1, 2, 4의 주력군은 간쑤성 후이닝會寧회녕에서 합류했고, 여기서 '대장정'은 수많은 전설과 드라마를 남기고 끝났다.

중공과 모스크바의 무선통신이 정식으로 재개된 것은 마오 등이 산베이에 도착한 지 반년 정도 지난 1936년 6월경인데, 이는 곧 모스크바가 다시 중공의 크고 작은 활동에 간섭한다는 것을 의미하기도 했다. 시안사변 때 개입(후술)한 경우가 그렇듯이 소련의 외교 등에 직접적으로 파급되는 사안은 별도로 치더라도, 중공 당내 문제의 경우는 다시 전해지게 된 모스크바의 의향은 더 이상 예전만큼 강한 구속력을 갖지 않게 된 것 같다. 장궈타오와 관련한 공산당·홍군 분열 사태의 뒷수습으로 중공 중앙이 그를 처분하겠다는 의사를 코민테른에 전했을 때의 대응이 그 일례이다.

심각한 당내 분란을 일으킨 장궈타오의 행동에 대해 1937년 3월 마오 주도의 공산당은 장궈타오를 철저히 비판하는 당내 캠페인을 벌여야 한다는 취지를 코민테른에 무선으로 통보했는데, 이 통보는 가부 여부를 다음날까지 답변해 달라는 촉박한 것이었다. 사실상 사후 보고와 다름없는 이 방식에 대해 코민테른 집행위원회 서기국은 장궈타오를 강하게 비판하는 결의를 내는 것은 당내 화합 차원에서 찬성할 수 없으며, 애초에 무리한 답변 시한을 정한 조회에 문제가 있다고 강하게 반발했다. 그러나 이를 무시하듯 답변 다음날 중공은 정치국 확대회의에서 장궈타오의 잘못에 대한 토의를 시작했고, 일주일 뒤에는 '장궈타오 동지의 잘못에 관한 결의'가 채택되어 장은 당의 중추에서 완전히 배제되었다. 예전 같으면 상상할 수 없는 녹난적인 결정으로, 종래의 지도하고 지도받는 코민테른과 중공의 관계가 변화하고 있었음을 보여준다.

참고로 공산당의 역사에는 통신과 정보에 얽힌 일화가 적지 않다. 또 '밀전密電'(비밀통신) 같은 사안도 비교적 많아 당사를 미스터리하게 만들고 있다.

앞서 언급한 '5월 지시'가 그 일례인데, 장정 도중 장궈타오의 반역 행위 때도 '밀전'이 등장한다. 북상이냐 아니냐를 두고 심각해진 당과 군 내부의 균열과 대립을 '해결'하기 위해, 장궈타오는 마오쩌둥 진영에 있던 측근들에게 마오 등이 따르지 않으면 '무력 해결'도 불사하라고 명한 밀전을 보냈다는 것이다. 즉 장은 공산당원들끼리 싸우자고 막무가내로 행동하고 나섰지만 우연히 그 밀전을 탐지한 예젠잉葉劍英엽검영이 재빨리 마오에게 알려주었고, 마오가 즉시 부대를 이끌고 떠나버렸기 때문에 공산당원들끼리 싸우는 최악의 사태는 피할 수 있었다는 사건이다.[1] 예젠잉은 고참 당원으로서 나중에 마오가 죽은 뒤에도 화궈펑華國鋒화국봉과 협력하여 은밀한 작전으로 4인방 체포를 지휘하게 된다. 말하자면 한 번도 아니고 두 번이나 위기일발의 순간에 당을 구한 영웅이었다.

하지만 두 번째의 활약은 차치하고, '무력 해결'의 밀전을 탐지해 마오에게 넘겼다는 공적은 한없이 의심스럽다. 중국공산당(홍군)에서 통신·정보의 취급은 홍군 시절부터 매우 엄격하여 암호 무선 담당의 전문 요원이 있었고, 아무리 당 간부라도 전문을 가로채는 것은 허용되지 않으며, 그렇게 할 수도 없게 되어 있었다. 그런 짓을 한다면 무선요원은 물론이고, 밀전을 본 예젠잉도 중대한 기율 위반으로 처분당해 두 번 다시 임용되지 못하기 때문이다. 따라서 장궈타오가 중공 중앙의 주류파에 반기를 든 것은 분명하다 하더라도, 이를 실행하기 위해 무력까지 사용하려 했다고 보기는 어렵다.

이뿐만 아니라 007을 방불케 하는 스토리는 중국 근현대사나 혁명사에

---

[1] 밀전의 내용은 '무력 해결'이 아니라 '철저한 당내 투쟁 전개'였다는 설도 있지만, 밀전을 손에 넣은 예젠잉이 재빨리 마오에게 그것을 전달했다는 점은 공통적이다. 덧붙여서, 장기간 모스크바와의 장거리 무선통신은 두절되었지만, 홍군 부대 간의 무선통신은 가능했고, 또 홍군 측은 국민당군의 암호를 상당히 해독할 수 있었다고도 한다.

서 흔히 볼 수 있고, 때로는 연구자들조차 그런 이야기를 직접 본 것처럼 되풀이한다. 그러므로 이야기가 재미있으면 재미있을수록 의심해 볼 필요가 있는데, 곰곰이 생각해보면 그런 무용담이 횡행하는 것은 한편으로 공산당이 실제 정보공작에 대해 거의 정보나 자료를 공개하지 않기 때문이다. 통신을 포함해 정보 관련 업무는 공산당 내부에서 '기요공작機要工作'이라 불리며 겉으로 드러나지 않을 뿐, 현실에서는 극히 중요한 위치를 부여받고 있다. 직급에 따라 얻을 수 있는 정보에 격차가 있어, 기층 간부나 일반 당원들은 제한적인 정보만 제공받는다. 더욱이 당 외부에서는 정보 업무가 기요공작과의 관할이 아니라 당 선전부의 업무가 되듯이, 당 조직에서의 정보 취급은 그 자체가 차별적이며 비밀주의에 기울게 된다.

당 중앙에서도 마찬가지로, 특히 대외 무선교신 등은 비밀주의, 특권주의의 극단적 형태를 띤다. 실제로 당 중앙의 지도자와 코민테른 간의 통신을 취급하는 부서는 예를 들면 1940년대 전반에는 '농촌공작부農村工作部'(農委농위)라는 위장 간판을 내걸고 실제로는 마오쩌둥만이 그것을 이용할 권리를 가졌으며, 번역도 당 지도자급에서 신뢰할 수 있는 사람(예를 들면 런비스任弼時임필시)에게 직접 담당하게 하는 등 정보 통제에 온힘을 다했다.[1] 오늘날 중국이 인터넷 이용을 비롯해 정보 통제에 비정상적으로 집착하는 것은 괜히 그런 것이 아니니, 이는 역사적으로 오늘날의 공산당을 만들어온 본질적인 속성 중 하나라고 할 수 있다.

---

1) 師哲, 『在歷史巨人身边 - 師哲回想錄(修訂版)』, 中央文献出版社, 1999년, 200쪽.

3. 통일전선과 시안사변 - 당의 안과 밖

무선통신으로 연락이 끊긴 1년 반 정도의 장정 기간 동안 모스크바에서도 대전환이 일어나고 있었다. 즉 코민테른에서 제7차 세계대회(1935년)로 상징되는 반파시즘 통일전선으로의 방침 전환이 일어나, 지금까지 타도의 대상으로 삼았던 부르주아지 및 부르주아 국가와 손잡겠다는 방침이 제시된 것이다. 그 방침을 동아시아에 적용하면, 중국 침략의 보폭을 확대해가던 일본 제국주의와 싸우기 위해 국민당을 비롯한 정치 세력들과 서로 협력(항일통일전선)하겠다는 말이 된다. 그 상징적 존재가 그해 8월 1일자로 발표되었기 때문에 날짜를 따서 '8·1선언'이라 불리는 문서이다.[1] 말하자면 어제까지 먹느냐 먹히느냐 하는 불구대천의 원수였던 국민당과 항일이라는 지점에서 다시 손을 잡을 수 있는 길이 열렸던 것이다.

먼저 중화소비에트공화국이 일본에 선전포고한 지 4년 만에, 일본의 침략은 만주국 건국, 러허熱河열하 작전, 그리고 화베이華北 분리 공작으로 끝없이 확대되고 있었다. 이와 같은 대외적 위기에 직면한 가운데, 국내의 청년을 비롯한 많은 사람들은 국민당과 공산당이 즉각 내전을 중단하고 일치단결해 항일에 나서기를 원했다. 코민테른이 선택한 반파시즘 통일전선 방침은 소련의 안보적 견지에서 해석하자면 서쪽으로는 나치 독일, 동쪽으로는 제국 일본이라는 반공 세력이 소련에 심각한 위협이 되고 있었으므로, 이에 대처하는 외교·국방 방침에 측면 지원이 되어주기를 의도한 정책 전환이기도 했다. 그러나 중국을 향한 항일민족통일전선의 호소는 그러한 소련의

---

[1] '8.1선언'의 정식 명칭은 '항일 구국을 위하여 전국의 동포에게 고하는 글'로 중공 중앙과 중화소비에트공화국 중앙정부의 연명으로 발표한 문서인데, 실제 초안 작성과 전파를 담당한 것은 모스크바의 중공 코민테른 주재 대표단(왕밍 등)이었고, 공개 매체에 게재된 것은 1935년 10월경인 듯하다.

외교적 의도를 넘어선 공감을 불러일으켰다.

산베이陝北섬북 도착 후 얼마 지나지 않아 모스크바에서 온 특사를 통해 이 새로운 방침을 알게 된 중공 중앙은 장정 출발 때와는 다른 발상으로 생존 방안을 모색할 수 있게 됐다. 즉 적대적인 국민정부의 탄압이나 압력을 군사력으로 맞받아치는 것이 아니라 주변의 다양한 군사·정치 세력과의 관계를 조정함으로써, 다시 말해 정치적 수법을 통해 생존을 꾀할 수 있게 된 것이다.

산베이에 도달한 공산당과 홍군이 항일통일전선의 새로운 방침에 따라 관계를 조정해야 할 군사·정치 세력은 우선 산베이 지역에서 공산당에 대한 군사소탕작전을 맡고 있던 장쉐량張學良장학량과 그가 이끄는 동북군이었다. 장쉐량은 바로 동북의 왕[東北王] 장쭤린張作霖의 장남으로 아버지가 일본군에게 모살된 후 그 뒤를 이어 국민정부로 귀순한 청년 군인인데, 1931년 9·18사변(만주사변)으로 기반인 동북 지역을 일본에게 빼앗기고 이후 중국 내륙에서 공산당 군사토벌을 맡게 되었다. 산베이에 도착한 홍군과의 첫 전투에서 대패하여, 홍군이 만만치 않음을 절감한 장쉐량은 고토 탈환의 염원도 있어 공산당과 정전하고 일치항일─致抗日로 정책을 전환하기를 바라고 있었다. 그리고 바라는 것에 그치지 않고 실행에 옮겼다. 1936년 12월 공산당 토벌전을 독려하기 위해 시안西安서안에 온 장제스의 신병을 구속하고, 무력으로 장제스에게 내전 정지, 일치항일을 호소하는 파격적인 거사(무력을 배경으로 간언한다는 뜻에서 병간兵諫이라 불렸다)를 벌인 것이다. 이를 '시안사변'이라 부른다.

사실 이보다 앞서 장쉐량은 이미 공산당과 정전협정을 맺고 협력 관계를 구축했을 뿐 아니라 중공에 입당을 제의했었다. 즉, 군벌의 후계자로서 공산당을 박멸시키는 직무인 서북초비총사령西北剿匪総司令(대리)의 지위에 앉은 인간이 적군敵軍의 일원이 되겠다고 신청했던 것이다. 그의 경우는 사상적으로 공산주의에 물들었다기보다는 오히려 공산당원이 됨으로써 소련으로부터의 군사적 경제적 원조를 받으려는 실리적인 목적이 강했던 것으로 보인다. 국민정부로부터 충분한 군비 지원을 받지 못한 동북군은 경제적으로도 궁핍한 상황이었기 때문이다. 거물급 인사의 입당 희망을 공산당은 기본적으로 받아들일 의향이었으나, 코민테른은 장쉐량을 어디까지나 군벌형 인물로 여겨 반대했고, 결국 입당은 무산되었다.

한편 부당한 방식으로 감금되어 정책 전환을 강요받은 장제스는 완강하게 이를 거부했다. 사건 발발 직후 장쉐량의 연락으로 사태를 파악한 중공 중앙은 모스크바에 이를 전달하는 한편, 당내에서 대응책을 협의했다. 처음에는 장제스의 처형이나 파면, 혹은 난징 정부를 와해시키고 항일정부를 수립하자는 강경론이 한때 대세를 이뤘으나, 며칠 뒤 분위기가 반전되어 난징 정부의 정통성을 인정한 뒤 평화적으로 해결하고 장제스를 계속 설득하는 쪽으로 방침이 정해졌다. 그 큰 요인은 모스크바의 의향이었다.

예전부터 장쉐량의 중공에 대한 접근을 의심의 눈초리로 바라보던 코민테른 지도자 디미트로프G. Dimitrov는 처음에는 장쉐량의 행동을 중공과의 공모가 아닌지 의심하면서, "장쉐량의 의도가 어떤 것이든 그들의 행동은 항일통일전선 결성을 저해하고 일본의 침략을 조장할 뿐"이라며 사변의 평화적 해결을 강력히 주장했고, 『프라우다』 등 소련 언론도 장제스의 안전 보장, 사태의 평화적 해결을 바라는 논평을 발표했다. 한편 사태 수습 지원과 연락을 위해 시안에 파견된 저우언라이도 조건 여하에 따라 장제스가 설득을 받아들일 가능성이 있다고 중공 중앙에 보고했고, 이에 따라 공산당도 협상을 통한 평화적 해결 방침에 따라 움직이게 됐다. 이후 장제스의 부인 쑹메이링宋美齡송미령과 처남 쑹쯔원宋子文송자문이 시안에 입성하여 타협을 주선하고 공산당 사절 저우언라이 등이 끈질기게 설득해, 장제스도 기본적으로 장쉐량의 요구에 응하기로 함으로써 2주일에 걸친 사건은 이렇게 극적으로 평화적 해결을 맞았다. 장제스는 구속에서 풀려나 난징으로 귀환했고, 이후 국내에서는 국공의 충돌이 기본적으로 정지되었다. 이리하여 중국은 국공 양당의 무력 대결이 잠시 멈춘 단계에서 일본과의 전쟁을 맞이하게 된다.

장쉐량은 장제스를 풀어주고 난징까지 동행한 뒤 반세기 넘게 연금 생활을 해야 했다. 그 사이에 여러 차례 역사가들과 인터뷰를 했지만, 자신이 한때 중

루쉰의 장례식(1936년 10월)에 참석한 쑹칭링. 쑨원의 부인으로서 일종의 불가침의 고고한 존재였다. 인민공화국에서는 국가부주석, 국가명예주석을 지냈다.

공에 입당을 희망했다는 것과, 자신과 시안사변과의 관계에 대해서는 끝내 입을 열지 않았다. 사실 이 시기를 전후해 공산당에 입당을 신청한 유명 인사는 장쉐량만이 아니었고, 쑨원의 부인 쑹칭링宋慶齡송경령은 아마 공산당 비밀당원이었던 것으로 보인다. 쑨원 사망 후 쑹칭링은 혁명 카리스마의 화신으로서 쑨원 최후의 시책인 '국공합작'의 수호자 노릇을 계속하려 한 낌새가 있는데, 그녀 자신은 공산주의에 대한 신념을 가슴에 품고, 다른 한편으로는 자신의 특수한 입장 - 국민당이라 해도 쉽게 손을 댈 수 없다는 점 - 을 이용해 공산당 활동의 비호자가 되었다. 그녀의 경우 입장이 입장이니만큼, 그녀의 당적은 중공이 아니라 코민테른 본부가 관리하는 특수한 것이었다고 한다. 영어 소통에 뛰어났던 점도 있어서, 공산당의 대외연락을

지원하는 면에서 그녀가 수행한 역할은 컸다. 예를 들어 산베이에 와서 공산당을 취재한 최초의 언론인인 에드거 스노가 파견될 때, 그녀는 스노의 취재 의사를 전달하는 중개 역할을 했고, 시안 사변 이후에는 장제스 체포 당시 공산당 지도자들의 반응을 스노에게 생생하게 전달해주기도 하였다.

1930년대 전반의 중국에서 공산당의 활동은 수수께끼에 싸여 있었고, 그 보도는 국민정부의 통제도 있어 대체로 악의에 찬 것이었지만, 공산주의나 마르크스주의가 가진 흡인력은 사상계나 예술·문학계를 중심으로 상당했다. 비근한 예로 마르크스의 책이 몇 권 책장에 꽂혀 있는 것이 그 사람이 지적 활동을 할 수 있음을 보여주는 아이콘이자 액세서리였다. '좌익'은 인텔리의 필수조건이었다고 해도 좋다. 말하자면 도시지역에서의 당 조직은 괴멸적 상태이면서도, 당의 영향력은 문단과 예술 분야를 중심으로 무시할 수 없을 정도였던 셈이다. 당의 존재를 위장하면서 그 주장을 교묘하게 침투시키는 수단이 바로 저명인사를 굳이 당 밖에 두고 그 사람의 입을 통해 당의 주장을 선전하는 것이었다. 예컨대 궈모뤄郭沫若곽말약는 그런 입장에서 당의 선전을 담당했던 문학가이다.

궈모뤄는 젊었을 때부터 재기 넘치는 문예가, 역사가, 시인으로 이름을 날렸고, 1927년 입당했으나 당원이라는 사실을 1958년까지 숨겼다. 모든 것은 그 영향력을 활용하는 데 있어 비당원(무당파 인사)의 입장에서 활동하는 편이 당의 주장을 사회에 침투시키는 데 낫다는 판단에서였다. 1930년대 중반까지는 루쉰魯迅노신이 그런 거물이었다. 루쉰은 결국 입당하지는 않았지만 좌익 문화 진영의 상징적 존재로서 공산당과의 관계도 나쁘지 않았다. 1936년 가을에 그 루쉰이 죽은 후 그를 대신할 상징적 좌익 문화인으로서 공산당이 기대하고 인정한 것이 궈모뤄였다고 한다.

1930년대라는 대불황과 파시즘이 대두하던 시대에 지식인들은 급속히 사회주의에 접근해 갔다. 그 경향은 세계적인 것이었다. 장쉐량과 쑹칭링의 공산당 가입은 공산주의에 대한 기대라는 전 세계적으로 확산되는 시대적 흐름을 반영하는 일화에 다름 아니다. 또 다른 한편으로는 궈모뤄의 예에서 볼 수 있듯이, 당의 안과 밖을 교묘하게 구분함으로써 공산당은 자신의 주장을 보다 널리 전달할 수 있었다고 할 수 있다. 말하자면 목소리를 크게 울려 퍼뜨려 자신의 사이즈 이상으로 커보이게 하는 기량을 갖추고 있었던 셈이다. 그 결과 공산당의 세력은 항상 실체보다 크게 평가되었다.

칼럼⑤ 작곡가의 정치성 - '유망삼부곡'과 장한후이, 류쉐안

1931년 만주사변(중국에서는 발생일을 따서 9·18사변이라 부른다) 이후 일본의 중국 침략이 본격화되고 그 군사 압력이 화베이에 미치자, 이대로는 중국이 멸망하고 만다는 위기감이 예술 작품들에 넘쳐나게 되었다. 이런 가운데 고향에서 쫓겨나 유랑하는 사람들의 처지와 망향의 심정을 소재로 한 노래로 세 곡의 명작이 생겨나 '유망삼부곡流亡三部曲'으로 불렸다. 「송화강상松花江上」, 「이가離家」, 「상전선上前線」의 세 곡이다. 「송화강상(쑹화강변)」은 장한후이張寒暉장한휘 작사 작곡이고, 뒤의 두 곡은 류쉐안劉雪庵유설암의 작품이다.

쑹화강은 동북(만주) 헤이룽장성을 흐르는 큰 강이다. "고향의 우리 집은 동북 쑹화강변, 그곳에는 우리 동포와 나이 드신 부모님이 있다. 9.18. 9.18. 그 비참한 때부터 고향을 떠나 떠돈다. 떠

돈다… 언제쯤이면 내 사랑하는 고향으로 돌아갈 수 있을까"라
는 가사로, 만주사변으로 고향에서 쫓겨난 사람들의 애절한 심정
을 노래한 것이다. 1936년 말 시안에서 만들어져 당시 시안에 주
둔하고 있던 장쉐량 휘하 동북군 사이에 퍼지면서, 유랑하는 신
세인 그들의 마음을 격하게 흔들었다고 한다. 장한후이는 공산당
원으로 1946년 불과 43세의 나이로 옌안에서 병사하였는데, 노
래는 중국인들의 심금을 울리는 명곡으로 그 후에도 계속 불리
고 있다. 이 곡은 타이완 영화의 걸작으로 일컬어지는 「비정성시
悲情城市」(허우샤오셴侯孝賢 감독, 1989년 제작)에도 사용되었는데,
일본 지배가 마침내 끝난 타이완에서 중국인으로서 감정이 고
양된 청년들이 이 노래를 소리 높여 부르는 유명한 장면이 있다.

한편 「이가」, 「상전선(최전선으로)」은 각각 유랑의 고통과 일본
과의 싸움을 청년들에게 고무하는 노래로, 후자에서는 "가자 친
구여"라는 힘찬 대사가 반복된다. 1937년 곡을 만든 류쉐안은
당시 항일 음악가로 유명했지만, 그를 기다리고 있던 것은 비참
하다고밖에 할 수 없는 후반생이었다. 일본군 점령기에 히트한
「하일군재래何日君再來」가 그의 작품이라는 것이 문제가 되었던
것이다. 일본에서도 추억의 멜로디로 잘 알려진 이 노래는 원래
영화 「삼성반월三星伴月」(1938년 개봉)의 삽입곡으로 주연 여배
우이자 '금상자金嗓子(golden voice)'라는 별명을 가진 저우쉬안
周璇주선이 불렀고, 와타나베 하마코와 리샹란李香蘭이향란(山口淑
子야마구치 요시코)이 커버해 대히트를 친 곡이다. 하지만 그 감미

로운 멜로디와 제목('何日君再來하일군재래:님은 언제 오시나'가 '賀日軍再來하일군재래:일본군의 귀환을 경하합니다'로 읽을 수 있다는 억지) 때문에 일본 점령에 굴복한 망국의 노래라는 꼬리표가 붙게 된다. 이 곡은 원래 류가 어느 음악파티 석상에서 즉흥적으로 만든 것이었는데, 이를 마음에 들어 한 영화감독이 류에게 제공을 요청했다고 한다.

류는 1949년 이후 대륙에 남아 음악 교사가 되었으나, 망국 노래의 작곡가라며 1958년 '우파 분자'로 몰려 교직을 박탈당했고, 문혁이 시작되자 '노동 개조'에 보내졌다. 문혁이 끝나고 1979년에 일단 명예 회복이 이루어졌으나, 당시 그는 가혹한 처우가 원인이 되어 이미 두 눈을 실명한 상태였다. 그동안 「하일군재래」는 일본 등지에서 계속 불려지다가, 테레사 텡Teresa Teng(덩리쥔鄧麗君등려군)이 커버하여 개혁개방 정책 와중에 중국에도 확산되었다. 하지만 때마침 1980년대 초의 '부르주아 자유화', '정신오염' 반대 캠페인 때에 '황색음악黃色音樂'(저속한 음악)의 대표작으로 지목되어 비판당하는 바람에 국외에서 그 카세트나 음반을 반입하는 것은 금지되었다.

이후 80년대 후반에는 '낮에는 덩 아저씨[老鄧(덩샤오핑)] 말을 듣고, 밤에는 덩 아가씨[小鄧(덩리쥔)] 노래를 듣는다'는 우스갯소리가 나올 정도로 규제가 조금씩 느슨해졌지만, 류 자신은 1985년 3월 베이징에서 세상을 떠날 때까지 이 노래를 TV나 라디오에서 듣고 싶다는 소망을 이루지 못했다.

4. 항일전쟁과 유격전 – 누가 누구와 싸우는가

장제스의 일치항전─致抗戰과 내전 중단의 원칙적 수락, 그리고 그의 신병 석방이라는 시안사변의 평화적 해결에 따라 중국의 대일항전 체제는 일단 전망이 밝아졌다. 공산당은 어떤 조건으로 국민정부(국민당)에 협력할지 협상에 들어갔다. 독자적으로 세운 국가인 '중화소비에트공화국'은 당연히 취소해야 하고, 독자 군대인 홍군도 그대로 유지할 수는 없었다. 군대 감축이나 그 대가로 받을 재정 원조를 둘러싸고 신경을 곤두세운 교섭이 진행되었다. 그런 와중에 1937년 7월에 베이징(당시는 베이핑北平) 교외에서 중일 양군의 충돌(루거우차오사건盧溝橋事件노구교사건)이 일어났다. 베이핑·톈진은 7월 말까지 일본군의 수중에 들어갔고, 8월 이후 전화戰火는 장강 하류 상하이로 확대되었다. 중국의 운명도, 일본의 운명도 크게 바꾼 중일전쟁(중국에서는 항일전쟁으로 부른다)의 시작이다. 상하이 방면에서는 국민정부 정예부대가 완강하게 저항했으나, 3개월에 걸친 항전 끝에 상하이가, 그리고 12월에는 수도 난징이 잇따라 함락되었다.

우리는 이것이 8년에 걸친 긴 '전쟁'의 시작임을 알고 있지만, 당시 사람들은 위로는 장제스부터 아래로는 이름 없는 서민까지 전쟁이 그 뒤로 8년이나 지속될 줄은 예상하지 못했다. 장제스는 지구전을 하더라도 1년 정도로 보고 있었고, 단기에 전쟁이 끝날 것이라 생각한 사람들이 대부분이었다. 이와 달리, 더 긴 지구전이 될 가능성이 있다고 봤던 한 사람이 마오쩌둥이다. 1936년 여름 스노와의 인터뷰에서 그는 국내외 정세에 따라 '매우 길어질 것'(기간에 대해서는 이 시점에서는 확실히 말하지 않았다)이라고 보고 있었다.

일본과의 전쟁은 중국인들에게 있어서 1931년 가을 만주사변 이래, 아니

1928년 북벌 때에 발생한 중일 군사충돌인 지난사변濟南事變제남사변 이래 참고 또 참다가 마침내 이뤄진 응전이었으므로, 루거우차오사건 발발 직후 항전의 사기는 높았다. 공산당 입장에서도 오랫동안 장제스의 대일 타협을 거듭 비판했고, 덕분에 여론의 지지를 얻어왔다는 사정도 있어 적극적으로 대일전의 전선에 뛰어들어 항일 주장이 말만 멋있게 한 것이 아니었음을 보여줄 필요가 있었다. 하지만 그동안 주로 국민당군이나 군벌 부대를 상대로 싸워온 중공군의 장비나 훈련으로 과연 베테랑의 일본 육군에 맞설 수 있을지, 실제로 전쟁을 벌이는 것의 위험은 결코 작지 않았다.

사실 장비와 훈련 모두 가장 충실했던 국민정부 정예부대까지 투입된 상하이전에서는 엄청난 사상자가 나왔고 손실이 컸다. 당시 일본군의 상식으로는 장제스 직계군 1개 사단(6천~8천 명)을 상대로 일본군 1개 연대(3천 명 정도), 군벌계 지방군 1개 사단에는 1개 대대(7백~8백 명)로 대응할 수 있을 것으로 추산했다. 즉, 단순하게 계산하자면 중공군에게는 자신보다 10배 정도 강한 상대와 싸울 각오가 필요했던 것이다. 국민정부와의 관계는 점차 개선되어 베이징 함락 이후 국민정부가 난징에서 소집한 국방회의에 공산당은 저우언라이·주더朱德 등을 보내 군사협력의 내실을 다지게 했다. 하지만 공산당 군대가 국민정부의 편제와 군령에 편입될 가능성이 있는 한편, 얼마나 많은 지원을 받을 수 있을지는 불투명했다. 당시 공산당 휘하의 병력은 약 3만으로, 결코 많지 않은 이 병력을 무턱대고 전방의 전투에 투입해도 되는가, 이것이 항전이 시작되었을 때 공산당이 직면한 현실적인 과제였으며, 그런 문제를 논의하기 위해 열린 것이 1937년 8월의 뤄촨회의洛川會議였다.

회의에서 주더와 펑더화이彭德懷팽덕회 등 많은 군인이 홍군을 총출격시켜 민중의 기대에 부응해야 한다고 주장한 반면, 마오쩌둥과 장원톈張聞天장문

천 등은 병력 유지를 전제로 적의 섬멸을 꾀해야 하고 무리한 공격은 자제해야 한다고 주장, 중점을 적극 진공에 둘 것인지 온존에 둘 것인지에 의견이 엇갈렸다. 단순하게 말하면 마오 등의 주장은, 홍군의 목적은 어디까지나 장래의 계급전쟁에서 전국적 정권을 빼앗는 것이지 한때의 격정에 휩쓸려 승산 없는 싸움을 하는 것은 상책이 아니라는 것이었다. 너무나 현실적인 마오와 장의 의견에 지도자들 다수가 이의를 제기했지만, 마오 등의 의견이 목전의 방침이 되었다.

이후 국민당 측의 양보로 공산당의 지위 보장과 군비 지급이 결정됨에 따라, 홍군에서 편제를 바꾼 '팔로군八路軍'(공산당계 부대의 편제명) 중 4천 명 가량이 린뱌오林彪임표의 지휘로 출전하여, 1937년 9월 국민정부 정규군과의 협동작전으로 평형관平型關(산시성山西省)에서 일본군 부대(보급부대)와 싸워 다수의 노획품을 얻는 승리를 거두었다. 이 승리는 크게 선전되어 공산당의 사기와 인기를 높이는 데 일조했지만, 동시에 마오쩌둥의 우려가 결코 기우가 아니었음도 분명해졌다. 즉 주로 보급부대를 상대로 한 전투였음에도, 공산당 쪽에는 장교 계급 위주로 4백여 명의 사상자(손실률약 10%)가 발생한 것이다. 만일 주전파의 주장대로 전군이 출동하여 일본군 정규 부대와 싸웠다면 어떻게 되었을까… 마오의 전력 온존론을 꼼수라고 비판하는 목소리가 지금도 있지만, 이를 냉정한 심모원려로 해석할 수도 있다.

이러한 마오쩌둥의 생각을 더욱 심화한 것이 1938년에 발표한 「지구전론」이다. 「지구전론」이라 함은 일본과의 전쟁이 '전략적 퇴각, 대치, 반격'의 3단계를 거치는 장기전이 될 것이라고 예측하고, 실제로 그렇게 전쟁이 전개되면서 마오쩌둥의 선견지명을 보여준 것으로 평가받고 있다. 하지만 그속에서 마오가 다음과 같이 말하고 있다는 것도 잊지 말아야 한다. 즉 전쟁의 본질과 목적이란 '자신을 보전하고 적을 소멸시킨다'는 데 있다고 말한 뒤, 나와 상대의 힘의 차이가 현격히 큰 경우에는 '자신을 보전하는 것이 기본 전제'이며, 그것이 불가능한 상태에서 적을 소멸시키는 것은 논외라는 것이다.

산베이(陝北) 도착 후 중공 중앙 간부들(1937년 12월). 왼쪽부터 장원톈, 캉성(康生강생), 저우언라이, 카이펑(凱豊개풍, 본명은 何克全하극전), 왕밍(1937년 11월 귀국), 마오쩌둥, 런비스, 장궈타오

계급전쟁(혁명)이 최종 목적임을 잊어서는 안 된다는 마오쩌둥의 일종의 '혁명공리주의'는 당연히 공산당이 항전에 소극적이라는 비판을 초래했다. 코민테른은 '통일전선'의 주창자인 만큼 국민당에 최대한 협력할 것을 공산당에 요구했고, 국민당은 국민당대로 공산당계 부대가 편제뿐 아니라 전투 서열에서도 국민정부군의 지휘하에 들어갈 것을 요구했다. 하지만 항전이 장기화되는 와중에도 공산당은 독립성 유지를 고집하며 쉽게 국민당에 종속되려 하지 않았다. 즉 장제스가 공산당의 합법적 지위를 인정하며(제2차 국공합작) 공산당의 본거지 옌안이 있는 산시성陝西省 북부를 중심으로 한 지역을 '산간닝陝甘寧 변구(특별행정구)'로 인정해주고, 또한 국민정부로부터 재정지원을 받게 된 이후에도 공산당은 자신들의 활동이 꼭 국민정부의 제약을 받아야 하는 것은 아니라고 생각했으며, 정당으로서 국민당과의 대등 관계, 그리고 당의 독립성만은 결단코 양보하지 않았다. '당내합작'으로 크게 데였던 제1차 국공합작 시대의 전철은 절대로 밟지 않겠다는 자세였다.

그러나 다른 한편으로 국민당과의 연대를 중시하라는 주문은 코민테른으로부터도 강하게 전해져, 1937년 11월 말에는 그 대변인이라고도 할 만한 거물이 모스크바에서 찾아왔다. '8·1선언'의 초안을 기초했던 소련 유학파의 수괴 왕밍王明왕명(천사오위陳紹禹진소우)이다. 오랫동안 코민테른 주재 중공대표를 지내 국제적 지명도가 있던 왕밍은 통일전선 방침을 최대한 추진할 것, 즉 국민당과 협력하여 적극 싸울 것을 호소함으로써 병력 온존주의에 불만을 품은 공산당 내 주전파의 기대를 모았다. 심지어 그는 난징 함락 후 많은 국민정부 기관이 모여 있던 창장강長江양쯔강 중류 유역의 우한에 주재하면서, 이곳 중공 장강국長江局 지도자로서 옌안의 마오 등을 제쳐두고 '항일 최우선론'을 떠벌리고 다녔다. 그러나 중국에서의 활동 경험과 인맥이란 면에서 마오에 훨씬 못 미치는 왕밍이 당의 지도자처럼 행세하는 것에는 반발이 많았고, 또 국민정부는 금방 정부기관의 충칭 이전을 결정해 버린 판국이어서, 왕밍이 기대했던 것과 같이 국공이 적극 제휴하는 항전은 다른 공산당 수뇌들에게도 점차 현실성이 떨어지는 이야기가 되었다.

이에 왕밍의 튀는 행동을 우려한 코민테른 의장 디미트로프가 중공에 대해 "지도적 기관에 있어서는 마오쩌둥을 수장으로 하는 지도하에 (제반 문제를) 해결해야 한다"는 메시지(1938년 9월 전달)를 보내기도 하여, 마오쩌둥의 위상은 부동의 것이 되었다. 이에 따라 곧이어 열린 중공 6기 6중전회(9월~11월)에서 마오는 처음으로 당 중앙을 대표해 정치보고를 하게 된다. 당 중앙위원회 총회에서의 정치보고, 그것은 때때로 당의 지도자가 누구인지 명시한다는 의미에서는 일종의 '의식'이었고, 마오의 권위를 당 전체에 강하게 각인시키는 계기가 되었다.

항일전쟁에서 공산당의 주요 전략은 일본군과의 본격적인 전투를 피하고 그 배후로 우회하여 보급선을 습격하거나 농촌지역에 근거지를 구축해

적을 위협하는 이른바 유격전이 위주가 되었다. 이 방침은 앞선 뤄촨회의에서 확인된 것으로, '독립·자주의 산지 유격전'을 원칙으로 하라는 표현으로 각지의 당 조직에 전달되어 공산당의 항일전쟁기의 '적후전장敵後戰場(적의 후방 전장)'에서의

팔로군 지휘관들(왼쪽부터 펑더화이, 주더, 오른쪽 끝은 덩샤오핑, 산시성 팔로군 총사령부에서, 1938년).

활동, 즉 항일 근거지의 확대를 가져오게 되었다. 국민정부한테 인정받은 정규 군사력으로 앞의 팔로군(3만여 명) 이외에 화중과 화난의 홍군이 신편新編 제4군(신사군新四軍, 전군 1만여 명)으로 개편되었다. 화중·화남 홍군이란 장정 때 근거지에 남겨졌지만 게릴라전을 벌이며 살아남은 부대를 모아놓은 것이다. 병력 수는 이후 전황에 따라 확충됐기 때문에, 당초 편제 규정을 넘어 증가 일로를 걸었다.

항일전쟁 기간 내내 공산당과 그 군대가 취한 작전행동은 극히 신중하고 제한적이었는데, 그 예외가 바로 '백단대전百團大戰'이다. '백단대전'이란 이름은 병력 약 20만 명(민병대 포함), 즉 편제 단위로 약 100개 단團('단'은 일본의 연대에 해당)을 동원해 벌인 데서 유래한다. 1940년 여름과 가을에 걸쳐 화베이의 팔로군은 일본 측의 허를 찔러 산시山西에서 허베이河北에 걸친 철도·통신선·일본군 경비 거점을 일제히 공격하여 큰 타격을 입힌 것으로 알려져 있다(일본 측 사상자 약 5,000명).

하지만 근년 재차 정밀 조사된 데이터에 의하면, 이 작전에 투입된 공산당군의 내실은 상당히 빈약했다. 우선 그 주요 장비를 보자면, 병사 천 명

당 소총이 평균 250~300정 정도, 권총이 15정, 기관총이 5정, 박격포와 산포山砲에 이르러서는 0.5문으로, 부대에서 총기 소지자는 3~4명에 1명꼴인 형편이었다. 작전에서 소비한 총탄 수는 500만 발로, 총기 1정당으로 환산하면 100발도 안 된다. 하루 사용 탄환 수가 아니라 작전 기간인 3개월 전체의 수치이다. 이걸로 어떻게 일본군에게 덤빌 수 있었을까? 즉 팔로군의 공격이란 화력에 의지한 공격, 즉 멀리서 포나 총으로 쏘아대는 것이 아니라, 몰래 접근하여 총검이나 창, 칼로 달려드는 근접전투 위주였던 것이다.[1]

당연히 팔로군 측의 희생도 커서, 2만 명이 넘는 사상자를 냈다. 더욱이 이 습격에 충격을 받은 화베이의 일본군은 '다 태워버리는 작전[燼滅作戰신멸작전]'으로 불린 보복전을 벌여, 항일 근거지를 겨냥해 독가스 무기 사용을 포함한 철저한 소탕 작전(이른바 '三光作戰삼광작전')을 실행했다. 이 때문에 팔로군과 근거지는 모두 심각한 타격을 입었고, 그중에는 부대는 절반으로, 근거지 인구는 3분의 2 이하로 격감한 곳도 있었다. 당시 공산당 측은 큰 전과를 올려 민중과 당의 힘을 보여줬다고 떠들었지만, 이것이 '독립·자주의 산지 유격전' 방침을 벗어난 것이었음에는 의문의 여지가 없다. 이 작전의 입안과 지휘를 맡은 펑더화이가 마오의 질책 - 규모가 너무 크다, 기간이 너무 길다 - 을 받은 것도 당연하다.

일본과의 전쟁이 몇 년이나 지속되고, 그 귀추가 일본과 중국만으로 결정될 수 없는 상황이 되면서 항전은 점차 일종의 일상 업무처럼 되어버렸다. 일본군의 존재는 말하자면 협상 불가능한 채로 계속 눌러앉는 거대한 누름돌과 같은 존재가 되었고, 그 누름돌이 계속 이어진다는 전제 조건하에 국내 정국 전반이 움직여 나갔다. 그리하여 공산당이나 마오쩌둥의 눈

---

1) 齊小林, 「裝備, 技術, 戰術及作戰効能: 百団大戰中的八路軍」 『抗日戰爭硏究』, 2016년, 第2期.

은 일본군보다 다시 예전처럼 혹은 여전히 국민당 쪽에 쏠리게 되었고, 장제스의 눈 역시 일본군과 공산당 양쪽을 다 주시하게 되었다. 국민정부(국민당)로서는 일본군에게 점령당하는 것도 곤란하지만, 판도를 공산당에게 빼앗기는 것은 더 곤란하다. 일본군이라면 장래에 큰 전쟁으로 끌어들여 패배시키면 몰아낼 수 있지만, 공산당에게 빼앗겨 버리면 되돌리기가 쉽지 않기 때문이다. 실제로 항일전쟁이 대치 상태에 접어들자 공산당의 근거지는 화베이의 광활한 농촌지역을 중심으로 확대되어, 1940년에는 크고 작은 16개 지역, 인구 4천만 명가량, 휘하의 병력은 팔로군과 신사군新四軍을 합쳐 약 50만 명으로 불었다.

당연히 항일 근거지와 공산당군의 확대·강화를 경계하는 국민당 측은 공산당에 대한 압력과 비판(항전에 소극적이다)의 수위를 올렸고, 명령에 따르지 않는다고 판단할 경우 공산당계 부대에 대한 무력행사도 서슴지 않았다. 1941년 1월에 발생한 화중華中(양쯔강을 낀 중국 중부 지역)의 신사군에 대한 공격·무장해제(新四軍事件신사군사건) 등이 그 한 예이다. 이는 신사군이 국민정부의 이주지 변경 명령을 받고도 따르지 않았기 때문에 국민정부군의 공격을 받아 만 명 가까운 병력의 신사군이 전멸한 사건이다. 공산당 측은 이를 일종의 쿠데타라며 국내외 여론에 호소했다.

그런데 일찍부터 국민당에 대한 불신을 키우고 있던 마오쩌둥은 당내 간부들에게 신사군의 궤멸은 이런 사태를 경고했음에도 듣지 않았던 신사군의 부군장副軍長 샹잉項英(사건 와중에 사망)에게도 절반의 책임이 있다면서, 국민당에 대한 경계 수위를 더욱 높일 것을 호소했다. 이미 신사군 사건 두 달 전부터 국민정부는 공산당의 '변구邊區'에 대한 군비 지급을 중단했고, 사건 이후에는 '변구'에 대해 군사적·경제적 봉쇄를 한층 강화했다. 군비 지급 등 바깥으로부터의 원조가 산간닝변구陝甘寧邊區 재정수입의 절반 이상을 차지했기 때문에 국민당의 이러한 옥죄기는 일본군의 철저한 소탕 작전과 맞물려 변구를 곤경에 빠뜨렸다. 항전이 시작된 지 3,4년이 지나자 누가 누구와 싸우고 있는지가 점점 불분명해져, 심지어 전쟁은 삼파전의 양상마저 보이기 시작했다.

8년에 걸친 전쟁은 중국을 파괴하고 사회를 크게 변화시켰다. 일본이 중국에 영향을 주고 관여한 일은 예로부터 있었지만, 이 중일전쟁만큼 직접적이고 크게 중국의 운명을 바꾼 적은 없었다.

그렇다면 중국, 혹은 중국공산당한테 일본은 어떤 존재였을까?

중국과 일본은 각각 서양에 문호를 연 후, 중국한테 오랫동안 동쪽 섬나라에 불과했던 일본은 급속히 서구식 근대화를 이루었고, 특히 청일전쟁 이후 개혁을 주창하는 일부 중국인들에게는 서양 각국과 어깨를 나란히 해나가는 과정에서 본보기가 되기도 했다. 마르크스주의 문헌을 포함해 일본을 거쳐 중국에 전해진 것들은 중국 근대사상사에서 큰 위치를 차지한다. 무술변법, 광서신정光緒新政 이래 사상, 제도를 비롯하여 실로 많은 것들이 이 이웃 나라를 통해 중국으로 흘러들어와 중국의 변화와 쇄신을 뒷받침하였다. 이 이웃은 분명 서양 문명을 중개해 주는 고마운 존재이기는 했지만, 동시에 무엇이든 간섭하고 손을 대는 골치 아픈 존재이기도 했다. 일본인들은 오랜 세월 중국 문화를 섭취하고 공통의 문명적 기초를 가지고 있다고 자부했고, 심지어 중국인 이상으로 중국을 이해하는 것은 자신들이며, 그러니 자신들이 지배하는 편이 중국인들에게는 행복할 것이라고까지 생각했다.

그것이 중일전쟁이라는 결과로 이어진 셈인데, 일본의 존재는 중국 내셔널리즘의 형성에 큰 영향을 미쳤다. 무엇보다도 일본군은 그 어떤 열강보다

넓은 범위에, 대량으로, 장기간에 걸쳐, 그것도 단일 국가의 침략군으로 등장했다. 그런 존재가 중국인들에게 압도적인 인상과 반발을 주지 않는 것이 더 이상할 것이다. 특히 국민당(국민정부)으로서는 '난징의 10년'으로 불리는 근대국가 건설의 성과가 잿더미로 화한 뼈아픈 타격이 너무나 컸다. 그것도 국가통일의 마지막 마무리인 공산당 정벌이 이제 조금만 있으면 달성되려 한 시점이었기 때문이다. 일본과의 전쟁은 그러한 노력을 모두 수포로 만들어버렸다. 마오쩌둥은 전후에 중국을 방문한 일본인들에게 '황군皇軍에게는 감사해야 한다'고 말한 적이 여러 차례 있다. 물론 그 말을 액면 그대로 받아들이는 사람은 없겠지만, 궁지에 몰린 공산당이 살아남을 수 있었던 것이 항일전쟁 덕분이라는 측면은 확실히 있다.

5. 마오쩌둥의 당이 확립되다 - 정풍운동의 공과 죄

1941년 12월의 미국과 일본의 개전은 중국으로서는 오랫동안 바라던 전쟁의 국제화가 마침내 실현되었음을 의미했고, 중국은 일본과의 전쟁에서 승리를 확신했다. 이후 국공 양당, 특히 공산당 측은 전후 예상되는 국민당과의 대결을 염두에 두고 조직 다지기로 중점을 옮겨갔다. 그때까지의 '변구邊區'가 점차 '해방구解放區'로 불리게 된 것이다.

항일전쟁 발발 후 많은 청년들이 구국의 열정에 이끌려 행동에 나섰으며, 공산낭에 부신하려고 근거지로 향하는 사람들이 격증했다. 특히 에드거 스노의 르포르타주 『중국의 붉은 별』(1937년 가을 출간)의 영향은 절대적이었다. 이듬해 간행된 그 중국어판 『서행만기西行漫記』를 읽고 감격한 나머지 공산당 입당을 결심한 사람이 적지 않았다. 공산당 당원 수는 1937년

항일전쟁기의 옌안을 그린 판화(1943년 제작). 산 위에는 옌안의 상징인 보탑이, 또 산기슭에는 산을 파서 뚫은 민가(窰洞요동)가 보인다. 중공 중앙은 시안사변 후 옌안으로 이주하여, 이후 10년간 이곳을 본거지로 삼았다.

4만 명에서 1940년까지 20배(80만 명)로 급증했다. 반면 국민당은 통상적인 일반당원 외에 군인당원과 해외당원이 있어 단순 비교는 어렵지만, 일반 당원 수로 따지면 같은 시기에 약 2배(1940년에는 114만 명) 늘어나는 데 그쳤다. 공산당원 수는 국민당의 70%까지 육박하게 되었으니, 이것으로 당시 양당의 기세를 짐작할 수 있을 것이다.

그러나 신규 입당자의 급증은 동시에 공산당에게 조직의 내부 결속과 사상적 통일의 필요성을 느끼게 한 것 같다. 이즈음부터 국민당과의 관계가 악화하고 공산당을 둘러싼 상황이 점점 더 어려워지는 가운데, 공산당은 그 위기감을 당의 결속을 다지는 에너지로 바꾸었다. 흔히 말하는 '옌안정풍延安整風'이다[1]. 1940년대 초 당의 최고지도부는 이미 마오쩌둥을 중심으로 형성되었고, 마오의 도전자였던 장궈타오와 왕밍 등은 탈당하거나 힘을 잃었지만 당 내부가 유일한 최고지도자를 떠받드는 체제는 아니었다. 정풍은 당원들에게 중국 실정에 더 깊이 입각한 마르크스주의 실천(마르크스주의의 중국화)을 요구한 것으로, 구체적으로는 교리 지식에만 치중한 마르크스주의 이해를 배제하고, 사실상 마오쩌둥의 사상에 전면적으로 귀의할 것을 요구했다.

---

1) '정(整)'은 '바로잡다', '다잡다'라는 뜻이고, '풍(風)'은 일본어의 '가풍', '교풍'의 '풍'과 마찬가지로 '방식', '행동 지침'을 의미한다.

항일전 당시 마오쩌둥은 아이쓰치艾思奇애사기, 왕쉐원王學文왕학문 등 옌안에 모여든 마르크스주의 이론가들과의 교류를 통하여 자신의 이론 수준을 높이기 위해 노력하고 있었다. 공산당의 지도자라면 단순한 전략가·실천 활동의 성공자로는 불충분하고, 사람들에게 인용될 만한 이론을 가져야 하기 때문이다. 마오쩌둥의 대표적 이론 저작이라 일컬어지는 『모순론』과 『실천론』 등은 모두 이 시기에 쓰인 것이다. 또한 마오는 당의 역사를 총괄하는 데도 본격적으로 나서서, '과거의 잘못된 노선을 바로잡아 당을 구한 지도자'라는 자화상을 확립하는 데 주력했다. 과거 노선에 대한 총괄은 지식에 편향된 마르크스주의 이해(교조주의)에 대한 비판과 함께 아직 어느 정도 영향력을 갖고 있던 '소련 유학파'의 권위를 잃게 하려는 것이었다.

　주의해야 할 것은 실천의 중요성을 강조하거나 당의 역사를 올바른 노선과 잘못된 노선 간의 투쟁(노선투쟁)의 역사로 파악하는 정풍운동의 이데올로기적 방향성이, 사실 동시대 소비에트 러시아로부터 적극 이식된 것이라는 점이다. 본보기가 된 것은 '마르크스-레닌주의 기초지식의 백과전서'라는 선전 문구로 1938년에 소련에서 간행되었으며, 그 후 전 세계적으로 4천만 부 이상 읽혔다고 하는 『전연방 공산당(볼셰비키) 역사 소교정全聯邦共産黨(ボ)歷史小教程』(История ВКП(б) Краткий курс, 전연방이란 소련을 말하며, 이하 편의상 『소교정』으로 약칭)이었다. 『소교정』은 스탈린이 직접 관여하고 일부를 집필하여 간행되었기 때문에 스탈린주의의 경전으로도 불렸던 책이다[1]. 그 가장 큰 특징은 소련공산당의 역사를 거듭된 노선투쟁의 연속으로 보고, 레닌과 스탈린이 말을 금과옥소처럼 박아넣고, 스탈린

---

1) 소련에서는 스탈린 비판(1956년) 후 출판되지 않게 되었고, 세계적으로도 급속히 영향력을 잃었지만, 중국에서는 1975년까지 중쇄를 거듭했다.

의 무오류성을 확인한 데 있다.

마오는 이 책을 매우 높이 평가하여 정풍운동의 중점 문헌으로 지정해 당원들에게 읽혔다. 일반적으로 마오쩌둥은 스탈린을 비롯한 소련공산당 (혹은 코민테른)으로부터 배척당하는 경우가 많았으므로 그런 소련에서 유래한 것들은 좋아하지 않았다는 평이 지배적이지만, 사실 이 시기의 마오는 스탈린의 충실한 종이었다고 해도 과언이 아닐 정도로 스탈린을 숭배했다. 참고로 이 시기 세계 공산당 수뇌 중에 감히 스탈린을 비판할 만한 사람은 없었지만 말이다. 마오쩌둥만 하더라도 국가지도자가 된 뒤에는 스탈린 비판을 공공연히 입에 담게 되지만 그것은 한참 뒤의 일이었고, 1940년대 초반만 해도 여전히 스탈린의 당 운영 모델을 답습하기에 바빴다.

1942년 이후의 정풍운동은 『소교정』의 번역 등 사전 준비를 거친 뒤, 지정 문헌의 학습을 통해 '자신의 활동과 사상을 반성할 것'을 전 당원에게 철저히 시키는 형태로 진행되었다. 당원 집회에서의 자기반성은 종종 '바지를 벗고 꼬리를 자른다'(자신의 잘못을 숨김없이 드러내고 결점을 근절한다)에 비유되기도 했는데, 핵심은 스스로 잘못을 신고하게 하는 것이다. 형식만 놓고 보면 잘못을 스스로 신고하게 한다는 점은 당원으로서의 자각과 성실성을 존중하고 육성하는 능동적인 연수 스타일로 보일 수도 있다. 사실 마오쩌둥도 자기비판과 상호비판에 의한 당원 도야를 하면 소련처럼 숙청 따위는 하지 않아도 당원을 심복시킬 수 있다고 자부하고 있었던 것 같다.

다만 이러한 자발성을 끌어내는, 얼핏 온건해 보이는 방식이란 실제로는 과거 당원으로서의 실수나 타인을 연루시킬지 모르는 사건까지도 끝없이 자백해야 한다는 압력을 수반하는 것이었다. 특히 당 지도층의 경우는 각자 자신의 과거 행적을 낱낱이 기록한 '반성필기反省筆記(반성문)'라는 것을 제출하도록 요구받았고, 이를 토대로 비판 집회가 열렸다. 그리고 그 자리에서 주고받는 말이 내면까지 흔드는 자기비판과 참회의 고백을 동반한 혹독한 것이 되는 일도 드물지 않았다. 여러 사람이 보는 앞에서 마오쩌둥에 대한 전면적 복종을 표명하게 되는 것이다.

정풍운동에서 당 상층부의 자기비판이 어떤 것이었는지 문무文武의 거두라 할 수 있는 저우언라이와 펑더화이를 통해 살펴보자. 우선은 탁월한 실무자로 일관되게 당 중앙의 요직을 역임해 온 저우언라이다. 1943년 11월에 마오쩌둥 등의 앞에서 자기비판을 해야만 했던 그는 본인의 출신(몰락한 봉건 가정 출신)과 개인적 자질(팔방미인, 노예근성)을 시작으로 자신의 결점을 하나하나 꼽으면서, 1930년대 활동에서 '교조주의파 지배의 공범자'로서 당과 군의 '찬탈에 가담한' 것을 비롯해 '사상, 조직 측면에서 큰 죄를 지었다'고 자기비판을 하고 있다. 교조주의파는 마오가 정풍운동에서 표적으로 삼은 왕밍·친방셴秦邦憲진방헌·장원톈 등 일찍이 당을 좌지우지한 소련 유학파를 말한다. 그런 뒤에 저우는 '최근 몇 년의 실천을 거쳐' 마오쩌둥의 지도에 대해 '진심으로 믿게 되었다'고 표명해야 했다. 만년까지 이르는 마오에 대한 복종의 시작이었다.

한편 펑더화이의 경우는 1943년 담화에서 항전의 의의와 이념을 말할 때 '진정한 자유, 평등, 박애는 사회주의 제도하에서 비로소 실현된다'고 말한 것이, 이들 이념을 보편적 가치로만 보고 항일의 의의나 계급성을 언급하지 않았다는 이유로 마오쩌둥의 불만을 샀다. 결국 1945년에 펑의 반성을 촉구하는 크고 작은 비판 집회가 40회 이상 열리기까지 했다. 비난의 표적이 된 것은 펑이 부르주아적 가치인 자유와 같은 이념을 떠들며 계급의 입장을 망각한 언행을 일삼았다는 것이었다. 정풍에서는 다른 동지를 비판하는 것도 '장래를 위해 과거의 잘못을 징벌하고, 병을 치료하여 사람을 구한다(懲前毖後, 治病救人징전비후,치병구인)'는 구호[slogan], 즉 그 사람을 진정 위한다면 거리낌 없이 비판해야 한다는 논리로 정당화되었기 때문에 펑더화이에 대한 비판은 때로는 인격을 무시한 인신공격의 색깔마저 띠기도 했다. 그리하여 펑더화이는 백단대전百團大戰의 책임 문제까지 다시 거론되어 모든 사람 앞에서 참회해야만 했다.

이처럼 정풍은 그 시작은 실천을 위한 마르크스주의의 중국화를 표방했지만, 점차 마오에 대한 공경과 순종을 위한 의식儀式이자, 비판과 자기비판의 반복을 통한 당원간의 심리적 분열 및 이를 이용한 당원 통제의 도구가 되었다. 그리고 그 종착역은 1945년 제7차 당대회에서 '마오쩌둥 사상'을 당 규약에 명문화하고 최고지도자로서 마오의 지위를 확립하는 것이었다. 이보다 앞서 1943년 3월에는 마오쩌둥이 당내 일상 업무를 처리하는 중앙서기처에서 '최종 결정권'을 갖는 것이 승인되었고, 5월에는 코민테른이 해산을 결정했으며, 7차 대회에 앞서 마오 노선의 옳음을 역사적으로 검증하고 확인하는 문건이 '약간의 역사문제에 관한 결의'로, 즉 당의 결정으로 채택되었다. 마오의 절대적 지도권 확립에 걸림돌은 이미 사라져 있었다. 그리고 이 대회에서 마오는 당 중앙위원회 주석으로 선출되어, 이후 1976년 사망할 때까지 그 자리에서 내려오지 않고 평생, 그리고 사후에도 '마오 주석'(혹은 단순히 '주석')으로 불리게 된다. 당 간부와 당원들의 충성에 뒷받침된 마오쩌둥의 권위는 정풍운동을 통해 점차 개인숭배로까지 고조되었다.

반대로 당원들은 자신이 당이라는 조직의 톱니바퀴임을 스스로 인정하고, 그것을 자랑스럽게까지 여기는 심성을 내면화했다. '자유'라는 개념은 중국에서는 그 이전부터 왕왕 '제멋대로'나 '방종'이라는 부정적인 뉘앙스로 사용되기도 했지만, 정풍 시기 공산당 근거지에서 '자유주의'는 결정적으로 부정해야 할 부르주아적 가치관이 되었다. '개인주의'도 마찬가지다. 그러한 개념어들은 일본어와 글자는 같지만, 같은 뉘앙스를 전제로 중국에서 사용했다가 왕왕 오해나 마찰을 불러일으키고 마는데, 바로 이런 이유 때문이다.

앞서 국민혁명 시기의 자유연애 문제에 대해 잠깐 언급했는데, 이들 공산당원의 연애관이 이 1940년대 옌안에서는 어떻게 되었는지 살펴보자. 개인의 의향이나 소망을 조직에 우선해서는 안 된다는 분위기가 정풍운동과 함께 해방구를 뒤덮으면서, 당원 남녀 간의 관계나 연애, 결혼은 해방구 남녀 성비의 불균형(옌안에서는 남녀 성비가 18:1이었다고 한다)이라는 현실과 맞물려 다양한 불편과 갈등을 젊은이들에게 강요하게 되었다. 예를 들면 '이팔오단二八五團'이라는 말이 있다. 전시(비상시)에서의 개인 활동 억제라는 관점에서, 당시 당 조직은 당원의 결혼에 대한 가이드라인을 설정해 두고 있었다. 그 가이드라인이 '이팔오단'이라는 것으로, 즉 팔로군 소속의 남성 당원의 경우 '28세' 이상, '5년' 이상의 당원 경력, '단' 수준(연대급)의 간부직이라는 세 가지 조건을 충족하는 것이 결혼 조건이었다.

이를 충족시키는 것 자체도 쉽지 않지만, 결혼 상대에도 제한이 있어서 당원이라면 계급성을 염두에 두고 배우자를 골라야 했다. 지주 등 착취계급이나 출신이 의심스러운 여성은 안 된다. 애초에 여성이 적기 때문에 이렇게 되면 상대를 찾기가 쉽지 않다. 그 결과 당 조직이 적성이나 조직의 필요에 따라 적당한 상대를 소개했고, 소개받은 쪽도 조직이 원하면 그 상대와 결혼히는, 이기심을 버리고 조직을 위해 살아야 한다는 가치관이 당원 커뮤니티에 널리 퍼져나갔다. 물론 당 조직이 배정하는 인연이 행복한 결혼 생활을 보장하지는 않는다. 도시에서 온 교양 있는 젊은 여성 당원이 당 경력만 훌륭한 무학의 홀아비와 결혼할 수밖에 없는 경우도 있었고, 그런 일

| 선샤(왼쪽)와 남편 샤오이(蕭逸소일)

이 벌어질까 내심 두려워하는 여성 당원도 있었다.

중국 문단에서 알아주는 좌익 작가 마오둔茅盾모순(본명 선더훙沈德鴻심덕홍)을 아버지로 둔 재원 선샤沈霞심하는 그런 사람이었다. 문호 집안에서 자라 명문 중학교에서 배운 그녀는 19살에 옌안에 온다. 혁명과 항전에 몸을 바치기 위해서다. 그녀는 당시 진행되던 정풍운동의 세례를 받으면서 자신에게 스며든 개인주의와 자유주의를 깨닫고, 이를 씻어내고 새로운 혁명의 주체가 되고자 한다. 일기(『옌안 4년延安四年(1942~1945)』으로 나중에 간행됨)에는 조직의 톱니바퀴로 사는 것에 충실감을 느끼게 되는 모습이 담겨 있다. 그 노력과 내면의 갈등, 특히 훗날 부부로 맺어진 문학청년과의 연애와 혁명을 위해 사는 것 사이의 갈등을 적은 부분은 가슴 아프기만 하다.

옌안에서 노력을 인정받아 입당할 수 있었던 그녀는 청년에게 결혼 신청을 받자 먼저 당에 보고하고 조직의 뜻을 확인한다. 약혼 기간에 그 청년에게 경력 의혹이 불거져 선배 당원들은 관계를 끊으라고 권유하지만, 그녀는 결단을 내리지 못하고 고민한다. 이윽고 의혹이 걷히고 부부로 맺어지는데, 남편에게도 당과 혁명을 최우선으로 생각해 달라고 조언하는 등, 한마디로 애정 있고 완벽한 모범당원 부부가 되기 위해 온 힘을 쏟는다. 그러던 중 1945년 8월 당의 부름에 따라 새로운 활동지로 부임하려던 찰나 그녀는 임신 사실을 알게 된다. 남편과 주위의 반대를 무릅쓰고 낙태 수술을 받았으나 불행하게도 수술 후 병세가 악화되어 그대로 불귀의 객이 되었다. 불과 스물네 살. 너무나 어이없고 지나치게 순수한 최후였다. 물론 당시 공산당원들이 모두 이렇게 금욕주의적이었다고는 할 수 없겠지만, 그녀처럼 사는 것이 결코 이상하지 않은 시대와 장소, 그것이 정풍 시기의 옌안이었다.

하지만 자신도 타인도 이렇게 혹독하게 규율하여 공산당원의 이상을 관철하려는 의식은, 그것이 집단에 충만할 때 쉽게 배타적 풍조, 즉 이단 분자 사냥을 낳는다. 조직 내에서 적을 찾아내 근절하려는 광란이 일어나는 것이다. 특히 그전까지 공산당 활동과는 무관했던 젊은이들이 대거 입당했던 항일전쟁 시기였으므로 이와 같은 사태가 더욱 발생하기 쉬웠다고 할 수 있다. 그것이 1943년 이후 근거지로 확대된 '창구운동搶救運動'이었다. '창구搶救'란 구해내다, 구출한다는 뜻이다. 즉 본래는 선량한 사람인데, 누군가의 계략에 이끌려 정도에서 벗어나거나 적에게 협조하게 된 자들을 찾아내 바른길로 되돌리겠다는 뉘앙스이다. 하지만 그 내막은 자백 강요나 집회에서의 조리돌림을 통해 조직 내에 숨어든 적대분자(스파이)를 색출하여 처분·처형하는 이른바 숙청이나 다름없었다.

정풍이 '자기비판' '자기신고'를 기본으로 했듯이, '창구'도 자백을 원칙으로 했다. 다만 창구의 경우는 '자백'하면 관대하게 처하지만 '자백'하지 않으면 그만큼 악질로 간주되었다. 따라서 일단 의심을 받게 되면 우선은 그럴듯한 자백을 해 당의 관대한 이해를 바라며 그 판결을 기다리거나, 아니면 '자백'을 거부하고 중징계를 감수해야 했는데, 어느 쪽을 택하든 억울한 누명만 확대재생산되었다. '창구운동'에 대해서는 내심 의구심을 품은 당원도 많았지만, 조직을 믿는 것이 습관이 된 그들에게서는 이견이 나오지 않았고, 친한 동료나 가족이 적발되면 "조직을 믿고 숨기지 말고 자백하라"고 조언하는 것이 고작이었다.

현재 공산당은 정풍에 대해서는 대체로 그 의의를 긍정적으로 평가하고 있으나, 창구운동에 대해서는 희생자 수치를 포함해 그 피해나 원죄冤罪의

심각성을 밝히지 않고 있다. 또한 과도한 박해의 책임에 이르러서는 대숙청(소련)을 통해 그 노하우를 습득하고 귀국한 캉성康生강생이 이를 주도적으로 일으키고 확대했다며, 거의 캉성 한 사람에게 책임을 떠넘기는 모양새다. 그러나 창구운동이 정풍운동의 연장선상에서 추진된 것임을 고려하면, 정풍운동과 창구운동이 그 공과功過를 포함하여 동전의 양면 같은 관계에 있음은 명백하다. 실제로 전 코민테른 의장 디미트로프가 지나친 숙청과 캉성의 방식에 우려를 전했으나, 마오는 걱정할 필요가 없다는 듯 '캉성은 믿을 만한 인물입니다'(1944년 1월 2일)라고 답전하며 아랑곳하지 않았다. '창구운동'은 마오쩌둥을 포함해 공산당 지도부 전체의 합의하에 진행된 것이라고 결론지어야 할 것이다.

1940년대 전반에 강력하게 추진된 정풍운동으로 공산당은 기존의 강점이던 조직력을 한층 강화하는 데 성공했다. 그 과정에서 조직 안에서 살아가는 것을 뒷받침할 제도 역시 소련을 본떠 정비되었다. 그중 하나가 간부 등급별 대우제이다. 이는 당·정·군의 간부 직원을 몇 개의 등급으로 나누어 직무상 받을 수 있는 대우(접근할 수 있는 정보나 문서의 단계적 설정)에 명확한 구분을 두고, 나아가 등급 구간에 따라 의식주 및 의료·보건 등 받을 수 있는 사회적 서비스에 차등을 두는 제도이다. 공산당은 당 간부나 기관의 직원·군인에 대해 그때까지 대우에 그다지 차이가 없는 배급제를 취하고 있었지만, 1941년 이후 소련의 제도를 가져온 런비스任弼時 등에 의해, 예를 들어 식사 수준을 직급에 따라 3등급으로 나누는 개혁을 실시했다. 조직이 어느 정도 규모를 갖추게 된 당시 상황으로 미루어 볼 때 이러한 등급제도의 도입은 불가피한 것이었지만, '격차 없는 사회'를 이상으로 삼는 지식인(예를 들면, 정풍운동으로 비판받고 나중에 처형된 왕스웨이王實味왕실매 등) 중에는 불만을 느끼는 사람도 있었다. 이 간부 등급별 대우제는 이후 형태를 바꾸면서도 인민공화국의 간부제도로 이어진다.

마찬가지로 조직 내 개인을 관리하는 제도로서 정비된 것이 개인당안個人檔案[1]이다. 개인당안이란 입당 시 제출하는 이력서, 활동에 관해 조직의 상사가 적는 평가서, 정풍운동 등을 할 때 작성하는 반성문, 밀고나 조사에 의해 밝혀진 과오 등 개인의 정치평가를 결정하는 신상조사 기록으로, 당 조직의 인사 부서가 엄격히 관리하며 본인조차 열람할 수 없다. 이를 간부 당원에 대해 본격적으로 작성하고 관리하게 된 것은 공산당이 옌안에 본거지를 두면서부터였다. 당안은 조직의 개인 관리에 절대적인 위력을 발휘했고, 이후 인민공화국에서는 간부제도와 마찬가지로 범위를 비당원 도시 주민으로까지 넓혀서 계속 이어졌다. 개인정보에 대한 통제는 후에 더욱 세밀하고 엄격해졌으며, 발상의 방향성이라는 측면에서는 최근 중국에서 일반화된 IT기술을 활용한 정보 통제와 개인 신용정보 관리로 이어져 오늘날에도 계속되고 있다고 할 수 있다.

톱니바퀴가 될 것을 요구받은 것은 인간만이 아니었다. 1942년에 문예 관계자, 문화공작원들을 모아놓고 마오쩌둥이 했던 문예·예술의 자세에 대한 강연, 이른바 '옌안문예강화延安文藝講話'도 그 기조는 말하자면 문예나 예술도 정치에 봉사하는 나사못이 되라는 데 있었다. 고답적인 예술을 민중도 이해할 수 있는 형태로 만들어라, 그러려면 창작하는 사람의 의식 자체를 바꿔야 한다는 것이다. 공산당원 중에는 원래 문화인이나 예술가가 적지 않았고, 30년대부터 도시의 예술·문학계는 좌익이 우세한 세계였다. 그들노 앞에 나온 선샤처럼 혁명의 이상을 찾아 옌안에 찾아왔지만, 그곳에서 요구된 것은 고상한 예술을 농민 상대로 선보이는 것이 아니라, 농민의

---

1) 중국어로 '당안'은 공문서를 말한다. 따라서 개인당안은 개인 인사기록 혹은 개인 파일이다._역

예술에 자신의 감성을 맞추고 노동자와 농민의 시각에서 사회를 그려보라는 것이었다. 이러한 정치에 봉사하는 예술이라는 구도 또한 이윽고 중화인민공화국으로 계승된 요소이다.

공산당의 당원 수는 1942년 이후 전개된 정풍운동에 따른 조직의 내실 강화로 일시적으로 줄었으나, 1945년 제7차 당대회 시점에서는 120만을 넘어섰다. 같은 시기 국민당도 당세 확장에 힘써 260여만 명까지 당원을 늘리고 있었다. 즉 항일전쟁 중 한때 양당의 당원 숫자는 격차가 줄었지만, 대일전 승리 시점에 이르면 국민당은 공산당의 두 배가 넘는 진용을 보유하고 있었다. 하지만 정풍운동으로 당 중앙의 뜻을 보다 효율적으로 하달할 수 있는 메커니즘을 갖추었고, 당 활동을 우선하여 이혼과 낙태도 불사한다는 강렬한 사명감을 많은 당원들이 가졌으며, 그리고 당의 명령에 조금이라도 어긋나는 기미를 보이면 언제 내부고발을 당할지 모른다는 공포감(긴장감)에 모두가 둘러싸여 있었다는 점에서, 공산당의 통솔력은 국민당을 능가했다고 볼 수 있다.

6. 집권당으로 - 내전 승리와 인민공화국 건국

1945년 8월, 일본 항복의 소식은 갑자기 찾아왔다. 중국 대륙에서의 전쟁이 세계대전의 아시아 전장이 된 이래, 소위 대륙타통작전大陸打通作戰[1]처럼 일본군이 일시적으로 공세에 나선 적도 있었지만, 중국 전선은 크게 보면 줄곧 교착상태였다. 그런데 8월에 소련·일본 중립 조약을 파기한 소련이

---

1) 종전 직전인 1944년 50만 명 이상의 병력을 동원하여 일본군이 국민당 점령지구를 압박한 최대 규모의 공세이다._역

'만주국'으로 몰려들어 관동군을 궤멸시키면서 전력 균형은 결정적으로 무너졌다. 이를 전후하여 히로시마, 나가사키에 원폭이 투하되었기 때문에 일본은 급전직하로 항복하게 된 것이다. 그러나 그 직전까지 일본과의 전쟁 종결에는 시간이 더 걸릴 것이라는 관측이 대세였다. 100만의 일본군이 대륙 주요부를 지배하고 있는 이상, 일본은 여전히 저항할 것으로 예상했기 때문이다. 마오쩌둥은 8월 초순의 시점에서도 일본의 항복까지 1년 정도는 더 걸릴 것으로 보고 각지의 부대에는 '해방구'를 확대시키는 한편, 장래의 일본 항복과 동시에 일어날 국민당과의 내전에 대비하라고 명령했다.

이런 상황에서 일본 항복 소식은 전후 처리라는 이름의 새로운 각축을 알리는 신호탄이나 다름없었다. 일본이 포츠담선언을 수락할 방침이라는 것은 8월 10일 밤 중국에 보도되었고 곳곳이 전승 소식에 들끓었는데, 그 10일 심야부터 다음날까지 공산당 옌안총부(총사령 주더朱德)는 휘하 각 부대를 향해 잇달아 지령을 내려 인근 일본군 점령지로 진격하여 적군을 무장해제하고 항복시킬 것과, 소련군에 호응해 러허熱河열하, 랴오닝遼寧요령, 지린吉林길림 등지로 진격하여 주둔하도록 명령했다. 전후戰後라는 이름의 새로운 싸움의 시작이었다.

앞에서 살펴본 바와 같이 공산당의 군사력, 특히 군수 장비는 매우 빈약하여, 항복한 일본군 100만의 군사물자와 무기를 노획·접수할 수 있느냐 없느냐는 사활이 걸린 문제였다. 물론 그런 점은 장제스 역시 잘 알고 있었다. 장제스는 공산당계 부대가 항복을 수리하는 것을 즉각 금지하고, 원 주둔지에서 대기하노록 명령했다. 지리적으로 봤을 때, 원래부터 공산당의 군대는 화베이를 중심으로 일본군 점령지와 가까운 곳에 포진하고 있던 반면, 국민정부군은 서남쪽 내륙부에 있어서 접수를 위해 이동하려면 시간이 걸렸다. 따라서 공산당군에 의한 접수만큼은 어떻게 해서든 저지해야만 했다.

그러나 이때 이미 100만에 가까운 병력을 보유하고 있었으며 항일전쟁을 자력으로 승리했다고 자부하던 공산당은 장제스의 명령을 거부하고, 국민당과의 충돌을 각오하고서 진주進駐와 접수를 강행하려 하였다. 즉 옌안의 공산당 중앙은 8월 10일~11일에 화중 지역의 부대에 상하이·난징·우한·쉬저우徐州 등 대도시와 주요 교통선을 점령하도록 명했을 뿐만 아니라, 장쑤江蘇·안후이安徽·저장浙江 등의 성 정부 주석과 상하이·난징 등의 시장 명단까지 작성하고 있었다. 공산당 계열 부대를 '인민해방군'으로 개칭하고, 무장봉기를 통한 상하이 탈취도 계획되었다. 8월 중순의 열흘 정도는 그야말로 전쟁 종결이 한순간에 내전 발발로 바뀌기 직전까지 갔던 것이다.

그런 상황에서 날아온 것이 내전을 회피하도록 요구한 스탈린의 의견이었다. 때마침 국민정부와 소련 사이에 중소우호동맹조약이 조인된(8월 14일) 직후였다. 장제스는 조약 체결에서 수많은 양보를 해준 대가로, 소련 측으로부터 중공을 지원하지 않을 것, 대중 원조는 모두 국민정부에 할 것을 약속받았다. 즉 스탈린은 내전 발발을 기회로 정권 획득을 노리는 중공과 소련의 동북아 권익을 보장해 줄 국민당을 저울질해 후자를 선택한 것이다. 이 조약을 체결한 날에 장제스가 마오쩌둥에 전보를 쳐 내외의 각종 중요 문제를 논의하기 위한 충칭 회담을 제의한 것에서 중·소 조약의 의미를 엿볼 수 있다. 그런 장제스와 말을 맞춘 듯한 모스크바의 요구를 두고, 마오쩌둥은 훗날 "스탈린은 혁명을 못 하게 했다."고 말하며 노골적으로 불만을 표시했으나, 미국을 비롯해 연합국도 국내 여론도 내전에 반대하고 있는 가운데 공산당만이 홀로 내전으로 돌진하기는 어려웠을 것이다. 이리하여 공산당은 그동안의 강경 방침을 전환하여 처음에는 '완전한 속임수'로 여겨졌던 충칭 회담 제의를 받아들였다.

스탈린의 소련은 '혁명을 못 하게 한' 대신에 다른 배려를 해주었다. 창장강(양쯔강) 유역으로의 진격을 중단하고 북쪽으로 방향을 바꿔 진군한 공산당에 동북 지역에서 지원을 해준 것이다. 마오쩌둥은 소련의 대일 참전 시점에서 이미 동북 지역과 가까운 곳에 있는 부대에 북진을 명령한 바 있는데, 충칭에서 협상하는 와중에도 동북을 전략 요지로 설정하고, 부대와 간부의 이동을 잇달아 지시했다. 1945년 말까지 동북으로 이동한 인원은 장병 약 11만, 당 간부 2만을 헤아렸다고 한다. 표면적으로 소련군은 동북 점령지를 국민정부에 넘겨주기로 되어 있었지만, 실제로 소련군 관계자는 국민당군의 상륙, 진주 접수를 방해하는 한편, 구 일본군의 무기와 탄약을 공산당 측에 융통해 주었다. 공산당군에 넘어간 무기는 마오쩌둥이 당 내부에 설명한 바(1945년 11월)에 따르면 소총 12만 정에 달했다. 그 시기 충칭에서 공식적으로 국내외 언론 앞에 처음 모습을 드러낸 마오쩌둥의 동정은 세간의 이목을 집중시켰고, 협상의 성과는 10월 10일 쌍십협정雙十協定으로 모아졌지만, 사실 더 중요한 사태가 아득히 먼 동북에서 진행되고 있었던 셈이다.

이리하여 1945년 11월 마침내 동북 지역에 진주하게 된 국민당군 장병들은 구 일본군의 무기로 무장한 공산당군을 마주하게 되었다. 과거 항일전쟁 당시에는 소총조차 제대로 갖추지 못했던 잡병 집단이 싹 바뀌어 기관총과 각종 대포를 들고 있는 것을 보고 국민정부는 당연히 소련에 항의했지만 뒷북을 쳐도 소용이 없었다. 이렇게 동북으로 크게 세력을 확장하고 내지(본토)에서는 수세에 전념하는 북진남방北進南防 전략을 취하는 동안, 공산당군은 내전 반대를 외치며 국민당군으로부터 군사 압력을 피하는 한편, 소련과 동북 간 교역을 시작하고 일본인 기술자를 남겨 활용하는 등 힘을 비축하여, 마침내 이듬해인 1946년에 국민당군과의 내전에 돌입했다. 당

초에 양군의 병력을 비교하면, 국민당군 430만 명에 대해 공산당군은 120만 명을 넘는 정도였다. 이 병력 차이를 믿고 국민당군은 공세에 나섰고, 1947년 3월에는 10년 동안 공산당의 본부가 있던 산시성陝西省의 옌안까지 국민당의 손에 떨어졌다. 고토를 방기한 공산당 중앙(마오쩌둥)은 화베이를 이동하면서 주력이 있는 동북 지역에 지원을 집중하며 반격의 기회를 노렸다. 당시의 구상은 동북 지역에 광활한 지역 정권을 세워 본토의 국민정부와 대치한다는 것으로, 전국 정권은 아직 시야에 들어오지 않았다.

내전의 조류가 바뀐 것은 1947년 후반이다. 원래 '만주국' 시절 라디오방송의 보급을 비롯해 대중매체가 본토보다 발달한 동북에서 동북인민해방군은 교묘한 선전전으로 여론을 아군으로 끌어들였고, 포위전으로 창춘長春, 진저우錦州, 선양瀋陽 등의 도시에 국민당군을 몰아넣는 데 성공한 뒤, 때로 잔인할 정도의 군량 압박으로 국민당군을 섬멸해 갔다. 여기에서 '잔인'이란 일반 민중의 희생을 무시하고, 군인과 민간인 4, 50만이 농성하고 있던 지린성 대도시 창춘을 150일간 포위하여, 5만이라고도 하고 10만이라고도 하는 아사자를 낸 끝에 항복시킨 창춘 포위전과 같은 사례를 말한다. 한편 국민당은 1947년 시행하기로 했던 헌정(즉, 국민당의 일당독재 포기와 민주적 선거 실시)이 정권 비판(경제정책 실패나 부패)으로 비화될까 우려하여, 이를 중단하고 탄압을 통해 중소 민주단체를 압박하는 바람에 도리어 지지를 잃어갔다.

국민당의 실정에다 여론과 중간 세력의 지지, 지배지역에서 토지혁명 실시로 농촌을 장악한 것, 그리고 동북 지역에서의 견고한 총동원체제 구축 등 여러 요인이 복합적으로 작용한 결과, 1948년이 되자 국공의 군사 균형은 공산당 쪽으로 크게 기울었다. 공산당은 1948년 9월 "국민당의 통치를 뒤집을 때까지 싸우겠다"고 성명을 발표, 동북에 할거해 중앙정부와 대치하는 것이 아니라 국민당 지배를 끝내고 전국 정권을 잡겠다는 뜻을 분명히 했다. 동시에 '랴오선전역遼瀋戰役요심전역', '화이하이전역淮海戰役회해전역', '핑진전역平津戰役평진전역'으로 불리는 대규모 전투에서 국민당군 주력부대를 연달아 섬멸·와해시키고, 아울러 소련에서 외교관과 고위 관료들을 초청해 정권 수립을 전제로 한 기술적 조언을 구하는 등, 내전 종식을 염두에 두고 본격적인 건국 구상을 정리해 나갔다. 군사적 승패의 귀추가 1949년 초에는 확실해지자, 오랫동안 국민당에도 공산당에도 거리를 두고 있던 중간 세력이나 여러 정치그룹도 국민당을 단념하고 공산당 지지를 표명하게 된다. 1949년 3월 마오쩌둥 등 중공 중앙의 주요 멤버들과 휘하의 인민해방군은 허베이성의 시바이포西柏坡서백파에서 베이징(공산당 입성을 기하여 베이핑北平에서 베이징北京으로 개칭)에 들어가, 드디어 전국 정권을 수립하는 수순에 들어갔다.

이때 마오쩌둥은 베이징에 입성하면서 과거의 최종 시험을 보러 가는 것에 빗대어, "드디어 시험 치러 수도에 들어가는 날"이라며 주변 간부들에게 말을 걸었다. 저우언라이가 "돌아가서는 안 됩니다. 급제해야 합니다."라고 응대하자, 그는 "돌아간다는 것은 곧 패배다. 이자성李自成의 전철을 밟아서는 안 되지."라고 대답했다고 한다. 이자성은 명나라 말 농민 반란군을 이끌고 베이징을 함락시켜 명 왕조를 멸망시켰으나 도적 이상이 되지 못하고 곧 만주족 청 왕조에 자리를 내어준 인물이다. 일찍이 낮은 신분에서 출세하여 왕조를 세운 인물로는 이 틈왕闖王 이자성과 명 태조 주원장朱元璋이 있는데, 역시의 신례를 끌어 논하는 중국 여론은 공산당이 한바탕 세상을 떠들썩하게 했던 이자성이 되는 데 그칠지, 아니면 거대한 왕조를 세울지 촉각을 곤두세우고 지켜보는 상황이었다. 이에 앞서 마오는 당 중앙위원회 총회(7기 2중전회, 1949년 3월) 연설에서 당원들에게 교만해지지 말 것을 당부하면서, 그 구체적인 지시로 "당 지도자에 대한 축수祝壽를 금지하고, 당 지도자의 이름을 지명이나 도로명, 회사명으로 삼는 것을 금지한다."고 명령했다.

그때까지 공산당은 중화소비에트공화국이라는 국가를 세운 적은 있지만 그것은 적들의 포위하에 만들어진 농촌 정권으로, 말하자면 모의국가 기껏해야 실험국가였다. 하지만 이번 정권은 전국 규모의 군사적 완승을 배경으로 대도시와 공업지대까지 갖춘 한 세트의 완전한 국가이다. 공산당은 도시를 운영하는 것도 처음이고, 또 실질적인 외교를 펴는 것도 처음이었다. 게다가 8년에 걸친 항일전쟁과 그 후 숨 돌릴 틈도 없이 일어난 내전 탓에 중국 경제는 바닥을 치고 있었다. 하지만 이 위기의 경제 상태는 전란뿐 아니라 국민정부의 부정부패를 비롯한 실정에서 비롯된 것으로, 간접적으로는 공산당을 이롭게 한 요인이기도 했다. 동시에 국민정부가 전후 독재적으로 강행한 헌정 실시가 공산당뿐 아니라 그 외의 정치그룹이나 식자층, 유력자들의 실망과 이반을 초래했기 때문에, 이들 다양한 세력은 공산당의 지도성과 우위를 인정하는 경향이 강했다. 공산당의 정치적 호소에 이른바 여러 민주당파의 인사들이 적극 호응하는 분위기도 과거 중화소비에트공화국 시절에는 전혀 없던 것이다.

이러한 배경 때문에 공산당 주도의 국가 수립은 신속하면서도 여러 방면을 배려하여 교섭과 협의를 거치는 형태가 되었다. 예를 들어 소련과의 관계가 그러했다. 국공내전 승리의 요인으로는 동북에서 대규모 동원체제를 구축한 것이 컸지만, 이는 명목상 중공을 지원하지 않아야 할 소련에 국제여론의 비판이나 공격이 가지 않도록 세심한 배려를 기울여 실행되어야 했다. 또한 소련은 소련 나름대로 동아시아의 친소 정권이 자신들이 예상한 국민당이 아닌 더욱 친밀한 관계에 있는 공산당에 의해 수립된 사실에 솔직히 놀라면서도, 동생뻘인 공산당이 새로운 국가를 수립하는 데에 적극적으로 지원해 주었다. 코민테른은 이미 없어졌지만, 전후에는 그 대신에 동유럽 국가들이 줄줄이 소련의 지원국, 동맹국이 되면서 새로운 국제연락기구(코민포름, 1947년 설립)가 결성되는 등, 세계대전을 통해 강대국으로 발돋움한 소련의 국제적 영향력은 비약적으로 커지고 있었다.

이러한 가운데, 1947년 11월 시점에서 마오쩌둥은 소련과의 관계를 조정하고, 예상되는 새 정부, 새 국가 수립에 관해 논의하기 위해 이듬해인 1948년에 소련을 방문하고 싶다고 전하며, 특히 의견을 구하고 싶은 몇 가지 의제를 언급했다. 예를 들면 공산당 이외의 정당·정파의 존재와 활동을 허용해야 하는가 하는 문제가 있었다. 마오는 자신의 생각으로 "중국혁명이 완벽하게 승리한 뒤에는 소련이나 유고슬라비아와 마찬가지로 공산당 인사를 제외한 모든 정당은 정치무대에서 물러나게 할 것이다. 이는 중국혁명을 크게 강화할 것이다."라고 말한 바 있다. 하지만 이 견해는 스탈린이 반대한 것으로 보인다. 스탈린은 이듬해 4월의 답전에서 그 견해의 미숙함을 꼬집었다. 마오쩌둥은 일찍이 연합정부의 신정권 구상을 밝혔지만, 머지않아 공산당 중심의 정권 운영이 될 것으로 예상했던 모양이다. 다만, 스탈린의 의견이 먹혔는지, 1년 뒤 건국 시점에서는 타 당파와의 연합으로 적극적으로 정치를 운영하겠다는 방침으로 되돌아가 있었다.

이외에도 그는 1949년 중반에 편찬 중인 『마오쩌둥 선집』을 스탈린 앞으로 보내기도 하고, 신뢰하는 류사오치劉少奇유소기를 모스크바에 파견해 신국기 수립과 관련된 여러 현안을 사전 협의시키기도 했다. 한편 같은 해 초에는 소련 특사 미코얀A. I. Mikoyan(소련공산당 중앙정치국원)이 방중해서 건국을 앞둔 중공 측에 여러 지혜를 전수해 주었다. 소련의 정치국원급 지도자가 중공을 찾아온 것은 그때가 처음이다. 말하자면 그동안 오랫동안

개국식에 맞춰 톈안먼에 새로 걸린 마오
쩌둥 초상화.

국민당과 국민정부를 협상 상대로 삼으면
서 어딘가 중공을 못 믿는 구석이 있었던
소련이 마침내 국민당과 공산당을 저울질
하던 것을 그만두고, 공산당을 중국의 주
인으로 인정한다는 의사 표명이기도 했
다. 마찬가지로 정권 수립이 초읽기에 들
어간 1949년 7월 소련을 방문한 류사오치
에게 스탈린은 과거의 간섭에 대해 "우리
가 당신들을 혼란스럽게 하거나 방해했던
것은 아닌가요?"라고 말했는데, 류가 "아
닙니다."라고 답하자, "승리자는 심판받지
않습니다. 승리를 거둔 자는 옳은 것입니다."라며 앞으로는 중공을 승자로
대접하겠다는 달라진 모습을 보였다.

　이후에 인민해방군의 전면 진격과 국민당군의 투항, 기타 정치세력의 공
산당 지지 표명이 잇따르면서, 그해 10월 1일 오후, 전날까지의 정치협상회
의에서의 합의사항(국기, 국가 등도 이때 제정)에 따라 베이징에서 중화인
민공화국의 성립선언 및 개국식[開國式典]이 거행되었다. 1921년의 제1차 대
회로부터 30년도 채 되지 않아 공산당은 천하를 차지한 것이다. 참고로 당
의 제1차 대회에 모였던 13명 중 이때까지 생존해 있던 사람은 6명이지만,
톈안먼 누각에서 개국식을 지켜볼 수 있었던 사람, 즉 당 지도자로서 건국
의 날을 맞이한 사람은 마오쩌둥과 둥비우董必武둥필무 겨우 두 사람에 불과
했다. 두 사람을 제외한 11명의 후일담을 하자면, 이 중 공산당 혁명운동에
서 순교한 사람이 3명, 병사한 사람이 1명, 그리고 나중에 공산당을 떠난
사람은 7명으로 집계되는데, 그중에는 중일전쟁 시기 이른바 왕자오밍(왕징

웨이(汪精衛왕정위) 괴뢰정권에 가담한 사람도 2명이나 있다. 이걸 보면, 20세기 전반 중국의 행보가 얼마나 파란만장했는지 짐작할 수 있다. 한편, 개국식 행사는 국민당군의 공습을 피하기 위해 비교적 늦은 오후에 열렸으며, 군사 퍼레이드에서 항공부대의 편대 비행은 혹시 모를 습격에 대비한 초계활동을 겸한 것이었다. 국민당군과의 군사적 대치 상황이 계속되고 있었기 때문이다. 국민정부(국민당)는 이보다 앞서 타이완 이전을 추진하여, 그해 2월 타이베이로 정부를 옮기겠다고 최종 선언했다.

인민공화국 건국 당시 공산당 당원 수는 약 450만 명으로, 내전기 동안 4배 정도로 급증하기는 했지만 그래도 총인구의 0.8%에 불과했다. 하지만, 예전 (북벌 후 1928년) 전국 통일 당시 국민당원의 총인구 대비율은 0.1%였고, 또 10월혁명 당시 볼셰비키(러시아 공산당)의 경우 이보다 더 낮았기 때문에 새로운 체제의 담당 조직으로서는 상당한 역량을 갖고 있었다고 할 수 있다.

게다가 당원의 25% 정도가 25세 이하였다. 이 비율은 문화대혁명 직전에는 7.5%가 되고, 2000년에는 다시 4.6%까지 떨어졌다.[1] 언뜻 보면 건국당시 당이 생기 넘치는 젊은이들의 조직인 것 같은 인상을 받겠지만, 이 부분에는 보충 설명이 필요하다. 당시 평균수명이 겨우 35세 정도였던 것이 2000년에는 70세를 넘어섰다는 점이다. 즉 젊은 당원이 많았던 것은 사실이지만, 전체 인구구성비로 보면 당시나 지금이나 사회의 중심을 담당하는 중견, 장년층의 당이라는 표현이 더 맞다. 물론 지도자도 한창 일할 나이로 중앙정부 주석 마오쩌둥이 55세, 부주석 류사오치가 50세, 정무원政務院(현 국무원) 총리 저우언라이가 51세, 인민정부 위원 덩샤오핑의 경우 45세

---

1) 참고로 2019년 말 집계로는, 기준 방식이 조금 바뀌어 30세 이하로 수치가 설정되는데, 그래도 13%밖에 안 된다.

였다.

반면 당원들의 학력과 직업은 크게 달라졌다. 창당 당시 당원은 거의 지식인이 차지하고 있었는데(후술), 농촌에서의 활동과 전쟁을 거친 1949년 말에는 농민의 비율이 거의 60%에 달하고 문화 수준[文化程度]도 크게 낮아졌다. 고졸, 대졸 학력을 가진 사람은 합쳐도 1%에 미치지 못했고, 반대로 비문해자(비식자非識字, 문자를 읽을 수 없는 사람)가 군인을 중심으로 거의 70%나 되었다. 물론 중앙급 지도자 수준이 되면 전반적으로 고학력으로 글을 읽지 못하는 사람은 없었으나, 인민해방군의 남하와 함께 각지에 파견된 중급 이하 간부(이른바 남하간부南下幹部) 수준에서는 당에 대한 충성심은 두텁지만, 행정 능력이나 문화적 소양이 떨어지는 경우가 적지 않았다. '해방'이 떠들썩하게 선전되고 사회가 일종의 심리적 고양 상태에 휩싸여 있는 시기가 지나고 나면, 이러한 당직자의 자질로 인한 마찰이 도시지역을 중심으로 일어나게 된다.

중화인민공화국의 건국을 경계로 공산당은 집권당이 되었고, 그에 따라 당의 활동비는 국고에서 자금을 지원하게 되었다. 이전부터 당은 사실상 (변구에서는) 집권당이었으므로 정부 지출과 당무 지출의 구분이 모호했는데, 건국 전 한때(1940년대 초반) 당과 정부 지출은 역시 구분해야 한다는 논의가 일면서 당의 지갑이 따로 만들어진 바 있다. '당산黨産'이라는 당 자체 재원이 그것으로, 당원들이 내는 당비와 근거지 생산품의 대외교역 등의 수입을 바탕으로 적립되었는데, 홍콩이나 상하이에 교역을 위한 무역회사까지 보유할 정도였다. 하지만 결국 당산이 상설화되는 일은 없었다. 여러 민주당파를 포용한 국가 수립이 일정에 오른 가운데, 공산당이 국비를 받지 않으면 다른 당파들의 비용을 지급할 명분이 없어진다는 이유로 1949년

1월 초에 여타 민주당파와 보조를 맞추는 형태로 공산당 역시 국비를 받기로 결정된 것이다.

이렇게 해서, 당산의 경영은 중단되고, 잔여 자금은 당비나 마오쩌둥의 원고료 등과 합쳐 당의 '특별회계'에 이월되었다. 이후 이 자금은 당 활동의 지출 보조나 간부 유족의 생활 보장 등에 쓰였고, 소련으로 사실상 망명한 왕밍王明에게 보내는 송금, 소련공산당 대외연락부에 보내는 상납(야당 상태의 타국 공산당에 대한 자금 지원) 등에 충당되었다고 한다.

참고로 말하면, 공산당에 패배한 국민당은 대륙 통치기, 타이완 철수 이후를 포함해 극히 많은 '당 경영 사업·자산'을 가지고 있었다. 다만, 최근에는 그것이 국민당의 타이완에서의 활동을 지지하는 비자금과 부패 독직의 온상이었던 것이 문제시되면서 국민당에 대한 비난 수위를 한층 높이고 있다. 집권당의 당 활동비는 자력으로 조달해야 하는가, 국고에서 지출해야 하는가. 국고에서 꺼내 쓰면 특정 정당과 정권의 긴장감 없는 유착이라는 비판을 받을 것이고, 그렇다고 원칙론에 입각해 집권당에 독립채산제를 요구한다고 해도, 그건 그것대로 집권당이라는 데서 비롯된 각종 특권과 부패를 유발할 것이고, 그 정당이나 심지어 정당정치 자체에 대한 불신이 커질 것이다. 어느 쪽이든 어려운 문제이기는 하다.

공산당이 국고에서 상당한 액수의 지원(일본의 정당 조성금)을 받는 상태는 현재도 계속되고 있다. 집권당이라지만 당원들로부터 당비를 징수하고 있으니 활동은 국비가 아니라 어디까지나 당의 돈을 써야 한다는 원칙론은 중국에서는 아예 없다고 해도 좋을 정도로 잠잠하다. 아니, 보통은 그런 것을 의식하지도 않는다. 당과 국가가 일체인 것은, 태양이 동쪽에서 뜨는 것같이 자명한 일이기 때문이다. 당과 국가의 회계를 분리하기란 현실적으로도 극히 어렵다. 인민해방군이 당의 군대이면서 동시에 국가의 군대라는 점을 상기하기 바란다(이 장의 제1절). 공시된 것만 해도 20조 엔(한화로 약 180조 원)에 달하는 군사비의 절반을 당이 부담하는 것이 어떻게 가능하겠는가. 소득에 따라 급여의 0.5%에서 2%를 내게 되어 있는 당비를 가지고서는, 당원 중 상당수가 알리바바 그룹 총수인 잭 마Jack Ma[1] 수준의 부호가 아니라면 군사비는 고사하고 일상적인 활동비도 충당하기 어려울 것이다.

한편 공산당 외의 당파에도 국비가 할당되어 있다고는 하지만, 당원이 9천만 명인 공산당에 비해, 여러 민주당파는 너무 작다. 가장 당원이 많은 중국민주동맹(민맹)이라도 당원 수는 30만 명을 넘는 정도로, 공산당의 300분의 1에 불과하다. 개미와 코끼리란 바로 이런 것으로, 아마 국고금 배분은 이 비율보다 훨씬 적을 것임은 쉽게 짐작할 수 있다.

좀 더 이야기해보자면, 가끔 공산당원의 당비 체납 문제가 기율 측면에서 보도되기도 하고, 당비의 사용처에 대한 보도는 종종 나오지만, 국고에서 당으로 얼마나 많은 자금이 지원되고 있는지, 당비 수입 이외의 것까지 포함한 재정수지가 어떻게 되는지 공개되었다는 이야기는 들은 적이 없다. 중국에서는 겉으로 드러낼 수 없는 자금 풀[Pool]을 '작은 금고[小金庫소금고]'라고 부르는데, 공산당의 그것은 '작은 금고'라고 부르기에는 너무 거대한 블랙박스이다. 국가와 당의 일체 불가분적 성격[一體不可分性일체불가분성]은 중국 정치를 분석하는 사람들이라면 빠짐없이 지적하는 바인데, 이를 여실히 체현하는 운영경비의 일체화된 구조[一體構造일체구조]는 이렇게 인민공화국 성립 직전에 확립되어 오늘날까지 지속되는 당국체제黨國體制(Party State System)의 근간을 이루고 있다.

---

1) 중국 최대의 인터넷 쇼핑몰 알리바바 그룹을 이끄는 잭 마(마윈馬雲)가 중공 당원이라는 것이 몇 년 전 판명되었지만, 당비를 얼마나 내고 있는지는 밝혀지지 않았다.

제3장 │ 마오쩌둥과 그의 동지들

1. 마오쩌둥을 안다는 것의 의미

1949년 10월 톈안먼 위에서 중화인민공화국 성립을 선언하는 마오쩌둥의 모습(영상)은 건국식에 참석한 다른 많은 지도자들과 함께 전 세계에 전달되어, 마오를 일약 유명인으로 만들었다. 이보다 10여 년 전 아직 산시성陝西省 북부에 혁명 근거지를 둔 혁명 정당의 지도자였던 마오쩌둥은, 미국 언론인 에드거 스노가 최초로 취재하고 그의 취재기 『중국의 붉은 별』이 수수께끼 인물이던 마오라는 사람의 됨됨이와 생각을 전해주긴 했었다. 하지만, 역시나 본국에서 국가 지도자로서의 이미지를 형성하는 데 있어, 딱 적절한 장소에서 적절한 내용을 이야기함으로써 얻는 인지도는 걸작 르포보다 더 큰 것이다.

1949년 이래 국가지도자가 된 후 사람들에게 비춰진 마오쩌둥의 이미지는 때에 따라 혹은 장소에 따라 실로 다양하여, 다 합하면 방대한 양에 이른다. 하지만 마오쩌둥의 개성을 엿볼 수 있는 일화라고 하면 인민공화국에서 발표된 것은 위인에게 흔히 있는 고정화되고 진부한 이야기가 많아 과거 에드거 스노의 르포에 비해 재미가 떨어진다.

예를 들어 마오는 공산당원이 된 지 얼마 지나지 않아 1922년에 개최된 당의 제2차 대회의 참가 경위에 대해 스노에게 "참가할 생각으로 상하이에 갔지만, 개최 장소의 이름을 잊어버리고, 동지들을 아무도 못 찾아내는 바람에 참석하지 못했다."[1]고 말했다. 오늘날 중국에서 당대회 장소를 몰라서 참석하지 못했다고 풀 죽은 기색도 없이 당당하게 남에게 말할 수 있는 당

---

[1] E. Snow, *Red Star over China*, 1st revised & enlarged ed., New York, 1968, p.158(일본판은 松岡洋子 譯『中國の赤い星(增補決定版)』築摩書房, 1975, 109쪽, 한국판은 신홍범 역『중국의 붉은별』, 두레, 1985, 157쪽).

원은 없을 것이다. 마오는 후난에서 대회에 참가하려고 일부러 상하이까지 온 것이었는데, 문득 대회장에 가려고 보니 어디인지 잊어버렸다는 것이다. 이런 식의 변명이 절대 통할 리 없다. 하지만, 당시에는 이런 변명이 통했던 모양이다. 퍽 느긋하고 무사태평한 시절이지만, 오히려 이 에피소드로 마오쩌둥과 공산당을 둘러싼 시대 분위기가 전해지는 것 같지 않은가?

1936년 스노가 촬영한 마오쩌둥의 사진은 잘 찍히지는 않았지만, 마오쩌둥의 꾸미지 않은 모습을 볼 수 있다.

현재 중국공산당이 스스로 말하는 당의 발자취는 영웅들이 걸었던 고난과 영광의 길이다. 하지만 그 베일을 조금만 들춰내면 영웅은 의외로 평범한 젊은이들이다. 그러나 그 젊은이들은 때로 보통 사람이 해낼 수 없는 일을 해냈다. 1920년대 초 공산당에 들어가 어쩌다 당대회를 펑크 내는 실수를 저지르면서도 그걸 창피해하지도 않고, 갖가지 고난을 딛고 혁명을 이뤄낸 마오쩌둥은 평범한 사람[俗人속인]인가, 아니면 초인[超人]인가. 그런 그는 공산당이라는 조직에서, 또 당의 백 년의 역사에서 정말 특별한 존재이면서도, 그 시대를 살았던 많고 많은 중국 청년 중 한 명이기도 했다. 또한 동시에 그가 혼자서 중국혁명을 이뤄낸 것은 아니지만, 중국공산당에 있어 오늘날까지 마오쩌둥은 결코 소홀히 할 수 없는 인물인 것도 분명하다.

마오가 세상을 떠난 지 벌써 40년이 넘었다. 그리고 그 40년 동안 중국공산당의 정책은 혁명을 내건 것에서 혁명의 깃발을 내리는 것으로 180도 전환했다고 해도 과언이 아니다. 그럼에도 불구하고 마오쩌둥의 초상이 여전히 중국의 상징인 톈안먼에 걸려 있다는 것, 그것은 마오가 혁명의 중국과

탈脫혁명 후의 중국이라는 서로 다른 단계까지 뛰어넘는 존재임을 의미한다. 또, 마오쩌둥이라는 지도자가, 지금도 당 지도자의 사표師表, 즉 롤모델로 남아 있다는 점, 그리고 공산당의 정치·정당 문화의 상당 부분이 마오시대의 것을 계승하고 있다는 점, 이런 사실들에 대해서 새삼 말할 필요도 없을 것이다. 제1장 첫머리에서 공산당의 DNA가 코민테른에서 유래했다고 썼는데, 공산당 DNA의 또 다른 기원은 마오쩌둥이다.

그러므로 포스트 마오 시대 말기인 오늘날의 공산당을 알려면, 혹은 공산당이 공산당인 이유를 밝히려면, 마오쩌둥의 성격[personality]과 그의 동지들이 어떤 사람이었는지를 알 필요가 있다. 사실 인민공화국의 첫 30년, 즉 마오가 살아 있던 시기의 중국공산당의 행보는 어떤 면에서 매우 특이한 그의 성격이나 그와 여타 동지들 사이의 기질이나 생각의 차이를 빼고는 설명하기 어렵다. 따라서 이 책 후반부에서 인민공화국의 공산당에 관해 이야기하기 전에, 한 장을 할애하여 마오와 그를 둘러싼 동지들의 인간상을 살펴보기로 한다. 이런 작업은 중국공산당의 역사를 더욱 입체적으로 이해하는 데 도움이 될 것이다.

2. 마오쩌둥의 성격 - 어떤 청년이 공산당원이 되었는가

모든 역사적 인물이 말하자면 '시대의 자식'이듯 마오쩌둥 역시 중국 근대 자체를 짊어진 '시대의 자식'이었다. 그런 점에서 청년 시절까지의 그는 근대 중국에서 삶을 얻어 그 삶을 바꾸고자 했던 수많은 젊은이들과 다를바 없었다. 마오가 다른 인물들과 차별되는 것은 이후 그가 혁명 활동을 통해 압도적인 존재감을 가지게 되고, 마침내는 중국공산당, 끝내는 중국 그 자체가 되었다는 점이다. 우선은 그런 그에게 응축된 20세기 중국의 시대성, 공산당의 시대성을 살펴보자.

마오쩌둥은 1893년 후난성湖南省호남성 샹탄현湘潭縣상담현 사오산韶山소산에서 농민의 아들로 태어났다. 생가는 원래 그렇게 넉넉한 집안은 아니었는데, 아버지가 재주가 있고 근면하여 논밭을 늘렸기 때문에 나중에는 부농富農(혹은 소지주)이라 불러도 좋을 정도의 살림살이가 되었다. 그런 아버지의 지시로 마오는 어릴 때부터 들일과 장부 작성 따위의 일을 해야 했다. 그러면서도 글을 익혀 다양한 서적을 닥치는 대로 읽으면서, 중국의 쇠퇴에 강한 위기감을 가졌다고 한다. 마오의 고향은 성도인 창사에서 50km 정도 떨어진 곳으로, 그 유명한 신해혁명 전 해(1910년)에는 바로 그 창사에서 대규모 쌀 소동이 일어났다. 이때 마오쩌둥도 피난민을 목격하고 중국의 앞날을 걱정했다니, 농촌이라 해도 세상의 동향을 그래도 상당히 직감할 수 있는 지역에서 자랐다고 할 수 있다.

당시의 중국 인구는 4억이었다고 하는데, 그중 80% 이상이 농촌에 살고 있었다. 마오의 어린 시절 지배체제는 청 왕조이다. 남자라면 농촌에 사는 사람에게도 과거시험에 응시할 길은 열려 있었지만, 진심으로 시험을 보겠다고 하면 상당한 비용이 들기 때문에 마오에게 과거시험 공부를 시켜주지 않았다. 집안이 꽤 잘 살았다는 점을 빼면, 극히 평범한 농민의 자식이었다는 얘기다. 노동자(프롤레타리아트)를 주체로 여기는 공산당의 혁명운동이 중국에 뿌리를 둔 농민혁명을 기반으로 성공할 수 있었던 것은 마오쩌둥이 농민 출신이었기 때문이라는 말이 나오는 이유다.

이 책 제1장에서도 썼듯이 마오쩌둥은 1921년 공산당 제1차 대회에도 나간, 초창기부터의 당원이다. 그때 전국 당원은 50여 명으로 앞서 언급했듯이 대부분 지식인이었다. 여기서 다시 한 번 당 1차 대회에 참가한 13명 대표들의 출신 가정과 학력을 살펴보자. 마오쩌둥처럼 농민 가정 출신인 사람이 6명이고 나머지 7명은 관료, 의사, 사숙 교사처럼 지식인 가정 출신이다. 노동자 출신은 한 명도 없다. 또 농촌 출신자 중에서도 마오처럼 어느 정도 자산을 가진 농가 출신이 5명, 소작농(전농佃農) 출신인 사람은 딱 1명인데, 그 한 명도 본가 도련님을 따라 학교에 다닐 수 있었을 정도니 정말 가난한 집안 출신은 없었다는 뜻이다. 이른바 계급의식에 의해, 즉 실생활 속에서 지주나 고용주에게 사역·착취당하면서 그 모순을 느끼고 사회주의에 눈뜬 인간은 초기 공산당원 중에는 거의 없었다.

농민 출신이라는 점이 종종 강조되는 마오쩌둥이지만 이렇게 보면 1차 대회에 참가한 평균적인 멤버 중 한 명이었다고 해도 무방할 것 같다. 참고로 마오는 대회 참가 당시 27세였는데, 이 또한 기이하게도 13명의 대회 참가자의 평균연령과 거의 일치한다. 마오는 바로 당시의 전형적인 중공 당원이었다. 그렇다면 이들은 왜 사회주의에 공감하고 공산당원이 되었을까? 아주 거칠게 말하면 세계를 바꾸고 중국을 바꾸기 위해서, 즉 천하와 국가 [天下國家]를 위해서이다. 그들의 사고방식은 다음과 같이 설명할 수 있을 것이다.

중국이 쇠퇴하고 있다, 그곳에 사는 민중들이 고통받고 있다, 그것은 중국이 낙후된 봉건적 사회이고, 또 자본주의 국가인 서양 열강의 억압을 받고 있기 때문이다. 자본주의는 이미 서양에서도 그 폐해가 드러났고 조만간 붕괴할 운명이다(마르크스 이하 다들 그렇게 말한다). 그러므로 자본주의를 도입하는 것에서 시작할 것이 아니라 사회주의를 택해야 한다. 그것이 세계를 바꾸고 중국을 바꾸는 것이다. 이러한 논리를 마오쩌둥은 1920년에 「중국과 세계의 개조로」라는 제목으로 잡지에 발표했다. 그렇다. 의식을 보자면 천하와 국가를 어떻게 할 것인가 하는 거창한 논의이다. 하지만, 내용을 들여다보면 대단히 이론적이다. 이러한 의식으로 사물을 사고할 수 있던 것은 마오쩌둥이 상당한 지식인이었기 때문이다. 물론 천하와 국가를 논하는 것이야 소위 사대부라면 쉽게 할 수 있지만, 마르크스주의를 비롯해 사회주의 이론들은 모두 상당히 난해하다. 결과적으로 창당에 관여한 인물들은 하나같이 고학력자들이었다.

제1차 당대회 대표들의 학력을 살펴보면, 대학교 수준이 7명, 고등사범학교 수준이 3명(마오쩌둥은 여기에 들어간다), 중학교((현재 한국과) 일본의 고등학교) 수준이 1명이고, 나머지 2명은 정규의 근대식 교육은 받지 않았지만 성省 차원의 과거수험 자격자(수재秀才)[1]이다. 즉 옛날이라면 '사대부', '신사紳士'라 불리던 지배계층, 혹은 그 예비군이라고 할 만한 사람들로 총인구 비로 따지면 1%가 채 되지 않는 엘리트 중의 엘리트들이었다.

이러한 학력 수치는 이후 공산당이 혁명 활동의 실천으로 나아가 실제로 노동운동이나 농민운동을 하게 되면서 크게 달라진다. 그래도 당 중앙이나 각 지방조직의 수뇌부 등 실제 당의 중추에 해당하는 부문의 간부는 이후에도 지식인이 대부분을 차지하여 큰 변화가 없었다. 코민테른에서의 활동은 물론이고, 크고 작은 회의에서 발언과 지시, 보고문 작성 등 공산당 간부들의 업무가 사실 상당히 고도의 지적 행위였음을 생각해보면, 이런 능력을 갖춘 지식인들이 당내에서 무게감이 높은 이유도 이해할 수 있을 것이다.

초기 당원들의 목표는 세계를 바꾸고 중국을 바꾸는 것이었지만, 그 중점은 둘 중에 오히려 세계 쪽에 있었다. 마오쩌둥은 앞서 「중국과 세계의 개조로」에서 러시아식 혁명 방침을 취하는 것에 찬성한다면서, "사회주의

---

1) 저자의 요청으로 한국어판에서 원문 오류를 수정, 보완한 부분임._역

는 국제적이어야 하며, 애국의 색채를 띠어서는 안 됩니다."(「중국과 세계의 개조로」, 1920년)라고까지 말했다.

다만, 중국에 대한 기대나 애국으로부터 가능한 한 거리를 두려는 이러한 '국제주의'적 태도는 그 후, 국공합작에 의한 반제운동이 고조되는 국민혁명 시기를 지나면서 점점 희미해지게 된다. 특히 1930년대 이후 일본의 대륙침략이 노골화되면서 항일 내셔널리즘이 사회운동의 간판이 되었기 때문에 '애국' 의식은 그 어느 때보다 강해졌다. 일찍이 "사회주의는 애국의 색채를 띠어서는 안 된다."라고 말했던 마오 자신이, 1938년에는 다음과 같이 말하고 있다.

국제주의자인 공산당원이 동시에 애국주의자일 수도 있는가. 그럴 수 있고, 그래야만 한다… 왜냐하면 조국을 지키기 위해 싸워야만 전 민족을 고난에서 구할 수 있고, 전 민족의 해방이 있어야만 프롤레타리아트와 노동 인민의 해방이 있기 때문이다. 애국주의란 국제주의를 민족혁명전쟁에서 실천하는 것을 말한다. 이러한 애국주의는 조금도 국제주의에 위배되지 않는다.(「신단계론」, 1938년)

즉, 애국주의는 전 민족, 나아가 프롤레타리아트의 해방으로 이어져, 이른바 세계 규모의 해방운동에서 일익을 담당하고 있다는 논리이며, 따라서 국제주의로 수렴된다는 것이었다. 나아가 소위 '내셔널리즘'(민족주의)은 어디까지나 부르주아적 가치관이라는 것이 공산당의 원칙이었기 때문에, 마오는 대신에 '애국주의'라는 용어를 쓰고 있다. 이런 점을 포함해 '애국주의'는 '국제주의'와 모순되지 않는다는 마오의 견해는 오늘날까지도 공산당의 공식 견해로 면면히 계승되고 있다.

마오쩌둥이 당시 국제주의의 본보기로 꼽은 사람은 항일전쟁 시기 중국으로 건너와 헌신적으로 근거지 의료에 종사하다가 목숨을 잃은 베순 H.N.Bethune이라는 캐나다 공산당원 의사였다. 다만, 순직한 그를 찬양한 글(「베순을 추모한다」, 훗날 문화대혁명기 공산당원이 가져야 할 정신을 논한 세 편의 글('노삼편老三篇') 중 하나가 되었다)에서 마오가 "이것이야말로 우리의 국제주의다."라고 말하며 강조한 것은 침식을 잊고 치료에 임하는 그 정신이었다. 외국인들이 이타적 태도로 항일 중국을 지원해 주고 있다는 점은 분명 베순의 '국제주의'일 테지만, 뒤집어서 자신들의 '국제주의'가 어떤 것인지는 언급이 없다. 삐딱하게 읽자면, 외국 인사들조차 '국제주의'를 발휘해 항전 중국의 내셔널리즘을 지원해 주고 있으니 중국인들도 이에 지지 않도록 분투하라, 그런 일종의 수양론으로 바꿔치기해 버렸다는 인상마저 받는다.

그런데 마오쩌둥의 국제주의와 내셔널리즘(애국주의)을 생각할 때 항상 화두가 되는 것은 그가 국가지도자가 될 때까지 단 한 번도 중국을 떠난 적이 없다는 사실이다. 1949년 12월 인민공화국 원수로서 소련을 공식 방문한 것이 첫 국외 체험으로, 당시 50대 중반이었다. 평생을 봐도 그는 이때의 소련 방문을 포함해 두 번밖에 국외에 나가지 않았다. 앞서 살펴본 것처럼 출신 가정이든 받은 교육이든 마오쩌둥은 여러 면에서 당시 공산당에 입당한 젊은이들과 비슷비슷한 경력을 갖고 있었고, 그런 의미에서 이른바 'The 공산당원'이라고 불러도 무방하지만, 외국에 한 번도 가본 적이 없었나는 섬반은 대단히 특이하다.

참고로 1949년 당시 공산당의 소위 최고지도부에 해당하는 중앙정치국 위원은 마오를 필두로 14명 있었는데(그 면면은 다음 절 168쪽의 표를 참조), 그때까지 외국에 간 적이 없던 사람은 마오쩌둥과 펑더화이彭德懷팽덕회,

펑전彭眞팽진 세 명뿐이다. 펑더화이는 빈농 출신이나 전공戰功으로 신분 상승한 군인이었고, 펑전은 6년 정도 옥살이를 했다는 저마다 특수한 사정이 있는 점을 감안하면, 마오의 해외 경험 부재는 두드러진다. 공산당의 경우는 코민테른이란 존재 때문에 1940년대까지 많은 당 간부들이 유학차 혹은 코민테른 회의에 참석하고자 모스크바를 방문했다. 예를 들면 저우언라이周恩來주은래의 경우는 1949년까지 소련 방문만 세 번(체류 기간은 1년 2개월), 이 밖에 일본, 프랑스, 독일 등에 유학 및 체류 경험이 있으며, 1949년 이후에는 외무장관을 지내기도 해서 소련에만 10회 이상 갔다.

국가지도자가 된 후의 외국 방문은 차치하고, 공산당원, 나아가 정치활동을 하는 사람이 경력을 쌓는 데 있어 소련에서 유학이나 연수를 하는 것은 당시에는 당연한 경험이었고, 반대로 소련을 포함해 외국에 한 번도 가본 적이 없는 사람은 공산당 상층부 내에서는 그 자체로 식견이 좁은 사람으로 보일 각오를 해야 했다.

해외와 연계가 있거나 외국에서 쌓은 경력이 위세를 떨치는 상황은 사실 20세기 중국에서 공산당 이외에도 널리 볼 수 있었다. 대다수 민중이 평생 외국과 인연 없이 살아가는 한편, 통치자들은 해외의 저명 학교에서 공부하는 경우가 많았고, 그중에는 모국어보다 영어든 프랑스어든 유학지의 언어를 쓰는 것을 선호하면서, 그러한 가족·일족끼리 혼인을 통한 인척 관계를 매개로 통치계급을 형성하는 상황은 오늘날에도 세계 여러 나라에서 볼 수 있다. 자국의 제도, 특히 고등교육이나 금융기관에 신뢰를 두지 않고, 자기 기반의 상당 부분을 해외에 두는 사람들이 상층부를 형성하는 식민지형 사회, 이에 가까웠던 것이 20세기 전반의 중국이다. 예컨대 국민당 지도자들은 그들 자신, 혹은 그 자제들 대부분이 유학 경험자였다. '송가宋家 세 자매'(쑹아이링宋靄齡송애령, 쑹칭링宋慶齡송경령, 쑹메이링宋美齡송미령

- 각각 쿵샹시孔祥熙공상희 부인, 쑨원孫文손문 부인, 장제스蔣介石장개석 부인)는 그 전형으로, 어려서부터 부모의 안배로 미국에서 공부한 그녀들은 읽고 쓰기가 중국어보다 영어 쪽이 능통했다.

요컨대 국민당이든 공산당이든 상층 지도자들은 대다수가 낙후된 중국을 바꾸는 방법이 외국에서 배우는 것밖에 없다고 생각했다는 점에서 큰 차이가 없었다. 다른 점이라면, 눈이 서구 선진국이나 일본을 향하고 있느냐, 아니면 혁명의 선진국 소련을 향하고 있느냐의 차이일 뿐이었다고 해도 좋을 것이다. 그런 분위기 속에서 마오의 경우 역설적으로 외국을 모르는 대신 외국을 숭배하는 마음도 생기기 어려웠고, 따라서 그만의 독자적인 혁명사상이 길러졌다고 할 수 있다.

여하튼 마오가 마르크스주의를 신봉하면서도 그의 시선이 어디까지나 중국 현지 사회를 향하고 있었음은 의심의 여지가 없다. 말하자면 마오쩌둥의 일신에는 중국 근대에 달라붙어 있는 토속적인 것과 외래적인 것의 병존, 민중 세계와 엘리트 세계의 괴리 등 일견 양립할 수 없는 요소들이 혼연일체가 되어 응축되어 있는 느낌이 있었다. 그것은 모스크바에서 귀환한 엘리트들에게는 마르크스주의에 기반한 혁명운동과는 이질적인 것들이 섞여 있는 것으로 비쳤을 것이다.

참고로 마오쩌둥 이후의 중국의 지도자들은 어떤가 보면, 마오보다 열 살 정도 어린 덩샤오핑鄧小平등소평 세대까지는 프랑스나 소련에 유학한 경험이 있지만, 그 이후로는 대부분 외국에서 생활한 경험이 거의 없다. 장쩌민江澤民강택민이 1950년대 당시 우방이었던 소련에 기술 연수를 위해 1년간 체류한 것이 고작이며, 화궈펑華國鋒화국봉, 후야오방胡耀邦호요방, 자오쯔양趙紫陽조자양 등은 지도자가 되고 나서야 외국을 방문한 것이 전부다. 그들의 청년기에 중국을 둘러싼 국제 관계가 전쟁 혹은 중·소 대립으로 국제적으로 고립되었던 데다가, 인민공화국 성립 후 자체적인 교육체제 속에서 인재 양성이 가능해진 사정도 있다.

더욱이 최근 들어서는 후진타오胡錦濤, 원자바오溫家寶, 시진핑習近平, 리커창李克强 모두 국내 명문대에서 고등교육을 받긴 했지만, 유학 등의 경험은 없다. 그런데 개혁개방 이후 중국에서 서방 선진국으로 유학을 갈 수 있게 되자 이들의 자녀, 이른바 고위 간부 자녀들이 구미, 일본의 대학으로 유학하게 되면서, 어떤 의미에서 백 년 전과 비슷한 상황이 연출되고 있다. 대외적으로는 자국의 교육 수준을 자랑하면서도, 실제로는 외국에서의 교육내용과 수준을 신뢰하는 중화민국 시기와 같은(식민지적) 상황이다. 마찬가지의 상황은 부패한 고위층이 자신의 자산을 해외 계좌나 부동산으로 이전시키고 있다는 현실에서도 확인된다.

마오쩌둥의 경우를 보면, 그 자녀 중 장남 안잉岸英안영과 차남 안칭岸靑안청을 모스크바로 내보냈다. 1936년의 일이다. 공산당 지도자의 자녀를 비밀리에 보호하고 있던 상하이 당 조직의 주선으로 유럽을 거쳐 모스크바에 도착했을 때, 안잉은 13살, 안칭은 12살이었다. 어머니가 사망한 뒤 의탁할 곳이 없어진 당 지도자의 아들을 안전한 곳에 맡기려는 조치였다. 안잉은 나중에 모스크바의 군사학교에서 공부하고 1946년 귀국하여 입당했으나, 1950년 11월 한국전쟁 참전 중에 전사하였다[1]. 마오의 경우 자녀를 해외 학교에 입학시켰다고는 하지만 이는 사실상의 피난이었다. 1930년대까지 혁명활동 등으로 양친을 잃고 고아가 된 당 간부의 자녀들은 왕왕 마오의 아들들처럼 모스크바로 보내져 소련의 양호학교 등에서 자라게 되었다.

---

1) 마오안잉은 러시아어 통역 겸 기밀 담당 비서[機要祕書(기요비서), 정보 담당]로 종군했다. 한편 동생 안칭은 정신질환이 있어서, 러시아어 번역 일을 하는 한편 주로 요양하면서 후반생을 보냈다. 이 밖에 삼남으로 요절한 안룽(岸龍)이 있었다고 한다.

당 지도자의 자녀 혹은 고아라는 이유로 부모의 품을 떠나 특수한 타향의 환경에서 성장하게 된 이들 '붉은 2세'[1]들이야말로 '국제주의'를 구현하는 존재다.

그러나 귀국 후 이들의 처지는 대체로 고난에 찬 것이었다. 언어를 비롯해 중국 생활에 좀처럼 적응하지 못하는 상황에서, 1950년대 후반부터 중·소 관계가 악화하자 간첩으로 취급당하는 일도 생겨났고, 더욱이 부모의 지위가 뒤흔들리면서 자식까지 어쩔 수 없이 휘말렸기 때문이다.

이제 다시 마오쩌둥이 인간적으로 어떤 사람이었는지로 다시 돌아가서, 그의 아들 둘을 낳은 모친, 즉 마오의 아내였던 양카이후이楊開慧양개혜를 소개하고, 마오의 여성관, 젠더 인식은 어떤 것이었는지, 그리고 1920년대 중국 청년들은 어떤 생각을 가지고 있었는지 살펴보자.

이 책 제1장 제6절에서 초기 공산당원의 연애관 등을 당시 시대 상황과 함께 소개하였는데, 공산당 입당과 거의 동시에 양카이후이와 결혼할 무렵이던 마오쩌둥은 봉건적 가족제도, 혼인제도에 이의를 제기하는 청년 중 한 명이었다. 부모가 정한 결혼 상대에게 시집가는 가마 속에서 자살한 젊은 여성의 사건(1919년)에 관해 당시 27세였던 마오쩌둥이 연거푸 10편이나 논평을 쓴 것은 의외로 보일지 모르지만, 그때의 시대사조를 생각하면 이상할 것이 하나도 없다. 그 마오쩌둥 역시 14세 때 부모가 정한 근처 마을의 연상녀와 결혼했다(4년 후 사별). 이후 여성의 종속을 강요하는 '암흑사회'를 비판하는 글을 쓴 뒤, 1920년 말 스승의 딸(양카이후이)과 연애결혼을 했다. 앞서 당시의 결혼 상황에 대해 대학 진학 때까지 남학생의 절반 이상이 부모가 정한 혼약자와 결혼 또는 약혼했으며 상대를 스스로 선택한

---

1) 취추바이(瞿秋白), 류사오치, 주더, 장타이레이(張太雷), 가오강(高崗) 등의 자녀들이 이에 해당한다.

사람은 3%에 불과했다고 소개했다(제1장 제6절). 이 수치에 비추어 보면 마오쩌둥은 연애결혼을 실현할 수 있었던 극소수의 선진분자였다고 할 수 있다.

하지만 양카이후이와의 가정생활은 지극히 평범한 것으로, 뭔가 특별히 남다른 시도가 있었다는 이야기는 전해지지 않는다. 양과의 사이에서 세 아이를 낳는 동안에도 마오는 당 활동에 대부분의 시간을 할애해 가정을 돌볼 겨를이 거의 없었다. 아내 양 역시 당원이었지만 육아와 남편을 돌보느라 바빴던 것으로 보이고, 특별히 눈에 띄는 활동을 한 흔적은 없다. 그런 의미에서 그녀의 존재는 어디까지나 가정을 지키는 사람이었고, 남성 사회였던 공산당에서는 당 간부인 마오쩌둥의 부인 이상의 존재가 될 수 없었다.

마오쩌둥의 족보(일족의 세대와 혈통[世系]을 계통적으로 기록한 문서). 첫 부인 뤄씨羅氏(정처, 元配), 두 번째 부인 양씨(후처, 繼配), 세 번째 허씨賀氏(재혼, 繼娶)의 생몰 및 자녀에 대한 기록이 보인다.[1]

다만, '(부인) 이상以上의 존재'가 될 수는 없다고 해도 남편이 큰 권력을 가진 인물이라면 그 '부인'으로 인정받아 그에 상응하는 권세를 휘두를 수 있다. 인민공화국 시기의 마오 부인, 즉 장칭江靑강청은 그 전형일 것이다. 다만 장칭을 포함해 당의 백 년 역사 중에 중앙 지도부의 핵심인 '중앙정치국 상무위원'이 된 여성은 단 한 명도 없다. 명예직의 색채를 띤 국가부주석이나

---

1) 원배(元配)는 부모가 맺어준 첫 배우자로 정실을 지칭하고, 계배(繼配)는 원배의 정처가 사망하거나 이혼이 완전히 성립한 뒤에 결혼한 적이 없는 처녀를 후처로 맞을 경우를 지칭하며, 계취(繼娶)는 새로 장가가다, 재혼하다라는 뜻으로 부인 역시 재혼일 때 쓰는 용어이다._역

부총리에는 여성이 기용된 적이 있지만, 한줌밖에 안 되는 최고지도자 자리는 완전히 남성이 차지해 온 것이다.

그런데 마오는 1927년 공산당 무장봉기를 위해 농촌으로 떠났고, 이후 양카이후이와의 연락은 끊겼다. 이듬해 마오는 양을 친정에 남겨둔 채 농촌 근거지의 여성운동가(허쯔전賀子珍하쯔전)와 '결혼'한다. 양은 친정에 숨어 있다가 1930년 체포되어 사형에 처해졌다. 생전에, 집을 나간 마오의 소식을 찾아 연락을 취하려 했다는 사실이 반세기 만에 친정에서 발견된 편지와 쪽지를 통해 밝혀졌다. 다만 마오에 대한 사랑, 미움, 한이 한데 엉켜 쓰여 있다는 편지를 비롯한 이들 문서는 오늘날까지도 일부만 공개되어 있다.

마오쩌둥의 가정생활, 사생활에 대해서는 실제 보고 들은 것과 그렇지 않은 것을 뒤섞어서 이야기하는 '진상' 운운의 책이 간간이 출간돼 세상을 떠들썩하게 한다. 물론 말도 안 되는 내용도 많이 적혀 있지만, 이런 책들이 판치는 원인 중 하나는 정작 공산당이 자료 공개에 극히 소극적이기 때문이다. 양카이후이가 남긴 서한도 공개되지 않는 문서 중 한 예로, 자료가 공개되지 않으니 이른바 '기밀자료', '극비자료'라며 선전하는 수상한 문서나 폭로 서적이 뒤따라 계속 나오는 것이다. 그러한 사태에 대한 진정한 대책은 이런 책들의 출판이나 유통, 반입을 금지하는 것이 아니라, 당 스스로 정보 공개를 추진하는 것임을 알아야 한다.

3. 당의 수뇌들 - '충신'과 '간신'

창당 100년에 이르는 공산당의 역사를 크게 마오쩌둥 시기와 포스트 마오쩌둥 시기로 나누는 데는 어느 정도 합리적인 면이 있다. 마오쩌둥 시기는 마오쩌둥을 비롯해 창당기의 천두슈陳獨秀진독수 등 강한 개성을 지닌 카리스마적 지도자들이 혁명과 전쟁, 그리고 나라 만들기에 매진해 나간 시기로 드라마 같은 사건이 많았다. 반면 그 뒤로는 마오쩌둥에 필적할 만한 카리스마를 가진 지도자들은 나타나지 않았고, 기껏해야 덩샤오핑 정도의 '작은 거인'이 나름 카리스마를 발휘하는 정도이며, 더 뒤의 후야오방, 장쩌민, 후진타오로 넘어가면 그 존재감은 훨씬 작아진다.

이토록 마오쩌둥이 대단한 존재였기 때문에, 당의 역사에서 1976년 그의 죽음까지의 55년은 마오쩌둥을 중심으로 당의 행보를 이야기할 수 있다. 하지만 마오쩌둥만으로 당의 역사를 말할 수는 없다. 초기에는 건당 추진자 천두슈를 필두로 베이징, 광둥에서 천두슈와 협력하여 당 결성을 추진한 리다자오李大釗이대교, 탄핑산譚平山담평산의 이름을 들 수 있으며, 천두슈 실각 후라면 문학비평으로 유명한 취추바이瞿秋白구추백나 노동운동에서 경험을 쌓아 중앙지도자로 올라선 리리싼李立三이립삼, 나아가 모스크바 국제공산주의 운동에서 두각을 나타낸 왕밍王明왕명, 장원톈張聞天장문천, 그리고 마오와 권력투쟁을 벌였던 장궈타오張國燾장국도 등의 이름을 들 수 있다. 또한 이들 각각 '잘못된' 노선의 집행자들 이외에, 좋은 사람[善人] 역할로 저우언라이, 류사오치劉少奇유소기, 주더朱德주덕, 펑더화이, 가오강高崗고강, 덩샤오핑 등의 이름을 들 수 있다.

당 수뇌의 임면은 그 자체가 고도로 정치적인 메커니즘으로 이루어졌으며, 처음에는 코민테른과의 관계에서 확인했듯이 주요 당 지도자의 임면은 국내(당내)에서의 절차뿐만 아니라 모스크바(코민테른)의 의향 역시 참고하여 이뤄졌다. 예를 들어 1931년 1월 상하이에서 열린 6기 4중전회처럼 모스크바에서 직접 온 코민테른 대표(미프P. Mif)의 감독·지도 아래 회의가 진행되었고, 미프가 가르친 제자들이 지도부로 투입되는 일도 있었다. 이러한 상황에 큰 변화를 가져온 것이 장정이며, 사실상 코민테른의 개입 없이 당 지도부 교체가 이루어졌다는 점은 이미 언급한 바와 같다.

장정 이후 공산당에서 일어난 인사 관련의 또 다른 변화는 새로 근거지가 된 산시성陝西省 북부의 현지 간부가 중앙 지도부로 발탁된 것이다. 애초에 마오쩌둥 등 중공 중앙과 장정 부대가 최종적으로 산베이陝北를 목표로 한 것은 거기에 류즈단劉志丹유지단 등이 1920년대 이래 개척한 근거지가 있었기 때문이다. 황토고원이 펼쳐진 산시성 북부는 중국에서도 특히나 빈곤한 지역으로 알려져 있다. '황색의 대지' 하면 듣기에는 좋지만, 강수량이 적고 땅도 척박하다. 그런 곳에 마오쩌둥의 장정 부대뿐만 아니라 다른 근거지에서도 총 3만 명에 달하는 공산당 계열의 부대가 속속 몰려왔으니, 당원들과 그 병사들을 먹여 살리는 것만으로도 지역 조직과 주민들에게 큰 부담을 안긴 셈이다. 그러니 산베이 지역 출신의 간부 그룹이 중용되는 것은 어찌 보면 당연했다.

그 대표적 인물이 가오강이다. 이 그룹의 수장 격이었던 류즈단이 장정 부대가 도착한 지 얼마 되지 않아 전사하기도 했고, 그 부하였던 가오강이 마오쩌둥의 높은 평가를 얻어 류의 후계자로 발탁되어 이례적인 승진을 했다. 이 그룹에는 시중쉰習仲勳습중훈도 있었다. 지금의 최고지도자 시진핑의 아버지다. 가오강은 1945년 제7차 당대회 이후 13명밖에 되지 않는 중앙정치국 위원으로 선출된 뒤 국공내전 때에는 동북(구 만주)에서의 지반을 다지는 데 주도적 역할을 하여 동북의 당黨·정政·군軍의 대권을 한 손에 장악하였고, 건국 당시 중앙정부 부주석에 취임하였다.

인민공화국 건국 이후 당의 인사와 관련해서는, 가오강이 이끄는 동북파, 펑더화이 등 서북파 등 국공내전 당시의 대군구大軍區에서 기원한 지역별 파벌, 혹은 내전 때의 군사편제(제1야전군부터 제4야전군까지)에서 파생된

군 집단 파벌이 자주 회자된다. 물론 이런 분류로 각 파벌의 동향을 볼 수 없는 것은 아니다. 그러나 이보다 더 강한 경향성을 띠고 건국 이후 당 인사에 큰 그림자를 드리운 것이 근거지 출신 간부와 백구白區 간부 사이의 알력일 것이다.

백구는 국민당 통치구를 말한다. 공산당이 지배하던 근거지(소비에트구)의 상대 개념으로, 대도시 등 이른바 적이 지배하는 지역이 '백구'로 불린다. '백구'에서의 활동은 성격상 지하 활동이나 정보활동이 중심으로, 근거지의 화려한 혁명운동에 비하면 소박하다. 그러나 이들은 국공내전에서는 국민당 부대의 전향 공작을 담당하거나 진주進駐하게 된 해방군에게 정보를 제공 및 접수하는 등 중요한 역할을 담당했다. 말하자면 혁명이라는 공통의 목표를 가진 조직에서 다만 활동 장소가 달랐을 뿐인데, 당시 당내에는 지하에서 활동해 온 백구 당원들을 낮춰보는 경향이 강했다. 백구 당원들은 '장정' 같은 경험도 없고 '정풍'으로 단련되지도 않은, 반쪽짜리 당원이라는 편견이 있었기 때문이다.

그래서 인민해방군을 이끌고 각 도시에 입성한 근거지 간부 중에는 자신들을 도와준 백구 간부들을 광장에 모아놓고 설교하듯 훈화를 하는 사람도 많았다. 또한, 예를 들어 난징에서는 중앙에서 보냈다는 현지 당원에 대한 대응 방침인 '계급을 낮춰 임용한다, 가급적 기용하지 않는다, 직무를 현지 업무로 한정한다, 점차 걸러낸다(降級安排, 控制使用, 就地消化, 逐步淘汰)'에 따라 백여 명의 당원들이 당적을 정지당하는 사태까지 벌어졌다고 한다.

반면 농촌 경험이나 전투에는 뛰어나지만 글도 제대로 못 쓰는 근거지 간부에 비해서 상대적으로 고학력에 문화 수준이 높은 백구 간부는 그 투박하고 오만한 행태에 위화감을 느끼면서도 차마 거스르지는 못하는 심리상태에 놓였다. 그러나 건국 이후 당 활동의 중점이 군사에서 경제재건 및 행정으로 옮겨가고 당원들에게도 어느 정도 전문성이 요구되면서, 실제 활동에서는 백구 간부가 중용되는 경향이 강해졌다. 이러한 사정은 중앙에서도 마찬가지였다. 정부 각 부문의 실무에 전문성이나 교양이 요구되자 농촌 경험만으로는 감당하기 어려운 사무가 늘어나면서 백구 간부의 중용에 더욱 박차가 가해졌다. 당 중앙 차원에서 이런 점을 구체적으로 드러내는 것이 백구 활동 경력이 길고 그 사업을 총괄한 경험이 있는 류사오치의 인맥, 예컨대 펑전, 보이보薄—波박일파, 안쯔원安子文안자문, 류란타오劉瀾濤유란도 등이다. 이에 반발하는 간부들 중에는 이대로 가다가는 당 중앙을 백구당에게 빼앗겨 버릴 것이라며 정색을 하고 마오쩌둥에게 간언하는 사람까지 있었다.

이렇게 기질이 다른 간부 집단을 어떻게 제어해 나갈지가 마오쩌둥 등 당 수뇌의 고민거리였다. 집권당이 된 공산당이 가장 먼저 손을 댄 것은 내전 당시 설정한 6대 군구의 재편이었다. 내전의 마지막 1년여 동안 인민해방군이 북에서 남으로 그리고 서남으로 국토 전역을 석권하면서 공산당 지배지역은 급속히 확대되고 조직은 비대해졌다. 이들 지역을 군정 양면에 걸쳐 관할하기 위해 동북, 화북, 화동, 중남, 서북, 서남의 6개 군구를 만들어 각각 유력한 당 간부가 책임자로 군림했는데, 이는 그냥 내버려 두면 지역할거를 초래할 가능성이 있었다. 그래서 건국 후 1년 정도 사이에 각 군구 책임자에게 중앙 부서의 일을 맡기는 조치를 통해 지역의 권력과 지반을 내려놓도록 유도했다. 이 조치는 동시에 중앙의 지도자들 사이에 주관 부문이 고착화되는 것을 회피하는 한 수이기도 했다. 즉 동북왕이라 불리던 가오강高崗고강을 1952년 중앙으로 다시 불러들여 국가계획위원회 위원장에 취임시키고 저우언라이가 도맡고 있던 국정 업무 중 일부와 류사오치가 담당하던 재정경제위원회의 일부 업무를 분담하게 함으로써 권력의 균형을 재차 다잡고자 한 것이다.

하지만 이 조치로 가오강의 중앙에서의 존재감은 오히려 커졌다. 내전 승리의 원동력이 된 동북 지역의 주인이 중앙 정계에 자리를 잡고 신중국 건설의 요체가 되는 국가계획위원회를 맡게 된 셈이다. 이는 그의 지위가 류사오치나 저우언라이를 능가하려는 조짐이라고도 할 수 있었다. 당시 가오강이 마오쩌둥의 후계자를 논한다면 아마 자신일 것이라고 생각한 것도 무리는 아니었으며, 마오의 인사 배치가 가오의 예상과 크게 다르지 않았던 것도 사실이다.[1] 그러나 가오강은 지위 상승을 위해 류사오치와 저우언라이를 비롯한 당내 실세들을 자신이 대신하려 획책했다는 혐의로 실각했고, 1954년 조사 과정에서 자살했다. 그의 지역 기반이었던 동북을 '독립왕국으로 만들려고 했다', '반당 분열 활동을 했다'는 것이 그의 죄목이었고, 자살은 자신의 죄과를 인정하고 속죄하기를 거부했다는 의미에서 당과 인민에 대한 또 다른 배신행위라는 것이 공산당의 견해다. 다만, 그런 획책의 실제 여부는 아직 밝혀지지 않은 수수께끼로 남아 있다. 음모에 가담한 것으로 알려진 또 다른 유력자 라오수스饒漱石요수석의 이름을 따서 '가오-라오 사건高饒事件고요사건'으로 불리는 이 사건은 이후 인민공화국에서 여러 차례 일어나게 될 유력 지도자의 수수께끼 많은 실각사건 중의 첫 번째 사례였다.

정치 세계에서 실각한다는 것은 그 인물의 공적을, 혹은 그 존재조차 공적 기록·기억에서 말살하는 것을 의미한다. 1949년 건국식 모습을 그린 역사화 「개국대전開國大典」을 보자. 1953년 제작될 당시, 건국 선언을 낭독하

---

1) 「建國後毛澤東心目中的接班人」(林蘊暉, 『國史札記 事件篇』, 東方出版中心, 2008).

는 마오쩌둥을 축복하듯 늘어선 톈안 먼 위의 지도자들 중에는 가오강의 모습이 있었다(그림 A의 화살표가 가리키는 인물). 그런데 그의 실각 사태의 영향으로, 이 그림을 그린 둥시원董希文이라는 화가는 그림을 수정하라는 명령을 받고 그림 속의 가오강을 덧칠로 지워야만 했다(그림 B). 이윽고 문화대혁명이 일어나 류사오치가 타도되자 「개국대전」의 류사오치(B의 화살표가 가리키는 인물)도 다른 사람으로 바꿔 그리는(그림 C) 조치가 취해진다.[1] 문예, 예술의 역할에 대해 마오쩌둥은 앞서 언급한 바와 같이 옌안정풍 시기에 문예강화를 발표하여 예술이 정치에 봉사할 필요성을 호소하였는데, 즉 그 봉사란 이 그림의 사례처럼 번번이 정치 과제에 부응해야 한다는 것을 의미했다.

가오강 외에 공산당의 유력 지도자였음에도 불구하고 그 이름이 말살되

| A 「개국대전」의 원본

| B 가오강 실각 후의 「개국대전」(부분).

| C 류사오치 실각 후의 「개국대전」(부분).

---

1) 참고로 이 「개국대전」이라는 작품은 이후 문화대혁명이 끝나고 류사오치의 명예가 회복되자 다시 그려져서 처음에는 류사오치가, 이어 가오강이 부활하게 된다. 현재, 이 대형 유화는 중국 국가박물관에 전시되어 있다.

어 오늘날 중국에서 거의 이름이 알려지지 않은 거물급 지도자로 캉성康生 강생이 있다. 1930년대 중반까지 캉성은 주로 모스크바의 중공 코민테른 주재 대표의 일원으로 있으면서 왕밍의 오른팔과 같은 존재였는데, 왕밍과 함께 1937년 말에 옌안으로 귀국한 후 고무신을 거꾸로 신고 마오를 가깝게 섬기게 되었다. 그는 모스크바 시절에 닦은 것으로 보이는 첩보나 숙청에 관련된 특수 기술과 중국 고전문화에 관한 깊은 조예로 마오쩌둥에게 높이 평가받아 당내의 숙청 운동, 예를 들어 옌안의 창구搶救운동에서 무서울 정도의 수완을 발휘했다. 말하자면 숙청의 프로였다. 그러면서도 온화한 인품과 학식 때문에 '동해의 성인[東海聖人]'으로까지 칭송받았고, 마오의 아들인 안잉이 전후 소련에서 귀국하자 그의 교육 담당자가 되기도 했다. 옛 왕조로 치면 황태자의 교육을 담당한 '사부師傅'이다.

캉성은 지병으로 건강이 좋지 않아 인민공화국에서는 외부의 정치무대에 나서는 일이 많지 않았다. 하지만 병세가 다소 나아진 문혁 시기에는 다시 그 명성을 평가받아 중앙 정계에 복귀하여 마오의 비호 아래 숙청의 프로다운 면모를 발휘하였다. 1973년에는 당 부주석에까지 올랐으나 2년 후에는 암으로 병사했고, 1만 5천 명이 참석한 추도식에서는 '중국 인민의 위대한 전사'라는 칭호가 주어졌다. 하지만, 그 칭호는 마오쩌둥이 살아 있는 동안만 유효한 한정판이었다. 그의 주인인 마오쩌둥이 죽자 캉성은 생전의 악행(지나친 숙청)이 차례로 폭로되어, 결국 1980년에는 그를 당에서 영구 추방(제명)하기로 결정되었다. 추도식에서 부여된 칭호는 취소되고 대신 '반혁명 집단의 주범', 외국에서는 '중국의 베리야'1)라는 별명이 붙게 된다. 그 후 죽은 자에 대한 폄훼는 혁명공묘에서 유골 이장, 한때 혁명사적으로

---

1) 베리야(Beriya)는 소련에서의 숙청 운동에 주도적 역할을 한 소련공산당 지도자이다.

지정되었던 생가의 지정 취소
등으로 이어졌다.

이리하여 무덤에서 유골이 파
헤쳐졌듯이 그의 생전 모습은
가능한 한 역사에서도 말살되었
다. 오늘날 공산당사 관련 사진
자료집을 뒤져봐도 거기에 캉성

| 문혁 지도자를 기리는 선전화.

의 모습은 거의 남아 있지 않다. 의도적으로 삭제된 것이다. 하지만 비정상
적이라도 그런 상황이 반세기 가까이 지속되면, 역사는 덧씌워지는 법이다.
요즘은 어떤가 하면, 중국학자들조차 캉성을 모르는 경우가 있다.

위의 그림은 1966년에 제작된 문혁 지도자를 찬양하는 포스터로, 왼쪽
부터 캉성, 저우언라이, 마오쩌둥, 린뱌오林彪임표, 천보다陳伯達진백달, 장칭 순
으로 그려져 있는데, 이 중 저우와 마오를 제외한 4명은 이후 공산당 공식
역사에서는 '추방'되었다. 마오를 황제에 빗대면, 그 네 사람은 마오의 총애
를 얻어 사악한 야심을 품고 당과 인민에게 재앙을 가져온 '간신[奸臣영신]'이
된다. 반면, 이들 '간신'들이 활개 치는 가운데 참기 힘든 치욕을 견디며 인
민을 도탄의 고통에서 구해내고 당을 지킨 '충신'이 바로 저우언라이라는
것이다.

인민공화국이 성립한 1949년 시점에서, 당의 최고 지도부를 의미하는 중
앙정치국 위원은 모두 13명이었다. 얼마 지나지 않아 병사한 사람도 있어
1955년에 2명이 보충되었는데, 이들까지 총 15명 중에 마오쩌둥을 제외한
지도자들의 이후 행적을 간단히 정리하면 168쪽의 표와 같다.

색칠한 인물은 마오가 서거한 1976년 시점에서 실각한 상태거나 박해로
사망하는 등 비정상적인 죽음을 맞이한 지도자로 8명에 달한다. 그런데 둥

건국 당시 공산당 수뇌들의 이후 행적

	1955년	1966년	1976년
주더 (1886~1976)			병사
류사오치 (1898~1969)		박해사	
저우언라이 (1898~1976)			병사
런비스 (1904~1950)	병사		
천윈 (1905~1995)		1969 실각	1978 부활 —— 병사
캉성 (1898~1975)			병사 1980 (제명)
가오강 (1905~1954)	실각·자살		
펑전 (1902~1997)		1966 실각	1979 부활 —— 병사
둥비우 (1886~1975)			병사
린보취 (1886~1960)	병사		
장원톈 (1900~1976)	1959 실각		병사
펑더화이 (1898~1974)	1959 실각	박해로 사망	
린뱌오 (1907~1971)	보충	망명·추락사	
덩샤오핑 (1904~1997)	보충1)	1968(실각 2번)	1977 부활 —— 병사

(색칠한 인물은 마오 사거 전까지 박해로 사망 또는 실각한 사람)

비우董必武동필무와 린보취林伯渠임백거 두 사람은 사실상 실권이 없는 원로급이었고, 주더도 1960년대 이후에는 이에 가깝다. 런비스는 건국식에도 참석 못할 정도로 중병 상태였고, 캉성은 이미 언급했듯이 마오가 죽기 전까지는 활개를 쳤지만 사후 당에서 쫓겨난 인물이다. 즉 14명 중에 마오의 시대에 제대로 살아남은 사람은 저우언라이 한 명뿐이었다고 해도 좋을 것이다. 마오 밑에서 일한다는 것은 어떤 의미에서 목숨을 걸고 하는 일이었으니, 예삿일이 아니었다.

---

1) 가오강의 실각과 런비스의 사망으로 중앙정치국원에 결원이 생겨, 1955년에 린뱌오와 덩샤오핑이 승진하여 그 자리에 보충된 것을 의미함._역

그렇다면 그 '충신' 저우언라이는 왜 마오쩌둥에게 계속 붙어 있을 수 있었을까? 또 마오가 지도부의 유력 인사들을 차례로 숙청하고 경제 분야에서 실정을 거듭했는데도 결국 당내 누구도 반대하지 못한 것은 도대체 왜일까.

저우언라이는 일본과 프랑스에서 유학한 경험이 있고, 마오와 마찬가지로 당 초창기부터 활동해 온 실무형 당 간부이다. 1920년대 국민혁명 시기부터 상하이 무장폭동, 난창南昌봉기 등 굵직한 사건에 관여했으며, 마오쩌둥 등이 농촌 게릴라전을 통해 혁명 근거지를 넓혀가던 시기에는 주로 당 중앙에서 당무를 관장하면서 소련 유학파와 토착파 마오쩌둥 사이에 극단적인 대립이 일어나지 않도록 애썼다. 그러나 이러한 주선형의 조정은 소련 유학파도 토착파도 '조화주의'라면서 비판했다. '조화주의', 이는 저우언라이를 평생 따라다닌 꼬리표이자 원래 극단으로 치닫거나 충돌하는 것을 싫어하는 저우의 기질이기도 했다. 그때부터 저우는 '장정' 도중에 열린 쭌이 회의에서 마오의 지도부 입성에 동의했고, 이후 저우는 마오가 점차 최고 지도자가 되는 것을 지지하며, 공산당의 대외 교섭을 도맡아 하는 실무 실력자가 됐다.

중화인민공화국에서는 중앙정부의 총리(수상)에 취임, 1976년 죽을 때까지 그 자리에 있었다. 가오강, 류사오치, 린뱌오 등 2인자로 불리던 마오쩌둥의 후계자 후보들이 마오에 의해 잇따라 배제되는 상황 속에서 저우언라이 혼자만 시종일관 마오쩌둥의 신임을 받아 실각하지 않은 것은, 대약진이든 문혁이든 저우가 기본적으로 마오를 거역하지 않았으며, 한편 마오쩌둥 역시 때로는 저우에 불만을 품면서도 그의 실무 능력을 높이 샀기 때문일 것이다. 이미 옌안 시절에 마오는 철저하게 저우언라이의 '조화주의'를 비판함으로써 그를 굴복시키고 마오쩌둥 사상에 충성을 맹세하게 했다. 마오에 대한 굴종은 저우의 만년에 더욱 두드러진다. 이는 혁명의 이상을 내걸고 여기까지 온 이상 이제 와서 뜬금없이 구실을 붙여 반기를 들 수 없다는 일종의 강렬한 '만절晚節(만년의 절개, 절조)' 의식이었다고 생각한다. 마오를 끝까지 따르겠다는 '만절'의 중요성에 대해, 저우는 문화대혁명이 막 시작되려고 하던 때에 다음과 같이 말하고 있다.

> 마오 주석을 따라야 한다. 마오 주석은 오늘날의 지도자이자 백년 후에도 지도자이다. 만절은 충忠이 아니면 모든 것이 무효가 된다.[1]

또한 말년(1975년)에 암 제거 수술을 받은 직후 마오에게 보낸 편지에서는 수술 후의 상황을 전하면서 쭌이회의 이래 40년 동안 마오에게 받은 큰 은혜에 감사하고, '병상에서 과거를 돌아보며 반성을 거듭하며 만절을 완수'할 각오라고 끝맺고 있다.[2] 그런 규범의식에 비추어 보면 중간까지 마오를 따랐으면서 결국 '만절'을 다하지 못한 이가 류사오치요 펑더화이요 린뱌오가 된다. 그러한 저우언라이의 절개가 공산주의자로서의 절개인지, 아니면 마오를 시중드는 머슴의 그것이었는지 판별하기 어렵다. 마오 개인에 대한 신하된 복종으로밖에 보이지 않는 저우언라이의 '절조' 역시 아마도 그에게는 우여곡절과 고난 끝에 중국 공산주의운동이 도달한 유일한 길과 뗄 수 없을 정도로 결합이 되어 있었을 것이기 때문이다. 그러므로 마오에게서 벗어나는 일은 공산당원이라면 있을 수 없는 전향이었다.

당시 서민들은 마오를 '마오 주석' 혹은 그냥 '주석'이라고 불렀다. '마오

---

1) 「周恩來の中央政治局擴大會議の發言」1966年5月2日, (高文謙, 『晚年周恩來』, 明鏡出版社, 003, 111쪽).
2) 위의 같은 책, 13쪽.

쩌둥'이라고는 안 부른다. 너무나도 황송하기 때문이다. 옛 동지들 중에는 예를 들면 펑더화이처럼 때로 친근하게 '라오 마오(老毛)', 즉 '마오 씨'라고 부르는 강심장이 있었던 것 같지만, 예외 중의 예외이다.[1] 이와는 대조적으로 마오쩌둥의 비서를 지낸 톈자잉田家英이나 중앙 지도자들에게 전반적인 서비스를 제공하는 중앙판공청中央辦公廳 주임을 다년간 역임한 양상쿤楊尚昆양상쿤의 일기나 편지에는 마오를 가리켜 '주主', '주좌主座' 혹은 '주공主公'이라는 호칭이 종종 등장한다.[2] 보통은 '주석'이라고 부르니까, 그 '주'에다가 공경의 의미인 '좌座' '공公'을 붙인 것으로 해석할 수도 있고, 원래 예로부터 신하가 군주에 대해 주공, 주좌라고 불렀기 때문에 그를 따랐다고 해석할 수도 있다. '주석'의 뜻을 담았다면 '주석 각하'이고, 전통적 의미를 담은 것이라면 '전하', '폐하' 정도의 뉘앙스이다. 마오의 최측근이 이럴 정도이니, 그보다 관계가 먼 공산당의 다른 지도자라면 그 옛날의 황제를 상대하는 것 같았을 것이다. 앞서 저우언라이가 마오에게 보낸 편지 역시 그 필치는 신하가 황제에게 올리는 듯이 공경스러웠다.

그렇다면 그러한 카리스마는 어디에서 비롯한 것일까? 성급한 사회주의화나 문화대혁명처럼, 지금 보자면 무모한 시도를 하는 마오쩌둥을 많은 지도자가 끝내 따랐던 이유는 무엇인가? 답은 어렵지만 굳이 단순화해서 한마디로 말하자면, "이 사람을 따르면 지금까지도 결국은 잘되지 않았는가. 실패로 끝나는 일은 없지 않았는가. 결국 이 사람만 따라가면 괜찮을 거야."라는 경험에서 나온 막연한 전폭적 신뢰감이 아니었을까. 그리고 그 신뢰감의 빈작용으로 마오에게 비판받을 것을 극도로 두려워하여 마오쩌둥

---

1) 그 펑더화이도 정식으로 서한을 보낼 때는 '주석'이라는 표현을 썼다. 하지만 그 의견서는 매우 정중하기는 했으나, 마오의 역린을 건드렸고, 펑더화이의 실각으로 이어져 숙청의 방아쇠가 되었다.

2) 高華, 『革命年代』, 廣東人民出版社, 2010년, 271쪽.

에 대한 충성이란 이름을 빌린 보신적인 행동 패턴(즉, 비판의 칼날이나 불똥이 자신에게 미치는 것을 극단적으로 기피하기 때문에, 불행하게도 희생양이 되어버린 동지를 '(잘못에서) 구해낸다[搶救창구]'면서 앞서서 채찍을 휘두르는 행동양식)이 옌안정풍 이래 정착한 결과, 마오쩌둥에 대한 비판 비슷한 언동에는 집단적 히스테리처럼 공격이 가해져 가오강 이래로 펑더화이, 류사오치, 린뱌오로 차례로 그 표적이 되어버렸고, 정신 차리고 보니 옛 동지 가운데 남은 사람은 저우언라이 한 사람밖에 없게 되고 말았다.

칼럼⑥ 마오쩌둥 '작사' 노래 - 마오 주석 시사가詩詞歌와 어록가

　　인민공화국에서 마오쩌둥에 대한 개인숭배가 진행되고 문화 활동에 대한 정치적 간섭이 거세지자, 가사에서 사소한 말 하나가 정치적으로 문제가 되는 상황이 벌어졌다. 그래서 전당·전국 규모로 권장하는 노래의 경우는 저우언라이 등이 가사를 검열[check]하여 만전을 기하는 일까지 있었다. 마오쩌둥 찬가의 대표작 「대양의 항해는 조타수에 의지한다[大海航行靠舵手]」(왕솽인王雙印 작, 1964년)는 그러한 곡의 대표작이다.

　　이 경향이 극단화된 것이 문화대혁명의 시기였다. 마오쩌둥 숭배가 전국에 넘쳐나 음악, 회화, 서예 등 예술의 모든 분야가 마오쩌둥을 찬양하였다. 마오 숭배의 가장 극단적인 노래가 마오의 문장이나 시 자체를 가사로 만든 '마오 주석 시사가毛主席詩詞歌'와 '어록가語錄歌'이다. 이 정도라면 가사에 문제가 제기될 염려가 없다. 마오가 옛 한시를 짓는 다는 것은 일찍부터 알려져 있었지만, 미발 표작을 포함하여 그의 시 18수가 1957년에 『시간詩刊』이라는 잡지에 정리되어 발표되 자, 이를 가사로 한 가곡이 여러 작곡가에 의해 대량으로 만들어졌다.

리지에푸가 격리 심사 중에 그린 자화상

그중에서도 남다른 뛰어난 재능으로 시사 가를 양산한 사람이 바로 리지에푸李劫夫라는 음악가이다. 옌안 의 인민극사人民劇社 등에서 활동하기도 한 그는 동북의 선양瀋 陽음악학원 등에서 교편을 잡은 음악가로, 한때 '우파'로 지목당 할 뻔했으나 타고난 다작의 재능을 발휘해 1958년부터 마오의 시에 곡을 붙이기 시작했다. 그리고 수년 사이에 당시 알려진 마 오의 작품 37수 모두에 곡을 붙였던 것이다. 시 하나에 곡을 여 러 개 붙인 것까지 합치면 모두 57곡에 이른다고 한다. 이 무렵 전국에서 만들어진 '마오쩌둥 시사가' 중 우수작 백 점을 엄선 한 책이 1993년 인민음악출판사에서 출간되었는데, 그중 리지에 푸의 작품이 35점을 차지한다. 실로 3분의 1이 넘게 그의 작품 이다.

마오 시사가의 천재로 알려진 그는 1963년에 발표한 창작 곡 「우리는 큰길을 간다[我們走在大路上]」로 부동의 명성을 얻었 고, 이후 문혁이 시작되자 다시 『마오 주석 어록』의 문장을 가 사로 하여 곡을 붙였다. 이른바 어록가이다. 시와 달리 어록에서 취한 마오쩌둥의 말은 산문이다. 예컨대 "우리 사업을 영도하는 핵심적인 힘은 중국공산당이다."라는 문장을 가사로 삼아 곡을 붙이는 것이다. 일반적으로 가사가 먼저 정해져 있으면, 작곡자의 운신 폭은 줄어든다고 한다. 가요의 가사조차 그러하니, 산문인 데다가 절대 가사를 손댈 수 없는 어록에 곡을 붙이는 것이 얼마나 어려울지 음악가가 아니라도 어느 정도 짐작이 간다. 그런 곤란을 극복하고 그가 작곡한 어록가는 무려 130곡으로, 초인이라고밖에 할 수 없다. 혹은 당시 마오쩌둥에게 바치는 숭배의 에너지가 리지에푸뿐 아니라 많은 보통 사람들을 초인으로 바꿔놓았는지도 모른다. 그 노력을 인정받아 그는 1969년에 당 제9차 대회의 대표로 선발되었다.

그런데 어록가를 양산한 것이 그에게 비극의 발단이 된다. 마오 어록 편찬을 주도한 것이 린뱌오였고, 리지에푸는 린뱌오가 어록을 재판再版할 때 쓴 서문에다가도 곡을 붙였다. 서문이 800자가 넘는 탓에 노래는 끝나는 데 7분 이상 걸리는 대작으로, 노래라기보다 합창이 딸린 교향곡 같기도 하다. 게다가 1968년에는 린뱌오를 접견할 수 있었고, 그 후에 그는 린뱌오의 시에도 곡을 붙였다. 린은 당시 마오쩌둥의 후계자라고 공표된 인물로, 린뱌오의 말에 곡을 붙여 찬양해도 무슨 문제가 되겠는가. 하지만, 얼마 뒤 리지에푸는 돌연 신병이 구속된다. 린뱌오가 쿠데타가 미수로 끝난 뒤 죽은 것이다. 리는 당과 마오 주석을 배신한 극악무도한 린뱌오에 가담했다는 이유로 격리 심사를 받게 되었다. 정치에 봉사하고 정치에 농락당한 이 희대의 '홍색음악가'는 5년에 걸친 감금 생활 끝에 심장마비로 세상을 떠났다. 마오가 죽은 지 석 달 후로 향년 63세였다.

4. 마오쩌둥과 '문(文)' - 서재 속의 황제

한때의 동지들이 혹은 실각하거나, 혹은 불운과 비운의 죽음으로 자취를 감추는 가운데 만년의 마오쩌둥이 열심히 몰두한 것은 자신의 시 작품을 집대성하는 것이었다. 1973년 말, 마오는 신변을 돌보는 비서(간호부장)에게 명하여 자신의 모든 시를 깨끗이 다시 쓰게 한 뒤, 퇴고와 교정을 했다. 그것도 한 번도 아니고, 두 번이나. 이때가 마오쩌둥의 나이 80세였으니 남다른 집념이라고 해야 할 것이다. 마오가 20세기 중국의 정치가, 혁명가 중에 손꼽히는 서예가이자 시인이었다는 점, 나아가 자신의 글과 시를 세밀하게 교정하는 일종의 완벽주의자였다는 점은 그의 성격을 파악하는 데에 있어 중요하다.

공산당 초기 간부들이 거의 지식인들이었다는 사실에서 쉽게 짐작할 수 있듯이, 당의 1세대 지도자들에게는 사대부 의식이 짙게 남아 있었고, 그래서 소위 중국 전통문화의 내표 격인 한시와 서예에 기호를 가진 간부들도 적지 않았다. 그중에서도 마오쩌둥은 책, 특히 중국 고전 서적을 각별히 아낀 것으로 유명하다. 이 책 첫머리에 다리를 자른 류사오치의 침대 일화를 소개했는데, 생전 마오쩌둥의 침대에도 특색이 있었다. 넓은 침대의 한쪽

| 베이징 중난하이(中南海) 마오쩌둥의 침실 겸 서재

절반에 책이 놓여 있는 것이다. 침대에 누워서 책을 읽는 것이 그의 습관이었다.

마오쩌둥은 애서가였을 뿐만 아니라 서예와 시에 비범한 재능을 보여 명작으로 불리는 작품을 몇 편 남겼다. 예로부터 '문文'에 대한 경의가 사회 기층에 존재하는 중국에서는 정치인의 기량이나 지도자적 자질을 그 사람이 가진 '문'의 수준으로 알 수 있다고 믿는다. '문'의 소양으로 특히 중요한 것은 '시'와 '글씨'이다. 관료 등용 시험인 과거의 과목에 항상 '시'가 있었던 것은 자신의 포부와 기개, 나아가 이 세상 삼라만상을 고전을 바탕으로 하여 정형화된 시의 형태로 표현할 수 있느냐에 따라 그 사람의 자질, 좀 더 거창하게 말하면 그 사람의 인격 전체를 가늠할 수 있다고 여겼기 때문이다. 고전을 이해하고 문장과 시에 능하며 자신의 생각을 아름다운 문자로 엮어낼 수 있는 사람은 당연히 좋은 정치를 할 수 있다고 누구나 믿었고, 아마도 지금도 그렇게 믿고 있을 것이다. 이 점에서 마오쩌둥은 의심할 여지없이 중국의 많은 이들을 심복시킬 정도의 실력을 지닌 '문'의 사람이었다.

덧붙여서, 만년까지 계속된 책 수집으로 쌓인 마오쩌둥의 장서는 앞의 침실에 있는 것도 포함해서 약 9만 권을 헤아린다. 이게 얼마나 많은 것일까. 예를 들어 필자가 근무하는 교토대학 인문과학연구소는 90년의 세월에 걸쳐 모은 중국 서적[한서漢書] 컬렉션이 국내외에서 손꼽는 것으로 자부하는데, 현재 약 36만 권이다. 마오의 9만 권이 개인 장서로서 얼마나 대단한 것인지 알 수 있을 것이다. 그는 이런 한적에 대한 깊은 이해 위에 서예와 시

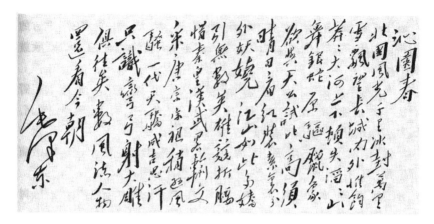

| 마오 자작 · 자필의 「심원춘·설」

작품을 남긴 것이다.[1] 참고로 위의 그림은 마오가 직접 먹으로 쓴 자작시 「심원춘·설沁園春·雪」이다.

마오쩌둥의 위상이 확고부동해지자, 이들 작품의 복제품이 중국 전역에 넘치게 되었다. 마오의 글씨나 문장은 그 자체가 물신화되어 '한 글자 한 구절이 황금처럼 빛난다'고 칭송받았고, 이윽고 누구나 다 갖고 있게 되었다. 바로 1950년대 전반에 간행되기 시작한 『마오쩌둥 선집』(전4권, 이하 『마오 선집』으로 약칭)과 1960년대에 출현한 『마오쩌둥 어록』(원문은 『마오 주석 어록』)이다. '어록'이란 카테고리는 중국 역사상 『근사록』, 『전습록傳習錄』 등이 유명하고, '선집'은 좀 알려진 작가라면 누구나 출판한다고 해도 과언이 아닐 것이다. 하지만 마오쩌둥 시대의 『마오 선집』은 단순한 저작집이 아니었고, 『마오 어록』도 단순한 명구 발췌집이 아니었다.

---

1) 서예가, 시인으로서 마오쩌둥에 관해서는 앞서 武田泰淳, 竹內實의 『毛澤東―その詩と人生』(제2판, 文藝春秋, 1975), 최근에는 필자의 『中國近代の巨人とその著作―曾國藩, 蔣介石, 毛澤東』(研文出版, 2019)에서 '마오쩌둥 - 서예가로서, 시인으로서'라는 제목으로 논한 바 있으므로 참조 바란다.

비서들과 『마오쩌둥 선집』 제4권의 편집 작업을 하는 마오쩌둥.

1944년 중공계 신문사(晉察冀日報社진찰기일보사)가 독자적으로 『마오쩌둥 선집』을 간행한 이래, 각지에서 통일되지 않은 채 간행되던 마오의 저작집은 인민공화국 건국을 앞둔 1949년에 공식 선집을 편찬하려는 움직임이 시작되었다. 공산당에서 개인 이름을 딴 선집 발행은 그 사람이 당 지도자라는 명확한 인정이며, 중국 혁명이 누구의 공로인지 대내외에 알리는 의식이기도 했다. 저작집이 그런 성격이기 때문에 수록할 문장의 선정에서 시작해, 필요한 문구에는 주석을 달고, 부정확한 서술이나 문구는 수정하거나 삭제하는 작업을 거쳐야 한다. 또한 레닌, 스탈린 등 다른 혁명가들에 대한 언급이 적절한지 고도의 정치적 배려를 해야 하는 것은 물론이고, 예전 주장이 지금의 정책이나 방침과 다를 때에는 앞뒤가 안 맞는 일이 없도록 내용을 고쳐 쓰는 등 신중한 개정 작업이 필수적이다.

즉 선집이라는 것은 자신이 예전에 쓴 것을 당시 쓴 그대로 수록한 역사 자료가 아니라, 엄선된 문장을 영원히 남기기 위해 완성한 결정판이다. 적어도 마오에게는 선집이란 그런 것이었다. 그래서 『마오 선집』을 준비하기 위해 소련에서 이데올로기 담당의 전문가를 고문으로 모셔 왔고, 국내에서도 정치, 사상, 역사 등 각 분야의 정예를 모아 마오 자신이 교정과 수정, 심지어 주석 작성에 직접 나서는 모양새였다.

중국에는 '문장은 경국經國의 대업大業, 불후의 성사盛事'(조비曹조의 『전론典論』)란 말이 있다. 보통 뛰어난 문장은 나라를 다스리기 위한 중대한 사업으로서 영구히 썩지 않는다는 뜻으로 해석한다. 마오의 자신의 글에 대한 집념을 보고 떠오르는 것은 바로 이 말이다. 문장이란 국가의 경영과 직결되는 매우 중요한 일이므로, 반대로 말하면 나라를 다스리는 데 불필요한 오해를 불러일으킬 만한 문장은 남겨서는 안 된다. 시가 됐든, 글이 됐든, 그런 의식이 마오를 완벽한 '정본'을 향한 개정 작업에 몰두하게끔 했다고 할 수 있다.

習近平
国政運営を語る

시진핑의 저작집. 일본어판도 간행되었다.

『마오쩌둥 선집』은 1951년 간행이 시작되어 1960년까지 4권이 나왔다. 수록된 것은 1949년까지 집필한 것이다. 당연히 세월이 지나면 1949년 이후에 발표한 것도 제5권 이하로 수록될 것이다. 실제로 제5권의 준비 작업은 진행되어 마오가 사망한 후인 1977년에, 1957년까지의 마오 저작을 수록한 제5권이 간행되었다. 다만 1949년 이후 마오의 저술은 문화대혁명을 포함해 중국에 재앙을 가져온 주장으로 넘쳐나기 때문에 그런 주장과 글을 선집에 집어넣는 것이 문제시되어, 개혁개방정책 개시 후인 1982년에 발행이 정지되었다. 그러므로 공식적으로 『마오 선집』은 지금도 제4권까지가 정식 판본으로 간주되고 있다.

한편 『마오 어록』은 1964년 인민해방군 부대에 배포된 것이 최초로, 마오 저작에서 중요한 문구, 문단을 발췌한 것이다. 문고판보다 약간 작은 빨간 표지의 책으로 '홍보서紅寶書'라고도 불리며, 아침저녁으로 일상생활을 포함해 활동을 시작할 때마다 지도사의 선장으로 모두가 관련 부분을 따라 불렀다. 『마오 선집』이든 『마오 어록』이든 거기에 적힌 내용은 마오의 직접 지시로 여겨져 강한 규범성을 가졌다. 참고로 『마오 선집』은 지금까지 공식 판본만으로 총 3억 권이 발행되었으며, 『마오 어록』은 문화대혁명 10년 동안에만 50억 권 이상이 발행되었다고 한다. 세계 총인구가 30억이었던 시대에서이다.

위와 같은 당 지도자의 문집, 저작집에 대한 보호 혹은 관리는 정도의 차이는 있지만 오늘날에도 여전히 이루어지고 있다. 『마오 선집』의 시대에는 마오쩌둥이 유일무이했기에 당의 다른 지도자들의 문집이나 저작집이 정식으로 출판되는 일은 없었다. 하지만 마오가 세상을 떠나고 문화대혁명이 사실상 끝나자, 저우언라이, 류사오치, 주더 등 인민공화국 원훈들의 저작집이 잇따라 간행되었다. 편찬을 책임진 것은 1980년에 정식 발족한 중공 중앙문헌연구실이다. 마오쩌둥의 경우에 전문 그룹인 '마오쩌둥 선집 출판 위원회'가 조직되어 편찬을 맡았는데, 저우, 류, 주에 관해서는 중앙문헌편집위원회라는 조직(상설 기관으로는 중앙문헌연구실)이 담당하여 1980년 『저우언라이 선집』을 시작으로 각각의 선집을 출판했다.

이러한 저작집에서 흥미로운 점은 오늘날에도 이들 국가 지도자의 문집은 전기 및 연보를 포함해 편찬과 출판을 담당하는 기관·출판사가 지정되어 있고, 민간이나 대학 또는 일반 연구기관이 독자적으로 저작집이나 그 비슷한 것을 편찬하는 것은 금지되어 있다는 것이다.[1] 즉, 설령 마오쩌둥 등 지도자들의 젊은 시절의 글이나 시 등 아무리 귀중한 자료가 발견되더라도 이를 발견한 사람이 새로 발굴한 문서라며 자료집 등으로 편찬, 인쇄할 수 없다.

이 규정은 현재 국가 지도자 전반으로 확대 적용되고 있다.[2] 현재 국가지

---

1) 「中共中央批轉中央宣傳部, 中央文獻研究室"關於毛, 周, 劉, 朱和現任中央常委著作的出版, 発表及審核辦法的請示報告"的通知(1982년7月6日)」(中央宣傳部辦公廳編『黨的宣傳工作文件選編(1976~1982)』中共中央黨校出版社, 965~966쪽).

2) 「中共中央辦公廳關於嚴格執行編輯出版黨和國家主要領導同志講話選編和研究著作有關規定的通知(1998年12月28日)」(『中國共産黨黨內法規選編』, 法律出版社, 2001년, 422~423쪽).

도자 문집 중 최신의 것은 시진핑의 저작집으로, 2014년 이래 계속 발간되고 있다. 현재 3권까지 나왔다. 그 발행 양식은 과거 『마오쩌둥 선집』을 연상시키는데, 이런 류의 저작집을 개인이 편찬 발행하는 것은 금지되어 있다. 시진핑의 저작은 최근 몇 년 동안 정치, 사회, 이데올로기 등 거의 모든 영역에 대해 '중요 논술'로서 잇따라 발표되어 그때마다 당원들은 무조건 학습해야만 했기 때문에, 시진핑의 문장을 굳이 독자적으로 편찬하려는 사람이 있을 것 같지는 않긴 하다.

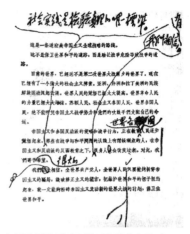

중공 중앙 명의로 발표될 예정인 원고(1963년 11월에 나온 '다섯 번째 소련공산당 중앙을 평하는 공개서한')에 마오쩌둥이 써넣은 코멘트와 수정.

공산당 지도자들에게 있어서 정치나 사상을 논하는 글을 집필하는 것은 본인에게 지도자의 자질이 있음을 보여주는 중요한 행위이다. 또 자신에게 올라오는 각종 안건과 보고에 대해 당 지도자가 결재나 지시를 내리는 일이 많을 텐데, 그런 문장을 얼마나 지도자 자신이 직접 집필하는지는 밖에서는 좀처럼 알 수 없다.

적어도 마오쩌둥은 당 지도자가 된 후에도 가능한 한 자신이 직접 글을 쓰려고 노력했다. 물론 당 중앙의 이름으로 발표하는 지시나 통지 같은 공문서는 초안을 작성하는 사람이 있으므로, 모두가 마오가 집필한 것은 아니다. 하지만 『마오 선집』에 수록된 글처럼, 자신의 의견이나 주장을 표명하는 글이나 보고는 대부분이 마오 자신이 손수 작성한 것이라고 볼 수 있다. 심지어 마오는 정보가 자신에게 제대로 올라오는지에 신경질적으로 예민해서, 1953년에는 "앞으로 중앙 명의로 나가는 문서와 전보는 모두 내가

훑어본 뒤 발표하도록 하라."는 지시까지 내릴 정도였다.[1]

　자기 명의의 글은 자기가 쓴다, 원래 마오는 글을 쓰는 것을 좋아하기도 하여, 솔선해서 실천했을 뿐만 아니라 다른 지도자들에게도 이를 요구했다. 1948년에 낸 당내 통첩에서는 중앙급 당 지도자들에게 '비서에게 대신 시켜서는 안 되고, 책임지고 자기가 보고서를 쓸 것'을 명했고, 건국 후에도 "모든 것을 비서에게만 맡겨서는 안 된다."고 되풀이하고 있다. 그래서 마오 시대 당 간부들은 힘들었다. 예를 들어, 군인 출신의 간부라서 애초에 글을 쓰는 습관이 없는 사람에게 그것은 고행이나 마찬가지이기 때문이다. 반대로 마오는 보고를 직접 작성하는 데 열심인 간부를 총애하여 발탁했다고 한다. 대표적 사례로 자주 거론되는 사람이 덩샤오핑이다. 마오는 올라온 보고를 읽은 소감을 종종 보고서 여백에 적어 넣었는데, 덩샤오핑의 보고 서에는 "꽤 훌륭하니 XX로 전달하라."는 코멘트[按語]가 자주 붙었다고 한 다. 앞에서 『마오 선집』을 편집할 때 고쳐 쓰는 것에 대해 언급했는데, 그것도 거꾸로 말하면 자기가 쓴 글이기 때문에 그토록 수정에 집념을 보였다 고도 해석할 수 있다.

　마오 이후의 당 지도자들을 보면, 위에서 언급한 덩샤오핑이 비교적 자 작, 자필을 고집한 편이었고, 이후의 장쩌민은 휘호揮毫, 즉 붓으로 이것저 것 제목이나 헌사를 쓰는 것은 잘해도 문장력은 덩샤오핑만 못하다. 그 후 에도 지도자가 스스로 글을 쓰는 것은 마오쩌둥을 거울삼아 종종 장려되 고는 있지만 실제로는 구호로만 그치는 듯하다. 덧붙여서, 『마오 선집』에 수록된 문장은 실은 마오의 것이 아니라는 '폭로' 기사가 간혹 인터넷상에 등장한다. 마오의 문장에 대한 집착이나 『마오 선집』의 영향이 어떻게 보

---

1) 「對劉少奇, 楊尚昆破壞紀律擅自以中央名義発出文件的批評(1953년5월19일)」(『毛澤東選集』제5권, 80쪽).

면 보통이 아닌 수준이기 때문에 나오는 현상이다.

한편 마오쩌둥 시대에 문학 세계에서 규범이 된 사람이 루쉰魯迅노신이다. 이미 『광인일기』나 『아Q정전』을 통해 명성을 확고히 한 루쉰은 1936년 가을 상하이에서 세상을 떠날 때까지 좌익 계열 지식인들이 활개 치는 문단의 주춧돌 같은 존재였다. 입당은 하지 않았지만 그 입장은 공산당에 가까웠고, 당으로서는 오히려 당원이 아니라는 데 루쉰의 가치가 있었다고 해야할 것이다. 특히 루쉰의 만년에 공산당은 루쉰을 통해 당의 목소리를 전달하기 위해 그의 두터운 신뢰를 받던 문학판의 당 간부를 루쉰 밑에 보냈다. 마오쩌둥은 일찍이 루쉰의 작품과 사회비평을 높이 평가했고, 또 루쉰 역시 아직 만나지 못한 그 공산당의 영수領袖를 흠모했다고 한다.[1] 루쉰 사후인 1940년에 마오는 루쉰을 "위대한 문학자일 뿐만 아니라 위대한 사상가이며 위대한 혁명가이다. 루쉰의 방향이야말로 중화민족 신문화의 방향이다."라고 정식화했고, 그것이 인민공화국에서의 공식 평가가 되었다. 최고의 평가라고 해도 좋을 것이다.

그리하여, 문학세계는 원래 강한 정치적 자기장의 영향하에 놓여 있었는데, 인민공화국에서는 루쉰과의 관계를 기준으로 문예 관계자들의 서열이 정해졌다. 『마오쩌둥 선집』이 정치규범의 원천이었던 것과 똑같이, 『루쉰 전집』도 문예·문화 전반의 잣대가 되어 중국 현대문학이 걸어온 길은 루쉰을 중심으로 혹은 루쉰의 발자취로 그려지게 된 것이다. 그 영향은 중국 한 나라에 국한되지 않는다. 전후 일본 학교 교육에서 루쉰의 작품 『고향』이

---

1) 루쉰이 공산당(혹은 마오쩌둥)에 대해 어느 정도 공감[sympathy]을 갖고 지지했는지에 대해서는 논란이 분분하다. 공산당이 장정 끝에 산시성(陝西省) 북부에 도착했을 때 루쉰은 중공 지도자들에게 고급 선물인 햄을 보내 경하했다는 일화가 있다. 실제로 햄이 보내진 것 같은데, 그것은 병상에서 죽음을 앞두고 있는 루쉰을 병문안 갔던 공산당 문화공작원(펑쉐펑馮雪峰)이 그의 뜻을 받들어 대신 보낸 선물이었기 때문에 과연 어디까지가 루쉰의 진의였는지는 알 수 없다.

대부분의 국어 교과서에 실릴 정도로 추앙받았던 것은 이러한 중국 국내의 평가와 결코 무관하지 않았다.

문혁 기간에 소위 문예작품이 거의 출간되지 않게 되었어도, 루쉰의 저작만은 계속 출간되었다. 하지만 문혁 당시 중국에서 『고향』을 읽는 방식은 등장인물의 계급 분석(누가 억압계급이고 누가 피억압계급인가)을 하는 것이었기 때문에 국어라기보다는 오히려 사상교육 교재였다고 하는 편이 옳다. 루쉰 또한 정치에 봉사하게 되었던 것이다.

이보다 조금 앞선 1957년 반우파 투쟁(이 책 231~232쪽)이 일어나 수많은 지식인·문예 관계자들이 '우파'로 낙인찍혀 사회 일선에서 추방당하는 사태가 벌어졌을 무렵, '성인聖人' 루쉰을 둘러싸고 마오 주변에서는 이런 논의가 오갔다고 한다. 즉, 어떤 사람이 "만약 루쉰이 살아 있었다면 지금 어떻게 되었을까요?"라고 묻자, 마오쩌둥은 잠시 생각하더니 이렇게 대답했다고 한다. "감옥에 갇혀서도 여전히 글을 쓰려고 하거나 (대세를 보고) 침묵하고 있거나 둘 중 하나일 것이다." 마오가 정말 이렇게 말했는지는 의문이 남지만, 마오의 성격과 당시 반우파 투쟁의 맥락(아무리 위대한 지식인이라도 당에 반기를 드는 자는 용서하지 않는다)에서 봤을 때 충분히 있을 수 있는 발언이라고 나는 생각한다.

표면적으로는 루쉰을 숭배하면서도, 그 루쉰의 정신을 이어받아 사회에 대한 비판적 시선을 잃지 않았던 자들은 어떻게 되는지 반우파 투쟁은 이를 여실히 보여주었다. 다른 때 같으면 몰라도 반우파 투쟁의 폭풍이 휘몰아치던 시기에 답변을 요청받은 마오가 그 질문의 의중을 잘못 읽었을 리 없다. 설령 성인聖人일지라도, 아니면 성인으로 만들어 줬기 때문에 루쉰은 더욱 자신의 입장을 분명히 해야 한다. 이것이 인민공화국에서 루쉰의 위치였다.

5. 마오쩌둥의 유산 - 법과 역사

마오쩌둥이 세상을 떠난 1976년은 공산당과 인민공화국 역사에서 큰 전환점이다. 마오의 죽음으로 문화대혁명은 실질적으로 종결되었고, 잠시의 정책 조정기를 거쳐 개혁개방 정책이 시작되었기 때문이다. 마오가 살아 있던 시절의 중국과 오늘날의 중국을 비교하면 완전히 다른 나라라고 해도 좋을 정도로 바뀌었다. 하지만 당은 그 역할이나 활동 메커니즘에서만 보자면 사실 본질적으로 크게 달라진 것이 없다. 즉, 당의 DNA는 마오쩌둥 시대부터 여전히 많은 것을 계승하고 있는 것이다. 여기에서는 오늘날 중국 공산당을 이해하는 데 열쇠가 되는 '당'의 본질적인 속성 중 법과 역사에 대한 관점을 마오의 그것과 함께 소개·검토해 보도록 하자.

중국이 삼권분립을 채택하지 않고 있다는 것은 잘 알려져 있고, 중국 스스로도 이를 인정하고 있다. 삼권분립은 여러 제도 중 하나일 뿐이며 이를 채택하지 않는다고 체제나 통치에 결함이 있음을 의미하지 않으며, 오히려 나라 사정[國情]에 맞지 않는 삼권분립은 채택해서는 안 된다고까지 나가는 것이 공산당의 주장이다.

또 법에 의한 지배에 대해서도 아무리 공산당이라도 정면으로 부인하는 데까지는 가지 않지만, 실질적으로 법치주의가 아닌 인치주의를 취하고 있다는 점은 종종 지적되고 있다. 마오쩌둥 시대에는 그것이 극단적이었다면, 마오 이후에는 그것이 합의제 혹은 집단지도체제로 전환되면서 희석되었을 뿐이다. 오늘날에는 '시진핑의 신시대 중국 특색 사회주의 사상'이 제기되면서, 다시금 특정 지도자의 의사가 법 앞에 서게 되었다. 당 지도자는 그렇다 치더라도 적어도 당이 법 위에 있다는 것, 또 '법치'가 '법의 지배'가 아니라 '법을 이용한 (당의) 지배'를 의미한다는 것은 예나 지금이나 변함이 없다. 실제로 1958년 인치주의와 법치주의를 어떻게 보느냐는 질문을 받았을 때 마오쩌둥은 당 간부들 앞에서 다음과 같이 말했다.

> 법으로는 많은 사람을 다스릴 수 없다. 많은 사람은 습관을 기르게 함으로써 다스릴 수 있다... 헌법은 나도 참여해 제정한 것이지만, 나는 외우고 있지 않다. 우리의 결의는 모두 다 법이다. 회의도 법이다... 우리의 각종 법규와 제도는 대다수 90%가 관계 당국이 만든 것이지만, 우리는 기본적으로 그런 것에 의존하지 않고 주로 결의나 회의에 의거한다... 질서를 유지하는 것도 민법이나 형법에 의존하지 않는다. 인민대표대회나 국무원 회의는 그쪽은 그쪽대로 하면 되는 것이고, 우리는 우리 방식대로 하는 것이다.[1]

국가 최고 권력기관인 인민대표대회와 국가통치의 최고 준칙이어야 할 법률과 헌법을 마치 남의 일처럼 여기고 공산당 회의와 그곳에서의 결정(결의)을 그 위에 두는 이러한 태도, 독자들은 이 발언 자체의 '무법성'에 놀랄지 모르지만, 이는 마오쩌둥 혼자만의 인식이 아니라 당시 중국의 상식이었다.

원래 공산당은 인민공화국 건국에 즈음해 예전의 육법전서六法全書를 폐지하여 법전 체계를 갖고 있지 않았다. 형법에 상당하는 것은 50년대 초에 나온 「반혁명 처벌조례」와 「부패 처벌조례」의 두 가지뿐, 체계를 갖춘 「형법」이 1979년에 공포될 때까지 모든 형사범은 이 두 가지 조례로 재판을 했다. 위의 담화에서 마오는 "민법이나 형법에는 의존하지 않는다."고 말했지

---

1) 「베이다이허(北戴河) 회의에서 마오쩌둥 강화(講話)(1958년8월2일)」『學習資料』(발행정보 없음), 140쪽.

만, 애초에 당시에는 그런 '법' 자체가 없었다. 그런 상황에 법치를 강조하면 거꾸로 잘못된 '부르주아 법권주의'로 비판받는 것이 바로 마오쩌둥 시대였다. '육법전서'가 없던 시절, 그것을 대신할 만한 것을 굳이 찾자면 앞 절에서 언급한 『마오 선집』이 그에 가까웠다고 할 수 있을 것이다.

예를 들어, 만약 중화인민공화국에 과거 트로츠키주의자로 활동한 사람이 있는데, 어떤 계기로 그 사람의 과거가 밝혀졌다고 하자. 직장과 지역에서는 곧바로 이 문제를 심사하게 될 것이다. 그럴 때 이러한 트로츠키주의자에 대한 정치적 평정評定이 『마오 선집』(부록이나 주를 포함)이나 어록에 실려 있으면, 그것을 마오쩌둥의 판결처럼 간주하여 처분 여부와 정도를 결정하는, 그런 일이 실제로 벌어졌다.

마오쩌둥 사후, 『마오 선집』 제5권이 일단 출판되었다가 나중에 철회된 일이나, 또는 1950년대에 간행된 『마오 선집』 제4권이 1991년에 개정되면서 특히 주석이 상당 부분 수정된 것은 모두 『마오 선집』이 강한 규정성을 갖고 있기 때문에 취해진 조치였다. 말하자면 지도자의 글이나 당의 문헌 결의안, 『마오 선집』은 법적 규범이나 법의 대용으로 참조되는 성격을 지니고 있었으므로 어떤 의미에서 법안이나 법전 편찬처럼 반복적으로 신중하게 개정된 것이다.

당의 회의가 법 위에 있다는 생각은 이때 갑자기 나온 것이 아니다. 1940년대 전반 옌안정풍 시기, 즉 공산당이 정권을 잡기 이전부터 제기되었던 것이며, 더 내력을 거슬러 올라가면 앞에서 서술한(이 책 123쪽) 『전연방공산당(볼셰비키) 역사 소교정全聯邦共産黨(ホ)歴史小教程』과 비슷한 사고방식, 즉 '당이 모든 것을 지도한다'는 사고방식을 찾을 수 있다.

당의 우위성은 마오 사후 한때 정치개혁으로 시정해야 할 과제로 인식되기도 했지만, 결국 실현되기는커녕 최근에는 거꾸로 "당黨·군軍·정政·민民·학

學, 동동東·서서西·남남南·북북北·중중中, 당이 일체를 지도한다."[1]는 말까지 버젓이 통하는 지경이다. 일당독재니까 당 우위의 가치관은 당연하다고 해석할 수도 있지만, 이렇게까지 노골적으로 강조된다면 그것을 공산주의나 마르크스주의 자체에 기인한다고 설명하기는 힘들어진다. 앞서 중국공산당의 DNA는 마르크스주의 그 자체라기보다는 오히려 러시아 공산당과 코민테른의 볼셰비즘에서 유래하였고(제1장 제2절), 그 또 다른 기원은 마오쩌둥이라고 썼는데, 당이 모든 것 위에 서 있는 존재라는 관념이야말로 그 점을 잘 드러내고 있다.

참고로 법치, 인치를 둘러싼 위의 대화에서 마오가 들고나온 것은 중국 고대의 한비자(법가)와 공자(유가)였다. 마오쩌둥 연구의 대가 스튜어트 슈람Stuart R. Schram은 1940년대 이후, 특히 1949년 이후의 마오쩌둥은 마르크스·엥겔스의 말과 이론에 기반한 사색에서 점차 중국 역사에서 인용과 검증을 찾으며 현실 문제를 생각하는 쪽으로 옮겨갔다고 말한다.[2] 중국의 역사, 혹은 역사 일반에 대한 마오의 시각을 잘 아는 석학이기에 가능한 탁견이라 할 것이다. 마오가 9만 권이나 되는 책을 소장한 애서가였다는 것은 이미 소개한 바 있지만, 그중에서도 역사는 그가 자신이 있는 분야였다. 마오쩌둥의 역사에 대한 집착은 보통이 아니었는데, 고대사에서 자신이 헤쳐 나온 혁명의 역사에 이르기까지 그의 해박한 지식과 마오 특유의 고집스러움이 이를 뒷받침했다.

중국공산당에 당과 혁명의 역사에 관한 결의가, 그것도 둘씩이나 있다는 것을 독자들은 알고 있는지? 하나는 마오쩌둥이 당 전체의 지도권을 확립

---

1) 원문은 "黨政軍民學, 東西南北中, 黨是領導一切的"이다._역
2) Stuart R. Schram, *The Thought of Mao Tse-Tung*, Cambridge University Press, 1989, p.140-145(北村稔 譯, 『毛澤東の思想』, 蒼蒼社, 1989년, 186~190쪽).

하는 과정에서 수년간의 준비작업 끝에 1945년 4월 중공 6기 7중전회에서 원칙적으로 채택된(만장일치로 채택된 것은 8월로 7기 1중전회) '약간의 역사문제에 관한 결의'이고, 다른 하나는 마오쩌둥 사후 1981년 6월에 당의 11기 6중전회에서 채택된 '건국 이래 당의 약간의 역사문제에 관한 결의'이다. 이름이 비슷해서 헷갈리기 쉽지만, 전자는 전문 약 2만 7천 자, 후자도 3만 5천여 남짓으로 둘 다 전체가 역사에 관한 서술과 평가로 이뤄져 있다.

정당이 자기 당의 역사를 서술하는 데 신경을 쓰는 것은 당연하지만, 공산당과 마오쩌둥에게 그 중요성은 특별하다. 1940년대 초반 몇 년에 걸쳐 전자를 정리할 때, 이런 상황을 알게 된 국민당의 거물 정치인 왕스제王世傑는 저우언라이에게 "왜 그렇게 시간을 들여 역사의 총괄을 하느냐?"고 물었다고 한다. 국민당에서는 있을 수 없는 일이고, 보통의 정당은 그런 일은 안 한다는 게 왕이 하고 싶은 말이었다.[1] 확실히 어떤 정당이 장기간에 걸친 준비와 논의 끝에 역사 서술과 평가를 결의문으로 채택한다는 것은 상당히 특이한 일이라고 할 수 있다. 그것도 두 번이나 했다.

두 개의 역사결의 중 전자는 창당부터 항일전쟁까지 공산당 역사를 네 차례에 걸친 '잘못된 노선'과 마오쩌둥을 중심으로 한 '올바른 노선' 사이의 노선투쟁 과정으로 총괄한 것으로, '노선'이라는 단어가 200회 가까이 사용되고 있다. 특히 공격의 표적이 되는 것이 소련 유학파, 즉 소련과 코민테른의 권위를 등에 업고 1930년대 초반 당 중앙을 좌지우지했던 일파로(옌안정풍 시기에는 '28인의 볼셰비키'로 불렸다),[2] 그중에서도 그들의 우두머리인 왕밍王明이었다. 마오쩌둥에게 최초의 역사결의는 자신의 절대적 권

1) 『胡喬木回憶毛澤東(增訂本)』, 人民出版社, 2003, 10쪽
2) 왕밍 등 소련 유학파 '28인의 볼셰비키'(혹은 '28인 반半의 볼셰비키')의 호칭은 모스크바에서 그 그룹이 결성되었던 고사에 연유한다. 이 호칭은 다분히 상징적인 것으로 '28인'의 내역도 일정하지 않다.

위를 확인시켜 주는 증명서인 동시에 자신이 직접 공들여 빚어낸 역사 교과서였다고 해도 무방하다. 마오는 이 결의에 실린 당사黨史의 여러 사건을 화제로 삼는 것을 평생 즐겼다. 외빈 상대의 회견에서 화제로 삼기도 하고, 당 중앙의 간부를 상대로 옛날이야기하듯 읊기도 했다.

하지만, 이러한 과거 언급이 때로는 특정 동지의 과거 행적을 들춰내어 단죄하는 처사가 되거나, 어떤 사안이 과거 실각한 지도자와 연결 지어져 문제가 되는 일도 드물지 않았다. 1959년 루산廬山회의에서 대약진 정책에 대해 간언했다가 마오의 역린을 건드려 만인의 면전에서 마오쩌둥에게 매도당한 펑더화이는 30년도 더 이전의 농촌 유격전 시절 일까지 들춰졌다. 시중쉰習仲勳 실각사건(소설 『류즈단劉志丹』 사건, 1962년)은 시중쉰이 원고를 검열한[check] 역사소설에 실각한 가오강을 연상시키는 인물이 등장한다는 것이 죄목 중 하나였다. 이 경우는 소설에 가명으로 등장시키는 것조차 '당의 배신자' 가오강의 명예 회복을 노린 음모행위로 간주되었던 것이다. 당시 역사란 정치 그 자체였다.

앞서 언급했듯이 역사결의는 공산당의 역사를 옳고 그름[正邪]의 노선투쟁사로 보는 것이 특징인데, 이 결의 이후 가오강, 라오수스饒漱石, 펑더화이, 류사오치, 린뱌오 등 '잘못된 노선'의 간부들이 실각할 때마다 당사黨史에서 노선투쟁 횟수는 늘어나, 1970년대 초에 이르면 마침내 10번이나 되게 되었다. 이른바 '10대 노선투쟁'설, 즉 공산당의 발자취를 10번의 노선투쟁으로 집약하는 역사 서술이다.[1] 이를 주창한 마오쩌둥은 '노선'의 중요성을

---

1) 그 10회란 ①천두슈의 우경투항주의 노선 ②취추바이의 좌경모험기회주의 노선 ③리리싼의 좌경모험주의 노선 ④뤄장룽(羅章龍나장용)의 분열주의 노선 ⑤장궈타오의 분열주의 노선 ⑥왕밍의 첫 번째는 좌경의, 두 번째는 우경의 기회주의노선, ⑦가오강·라오수스 반당 집단의 분열주의 노선 ⑧펑더화이의 우경기회주의 노선 ⑨류사오치의 부르주아 계급사령부 ⑩린뱌오 반혁명 집단, 이다.(『建國以來毛澤東文稿』 제13책, 中央文獻出版社, 1998, 241~250쪽.)

"노선이 올바른지 아닌지가 모든 것을 결정한다... 노선이야말로 강목綱目이다... 노선 문제나 원칙 문제를 나는 절대로 누구에게도 안 넘긴다."고까지 단언했다.[1] 훗날 1973년의 공산당 제10차 대회 정치보고에서 저우언라이가 공개적으로 이 10대 노선투쟁설을 설명하면서 당의 공식 견해가 되었지만, 달리 보면 저우언라이는 일찍이 함께 싸운 동지들을 한 사람씩 지목해서 규탄함으로써 자신이 11번째 노선투쟁의 타깃이 되는 것을 면했다고도 생각할 수 있다.

마오는 생전에 주재했던 마지막 정치국 회의(1975년 5월)에서도 여전히 '28인의 볼셰비키'를 거론하며 비판을 되풀이했다. 이쯤 되면 고집의 영역을 넘어 편집증에 가깝다고 해야 할지도 모르겠다. 하지만 너무 극단적인 이런 역사관은 10대 노선투쟁이든 '28인의 볼셰비키'이든 한 시대를 풍미했어도 마오가 죽자 얼마 지나지 않아 시들해졌다. 1980년대 초반에는 그런 호칭 자체를 사용하지 않기로 결정되었다. '노선'으로 역사를 이야기하는 마오쩌둥 시대의 사고방식은 중일전쟁에 대한 역사 인식에도 미묘한 그림자를 드리웠다. 마오쩌둥 시대에는 일본의 전쟁이나 침략의 책임이 특별히 강조되지 않았다는 지적이 있지만, 더 정확하게 말하면 적(일본)에 대한 적의와 증오보다 중국 측이 전쟁을 어떻게 싸웠는지에 대한 '노선'이 훨씬 크게 강조된 탓에 결과적으로 그렇게 되었다는 해석이 사실에 가깝다.

즉 항일전쟁기 중국에는 공산당의 '전면항전 노선'과 국민당과 장제스 집단의 '일면 항전(혹은 소극 항전) 노선'이라는 '두 노선의 대립'이 있었다는 점이 강조되어, 상대적으로 **중**일 간의 근본적 대립을 가리는 작용을 한 것이다. 따라서 마오가 죽고 항전을 노선투쟁으로 보는 관점이 후퇴하면 당

---

1) 『建國以來毛澤東文稿』제13책, 中央文獻出版社, 1998, 241~250쪽.

연히 침략자 일본의 존재가 부각될 수밖에 없다.

그러는 사이, 이러한 '노선'을 두고 역사서술이 자꾸 바뀌는 바람에 눈물을 흘린 곳이 박물관이다. 베이징의 톈안먼 광장 동쪽에는 국가박물관이 서쪽의 인민대회당과 마주보며 세워져 있다. 앞서 소개한 가오강, 류사오치 등 지도자들의 모습이 사라져간 정치회화 「개국대전」이 현재 이곳에 수장, 전시되어 있다. 이 중국 제1 박물관은 인민공화국 건국 10주년을 기념해 건립된 것으로 처음에는 중국역사박물관과 혁명역사박물관 두 개로 이뤄져 있었는데, 1980년대까지는 언제쯤 관람하러 가면 전시를 볼 수 있느냐고 놀림 받을 정도로 휴관이 잦았다. '노선투쟁사관'의 출현과 확대, 그 이후 철회 등이 숨 가쁘게 이어져서 그때마다 박물관 전시 내용을 바꿔야 했기 때문이다. 상하이 역시 마찬가지로 '상하이혁명역사박물관' 건립 계획이 있었지만, 1950년대 초 준비실이 출범했어도 결국 반세기 넘게 준비실 상태로 남아 있었다. 이유는 베이징과 같다.

이렇게 마오 시대에는 근현대사, 특히 혁명사나 당사는 지극히 민감한 영역이 되고 말았다. 또한 역사에 대한 평가는 일단 당의 결의라는 형태로 확인하여 마오의 무오류성이나 성공과 실패·옳음과 그름[成敗是非]과 함께 확정되었기 때문에, 만약 기존의 인식을 궤도 수정하고 또한 최초 결의의 작성자인 마오쩌둥의 후반생을 평가하려면 당이 재차 결의를 해서 이에 따라 역사 서술을 고쳐야만 했다. 그게 이뤄진 것이 1981년의 또 하나의 역사 결의이다. 결의 초안 작성에는 당시 최고지도자 덩샤오핑 외에도 후차오무胡喬木, 덩리췬鄧力群 등 이데올로기 부문 지도자들과 당의 중진 인사였던 천윈陳雲진운 등이 참여했다. 그중에서도 최초의 역사결의를 할 때 마오를 보좌하여 제정했던 경험과 당사에 대한 지식이 있던 후차오무가 중요한 역할을 했다.

이 두 번째 역사결의는 대약진 이후 특히 문화대혁명에 이르는 시기의 마오쩌둥에게 중대한 과오가 있었다고 단정한 것으로 알려져 있으나, 그 과오를 포함해 마오의 전 생애를 볼 때 "중국혁명에서의 공적이 그 과오를 훨씬 능가한다."고 평가한다. 그런 의미에서, 1981년의 결의는 이전 결의를 수정 및 개정한 것이 아니라 형식에서도 내용에서도 이전 결의를 계승 및 보완한 것에 지나지 않는다. 주인공은 여전히 마오쩌둥이며, 결의 첫머리에 '건국 이전 28년 역사 회고'라는 3천 자가량의 서문에 해당하는 문장이 있는 점, 또 그 내용이 기본적으로 이전 결의를 답습했다는 점이 양자의 계승 및 보완 관계를 잘 말해주고 있다.

다만 첫 번째 결의의 핵심어였던 '노선'이란 단어는 두 번째 결의에서는 더 이상 사용되지 않았다. 좀 더 정확하게 말하자면, 쓰이기는 하지만 '당내의 정상적인 의견 차이가 노선의 오류로 간주되었다'처럼 과거에 '노선'이란 말이 지나치게 강조되었다는 부정적 맥락에서 사용되고 있다. 마오쩌둥 시대가 먼 옛날이 된 지금 공산당 스스로도 '노선투쟁'이라는 말을 쓰지 않게 되면서, 공산당 지도권을 둘러싼 각축은 '권력투쟁'이라는 말로 풀이되는 경우가 많아졌다. 주의·주장이 아니라 보다 직설적인 권력욕이 공산당의 향방을 좌우하고 있다는 뉘앙스다. 다만 잊지 말아야 할 것은 공산당이 당사黨史에 관한 당 전체의 인식 통일을 결의에 의해 수행했기 때문에, 마오 사후 역사인식의 전환(노선을 논하지 않기로 함) 또한 결의라는 수단을 택할 수밖에 없었다는 점이다. 한 번 역사를 결의라는 당의 울타리 안에 넣은 이상, 다음에도 그 다음에도 역사는 울타리 안에 넣어둬야 한다. 당의 역사에서 무엇을 써야 하는지, 무엇을 써서는 안 되는지는 지금도 공산당의 전권專權 사항인 것이다.

나아가 첨언하자면, 공산당이 편찬하는 공식 역사는 쓸데없는 분규를 불러일으키지 않겠다는 정치적 고려에서 당사에서의 부정적 역사는 인신공양처럼 특정 '악역'의 책임으로 돌리고, 자세한 설명이나 원인 규명을 피하는 경향이 강하다. 예를 들면, 옌안정풍 때에 '창구搶救운동'의 지나친 숙청은 캉성 한 사람이, 문화대혁명의 문화 파괴는 장칭과 4인방이, 마찬가지로 마오쩌둥 숭배의 과열은 린뱌오가... 하는 식이다. 하지만 조금만 생각해보면 알겠지만 중국혁명의 공적이 마오쩌둥 한 사람의 것이 아닌 것처럼, 공산당의 수많은 잘못도 그 '악역'들만이 초래한 것일 리 없다. (그러나 공산당의 입장에서는) 역사는 어디까지나 당을 위한 것이고, 대국을 위한 것이며, 무용한 분규나 시비를 불러일으키는 것이 되어서는 안 된다. 이런 사정에 대해 덩샤오핑은 "중대한 역사문제라면 큰 틀에서 평가해야지, 세세하게 논해서는 안 된다... 모든 사람들이 발전적으로 되도록 하는 것이 중요하며, 지나치게 분규를 빚는 것은 좋지 않다."[1]고 설명하고 있다.

마오쩌둥의 존재와 영향은 혁명가로서는 물론 정치인, 시인, 문인, 역사가 등 매우 광범위한 영역에 걸쳐 있었으며, 따라서 그가 끼친 영향력도 대단했다. 그러나 어느 영역에서 활동하든, 노령으로 인한 질병이나 정신 활동의 쇠퇴는 반드시 찾아오기 마련이다. 1970년대에 접어들면서, 즉 80세를 맞이할 무렵부터 마오쩌둥은 신체의 쇠퇴가 두드러지기 시작했다. 그때까지만 해도 그에게 올라오는 각종 보고서나 결재 서류에 지시나 의견을 직접 손으로 써넣는 것이 당연했었는데, 그 무렵부터 글씨도 흐트러진다. 1975년에는 심각한 상태이던 노인성 백내장을 수술받아 눈은 보이게 됐지만 이듬해에는 거실에서 나오기 힘들어졌고, 불분명한 발음으로 하는 말을 비서가 알아듣고 의사를 전달하는 것이 고작이었다.

---

1) 1980년의 덩샤오핑 담화, 『鄧小平文選』 제2판, 제2권, 人民出版社, 1994, 227~232쪽.

따라서 마오쩌둥의 말년 무렵의 중국은 이제 그의 죽음을 기다리는 것 말고는 사회가 크게 달라지리라 기대할 수 없을 정도로 침체된 세월을 보냈다고 할 수 있다. 그것은 마오라는 실존하는 한 인간에게 정책 결정권이 과도하게 집중되어 역할을 완수하려고 해도 육체적으로 다 해낼 수 없고, 그렇다고 누구도 대신할 수 없는 정치시스템이 도달한 말기적 상태였다. 통치자의 노쇠와 판단 능력의 저하로 주저앉는 사회와 국가, 그에 따른 지도자의 고독과 불안, 그리고 그것이 야기하는 또 다른 침체, 이는 정권교체의 룰이 없는 체제에서는 피할 수 없이 주기적으로 찾아오는 것이다.

칼럼 ⑦ '붉은 노래'의 부침浮沈 - 리지에푸와 왕솽인의 후일담

'홍색음악가' 리지에푸李劫夫의 이야기를 좀 더 이어가자. 그 자신은 어떤 음모나 쿠데타에도 관여하지 않았지만, 단지 린뱌오를 찬양하는 노래를 지었다가 린의 자택에 초대받아 한 번 만났다는 이유만으로 린뱌오 반혁명 집단의 공범으로 취급되어 장기간 격리 심사를 받는 부조리한 처분을 당했다. 그의 처지에는 참으로 동정을 금할 수 없다.

그의 실각은 곧 그의 많은 노래들의 실각이기도 했다. 리지에푸의 격리 심사가 이루어진 1971년 10월을 기점으로 그가 작곡한, 「우리는 큰길을 간다[我們走在大路上]」와 마오쩌둥 시사가詩詞歌, 어록가語錄歌는 일제히 연주와 방송이 금지되었다. 워낙 그전까지 대히트를 친 곡들뿐이라서 그 공백을 메우기가 쉽지 않았지만, 시사가든 어록가든 리지에푸 이외에도 수많은 음악가들이 방대한 수의 작품을 만들었기 때문에, 못 쓰게 된 리지에푸의 곡을 대체할 곡은 그럭저럭 찾아낼 수 있었다. 하지만 최대의 히트곡이라 할 수 있는 「우리는 큰길을 간다」는 대체할 만한 곡을 쉽게 찾기 힘들었다. 무심코 이 곡을 흥얼거렸다가 '린뱌오의 명예 회복을 꾀하고 있다'는 죄목으로 처벌받는 사람도 있었다.

리지에푸가 불우하게 세상을 떠나고 문혁 역시 끝난 후, 리의 유족들은 처분의 부당함을 호소했고, 1981년 마침내 명예 회복을 쟁취했다. 일세를 풍미했던 그 명곡들이 다시 흘러나오게 된 것이다. 1983년 당 중앙선전부는 노래 「우리는 큰길을 간다」는 이제 불러도 무방하다는 통달을 내렸고, 1985년에는 『리지에푸 가곡집[劫夫歌曲集]』이 카세트테이프로 발매되었다. 이런 분위기를 더욱 띄운 것은 1990년대 들어 고조된 마오쩌둥 붐이다. 중앙레코드회사[中央唱片總公司]가 리지에푸의 작품을 수록한 『붉은 태양-마오쩌둥 송가[紅太陽·毛澤東頌歌]』라는 카세트를 출시하자 금세 500만 장이나 팔려 초대박 밀리언셀러가 되었다. 시장경제 하에서 해적판도 속출했고, 급기야 유족들이 저작권료 지급을 요구하며 소송을 제기할 정도였다. 그가 만든 수많은 작품들이 얼마나 많은 사랑을 받았는지는 1997년 홍콩이 반환될 때 당시 최고 지도자였던 장쩌민이 만여 명의 시민들과 함께 이 노래를 합창한 것에서 알 수 있다. 이 곡의 인기는 리지에푸 생전의 한창 때에야 못 미치더라도 지하의 리지에푸를 기쁘게 하기에는 충분했다.

이처럼 정치의 물결에 농락되어 평가가 극심하게 오르내린 작곡가로는 리지에푸와 마찬가지로 폭발적으로 퍼진 마오쩌둥 찬가 「대해大海의 항해는 키잡이에 의지한다」(1964년)를 작곡한 왕솽인王雙印을 들 수 있다. 평범한 아마추어 음악가였던 왕은 「대해의…」를 인정받아 벼락출세하여 전국인민대표가 되었고, 고급 간부가 주거하는 주택을 배정받게 되었다. 앞서 리지에푸의 불운이 린뱌오의 접견을 받은 것이라면, 왕의 불운은 문혁 중 시찰을 온 장칭을 위해 노래를 선보여 그녀의 환심을 산 것이었다. 당시의 장칭은 모범극模範劇을 내걸고 마오쩌둥의 올바른 혁명예술 노선을 지도하고 있다고 알려졌으니, 그녀가 시찰차 오면 누구라도 노래 한 곡 선보이려고 했을 것이다. 예상대로 4인방이 타도되자 왕솽인 역시 장칭 등 '4인방 반혁명 집단'에 충성을 맹세한 역적 패거리로 10년에 걸친 격리 심사를 받아야 했다.

왕이 리지에푸보다 운이 좋았던 점은 10년의 격리 심사를 참고 살아남아 1987년에 무죄 판결과 당원 자격 회복 결정을 직접 들을 수 있었던 것이다. 게다가 대히트곡 「대해의…」의 작곡자로서 저작권을 인정받아 그는 명예와 저작권료를 모두 챙길 수 있었다. 그가 격리 심사를 받던 10년 사이에 세상은 완전히 달라져, 저작권이나 인세라는 개념이 생겨났던 것이다. 그야말로 인간 만사 새옹지마의 일생이었다고 할 수 있다.

제4장 인민공화국의 조타수

1. 거대 집권당의 현재와 과거

중화인민공화국의 건국을 경계선으로 공산당은 재야 또는 반체제 혁명 정당에서 국정을 책임지는 집권당이 되었다. 이후 그 통치는 70년을 넘겨 반체제 정당이었던 시기(28년간)의 두 배 이상의 시간이 흘렀다. 그동안 약간의 동요는 있었지만 공산당은 통치자의 자리에서 내려오지 않았고, 또 '인민민주독재'의 건국이념에 따라 국정을 당의 지도하에 두었다. 그러므로 지난 70여 년간 당의 발자취는 중국이라는 국가의 발자취와 거의 겹친다. 즉, 중국의 역사에서 당의 부분만 따로 떼어내어 논할 수 없는 것이다. 따라서 이 장 이후부터는 서술이 인민공화국의 역사와 겹치는 부분이 많다는 점을 미리 양해 바란다.

1949년까지의 내전으로 공산당은 국민당 세력을 대륙에서 거의 쓸어버렸고, 이제 공산당에 대항할만한 정치·군사 세력은 존재하지 않게 되었다. 그러나 공산당은 10월 1일 건국을 앞두고 각 당파·지식인들과 진행한 정권 수립 협의 합의서(공동강령)에서 공산당이 전면에 나서는 것을 의도적으로 자제하고, 각계 지식인 및 각 정치그룹의 의사를 존중하는 자세를 보였다. 도량 있는 대응이었다고 할 수 있지만, 각계 지식인들의 지원과 협력이 필요했다는 뜻이기도 하다. 일본과의 8년에 걸친 전면전과 이후 숨 돌릴 틈도 없이 발발한 내전으로 국토와 경제는 황폐해졌고, 그 재건에는 경제와 과학기술을 비롯해 공산당만으로는 대응할 수 없는 전문 분야가 많았기 때문에, 이들 당 밖 인사들의 협조를 구할 필요가 있었다. 또한 당시 중국의 경제적 낙후, 사회경제의 미성숙 등을 감안해 사회주의로 가는 것도 '공동강령'에서는 제기되지 않았다.

이에 반해 70년 후의 공산당은 중국 사회가 여전히 빈곤층을 떠안고 있는 '사회주의 초급단계'에 있다고 규정하면서도, 당내의 자체 인력으로 국정과 대내외의 과제들에 대응할 수 있는 진용을 갖추었으며, 1982년 개정한 헌법에서도 '당'의 지도성과 우위성을 명확히 명시했다. 건국 초기에 중요한 정치적 동맹자였던 민주 제諸 당파는 오늘날에도 여전히 존속하고 있지만, 그 정치적 중요성은 70여 년 정도에 걸쳐 현저히 감소했다고 해도 좋을 것이다. 말하자면, 우리는 일단은 다른 정치적 견해를 가진 정치 세력의 존재를 용인하고 있어요, 라는 체면치레용으로 활용되고 있을 뿐이다. 이러한 공산당의 존재감 확대는 70년의 세월 동안 때로는 급격하게 때로는 완만하게 진행되었다. 따라서 과거 공산당을 평가하고 분석할 때 오늘날을 척도로 삼아 당시 당을 둘러싼 상황을 보려고 하면 완전히 헛다리를 짚을 수 있다.

차이점이라면 무엇보다 먼저 염두에 두어야 할 것은 인민공화국은 '냉전'(즉 세계적 준전시체제) 속에서 탄생했고, '이데올로기'의 시대 속에서 성장하기 시작했다는 점이다. '이데올로기', 즉 독선적 세계인식과 그에 부수되는 사회적 지식체계는 마르크스-레닌주의형 공산주의 운동에서 널리 나타나는 것으로, 중국의 경우 공산당뿐 아니라 그 주적이었던 국민당도 상당한 이데올로기 정당이었다. 이 두 당은 이합집산을 통해 서로를 이데올로기적으로 해석하는 것을 제2차 세계대전 이전에 경험했지만, 전후에 형성된 냉전 구조에 휘말리면서 더욱 공고해졌다. 냉전적 사고 패턴이라고도 할 수 있는 일종의 강박관념(적의 존재를 전제로 하여 적들이 체제 전복을 기도하고 있다는 인식, 혹은 그런 획책은 정치뿐만 아니라 문화, 경제를 비롯한 모든 영역에서 끊임없이 진행되고 있다)은 사실 현대의 공산당 지도자들에게도 이어지고 있다. 오늘날의 눈으로 보면 망상이라고 밖에 볼 수 없는 억측이나 의심이 당연한 상식이던 시대, 그것이 1950년대의 세계였다.

하지만 공산주의 자체의 이데올로기적 요소는 지난 70년 사이에 상당히 희석되고 말았다. 지금으로부터 10여 년 전에 실시된 지식인 당원(베이징대학)을 대상으로 한 사회의식 조사[1]에 따르면, '사회주의는 일종의 아름다운 이상이며, 현실과는 거리가 멀다'는 명제에 대해, '매우 동의한다/동의한다'고 답한 사람의 비율은 공산주의청년단원에서는 80%를 넘었고, 당원 중에서도 70%에 달했다. 당연히 입당 목적도 변화하고 있다. '공산주의 이념을 믿기 때문에 입당했다'는 당원의 비율은 50대 이상 세대에서는 거의 50%였으나, 30대에서는 30%를 약간 넘었고, 20대의 경우 20%를 조금 넘는 수준까지 떨어졌다. 이념에 대한 희구希求를 대신해 10대 젊은이들이 입당 이유로 꼽은 것은 '자아실현'(18%), '취업에 유리해서'(9.4%)이다.

앞서 옌안정풍에서 혁명과 당에 후회 없이 자신을 다 바치고도 후회하지 않는 당원이 되었던 젊은 여성 선샤沈霞를 소개했는데, 이제는 그녀와 같은 헌신적인 당원을 기대할 수는 없다. 지금의 당원들은, 자신이 뭔가 따로 하고 싶은 일이 있고, 그러기 위해 입당해서 더 나은 환경이나 조건을 얻고자 하는 것이다. 그런 점에서 공산당은 꽤 유용한 조직체이다. 입당 이유로 '조직으로서의 선진성'을 꼽는 당원은 어느 세대에나 20~30% 정도 있어, 세대 간 격차가 별로 없다. 자신의 모든 것을 바치는 당에서, 자신에게 도움이 되는 당으로, 수십 년 사이에 구성원들의 의식이 이토록 달라진 조직을, 단지 당명이 안 바뀌었다고 해서 동일한 관점과 기준으로 분석하고 서술하기는 대단히 어렵다.

시진핑은 창당 백 년을 앞두고 여러 자리에서 "초심을 잃지 않고 사명을 가슴에 새기라(不忘初心 牢記使命불망초심 뢰기사명)."는 주문을 했다. 그가 말

---

1) 小嶋華津子, 「エリート層における黨の存在―中國エリート層意識調査(2008~2009)に基づいて」, 麥田雅晴編 『中國共産黨のサバイバル戰略』, 三和書籍, 2012.

한 초심은 '중국 인민의 행복을 도모하고 중화민족의 부흥을 도모하는 것'
이라고 하는데, 그런 초심은 언제 적 것인가? 적어도 1920~22년 창당할 당
시의 문서들에는 공산주의의 이상은 쓰여 있어도, 중국 혹은 중화민족을
어떻게 하자는 수준의 말은 적혀 있지 않다. 그렇다면 1949년 건국할 때의
이념일까? 마오쩌둥을 찬양하던 그 무렵의 노래 「동방홍東方紅」(칼럼⑨ 참
조)에는 확실히 마오가 '인민의 행복을 생각한다'는 구절이 있긴 있지만, 그
렇다고 이것이 중국 인민에 국한된 이야기는 아니었다.

그렇다면, 그 '초심'이란 도대체 어떤 것이며, 오늘까지 어떻게 변해왔
을까? 이 장의 과제는 그것을 밝히는 것이다. 이제 1949년 인민공화국 건
국 때의 초심, 당시의 건국이념과 실제 현실은 과연 어떤 것이었는지 살펴
보자.

2. 전쟁 속의 출범 - 신생 국가의 원체험

중화인민공화국 개국식전을 마친 지 얼마 되지 않아 1949년 12월 초 마
오쩌둥은 열차 편으로 베이징을 떠나 모스크바로 향했다. 마오쩌둥 56세
나이의 첫 외국 여행은 중앙인민정부 주석·당 주석으로서 간 소련 공식 방
문이었다. 소련 방문의 목적은 표면적으로 스탈린의 70세 생일 축하행사
참가였지만 실제로는 소련 수뇌부와 중·소 관계의 긴밀화를 확인하고 아울
러 이제 막 건국한 중국에 대해 소련이 특단의 지원을 해줄 것을 조약 체결
등의 형태로 받아내는 것이었다. 이것이 얼마나 급박한 사안이었는지는, 쓰
촨四川 등 서남 내륙에서 아직 국민당군과의 전투가 계속되고 있는 상황에
서 국가원수가 직접 여행에 나선 것에서 잘 드러난다.

모스크바에서의 소련 측 응대는 마오 일행을 충분히 만족시킬만한 것은 아니었다. 새로운 중·소 조약의 교섭을 꺼리는 듯한 소련 측의 태도가 마오를 자극한 것이다. 스탈린은 마오가 모스크바에 도착한 당일 오후에 회견하는 것에는 응했지만, 조약에 대해서는 1945년에 국민정부와 체결한 조약(중소우호동맹조약)을 기초로 해서 수정 혹은 개정할 것을 제안해, 마오를 비롯한 중국 측을 곤혹스럽게 했다. 이 조약은 소련 측의 특권을 인정하는 조항(이른바 얄타 밀약)을 일본의 항복 직전에 중국 국민정부가 어쩔 수 없이 수용한 것으로, 중국 측은 불만을 품고 있었다. 마오쩌둥은 중국의 체제가 바뀐 이상 조약도 새로 체결하고 싶다는 의사를 전달했지만, 일주일 뒤 두 번째 회담에서도 스탈린은 조약 건을 거론하지 않았다.

결국 협상을 위해 저우언라이周恩來주은래를 베이징에서 불러들여 스탈린과 속을 터놓고 회담한 것은 해가 바뀐 지 3주일이나 지나서였고, 조약을 체결하고 베이징으로 돌아왔을 때는 이미 3월이었다. 조약은 새로 맺는 형식으로 바뀌었지만, 얄타 밀약에 포함되었던 소련의 권익은 일부가 신조약(중소우호동맹상호원조조약)에 비밀 부속조항으로 계승되었다. 다만 소련에서 중국으로의 대규모 경제, 기술, 무기 지원, 차관 등도 함께 합의되어, 중국 측이 냉전체제 속에서 소련을 명확히 선택한 데 대한 대가는 분명히 얻어내었다.

새 국가 탄생 직후 최고지도자가 석 달이나 나라를 떠나 있는 것은 이례적이다. 조약 체결을 중국과 소련 언론이 대대적으로 보도했지만, 긴 협상 기간은 중·소 정상이 쉽게 신뢰 관계를 구축하지 못했음을 암시했다고 할 수 있다. 하지만 그 관계를 강고하게 만들 수밖에 없는 사태가 일어난다. 마오의 귀국으로부터 3개월 후(1950년 6월)에 발발한 한국전쟁이다.

중국혁명의 성공 역시 자극제가 되어, 북한의 김일성은 남북 분단 상태를 타개하기 위해 무력 통일을 시도했다. 개전을 서두르는 김일성의 강력한 요구에 스탈린과 마오쩌둥은 각자 소련이 동의한다면, 중국이 동의한다면, 하는 식으로 서로 견제하다가 결국 인정했다. 한국전쟁은 유엔군(주력은 미군)의 개입을 초래했을 뿐만 아니라 건국 1주년인 1950년 10월에는 북한군의 패주로 인해 중국한테 직접적 군사압력으로 다가오는 사태가 벌어졌다.

건국한 지 1년, 지난 국민당 지배가 경제정책의 파탄과 부패 등으로 민중의 원성을 샀던 탓에 공산당의 통치는 신선한 이미지로 받아들여졌다. 또한 중화인민공화국 정부를 승인한 국가도 소련과 동유럽 사회주의 국가뿐 아니라 영국을 비롯해 북유럽, 인도 등으로 꾸준히 늘고 있었으며, 인민해방군에 의한 '타이완 해방'도 시간문제로 보고 있었다. 그런 분위기에 들이닥친 것이 예기치 못한 한국전쟁과 그 참전이다. 평화로운 환경에서의 국가건설이 불가능해졌고, 이에 따라 이후 중국의 행보는 완전히 달라지고 말았다.

공산당 지도부 대부분은 개입 시 위험이 너무 크다며 참전 반대를 주장했다. 소련이 참전하지 않는 상황(소련이 직접 교전하면 세계대전으로 이어질 수 있다는 이유로 출병을 거부함)에서 중국이 단독으로 참전하는 것은 확실히 상당히 무모한 일이었다. 그러나 다른 한편으로 출병을 포기한다는 것은 김일성과 북한군을 저버리는 것을 의미하며, 나아가 갓 탄생한 신중국이 다음 표적이 될 것을 각오해야 했다. 마오쩌둥은 초기부터 개입을 강력히 수상했고, 중간에 상당히 망설이기도 했지만 마지막에는 소극론을 물리치고 10월 9일 참전(의용군 파견)을 결정했다. 소련의 무기 제공과 제한적이나마 항공 지원을 받을 수 있다는 전망이 나온 것이 최종 결단을 내리게 한 요인이었다. 처음에 파견된 의용군 20만 명에는 그때까지 인민해방군 소

선전포스터 '미국 침략자는 반드시 패한다(1951년)'.
왼쪽의 소련병은 제2차 대전에서 나치 독일군 등
1,200만을 물리쳤고, 인민해방군도 미국의 지원을
받은 국민정부군 800만을 물리쳤다고 되어 있다.

속으로 중국에서 싸웠던 재중 조선인 병사들 외에도, 내전에서 공산당 측 포로가 된 옛 국민정부 군인들도 반강제적으로 충당되었다. 개중에는 한국전 전장에서 이번엔 유엔군의 포로가 되어, 돌고 돌아 다시 타이완의 '국민정부' 치하로 돌아가는 기구한 운명을 겪은 이들도 있다.

가장 많았을 때 120만 명에까지 달했던 의용군의 힘으로 유엔군을 도로 밀어내는 데는 성공했지만, 이윽고 전국戰局은 교착상태에 빠졌다. 건국한 지 얼마 안 된 신정권은 군사적 긴장과 그에 따른 지출을 떠안은 채(정전협정은 1953년), 즉 준전시체제 하에서 국가운영을 강요당하게 된 것이다. 참전으로 새로운 국가와 마오쩌둥이 얻은 것과 잃은 것을 살펴보자. 우선 '항미원조抗美援朝'[1]라는 일종의 전시동원운동은 제국주의 미국과 싸우는 의로운 전쟁[義戰의전]을 연출함으로써 공산당의 동원력과 사회 침투력을 현저히 높이는 계기가 되었다. 또 대외적으로도 미군과 호각을 다퉈 싸움으로써 혁명 중국은 국제사회에서 그 입지를 다지며 크게 인정받는 존재가 되었다.

---

1) '미 제국주의에 대항하여 조선혁명을 원조한다'는 뜻. 역

마오쩌둥 역시 국난에 처했을 때 과단성 있게 행동할 수 있는 지도자로서 위망을 얻었다. 이웃나라를 내버려두면 다음엔 우리가 당할 수도 있다. 마오의 결단은 이러한 대국적 판단에 따른 것일 뿐만 아니라, 출병 조건을 둘러싸고 소련과 신중한 절충을 거쳐 종합적으로 이루어진 것이었지만, 출병 신중론을 주창했던 지도부 내의 많은 간부들이 마오쩌둥에게 새삼 존경의 마음을 갖게 된 것은 두말할 나위가 없었다. 숱한 시련을 딛고 늘 당을 승리로 이끄는 든든한 지도자이자, 이웃 나라의 동지들을 버리지 않고 책임을 다하려는 국제적 지도자! 공산당 수뇌부의 마오쩌둥에 대한 무조건적인 숭배는 이때에 와서 결정적이게 되었으며, 동시에 마오쩌둥에게 최종 판단을 맡겨버리는 마인드 역시 확고히 굳어졌던 것이다.

다른 한편, 전쟁 비용의 부담과 대외 관계를 포함해 중국에 미친 부정적 영향 역시 결코 작지 않았다. 전사 및 사상자 숫자에는 여러 설이 있지만, 정전 때까지 42만 명(실종자와 포로를 포함)에 이르렀으며, 전쟁 부담은 국가예산의 절반을 넘었다. 또 유엔 결의에 따라 파병된 미군(유엔군)과 싸우는 형국이 되었기 때문에, 유엔 및 국제사회로부터 '침략국' 제재 결의를 당하여, 중국은 전략 자원과 첨단기술 제품의 금수 조치 대상 국가로 지정됐다. 더욱이 시간문제로 보였던 타이완 파병도, 그동안 타이완해협 불개입을 천명하던 미국이 중국이 참전하자 태도를 일거에 바꿔 해협을 봉쇄해버리는 바람에 앞날을 점칠 수 없게 되어 버렸다. 당시 중국은 해군력이 없었기 때문에 이 봉쇄는 큰 타격이었다. 반면에 타이완으로 이전한 국민정부 한데 이는 '가미카제[1]'와 같은 요행이었다. 이리하여 중국에는 미국을 포함해 널리 국제사회와 관계를 구축한다는 선택지는 사라져버렸고, 대신 싫든

---

1) 13세기 몽골군의 두 차례의 일본 원정을 막은 태풍을 말함._역

좋든 소련 중심의 동쪽 진영에 가담하는 입장을 선택할 수밖에 없게 되었다. 중국과 소련의 유대는 조약 체결의 교섭 과정에서 피차 감정상 앙금을 남기며 시작된 느낌이었는데, 한국전쟁에서 소련이 많은 군사물자와 무기를 제공해 주면서 단번에 강화되었다.

다음으로 중국 국내에 미친 영향에 대해 말하자면, 준전시 체제에 수반하여 사회 각계각층의 인사를 규합해 무리하지 않는 속도로 경제 회복을 추진한다는 건국 당시의 기본 방침(공동강령)과 같은 유유자적한 단계론은 이미 과거의 것이 되었고, 조속히 사회주의 체제를 구축해야 한다는 목소리가 당내를 중심으로 커져갔다. 한국전쟁을 통해 현대식 전력에서 얼마나 낙후되어 있는지 뼈저리게 깨달은 중국 정부 수뇌부에게 군수산업의 핵심인 중공업 분야의 경제건설은 국가가 앞장서서 추진해야 할 최우선 사업으로 여겨졌다. 이를 해내지 못하면 국가의 명운조차 점칠 수 없다는, 이런 생각을 부정하는 사람은 아마 당시에는 아무도 없었을 것이다. 국방의 요체인 중공업 추진을 위해 사회주의 건설을 서두르라는 방침 전환은 이와 같은 분위기 속에서 조성된 것이다.

한편 국내 사회의 상황을 보면 생필품 배급, 상품 투기 단속 덕분에 한국전쟁에 참전할 무렵까지는 인플레이션이 종식되어 민간기업과 시장경제가 비로소 활기를 되찾고 있었다. 참전 이후에는 당연히 증산과 절약이 요구되었고, 한반도에서의 호전 소식이 보도되면서 건국 직후의 사기 진작과 맞물려 부흥을 돕고 있었다. 하지만 이와 병행하여 이루어진 것이 전시에 흔히 나타나는 적대세력으로 간주된 자들의 색출과 처분이었다. 나라 밖의 전쟁이 한반도의 전투였다면, 나라 안의 전쟁은 국내의 적대분자들 색출이었던 셈이다. 신정권 출범 직후부터, 과거 공산당 탄압에 가담했던 사람들에 대한 보복적 검거와 곳곳에 잔존하는 반공산당 세력에 대한 단속이 반혁명 진압이란 명목으로 진행되었는데, 1951년 말부터는 투기적 경제활동, 관민 유착과 부패 비리를 적발하는 '삼반운동三反運動', '오반운동五反運動'[1]까지 추가되어 민중동원과 선전을 통한 비판 캠페인과 적발이 계속되었다.

이와 유사한 새로운 분위기와 질서·치안·사회통제의 움직임은 농촌에서도 나타났다. 1950년에 제정된 토지개혁법에 따라 공산당이 큰 목표로 오랫동안 내걸어온 토지개혁이 순차적으로 전 국토에서 진행되었다. 지주로부터 몰수한 토지가 3억 명의 농민에게 분배되었다. 땅을 분배받은 농민들은 신정권, 특히 그 상징인 마오쩌둥에게 절대적인 신뢰를 보냈다. 동시에 농민들은 이를 실현해준 마오의 분신이라 할 수 있는 당 조직과 토지개혁공작대를 찬양하면서도 경외했다. 왜 두려워했을까? 토지개혁 등을 진행하면서, 이들이 지주·토호열신 이외에 현지 사회에 둥지를 틀고 있던 민간결사, 특히 비밀결사의 성격을 띤 일관도一貫道[2] 등을 철저히 탄압했기 때문이다. 이는 농촌에서는 특히 효과적이었다. 많은 '반혁명' 혐의자들이 죽임을 당했는데, 그 적발과 처형 방식을 보면 '반혁명' 진압이라지만 악을 저지르는 결사의 박멸보다는 오히려 당의 힘을 과시하고 당에 대한 경외감을 말단 사회에 침투시키는 데 주안점이 있던 게 아닌가 싶을 정도였다.

이와 병행하여, 중국 사회를 크게 바꿔나가게 될 혼인법(남녀의 평등, 개인의 의사에 기초한 결혼)이 제정된 것도 1950년이다. 전통이라는 이름의 관습에 얽매여 온 결혼과 가정의 모습은 이 법률로 크게 변모하게 되었고, 신정권 아래에서 사회가 쇄신되고 있다는 것을 대내외에 강렬하게 보여주었다. 1950년대 초반의 베이비붐은 잘 알려진 바와 같이 훗날의 인구 압력

---

1) 삼반은 '반(反) 부패', '반 낭비', '반 관료주의', 오반은 '반 뇌물', '반 탈세' 등을 내걸었다.
2) 청 말기 산둥성에서 일어난 비밀결사 성격의 신흥종교로 중화인민공화국 건국 초기에 반혁명적 사교로 탄압의 대상이 되었고, 타이완에서도 불법이었으나 현재 타이완에서는 신흥종교로 합법화되었다._역

을 감안할 때 중요한 사태였지만, 순수하게 결혼하는 사람들이 늘고 아이가 계속 태어나는 것은 그 자체로 새로운 사회가 나쁘지 않다는 것을 증명하는 것이기도 했다. 위에서 서술한 토지개혁의 순조로운 실시와 더불어 국정 통치 전반에 공산당이 상당한 자신감을 갖게 된 것도 당연했다. 이런 분위기 속에서 사회주의로 조기 이행이 가능하다거나 조기 이행을 해야만 한다는, 앞당기기 논리가 등장하게 된 것이다.

물론 이와 같은 급진적인 방침, 혹은 낙관적 전망에 대해 이견이 없지는 않았다. 민국 시대부터 독자적인 농촌사회 교육 사업을 추진해 온 저명한 철학자(신유가新儒家)인 량수밍梁漱溟양수명이 1953년 9월의 한 정부회의에서 중공업도 중요하지만 농민 생활의 개선이 아직 미흡하다고 의견을 낸 것은 그 한 예이다. 하지만 마오는 그런 쓴소리에 다음과 같이 대답하고 있다.

농민 생활의 개선은 작은 인정仁政이지만 항미원조나 중공업 발전은 큰 인정이다. 물론 둘 다 해야겠지만 어느 쪽에 중점을 두어야 하냐고 한다면 당연히 큰 인정이다.

만인의 앞에서 이렇게 비꼼을 당한 량수밍은 국가지도자에게는 아량이 필요하다며 저항했지만, 돌아온 것은 '가짜 군자'의 '잘못된 의견을 들을 아량은 없지만, 당신을 정치협상회의 위원으로 계속 앉혀둘 정도의 아량은 있다'는 폭언이었다. 마오에게는 자신(공산당)이야말로 중국 실정을 가장 잘 알고 있다는 자부심이 있었고, 특히 농민 문제나 국정 개입은 부처님 앞에서 불경을 읽고 있는 것으로 비춰졌을 것이다.

그런데 모든 일의 중요도에 대소와 선후를 매기는 것, 혹은 운동을 지도할 때 구체적인 목표를 내세우는 자세는 실천을 중시하는 마오쩌둥의 기본적인 사고방법이었던 것 같다. 투쟁이나 비판운동에서 색출 목표나 수치를 마오쩌둥(당 중앙)이 구체적으로 지시하는, 훗날 현저해진 경향은 1950년 대 초 반혁명 진압 운동의 시점에서 이미 찾아볼 수 있다. 즉 1951년 초 상하이시 당위원회의 반혁명 진압 상황 보고가 올라오자, 마오는 이에 대해 "상하이와 같은 대도시라면 올 한 해 동안 아마 1천에서 2천 명을 처형하지 않으면 문제가 해결되지 않을 것이다. 봄 중에 300명에서 500명을 처형하여 적의 기세를 꺾도록 하고... 가장 중요한 반동분자들은 가급적 봄이 오기 전에 100명에서 200명을 처형해 두도록"이라고 지시하고 있다.[1] 이 지시는 그대로 실행에 옮겨져 4월 말 상하이에서는 285명의 반혁명 분자에 대한 총살형 집행이 이뤄졌다.[2] 인간을 이렇게 수치로 치환해 파악하는 것은 훗날 '반우파 투쟁'에서도 우파 비율을 5%라고 규정했듯이 마오쩌둥의 특징적인 사회 인식이었다.

이렇게 해서 신민주주의를 내걸고 정권을 장악한 공산당 정권은 1952년 후반부터 이듬해 상반기에 걸쳐 사회주의화를 향해 크게 방향을 틀었다. 10년 내지 15년 만에 사회주의화를 달성한다는 전망이 제시되었고, 이어 1954년 2월에 개최된 공산당 7기 4중전회에서 이를 명문화한 '과도기의 총노선'이 채택되었다. 반년 뒤 제1차 전국인민대표대회(간접선거로 선출된 인민대표로 구성된 의회)가 채택한 '중화인민공화국 헌법'에서도 사회주의 사회 건설이 국가 목표로 명문화되었다. 건국 초기에는 먼 훗날의 일로 여겨졌던 것이 불과 5년 만에 빠르게 모습을 드러낸 것이다. 사회주의화의 핵심인 계획경제를 담당하는 조직인 '국가계획위원회'는 1952년에 설립되어

---

1) 「關於鎮反部署給上海市委的電報(1952년1월21일)」(『建國以來毛澤東文稿』第2冊, 中央文献出版社, 1988, 46쪽).
2) 『中國共產黨在上海八十年』, 上海人民出版社, 2001, 431쪽.

큰 힘을 가지게 되었다.

참고로 중국에서 계획경제는 이때 처음 구상된 것은 아니다. 사실 국민정부 시절, 일본과의 전쟁이 총력전이 될 것을 예상하고, 이를 위한 인적·물적 자원을 계획적으로 생산·동원하기 위해 정부기관으로 '자원위원회'라는 조직이 1935년에 설치되어 실제 관영 중공업 건설이나 전략자원의 수출을 담당했다. 당시 소련의 5개년 계획이 세계적으로 주목을 받고 있기도 하여, 이 위원회도 소련을 본받아 계획경제를 연구하고 있었다. 자원위원회는 항일전쟁 기간 동안 공장의 이전과 소개疏開를 지도하면서 실제 광공업 운영의 노하우를 축적했는데, 그 간부급 직원들 중 일부는 1949년 이후 국민당과 결별하고 대륙에 남아 옛 국민정부의 자산 인도와 인민공화국의 경제 재건에 힘을 보탰다. 신정권도 이들의 전문적 기술과 능력을 존중하여, 이 위원회의 테크노크라트이기도 했던 첸창자오錢昌照전창조, 쑨웨치孫越崎 등을 인민공화국 정부 산하 중앙재정경제위원회의 실무자로 유임시켰다.

그러나 이들에게는 '국가계획위원회'의 일이 주어지지 않았다. 소련에서 온 전문가(고문)들이 계획경제의 지도를 맡게 되면서 이들은 과거 국민당 당원이었던 탓에 과도기의 총노선 이후 일선 업무에서 제외되어 정치협상회의 위원이라는 한직으로 돌려졌기 때문이다. 이즈음 다른 정부기관에서도 건국할 때 기용되었던 각 부처의 전문가(비공산당원)들이 주요 보직에서 물러나고 공산당원 주도의 인사 배치로 바뀌는 일이 벌어지고 있었다. 말하자면 건국할 때만 해도 색깔이 흐릿했던 '사회주의'가 '과도기의 총노선으로 커다란 존재감을 드러냈듯이, 비공산당 인사들에게 정권을 개방하고 상대적으로 눈에 띄지 않으려고 애쓰던 공산당원들이 드디어 일선 업무를 독점하게 된 것이다. 이에 따라 공산당의 방식이 점차 사회로 확산, 보급되어 사람들의 일상생활을 바꾸어 놓았다. 공산당의 통치가 사회생활과 사람들의 삶을 어떻게 바꿔나갔는지 다음 절에서 살펴보자.

칼럼⑧ 국가國歌가 된 구국 영화의 주제곡 - 「의용군 행진곡」

올림픽 등으로 친숙한 중화인민공화국 국가는 「의용군 행진곡」이라고 한다. 가사는 다음과 같다.

일어나라! 노예가 되기를 원치 않는 자들이여!
우리의 피와 살로 우리의 새로운 만리장성을 쌓자!
최대의 위기가 닥칠 때 중화민족은 한 사람 한 사람이 최후의 외침을 지른다.
일어나라! 일어나라! 일어나라! 우리 모두 한마음으로 적의 포화를 뚫고 전진하자!
적의 포화를 뚫고 전진하자! 전진! 전진!

상당히 전투적이다. 또한 노래 도입부의 멜로디도 가사도 「인터내셔널」과 많이 닮았다. 공산당 국가의 국가니까 그렇겠지, 라고 생각하는 사람도 있겠으나 그렇지 않다. 원래는 1935년에 개봉한 구국 영화 「풍운아녀風雲兒女」의 삽입곡으로, 이후 널리 불리게 된 유행가이다. 기사가 전부적인 것은 오리지널 영화가 일본의 침략으로부터 중국을 지키라고 고무하는 내용이기 때문인데, 가사에 그 '일본'이 안 나오는 것에는 국

상하이 화보 잡지 『전통(電通)』(1935년)에 소개된 「의용군 행진곡」

민정부가 항일운동을 억압하고 있던 사정이 있다.[1] 영화 자체의 흥행 성적은 좋지 않았으나, 노래는 당시 보급되고 있던 라디오방송에 힘입어 항일전쟁 기간 내내 널리 불렸다.

앞에서 청조와 민국의 국가를 다루면서, 그때까지의 중국 국가에는 민족 공통의 체험·기억이 반영되어 있지 않아 사람들의 내셔널리즘을 환기시키지 못했다고 지적했는데(칼럼②), 1930년대에 중국을 강타한 것이 바로 일본의 침략과 망국의 위기라는 너무도 강렬한 민족적 체험·기억이었다. 일본과의 전쟁이야말로 '민족의 공동 체험'이 되어, 이전까지 역대 정권이 아무리 노력해도 이루지 못한 전 민족의 국가적 상징인 국가를 만들어 낸 것이다. 작사는 당시 상하이에서 활동하던 문학가 톈한田漢전한, 작곡은 영화사의 음악 담당이었던 녜얼聶耳이라는 청년이었다.

1949년 인민공화국 건국을 앞두고 새로운 국가 수립에 관한 토의를 벌일 때, 구국의 노래로서 압도적인 지지를 얻고 있던 「의용군 행진곡」을 국가로 삼자는 의견에 이미 이론의 여지는 없었다. 유일하게 의견이 갈린 것은 가사를 그대로 할지 여부였다.

---

1) 항일 여론이 공산당과의 내전 중지와 제휴를 주장했기 때문에 공산당 토벌을 선결 과제로 하던 국민정부는 언론 미디어에서 일본을 직접 공격하는 것을 철저히 검열했다. 따라서 신문에도 '모국(某國)'이라고 전황 보도가 될 정도였다._역

일본과의 전쟁은 끝났으니 새 시대에 맞게 수정해야한다는 의견도 있었으나, 원래 가사가 아니면 감정이입이 안 된다는 의견이 우세하여, 결국은 그대로 유지하기로 했다.

하지만 그 후 인민공화국 정치의 풍파에 휘둘릴 운명이 「의용군 행진곡」을 기다리고 있었다. 작사자였던 톈한이 문화대혁명 때 반동 부르주아 문화인으로 비판받았던 것이다. 그것은 톈한의 작품인 가사가 국가의 가사로 어울리지 않는다는 의미였다. 그리하여 톈한이 실각한 후에 국가는 가사 없이 연주만 하게 되었고, 가사가 필요할 경우 대신 「동방홍東方紅」(칼럼⑨ 참조)을 사용하게 되었다. 이윽고 마오가 죽고 문혁이 끝나자 역시 가사가 있는 편이 낫다는 화궈펑華國鋒화국봉 정권의 의향으로 이번에는 가사가 전면 수정되었다. "우리 모두 한마음으로 적의 포화를 뚫고 전진하자"는 "우리 모두 영원히 마오쩌둥 깃발을 높이 들고 전진하자"로 고쳐 쓰는 식이다. 하지만 원래가 '그 가사가 아니면' 안 된다고 했던 가사이니만큼, 수정된 버전은 평이 극히 안 좋았다. 이후 톈한이 명예 회복된 점도 작용하여, 화궈펑이 퇴진한 후에 가사는 원래대로 복원되어 오늘날에 이르고 있다.

시진핑 지도부 시대에 접어들어 애국주의 흐름이 고조되면서, 국기·국가에 대한 존중이 요구되었고, 2017년에는 '국가법國歌法'이 제정되었다. 이 법은 국가를 개사해서 부르는 등의 행위를 국가에 대한 모욕으로 규정해 금지하고 있으며, 2020년에는 홍콩에서도 같은 취지의 '국가조례國歌條例'가 제정되었다. 홍콩 사람들에게 이 국가를 부를지 말지는 이제 충성 증명의 의례가 되고 있다.

3. 개조되는 사람들 - 이데올로기와 운동으로 가득 찬 사회

건국 직후 사회 나름의 신선한 분위기와 고양감, 그리고 과격한 치료법이라 해야 할 반혁명· 반동 세력의 색출과 무자비한 처형으로, 치안은 극적으로 개선되었다. 청 말 이래 끊이지 않는 전란과 빈곤, 그에 따른 인구 유동화와 총기·무기의 확산으로 20세기 전반에는 도시와 농촌을 막론하고 치안이 극한까지 악화되었던 것을 생각하면, 이처럼 단기간에 치안이 몰라보게 좋아진 것은 기적이라고 해도 과언이 아니다. 이 새로운 세상과 대비하여, 불과 몇 년 전까지의 민국 시기의 세상은 금세 '구사회', '암흑시대'로 불리게 되었다.

하지만 그런 구사회에서 나쁘면 나쁜 대로 유지되던 강자와 약자의 균형, 인습이라고 하기도 그렇고 전통이라고 말하기도 애매한 습속이나 신앙, 혈연에서 지연까지 복잡하고 다양한 인간관계, 그리고 좋고 나쁜 것에 대한 관념 등등, 이런 것들이 사회를 강제적으로 청소하면서 급속히 깎여나가 사회의 양상을 바꾸어 놓았다. 새로운 시대, 새로운 사회를 맞이한 사람들도 그에 걸맞은 '인민'으로 거듭나도록 기대되었다. '인민'이란 혁명을 담당하리라 기대되는 계층·계급의 사람들을 가리키는 호칭으로, 중국의 모든 사람이 자동적으로 될 수 있는 것이 아니다. 자본가계급, 지주계급, 혹은 반동적 입장의 사람들은 인민 대접을 받지 못한다. 즉, 그들은 교육이나 복지, 혹은 정치적 권리 등 '인민'이 당연히 누리는 제반 권리를 갖지 못한 존재로, '인민독재'를 받아들여야 한다. 그것은 때로 존엄한 인간으로 취급받지 못하고, 더 극단적인 경우는 목숨까지 빼앗기는 것을 의미했다. 따라서 인민이냐 아니냐의 경계는, 혹은 계급 구분은 매우 엄격하게 설정되어 있었다.

건국 이래 20여 년 동안 '계급'은 중국에 사는 사람들에게 있어서 가장 중요한 속성이었다. 계급이 좋으면, 즉 가난한 농민이거나 가난한 도시 노동자이거나 또는 그들의 자식이라면 그것만으로 그 사람은 뛰어난 프롤레타리아트 속성을 갖추었다고 평가받았다. 반대로 자본가나 지주 계급 해당자, 혹은 부르주아 가정 출신으로 분류된 사람들은 그것만으로 사회적으로 배제되어 고초를 겪어야만 했다. 아이나 젊은이의 경우 출신은 자기가 고를 수 있는 것이 아니기 때문에, 상당수가 원죄 의식에 시달렸다. 또한 조금이라도 그런 처지에서 벗어나려고 계급의 적인 부모와 관계를 단절·청산하는 경우도 드물지 않았다.[1] 이런 방법으로 자신이 '인민'의 편임을 증명하려 한 것이다. 물론 적대적 계급인 부모와 관계를 끊는다고 해서 혁명 쪽 대열에 들어갈 수 있다고는 할 수 없지만 말이다.

이러한 계급에 따라 인간 사이에 선을 긋는 것과 더불어 사회의 기반을 형성한 것이 모든 사람을 어떤 조직에 소속시키고, 그 조직을 통해 생활 전반의 서비스를 제공하는 도시지역의 사회 운영 방식이다. 중국어로는 이를 '단위單位단웨이'라고 부른다. 예를 들면, 회사나 공장, 관공서, 학교, 군대 등 사람들이 일상생활을 하려고 소속된 모든 곳이 '단위'이다. 우리 어감으로

---

1) 문화대혁명 시기에 유행했던 혁명가의 한 구절에는 "천지가 아무리 커도 당의 은혜와 정(情)의 위대함에는 못 미치고, 아버지와 어머니에 대한 친밀함도 마오 주석에 대한 친밀함에는 미치지 못한다"라는 말이 있었다.

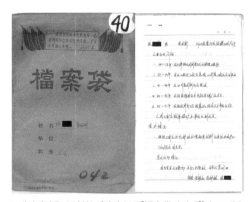

개인당안을 수납하는 '당안 봉투[檔案袋당안대]'와 그 내용물. 이 자료는 허베이성 스자좡(石家莊)의 한 자본가의 것으로, 경력 문제로 과거 국민당원으로 활동한 적이 있다고 적혀 있다.

는 '소속'이 가장 가까운 말일지 모르겠다. 인민공화국에서는 도시의 모든 인간은 크고 작은 '단위'에 속하게 되어 있고, '단위'가 없는 사람은 살아갈 수 없었다. 식량 배급권 등 생활물자를 비롯해 주거와 의료, 사회보장 등 인간이 사회생활을 영위하는 데 필요한 재화와 서비스가 모두 '단위'를 통해 공급되기 때문이다. 또한 영화 상영회 같은 오락이나, 집회 등 정치 동원도 '단위'가 중심이 되어 실시되었다.

'단위' 제도의 기원은 앞에서 계획경제의 시초로 소개했던 국민정부 시기의 자원위원회가 산하 국영기업에서 일하는 사람들을 위해 정비한 제도라고 하는데, 소련에도 유사한 제도가 있어 이것도 참조한 것 같다. 이미 항일전쟁 시기부터 옌안 등 공산당 지배지역에서는 맹아적 형태의 제도가 시행되고 있었기 때문에, 인민공화국 건국 이후 그 제도가 널리 중국 도시지역에 침투해 갔다고 봐도 무방할 것이다. 이른바 '해방' 전에는 특정 소속이 없는 부평초 같은 사람들이나 정주성이 없는 사람들이 전국적으로 많이 있었다. 거지나 창녀도 있었고, 행상이나 일용직 노동자처럼 떠돌아다니는 사람도 있었다. 이런 사람들을 기본적으로 어딘가에 반강제적으로 소속시킨 것이다. '단위'를 가짐으로써, 사람들의 삶은 안정적으로 되었고, 이른바 '요람에서 무덤까지' 적은 비용으로 생활과 복지를 보장받을 수 있게 되었다. 정부에 계획경제 담당 부서가 있다면, 그 지령에 따라 통제 계획경제가 작동할 수 있도록 하는 사회적 기반이 바로 '단위'인 것이다.

한편, 이 '단위' 사회는 정권이나 당 조직이 민중을 정치적으로 동원하고 도시 주민을 관리하고 나아가 민중 상호 간의 감시를 통해 치안 유지와 통치를 용이하게 하는 데에 절대적인 효과를 발휘했다. 애초에 생산과 생활의 공간[場]이 같게 되면 그 자체가 주민 관리가 될 수 있는데, 인민공화국의 도시 주민 관리는 '단위'에 '개인당안個人檔案'이 결합됨으로써 대단히 견고해졌다. '개인당안'이란 이미 제2장 제5절에서 설명했듯이 공산당이 당원 관리 및 파악을 위해 1940년대 초반에 정비한, 본인 열람이 불가능한 신상 조사 기록이다. 이것이 1949년 이후에는 당원뿐만 아니라 도시 주민에 대해서도 작성되게 된다. 취업 혹은 이직을 할 경우 '개인당안'도 따라서 새로운 '단위'로 이관되고, 거기에 추가로 정보가 기입되는데 이는 당사자가 죽을 때까지 계속된다. '단위' 덕분에 상세한 '개인정보'를 빠짐없이 수집하기가 극히 용이해졌다. 예를 들어 한국전쟁 개입으로 중국이 '침략국'으로 규정되고 서방 각국과의 교역 교류 루트가 축소됨에 따라 해외에 가족이나 친척이 있으면 경계 대상이 되었고, 당안 서류의 '해외관계' 란에 그런 사항이 기록되었다. 외국 세력과 내통하고 있을 가능성이 있다는 것이다.

'단위' 제도가 도입되면서 배급제로 식량과 식품을 안정적으로 공급받을 수 있었기 때문에, 계획경제나 공업 건설로 인구가 도시지역으로 유입되더라도 도시에서는 물가가 낮게 억제되어 비교적 낮은 임금으로도 생활할 수 있었다. 이처럼 도시 주민은 전반적으로 우대를 받았으나, 이들을 부양하는 위치에 있는 농촌에 대한 정책은 경제적으로나 사회적으로나 차별적이었다. 토지개혁으로 농민들에게는 토지와 생산수단, 가축, 역축役畜 등이 분배되었지만, 이동과 이주, 직업 선택의 자유는 기본적으로 주어지지 않았다. 농민과 도시 주민은 호적 자체가 따로 있었고, 양자 사이의 벽은 쉽게 넘을 수 없게 되어 있었다. 농촌에 사는 사람이 도시로 옮겨 살려고 해도 농촌 호적으로는 도시 생활에 필요한 '단위'에 들어갈 수 없으므로 사실상 도시에서 사는 것은 무리였다. 예외는 농민의 우수한 자녀가 대학에 입학했다가 그대로 도시지역에서 직장을 구한 경우 등, 극히 일부였다.

원래 근대 중국은 사람들의 이동이 상당히 활발한 곳이었다. 해외 이동으로 쿨리[苦力]를 포함한 이민은 물론, 국내에서도 빈곤과 기아에서 벗어나기 위해, 혹은 더 나은 일자리를 찾아 중국인들은 실로 잘 옮겨 다녔다. 그러던 것이 인민공화국에서는 상황이 완전히 바뀌면서 농촌과 도시 사이에 높은 장벽이 세워져, 공간적으로는 연결된 농촌과 도시가 제도적으로는 단절된 듯한 양상이 나타났다. 중공업 건설을 추진하는 도시 주민에 대해서는 '단위' 안에서 생활과 생산을 다 해결하도록 하여 생산성을 최대한 발휘하도록 하고, 다른 한편으로는 그 도시에 무질서하게 외지인이 유입되지 않도록 한다, 농민은 원칙적으로 농촌에 가둬둔다, 이것이 1950년대에 황급하게 사회주의로 방향을 틀었을 무렵의 기본 방침[總方針총방침]이었다. 건국 후 수십 년은 유장한 중국 역사 속에서도 인간의 이동이 극단적으로 억제된 시대였다고 해도 좋을 것이다.

이 밖에 1953년부터 농민들이 수확한 식량 중 자가소비분을 제외한 나머지는 모두 정부에 팔도록 했는데, 매도 물량은 가급적 많게, 매입 가격은 낮게 책정되었다. 즉, 정부는 싸게 사들인 농산물을 국내에서는 도시지역에 싸게 공급하고 국외로는 수출하여 공업 설비를 비롯한 사회주의 건설의 원자재를 조달한 것이다. 또한 도시지역에 공급하는 농산물 가격을 억제함으로써 도시지역 노동자의 임금을 낮게 유지할 수 있게 되어, 국유기업은 상대적으로 큰 이윤을 올릴 수 있는 구조가 만들어졌다. 이 이윤을 국가재정에 상납시켜 정부는 중공업 건설의 자본을 적립했다. 요컨대, 농민으로부터도 노동자로부터도 잉여가치를 공출시킬 수 있었다고 요약할 수 있다. 이는 착취로는 보지 않는다. 인민의 대표인 정부가 하는 일이므로, 말하자면 자기가 자기 저금통에서 돈을 가져가도 절도라고 부르지 않는다는 논법이다.

인민공화국에 사는 '인민'은 바빴다. 생산활동은 물론이고, 당이 잇따라 '운동'의 지령을 내렸고, 그때마다 사람들은 '인민독재'를 실천하는 여러 활동에 참여해야 했기 때문이다. 건국 직후의 '반혁명 진압 운동'에 이어 1951년 말부터 이듬해까지는 '삼반운동' '오반운동'이 일어났고, 그때마다 사영기업 경영자 등이 '독재' 실천의 대상이 되어 심사와 비판을 받았다. 마찬가지로 이러한 운동에서 항상 압력을 받은 부류가 '지식인'이다. 그들도 '새로운 사람'이 되기 위해 자신들에게 깃든 부르주아 계급사상을 청산하도록 요구되었다. 이를 '사상개조'라고 한다.

사상개조의 방법은 여러 가지였다. 토지개혁을 지도하는 공작대를 따라가 농촌에 잠시 머물며 일련의 '투쟁'(처형 포함)을 직접 보고 체험하기도 하고, 직장인 대학의 '고발대회'에서 주변 동료와 학생들로부터 비판받고 해명하거나 자기비판('점검' 혹은 '검토'라고도 한다)을 하기도 했다. 예를 들어, 베이징의 명문인 칭화대학清華大學에서 영문학(디킨스)을 가르치던 양장楊絳 여사(훗날 저명한 번역가이자 수필가가 됨)는 1951년에 이 대학에서 열린 대규모 '고발대회'에서 여학생한테 돌연 지목되어, "수업 시간에 노동자에 대한 이야기는 하지 않고 연애 이야기만 하십니다." 등의 고발을 당했다. 디킨스의 소설을 소재로 연애 심리를 논하면 학생들에게서 이런 비판이 나오는 것이다. 이때 양장은 따로 변명이나 자기비판을 하지 않고 고발대회를 마칠 수 있었지만, 동료들 중에는 "수업에서 정말 연애 얘기 같은 걸 했습니까?"라고 묻는 이도 있었고, 이후 그녀를 피하는 동료들도 생겨나 점점 궁지에 몰린 기분이 들게 되었다.

紅色喇叭家家响

선전화 「붉은 스피커가 집집마다 울린다」(1972년). 나팔형 스피커 외에 상자 모양의 유선 수신기도 제작, 보급되었다.

이 시기 공개석상에서 고발당할 정도는 아니더라도 교실이나 직장에서 무심코 한 발언이 부르주아적 언론이나 반당적 언사로 간주되어 당 조직에 내부 보고(內報, 밀고)되는 경우가 일상적으로 벌어졌다. 그렇지만 안타깝게도 이는 단순히 과거의 이야기가 아니다. 특히 최근 몇 년 사이 중국에서는 대학 강의 내용이 '부적절'할 경우, 감시원 같은 학생이나 강의실을 순회하는 직원에 의해 대학 당국에 통보되는 일이 아무렇지도 않게 일어나고 있다. 과거와 다른 점은 '고발 대회' 같은 대중집회가 없다는 것뿐이다. 자신의 행적이 본인도 모르게 개인당안에 기록되고 경우에 따라서는 처분까지 받는 일은 예나 지금이나 똑같다.

그런데 각종 정치 운동이든 비판 대회든, 그러한 운동에 참여를 독려하는 공산당의 목소리가 실제 효과적으로 말단까지 닿게 하려면 아이디어와 기술이 필요하다. 공산당은 본디 선전 활동을 극히 중시하며 또한 이에 뛰어난 조직이다. 인민공화국에서 공산당의 선전이라고 하면 화려한 색채의 선전 포스터가 유명하지만, 실제 영향력의 측면에서 보면 확성기를 이용한 유선방송을 꼽아야 할 것이다. 중국에서는 이보다 앞서 난징 국민정부 시절인 1928년에 중앙방송국中央放送局이 정식으로 라디오방송을 시작하긴 했다. 하지만, 1934년 시점에서 라디오방송 청취자는 전국적으로도 9만 명 미만으로 추산되고, 그나마 상하이와 난징이 있는 장쑤성이 전체의 80% 가까이 차지하고 있었다. 전국 곳곳에 전파를 송출하기 힘들었던 점도 있지만, 무엇보다도 라디오 수신기가 비싸서 살 수 있는 계층이 한정되어 있었던 것이 원인이다.

이에 반해 공산당 통치 시기 방송의 특징은 공공장소에 확성기를 설치하여 방송을 내보내고, 보다 안정적으로 수신할 수 있도록 유선으로 했다는 점이다. 처음에는 길거리나 광장에 설치한 나팔형 스피커 위주였지만, 이윽고 소형 유선 수신기가 각 가정에 설치되게 되었다. 방송 내용은 일기예보나 뉴스, 오락과 음악 또는 정치선전으로, 전국 방송을 송출할 뿐만 아니라 지방이나 마을의 공지 사항이나 지령도 내보낼 수 있었다. 집안의 수신기는 그렇다 치더라도, 옥외 스피커는 마음대로 스위치를 끌 수 없으니 선전 및 동원 수단으로는 맘대로 쓰기에 훨씬 편했다.

도시지역에서 시작된 스피커 설치는 1950년대 중반에는 농촌으로 옮겨갔고, 1957년에는 전국적으로 94만 대의 스피커가 당의 목소리를 가감 없이 전달했다. 그 수는 이듬해에는 300만 대를 넘어섰고, 1960년에는 다시 두 배로 늘어 문혁 종결 무렵(1976년)에는 무려 1억 1천만 대에 달했다.[1] 이 수치는 각 가정에 설치된 소형 수신기까지 포함한 숫자이지만, 당시 중국의 인구(대략 10억) 대비로 단순 평균을 내면, 10명당 1대의 스피커가 매일 당의 목소리를 전하고 있었다는 말이 된다. 지금은 거의 남아 있지 않지만, 필자가 베이징대학에 유학하던 1980년대 중반에는 스피커 방송이 여전히 건재했고, 아침마다 정해진 시간에 대학 캠퍼스에 선전 방송이 흘러나왔던 기억이 있다.

오락이나 정보를 접할 기회가 적은 농촌에서 유선방송은 교육과 선전에 있어서 큰 역할을 했다. 민중은 이를 통해 안팎에서 일어나는 일들을 알고

---

1) 趙玉明 主編,『中國廣播電視通史(第2版)』, 中國傳媒大學出版社, 2006, 317쪽.

지도자의 육성을 들었다. 물론 방송이 전하는 안팎의 사건은 교묘하게 선택된 것이며, 당과 정부에 불편한 사안은 방송하지 않는다. 그렇더라도 각인 효과라는 것은 확실히 있었다. 당의 이데올로기나 세계관, 가치관이 반복적으로 방송됨으로써 사람들의 머리에 각인되었고, 중국 인민으로서 공통인식을 형성해 나가게 되었다. 구사회의 지주와 자본가가 얼마나 나쁜 인간인지, 가난한 사람들을 얼마나 학대했는지, 제국주의자들은 중국을 어떻게 노예화하려고 했는지, 그리고 이를 타파하기 위해 공산당이 얼마나 영웅적으로 싸워왔는지 등, 비록 자신이 직접 보고 듣고 체험하지 않았더라도 중국 곳곳에서 벌어졌다는 이야기를 현장감 있는 방송으로 반복해서 듣다 보면, 마치 그것이 자신이 체험한 일부분인 것처럼 느껴지는 것이다. 중국인들은 방송을 통해 인민으로서 공통 기억을 갖게 되었다고 할 수 있다.

4. 모습을 드러낸 사회주의 - 중국형 계획경제와 반우파 투쟁

건국하자마자 한국전쟁에서 미군과 대치하면서 무기를 비롯한 군사 현대화와 중공업에서 뒤떨어져 있음을 절감한 것, 또 국제적으로도 언제 다시 전쟁이 일어날지 모르는 냉전체제 속에 놓이게 된 것, 이 두 가지가 중국이 1953년 사회주의로 방향을 크게 틀게 된 주된 원인이었다. 동시에 국내적으로 치안과 경제는 눈에 띄게 회복되었으나, 농업생산은 기대했던 만큼 늘어나지 못한 것도 공산당 수뇌부가 사회주의로의 이행을 대폭 앞당기기로 결정한 요인이었다. 확실히 토지개혁은 전국적으로 예상보다 순조롭게 진행되어 많은 농민들이 토지를 소유하게 되었으나 그것이 곧바로 농업 생산량 증대로 이어지지는 않았다. 토지 분배로 엄청난 수의 소농이 생겨났는데, 농업의 특성상 규모가 너무 작으면 경영 효율이 떨어지기 때문이다.

농업생산을 발전시키려면 토지를 모아 경영을 대규모화·집단화하는 것이 지름길이라는 것이 앞서 이 방법을 실행했던 소련의 방식이었고 이를 추종한 중국의 결론이었다. 사실 소련은 1930년대에 농업 집단화를 강행하여 많은 아사자를 냈다. 이를 교훈 삼아 중국공산당 내에서는 집단화는 신중하게 해야 한다는 의견이 있었다. 그러나 농촌에는 이미 새로운 계층 분화가 일어나고 있고, 그런 이상 이를 방치할 수 없다는 마오쩌둥 등의 의견이 결국 받아들여졌다. 집단화에는 어느 정도의 속도로, 어느 정도의 규모까지 추진할 것인가란 문제가 따라붙는데 그 답을 공산당은 갖고 있지 않았다. 오랜 세월 농촌에 근거지를 두고 농민들과 함께 싸웠다고 자부하는 마오쩌둥 등 공산당 지도자들이었지만, 그들의 경험은 어디까지나 지주의 토지를 가난한 농민들에게 나누어 주고 그들의 지지를 얻는 것이었지, 농업생산을 어떻게 늘릴 것인가 하는 장기적·경제적 과제를 고민해 온 것은 아니었다. 농업의 집단화라는 소련식 사회주의 모델을 뛰어넘는 구상은 당시 그들에게는 없었던 것이다.

이윽고 1953년에 제1차 5개년 계획이 실시되자 농촌에서의 집단화는 순식간에 진척되었다. 마오쩌둥이 집단화에 신중한 목소리를 겨냥해, 걸음이 빠르다며 우는 소리를 하는 '전족을 한 부인네'(1955년)와 같다고 일갈한 것도 한몫했다. 이전까지 '생산호조조生産互助組'라는 이름의 영농집단(20~30호가 농번기에 협동작업) 수준이었던 것이 1956년 말에는 200~300호 수준의 고급합작사高級合作社(토지를 공유)가 중심이 되었다(전체 농가의 87.8%). 과거의 소련과는 달리 집단화에 대한 저항은 거의 없었다. 공산당은 자신들의 통치가 농민의 지지를 얻고 있다는 증거라고 자신감을 가졌지만, 사실 그 후 이런 집단화로 농업의 생산성이 높아지는 일은 끝내 없

제1차 5개년 계획에 즈음하여 작성된 『제1개 5년 국민경제 계획 초안 도표(1953-1957년)』

었다. 농업종사자 1인당 식량 생산량은 1953년에 963킬로그램이었던 것이 1977년에는 960킬로그램으로 조금도 늘지 않은 것이다. 이것이 농업기술 자체의 한계 때문이 아니라는 것은 동시대 일본의 생산량이 중국을 70%나 웃돌고 있다는 점, 또 그 후(문혁 후)에 집단화를 중단한 뒤 생산량이 크게 늘어난 점에서 명백하다. 물론 집단화의 의의는 생산뿐만 아니라 수리나 저수지 정비 등 집단화 체제 하에서 이뤄진 토지 정비와도 관련이 있어 단순 비교는 불가능하지만, 집단화=생산 향상이라는 도식 자체에 미진한 구석이 있음은 부인할 수 없다.

한편, 공업 건설을 살펴보면, 소련의 전폭적인 지원과 기술 협력에도 힘입어 중점적인 중공업 프로젝트가 150건 기획·실행되었고, 또한 이와 나란히 민간기업의 국영화를 위한 조치도 속속 취해졌다. '공사합영公私合營'이란 이름으로 기업 활동에 정부가 참여하게 된 것은 그 한 예이다. 이미 그 이전부터 생산물의 가격이나 임금수준 등에서 민간기업의 재량권이 크게 줄어든 상황이었기 때문에 상공업 전반의 집단화와 국영화는 단기간에 이뤄졌다. 이렇게 경제의 공영화로 민간 부문이 없어지는 것이 사회주의화로 이해되는 가운데, 1956년 초에는 각지에서 '사회주의 달성'을 기념하는 대대적인 축하 행사가 열렸다. 그해 9월의 당 제8차 대회에서는 사회주의화가 기본적으로 완성되었으며, 앞으로의 과제는 생산력 발전임을 확인했다. 이듬해에는 제1차 5개년 계획의 초과 달성까지 이루면서, 공산당 지도자들은 자신들이 국가를 이끌어 가는 방향성에 자신감이 생겼다.

그런데 공산당이 지배하는 나라에서는 어느 나라나 판에 박힌 듯이 '5개년 계획'을 내건다. 북한의 당처럼 6개년, 7개년으로 일정하지 않은 나라도 있다. 여하튼 중공의 '5개년 계획'으로 대표되는 계획경제는 본고장인 소련과 비교하면 어떤 특징이 있었을까? 우선 특징적인 것은 중국의 5개년 계획이 소련의 그것에 비해 공업(특히 중공업) 건설에 크게 편중되어 있었다는 점이다. 소련의 제1차 5개년 계획(1929~)에서는 공업에 대한 투자는 전체의 27%로 농업에 대한 투자(38%)를 밑돌고 있었지만, 중국의 경우 공업 투자가 전체의 약 58%로 압도적으로 높은 반면에 농업 투자는 8%에 못 미쳤다. 그런 점에서 그야말로 공업 발전(특히 중공업)을 위해 짜인 계획이다. 이는 당시 중국 경제가 압도적으로 농업 중심이었기 때문에, 그것을 어떻게 공업화하느냐가 과제였던 것이라고 볼 수 있다. 5개년 계획을 시작할 당시 소련은 노동자 부족에 시달린 반면, 중국은 노동력 과잉이었다. 요점은 고도의 경제발전 단계에 도달하는 사회주의 건설이라기보다는 농업에 의존하는 후진적 경제상태에서 벗어나는 것, 이것이 중국 계획경제의 목표였다.

그 밖에 중국과 소련의 계획경제 차이로 지적해야 할 것은 중앙정부의 통제 범위가 중국은 좁고 소련은 넓었다는 사실이다. 한마디로 계획경제라고 해도 중앙에서 통제 계획을 세우는 부서가 어느 정도까지 물자 수급을 통제하느냐에 따라 계획의 정도가 달라진다. 중국의 경우 소련에서 배웠다고 해도 통제에는 자체적으로 한계가 있었고, 그 통제가 미치는 범위가 상당히 좁았다. 예를 들어 소련 계획경제의 중추 사령탑인 고스플랜Gosplan(소련 국가계획위원회)[1]은 매년 약 2천 종의 통제 품목을 작성했다고 하는데, 그 중국판인 '국가계획위원회'가 관장한 것은 제1차 5개년 계획이 시작된 1953년에는

---

1) 1921년 설립되어 1991년 해체될 때까지 소비에트 연방의 경제를 지배하고 통제하던 기관인 소련 국가계획위원회의 영어 약자이다._역

115개 품목, 그 후 1956년에 가도 380개 품목이었다고 한다. 이 숫자는 그 뒤 감소하여 문화대혁명 말기인 1975년에는 160개 정도에서 안정되었다.

물론 이들 품목만으로 현대사회는 돌아가지 않는다. 다른 품목은 어떻게 되어 있었는가 하면, 성쌀이나 시 등 지방정부, 혹은 공장, 기업이 통제 조달을 맡았다. 즉 상당히 '느슨한' 계획경제였다는 얘기이다. 하지만 원조인 소련처럼 많은 생산품을 통제한다고 다 잘 된다고는 할 수 없다. 오히려 소련이 계획경제가 경직화하면서 장기간 더 이상 경제성장이 되지 않았던 점을 감안하면, 중국은 '미숙한' 계획경제였기 때문에 융통성을 발휘할 수 있었고, 지방이나 기업에 재량의 여지가 있었다고 말할 수도 있다. 사실 이렇게 느슨하고 분권적인 체제에서 경제활동에 대한 순응성을 기를 수 있었기 때문에, 개혁개방 시기에 중국이 시장경제에 잘 적응할 수 있었다는 주장도 실제로 있다. 그렇다고는 해도, 제1차 5개년 계획이 중공업에 편중되고, 농업·농촌에는 거의 근대적 투자를 하지 않았던 탓에 생겨난 부작용들은 이윽고 확연해졌다.

사회주의 건설에 있어 중국이 모델로 삼고 또 실제로 많은 지원을 받았던 소련에서는 이즈음에 큰 변화가 일어났다. 중국혁명에도 큰 영향을 미쳤던 스탈린이 1953년 세상을 떠난 것이다. 마오쩌둥 등 공산당 지도자들이 스탈린에게 느끼는 감정은 존경과 불신이 뒤섞인 복잡한 것이었던 듯하지만, 스탈린 사후 흐루쇼프N. Khrushchev 주도의 소련 공산당대회(1956년)에서 대량 숙청 등 생전 스탈린의 죄업을 폭로한 '스탈린 비판'이 비밀리에 벌어지고 그 상세한 내막이 마침내 전해지자 큰 충격을 받았다. 마오는 "흐루쇼프는 말도 안 되는 일을 저질렀다. 그 내용도 방식도 틀렸다."고 단언하고, 이에 동조하지 않았다. 그뿐만 아니라 사회주의 국가가 된 동유럽 국가에서 반공산당의 민중운동이 일어나고 소련이 이에 노골적으로 무력 개입을 하자, 중국공산당은 소련의 새 지도부에 경계와 불신이 커졌다. '일심동체'였던 중·소 관계는 점차 냉각되기 시작했다.

그런 상황에서 공산당이 내놓은 것이 당에 대한 비판과 자유로운 논쟁을 장려하는 '백화제방百花齊放, 백가쟁명百家爭鳴',[1](1956년 5월~)이라는 정책이었다. '백화제방' '백가쟁명'(이하 '쌍백雙百'으로 약칭)은 모두 중국 고전에 나오는 문구인데, 당 밖에서 자유롭고 활달한 토론, 다양한 생각과 의견 표명을 장려하도록 제창된 것이다. 앞서 소개한 지식인에 대한 사상개조 요구처럼 공산당의 지식인 정책은 그들을 당의 이데올로기 정책에 복종시키고, 받아들이지 않거나 반항적인 태도를 취하는 자는 단호히 처단하는 것이었다. 1954~55년에 걸쳐 발생한 문예이론가 후펑胡風 비판 및 그를 '반혁명죄'로 체포한 것은 전형적인 사례이다. 후펑은 루쉰魯迅노신과도 친분이 있던 좌익계 문학가였는데, 사상개조의 강요에 이의를 제기하다가 그것이 문제가 되어 마오쩌둥의 직접 지시로 체포되었고, 이후 지인 100여 명이 연좌되었다.

그러므로 이듬해 '백화제방' '백가쟁명'이 당의 정책으로 제창되었어도 처음에는 이에 동조해서 나서는 사람이 적었다. 하지만 당에 대해 의견과 주문을 내는 것이 당의 요구에 부응하는 것이라면, 의견을 표명하지 않을 수 없다. 사회에서 당(당원)의 독선적 행태가 두드러져 온 것도 작용하여, 각계 지식인, 전문가들은 점차 당에 대해 따가운 비판을 제기하기 시작했다. 본디 '쌍백'은 자유롭고 활달한 토론을 억제하는 사회주의 체제는 만들지 않겠다, 소련 같은 비밀경찰을 동원하시 않아도 중국 민중은 당에 심복

---

1) '백화제방'은 온갖 꽃이 만발한다는 뜻으로 갖가지 학문과 예술 사상 등이 함께 성하는 것을, '백가쟁명'은 다양한 학문과 철학의 분파가 토론하고 경쟁하는 것을 의미함_역

할 것이다,라는 자신감을 배경으로 내놓은 정책이었다. 그러나 '쌍백' 제창 1년 뒤인 1957년 6월 마오쩌둥은 당을 비판했던 사람들을 위주로 '우파 분자에 대한 반격'을 명령했다. 자기들이 '거리낌 없이 비판해 달라'고 요청한 사람들에게 '반격'을 가하다니 묘한 논리지만, 마오쩌둥은 이를 '뱀을 굴 밖으로 끌어내는' 책략이었다며, 음모陰謀가 아닌 '양모陽謀'[1]라고 설명했다.

'음모'든 '양모'든 간에, 마오의 설명에 따르자면 일련의 정치운동은 미리 계획된 것이어야 되는데, 사실 그렇게 간단하지 않다. 왜냐하면 '쌍백' 운동 와중에 공산당이 집권당이 된 후 처음으로 개최한 전당대회인 공산당 제8차 대회(1956년 9월)가 열리는데, 여기에서는 '쌍백'의 방침에 따른 당 개혁의 기운이 뚜렷하게 보이기 때문이다. 지난 제7차 대회 이후 11년 만에 열린 이번 당대회에서는 당 운영 현대화의 맹아萌芽라고도 할 수 있는 새로운 기조가 몇 가지 제창되었다. 하나는 지난 대회 때 당 규약에 담긴 '마오쩌둥 사상을 지침으로 한다'는 문구가 삭제되었다는 점이고, 나아가 명예주석제가 신설되어 마오 개인숭배의 색채가 엷어졌다는 점이다. 소련의 스탈린 비판을 의식한 것이라고 해도 좋을 것이다. 이번 당 규약 개정을 설명하고 나선 대회 비서장 덩샤오핑鄧小平등소평은 '집단지도체제 견지, 개인숭배 반대'를 호소하며, "개인이 중대 문제를 결정하는 것은 건당 원칙에 위배되고 반드시 오류를 가져온다."고 설명했다.

당 운영의 분업화와 집단지도체제 확립 결의를 포함해 지금 봐도 의미 있는 이런 대회의 기조까지 모두가 '적대 분자'를 끌어내기 위한 방편이었다고 보기는 어렵다. 아마도 '쌍백'으로 분출된 당에 대한 비판적 언사의 수위가 '당 천하'에 대한 비난으로까지 높아지면서 예상 밖의 사태에 대해 불안

---

1) 밝고 선한 책략이란 뜻. 없는 단어를 조어한 것임._역

감에 휩싸인 마오 등이 강경 대응으로 나왔다고 보는 것이 타당할 것이다.

'쌍백'에서 당의 요청대로 의견을 냈던 각 민주당파 지도자와 지식인들을 기다리고 있던 것은 '우파'로 낙인찍혀 직장과 책임 있는 자리에서 추방 경질되는 부조리한 처사였다. 마오가 '우파'의 비율을 '1%, 3%, 5%에서 10% 정도'로 애매하게 수치화하는 바람에 각 부서(단위)에서도 이를 받아 기계적으로 '우파'가 할당량처럼 정해진 비율대로 만들어졌다. 바로 '반우파 투쟁'이다. '투쟁'이라고는 하지만, 실제로는 '우파' 딱지가 붙은 인물에 대한 사회적 정치적 제재에 다름 아니다.

우파로 지목된 사람 중에는 가혹한 자연조건의 공사장이나 노동개조 시설로 보내진 사람도 적지 않다. 인민공화국의 심각한 인권침해로 오랫동안 문제시되었던 '노동개조' 처분에 관한 관련 규정 중 일부(예를 들어 '노동교양에 관한 지시')는 사실 이 '반우파 투쟁'과 관련해 만들어진 것이다. 노동을 통해 인간을 거듭나게 한다(교정·개조)는 이념 아래 소련에서는 수용소(라게리)[1]가 설치되었는데, 중국에서도 비슷한 처분이 제정되었다. 소위 노동개조 혹은 노동교양이 그것이다. 우리 늬앙스로는 노동교정 처분이라고 하면 쉽게 이미지가 잡힐 것이다. 중국에서 '우파'에 대한 처벌은 이른바 '언론'이나 '사상'에 대해 이렇게 자의적인 적용이 가능한 행정처분의 형태로 집행되었다.

그때 '우파'로 분류된 사람은 전국적으로 무려 55만 명에 이른다. 식견과 지식이 있는 많은 인재가 사회 일선에서 매장되었고, 이후 중국에는 공산당에 대해 제대로 된 목소리를 내는 인물이 없어졌다. 참고로 앞 절에서 학생들에게 고발당한 영문학 교원으로 소개한 양장 여사의 경우 그녀도 '쌍

---

1) Лагерь. 원래는 캠프를 의미하는 러시아어였으나 소련의 강제수용소를 지칭하는 말로 바뀌었다._역

백' 운동 당시 상사, 동료들에게 자유롭게 의견을 내도록 열심히 권유받았지만, 이런저런 이유를 대고 결국 아무 말도 하지 않아 다행히 '우파'로 몰리지는 않았다. 불쌍한 것은 그 동료들이었다. 그녀에게 의견을 내도록 권유한 것이 반당 활동을 하도록 부추긴 것으로 간주되어 '우파'로 낙인찍힌 것이다. 이후 그녀는 남편 첸중수錢鍾書전종서(저명 작가)와 함께 자신의 생각을 입에 담거나 적극적으로 무언가를 하는 것을 신중히 피하며 사는 법을 터득해 나간다. 지식인의 슬픈 삶의 방식이었다.

이 밖에 '우파' 처분의 적용에서 제외된 일군의 사람들이 있었다. 우수한 자연과학자와 기술자들이다. 특히 뛰어난 업적을 올린 이공계 전문 기술자는 금번 반우파 투쟁의 대상에서 제외한다는 통지가 나왔다. 첨단 과학 영역이 국방·군사 등 국가안보와 직결된다는 점을 생각하면, 이유는 분명하다. 첨단 과학기술 분야 전문가들은 이후 대약진운동이나 문화대혁명에서도 - 일부는 피해자가 나왔지만 - 대체로 보호 대상이었다. 중국 국방·군사 기술의 키워드로 '양탄일성兩彈一星'이라는 말이 있다. 양탄은 '원자폭탄·수소폭탄'(중국어로 원자탄原子彈)과 '탄도미사일'(중국어로 도탄導彈)을, 일성은 '인공위성'을 가리킨다. 모두 우주개발을 포함한 고도의 군사기술이지만, 이들을 개발한 국방부 제5연구원의 기술자나 유학파 출신 연구자의 대부분은 정치운동의 직격탄을 맞거나 동원을 당하지 않도록 다양한 보호와 배려를 받고 있다.

이리하여 중국은 1964년 원폭실험에 성공한 데 이어, 2년 뒤에는 핵탄두를 탑재할 수 있는 탄도미사일 '둥펑東風' 발사에 성공했으며, 1970년에는 인공위성 '둥방훙 1호'의 발사도 성공시켰다. 오늘날 창정長征 로켓을 비롯해 활발해지는 중국 우주개발의 출발점이다. 이런 전례가 있으므로 중국에서는 오늘날에도 자녀가 정치의 영향을 덜 받는 이공계로 진학하기를 바라는 부모가 많다.

5. 대기근과 대동란 - 대약진과 문화대혁명의 발생

공산당 제8차 대회(1956년)가 '마오쩌둥 사상'을 규약에서 삭제하고 집단지도체제를 표방하는 등 개인숭배의 색채를 옅게 하며 당 운영의 현대화를 꾀한 것도 잠깐에 그쳤으니, 이듬해 '반우파 투쟁'으로 그런 기운은 사그라들었다. 또한 제1차 5개년 계획이 중공업에 편중되어 경제발전이 균형을 잃고 식량과 소비재 공급, 교통운수 정비 등이 뒤쳐졌다는 반성에 따라, 원래 제2차 5개년 계획(1958~62년)에서는 일용품 생산과 농림수산업에도 마땅한 배려를 하겠다고 밝혔으나, 이런 방침도 수정되었다. '사회주의화 속도가 너무 느리다'는 당 중앙 일각의 목소리에 따라 마오를 비롯한 급진파들이 사회주의화를 더욱 진전시켜야 생산성이 높아지고 국방 면에서도 자력으로 안전보장을 도모할 필요가 있다는 견해를 내놓은 것이다. 그리하여 제8차 당대회 제2차 회의라고 하는 통상적인 당 운영에서는 있을 수 없는 이례적인 회합이 국제 정세의 변화를 이유로 1958년 5월에 열리게 된다.

이 2차 회의에서는 예상대로 사회주의를 '많이, 빨리, 훌륭하게, 낭비 없이 건설한다'는 급진적 방침이 채택되었다. '15년 안에 영국을 따라잡겠다'는 슬로건을 내걸고, 철강과 식량 등의 대대적 증산을 목표로 한 '대약진大躍進' 운동이 이렇게 시작되었다. '15년 안에...'는 앞서 소련의 흐루쇼프가 미·소 체제 경쟁의 목표를 '15년 안에 미국을 추월한다'는 표현으로 밝혔기 때문이다. 하지만 그런 흐루쇼프는 미국과의 대화에도 나서며 평화공존을 모색하고 있었기 때문에, 국제정치에서 반미·반제의 입장을 분명히 하고 있던 중국은 소련이 미국에 접근하는 것에 대해 불신이 커져가고 있었다.

철강과 식량의 대대적 증산을 내건 대약진의 또 다른 핵심은 인민공사였다. 인민공사는 농촌지역에 설치한 대형의 포괄적 공동체(대략 8천~1만 호의 향鄕 급에 설립함)로, 종래의 집단화 단위였던 합작사를 더욱 확대했을 뿐만 아니라 기존 향 단위 지방정부의 기능을 흡수한 것이 특징이다. 즉 인민공사는 집단화된 공동영농의 대형 생산 단위였을 뿐만 아니라, 정치와 생활 전반(복리, 교육, 농업세 징수, 나아가 민병 조직까지) 등 폭넓은 영역을 아우르는 권한을 가지게 되었다. 그러므로 '대약진'으로 증산 명령이 내려지자, 이 '인민공사'가 그 임무를 담당하게 되었다.

이를 부추긴 것은 마오쩌둥의 의중을 헤아려 그에 대한 충성심을 과시하려는 지방 당 간부들이었다. 앞서 언급했듯이 중국의 계획경제에서는 지방에 권한이 상당 부분 위임되어 있었고, 지방 간부들은 경쟁하듯 생산목표치를 올렸다. 1958년 애초의 철강 생산량 목표치(생산실적이 아니다)는 대약진 기간인 8개월 사이에 2배로 늘어났고, 이듬해 목표는 재차 그 수치의 2~3배로 늘었다. 즉 15년 만에 따라잡기로 했던 영국의 철강 생산량을 2년 만에 따라잡는다는 광기의 사태가 벌어졌다.

식량은 주로 농촌이 담당하지만 철은 도시지역에서도 만들어졌다. 제대로 된 기술도 설비도 없는데 어쨌든 철을 증산하라니 그 자체가 억지스러운 이야기다. 하지만 당의 지시가 있는 이상 어쩔 수 없이 해야 했다. '토법고로土法高爐[1]'라는 소규모의 재래 공법을 장려하더니 결국 주변의 철제품을 내놓으라고 하여 다시 녹인 결과, 쓸 수도 없는 철이 온 나라에서 대량으로 생산되었다. 농업 분야에서도 언뜻 혁신적 농업기술의 도입으로 보이

---

1) 제철에서 전통 기술방식으로 철을 생산한다는 뜻으로, '전통 (제철) 기술과 소형 용광로'라는 단어가 결합된 것임._역

는 '심경밀식법深耕密植法' 등이 경이적인 수
확을 보장한다고 소개되어 실행에 옮겨졌
다. '심경밀식'이란 글자 그대로 땅을 깊이
갈아 흙을 다듬으면 모종을 빈틈없이 심어
도 괜찮으므로 생산량이 늘어나게 된다는
일종의 사이비 과학 농법이었다.

이 밖에 인민공사는 농촌사회를 한 단계
높은 단계인 공산주의 사회로 가게 하는 징
검다리로 알려졌으며, 그 이상理想을 쉽게
보여주는 구체적인 사례로 각지에 무료로
식사를 제공하는 공공식당을 설치했다. 각

화보 『만화(漫畵)』 1958년 11월호의
표지. 면화 수확(7,000만 담=약 420
만 톤)이 미국을 앞질렀다고 자랑하고
있으나, 실제로는 그 절반 수준이었고,
1960년에는 다시 반토막이 났다.

가정에서 취사하는 수고를 덜면, 그만큼 생산활동에 종사할 수 있는 시간
이 증가할 것이다, 무엇보다 '노동에 따라 가져가는' 상태에서 '필요에 따라
가져가는' 상태로 나아가는 것은 인류 사회가 공산주의 단계로 진입하는
일대 진화인 것이다. 신문에 보도되는 증산 달성 수치는 허구와 날조를 거
듭하면서 점점 높이 치솟았다.

결과는 차마 똑바로 볼 수 없을 정도로 끔찍했다. 식량 생산은 늘지 않았
고, 그렇다고 강제 수매의 할당량이 줄지도 않았기 때문에, 공공식당에서
는 맘껏 먹어 치우고 철鐵 같은 것이나 대량생산한 결과 찾아온 것은 극심
한 식량 부족, 그리고 굶주림이었다. 철을 만드는 데 일손을 나눠주느라 농
각물 수확을 소홀히 힌 딋에 1959, 1960년은 2년 언속하어 생산이 내폭 삼
소했다. 물론 대폭의 생산 감소라는 사실은 오늘날에는 역사 문헌을 사용
해 어느 정도 실태를 파악할 수 있지만, 허위 보도나 과장 보고가 만연하던
당시에는 손을 쓰려고 해도 근거로 삼을 만한 데이터가 없었다.

그 사이 1959년 여름 피서지인 루산廬山(장시江西)에서 열린 중앙정치국 확대회의와 중앙위원회 총회(소위 루산회의)에서 고참 간부이자 마오와도 친분이 두터운 펑더화이彭德懷펑덕회(당시 국방부장)가 마오에게 정책의 재검토와 극좌적 풍조의 시정을 요구하는 편지를 보냈다가 마오의 분노를 사고는 오히려 반당 활동을 했다고 비난받는 사태가 벌어졌다. 사실 루산회의를 앞두고 마오쩌둥은 국가주석 자리에서 내려와 이를 류사오치劉少奇유소기에게 물려주었고(당 주석은 계속 유지), 그 회의도 대약진 시정을 의제로 삼을 예정이었는데, 그것이 시정은커녕 더욱 강력하게 추진되게 된 것이다. 이렇게 대약진의 무모한 시도는 이듬해에도 반복되었고, 수많은 아사자가 발생했다. 기아와 영양실조로 인한 사망자는 3천만 명이 넘는 것으로 추산한다. 엄청난 실정[大失政]이다.

왜 이런 상식 밖의 정책이 실행되었으며, 왜 어처구니없는 수치나 목표에 의문을 제기하지 못했을까? 마오쩌둥을 비롯한 공산당 지도자들은 아마추어 같은 제철법이나 사이비 농업기술로 생산이 2배, 3배로 늘 수 있다고 진짜 믿고 있었던가? 누구나 갖는 의문이다. 이에 대해서는 마오 등 중앙 지도부에 올라오는 정보와 보고가 애초부터 믿을 수 없는 것이었기 때문에 그들은 정상적인 판단을 할 수 없었다는 설명이 있다. 확실히 허위 보고를 포함해 중앙 지도부의 의향에 영합하려는 성과 보고가 다수 있었던 것은 사실이다. 적극성을 보이지 않으면 전년도처럼 '우파'라는 소리를 들을 수 있다. 그런 두려움이 수치를 더 크게 만들었을 것이다. 하지만 앞서 펑더화이의 간언처럼 사태가 터무니없는 방향으로 진행되고 있다는 정보는 대약진이 시작된 지 얼마 지나지 않아 지도부에 들어왔다. 마오쩌둥도 자신의 비서와 호위관을 지방에 파견해 실정을 숨김없이 보고하라고 명령했고, 돌아온 이들은 비참한 상황을 마오에게 보고했다. 그런데도 이렇게 된 것이다. 왜 그럴까?

그들 마오의 측근들은 비참한 상황만 마오에게 전한 것이 아니다. 이들이 동시에 보고한 것은 대약진의 지시에 농민들과 현지 간부들이 얼마나 열심히 노력하고 있는지와, 당과 마오 주석을 위해 밤낮없이 애쓰는 모습이었다. 인민의 열정에 물을 끼얹어서는 안 된다. 이것은 마오가 사회주의 건설을 하루라도 빨리 실현해야 한다는 자신의 신조를 담아 늘 하던 말이다. 비참한 상황만 보고서 그러니 그만두라고 명령하는 것은 민중의 열의에 찬물을 끼얹는 것이나 다름없다. 그런 신념인지 망상인지 모를 심정이 대약진의 재앙을 일찍이 없었던 규모로 만들었다. 그러므로 오랜 동지에게 현실과 동떨어진 망상이라고 지적당하자 마오는 비정상적일 정도로까지 격분하여 펑더화이와 그의 의견에 동조하는 장원톈 등 몇 명을 '반당 집단'이라 부르며 그들의 정치적 지위를 박탈했던 것이다.

다만 동시에 지적해야 할 것은 대약진 추진이든 루산회의에서의 펑더화이 탄핵이든, 저우언라이, 류사오치 등 당내에서는 이에 굳이 반대하는 목소리를 내지 않았고, 거꾸로 린뱌오林彪임표처럼 일이 잘 안 되는 것은 주석이 시키는 대로 안 하기 때문이라고 마오를 감싸는 이들이 적지 않았다는 점이다. 1960년에 이르러 비로소 류사오치 등이 중심이 되어 정책을 전환하고, 이후 1962년에 개최된 당원 7천 명을 모은 회의장에서 류사오치는 대약진의 실패를 '3할은 천재天災, 7할은 인재人災'라고 총괄하였고, 마오 역시 자신의 책임을 언급하기에 이르렀다. 하지만 여전히 마오를 옹호하는 목소리는 삭지 않았다. 서우언라이는 회의 발언에서 "지난 몇 년간의 과오와 실패는 우리가... 마오 주석의 귀중한 지시를 따르지 않았기 때문입니다."라고 잘라 말했다.

훗날의 문혁을 포함해서 만년의 마오쩌둥이 편집증[paranoid]이라고도

할 만한 일종의 병적 기질 상태였다는 점이 종종 지적된다. 물론 마오를 논할 때 그가 병적 상태에 있었는지, 어느 정도의 병증이었는지는 큰 문제지만 보다 근본적인 문제는, 질병이라는 본질적으로는 개인적 결함이 조직이나 국정운영 자체에 영향을 미치고 마는 정치체제 쪽에 있을 것이다. 마오에게 책임이 있다면 그건 어떤 병을 앓고 있었다는 데에 있지 않고, 그러한 지도자를 교체하거나 쉬게 할 수 있는 구조를 마오 자신이 만들지 않은 데에 있다. 마오의 유아독존을 가능케 한 중앙 지도자들의 심리[心性]에 대해서는 앞서 제3장 제3절에서 설명했는데, 마오는 스스로 폭군이 되었다기보다는 폭군이 될 수 있도록 지지받은 것이었다.

어쨌든 과도한 사회주의화를 다소 수정하는 이른바 '조정정책'이라는 비교적 온건한 정책이 1960년대 전반에 취해졌다. 시장경제의 일부 부활, 농업세 인하, 강제수매 가격 인상, 자류지自留地에서의 자유로운 작물 경작과 가내부업의 승인, 경공업에 대한 배려 등으로 사회는 안정을 되찾았다. 대략 5년을 단위로 하여 경제성장을 보면, 1960년대 전반의 GDP(국내총생산) 성장률은 15%로, 훗날 개혁개방기보다도 실은 더 높았다. 그 이전의 대약진이 마이너스 성장이었던 것에 대한 반동이라는 측면이 있지만, 농촌 부양은 확실히 효과적이었다고 해도 좋을 것이다. 한편 정치적인 면에서는 1962년 마오의 제기로 사회주의교육운동이 진행됐으나, 류사오치 등이 불필요한 혼란을 일으키지 않도록 통제했기 때문에 사회를 뒤흔들지는 않았다.

이와 달리 긴박했던 것은 중국을 둘러싼 국제 정세였다. 동맹국 소련과의 관계는 스탈린 사후에도 한동안 유지되었으나, 흐루쇼프 정권이 미국과의 평화공존을 추진하자 중국은 제국주의와 결탁하는 수정주의라고 반발했고, 반면 소련은 중국이 추진한 대약진을 현실을 보지 못하는 '공상적 사회주의'라고 비판하면서, 서로 사회주의 이데올로기를 근거로 상대를 격렬히 비난하게 되었다. 그리하여 1959년 소련은 중·소 동맹의 핵심이었던 '국방신기술협정'을 일방적으로 파기했고, 소련의 대중對中 지원의 상징이던 소련인 기술자들도 이듬해 일제히 귀국하면서 중·소의 대립은 결정적이 되었다. 그동안에 이른바 아시아·아프리카 신흥국에 접근하면서 중국은 유엔에 가입하지 못한 불리함을 보완하고 존재감을 드러내기는 했지만, 일찍이 저우언라이와 네루가 1954년에 '평화 5원칙'에 합의까지 했던 인도와의 사이에 국경분쟁이 일어났고, 1962년에는 군사 충돌로 악화되는 등 중국의 국제적 고립은 부인할 수 없는 사실이었다.

특히 중국의 국내 정치에까지 큰 영향을 미친 것은 중·소 분쟁이다. 한국전쟁 이래 미국의 군사적 위협은 1990년대 초 시점에서는 베트남, 한반도, 타이완 등을 중간에 끼고 있어 간접적이었지만, 소련의 군사적 위협은 접경지역이 7천 km 이상이나 되는 만큼 더 절실하고 직접적이었다. 따라서 제3차 5개년 계획(1966~)에서는 삼선건설三線建設이라 불리는 내륙부에 군수공업 기지를 건설하는 사업이 우선적으로 추진되었다. 설령 제1선(국경 지역, 연해 지역)이 뚫리고 뒤를 이어 평야 지역(제2선)이 침공당해도 오지奧地의 제3선에 있는 중화학공업이 장기 항전을 지탱한다는 전략구상이다. 나중에는 대규모 전쟁에 대비해 주로 대도시에 무수한 방공호가 조성되었다. 이러한 긴박한 상황에서 일어나 앞서의 대약진보다 더 큰 충격을 국내외에 안겨준 것이 1966년에 불붙은 문화대혁명이다.

마오는 대약진의 실패를 인정하고 일단 얌전히 '조정정책'의 추이를 지켜보있지만, 그 와중에도 계급투쟁階級鬪爭을 잊어서는 안 되며, 자본주의에서 공산주의로 가는 과도기적 사회주의 시대에도 계급투쟁은 더욱 치열하게 전개될 것이고, 이러한 투쟁은 당내에서도 마찬가지임을 강하게 주장했다. 마오쩌둥이 보기에는 국내 경제활동을 회복시키고 농업생산을 올린 농민에 대한 우대 정책도 사회주의와는 정반대의 고식적 처방, 혹은 기껏해야 일시적인 미봉책에 불과했으니, 이런 방식을 지속할수록 진정한 생산력 향상을 가져오는 사회주의 실현은 멀어질 수밖에 없다는 것이다. 그에게는 사회주의의 가면을 쓰고 사실 사회주의를 '수정'하고 타락시키는 것이 밖으로는 소련의 흐루쇼프이고 안으로는 '조정정책'을 추진하는 류사오치 등이었다.

또한 마오쩌둥은 예술과 학술 분야에서도 사회주의 개조가 불충분하다고 보고, 두 분야를 관할하는 당 관료들도 부르주아 사상이나 수정주의에 오염되었다고 생각했다. 이러한 대내외적 요인이 맞물려 나타난 '수정주의'를 일소하기 위해, 지금까지 마오 자신이 이끌어 온 공산당이라는 조직 자체를 근본부터 쇄신하는 것, 그것이 1966년에 발동된 프롤레타리아 문화대혁명(이하 상황에 따라 '문혁'으로 약칭)이다. 마오쩌둥식 대중운동 방식을 높이 평가하고 경제정책 측면에서도 마오가 생각하는 사회주의 추진론에 동참하는 당 지도자는 분명히 마오 외에도 있었다. 앞서 말했듯이 그런 의미에서 마오는 홀로 고립된 독재자가 아니었다. 하지만 그가 당 자체의 쇄신까지 염두에 두고 있음을 감지하고 그의 생각에 공감할 수 있었던 동지는 거의 없었다. 1966년 대동란 문화대혁명이 일어났을 때 당 지도자 대부분이 사태의 의미를 제대로 이해하지 못했던 것은 바로 이런 이유이다.

문혁은 1966년 발표된 역사극 「해서파관海瑞罷官」에 대한 비판이 발단이었다. 그 비판을 발표할 수 있도록 응당한 기회를 주지 않았다며 이듬해 베이징 시장 펑전彭眞팽진이 비판을 받게 되고, 이를 전후하여 부르주아 계급의 반동사상을 일소하는 대대적인 캠페인으로 막이 올랐다. 마오쩌둥은 『인민일보』를 통해 젊은이들에게 낡은 것과 권위를 타파하라고 선동했고, 1966년 8월에는 '조반유리造反有理'(반역에는 이치가 있다)라고 말해 더욱 부추겼다. 베이징에서 시작된 이 운동은 순식간에 전국으로 파급되었고,

공산당 지도부의 변동을 불러일으켰다. 혼란을 수습하려던 류사오치(당 부주석)는 거꾸로 자기비판을 해야만 했고, 8월에는 직위에서 해임되었으며, 이윽고 '당내 최대 실권파實權派' '중국 흐루쇼프' 등의 죄목을 뒤집어썼다.[1]

사람들이 이번 운동은 지금까지의 것과는 크게 다르다고 확실히 의식하게 된 것은, 1966년 5월 말에 처음 만들어진 뒤 급속히 확대·유행하게 된 젊은이들의 자발 조직이 거리로 쏟아져 나와 낡은 것을 철저하게 파괴하기 시작했을 무렵부터일 것이다. 군복에 '홍위병紅衛兵'이라고 쓴 붉은 완장을 차고 빨간 작은 책을 든 10대 후반에서 20대의 젊은이들이 8월경부터 거리 시위에 나선 것이다. 젊은이들이 들고 있던 것은 『마오 주석 어록』, 즉 『마오쩌둥 어록』이었다. 이 책은 대약진의 실패로 마오의 지도력에 그늘이 드리워지기 시작했을 때, 당 중앙에서 거의 유일하게 마오에 대한 지지를 계속 표명했던 오랜 동지 린뱌오(펑더화이 해임 후 국방부 장관에 취임)가 인민해방군의 정치교육 자료로 제작하여 1964년에 해방군 부대에 배포했던 것이 시초이다. 마오의 오랜 친구로 기탄없이 강직하게 의견을 피력한 것이 펑더화이였다면, 같은 옛 부하라도 마오를 공순히 따름으로써 총애를 얻으려 한 사람이 린뱌오였다고 할 수 있다.

급진적 학생들이 자신들의 주장을 발표하는 수단으로 사용하던 '대자보大字報'를 빌려 마오쩌둥 자신도 8월에 '사령부를 포격하라-나의 대자보'를 발표하고, 이어 각지에서 모여든 홍위병 젊은이들 100만여 명을 톈안먼 광장에서 사열했다. 사열 대집회는 11월까지 8차례에 걸쳐 열렸으며, 총 1천만 명이 참가했다. 마오쩌둥이 이 대규모 군중에 선동되고, 군중 또한 마오쩌둥에게 선동되어 운동은 걷잡을 수 없는 수준으로 과격화되면서 확산되

---

1) 1968년 이미 당에서 제명된 류사오치는 박해 속에서 죽음으로 내몰렸다.

『마오쩌둥 어록』을 치켜들고 문혁 구호를 외치는 홍위병.

어 사회질서는 대혼란에 빠졌다. 당내에서는 많은 원로급 간부, 현역 간부들이, 그리고 학교·기업과 소수민족 지역에서는 지식인, 관료, 종교인들이 굴욕적인 처사를 당했고, 때로는 폭행이나 살해까지 당했다. 수많은 귀중한 역사적 문물과 유적이 파괴되었다.

젊은이들이 그 당시에 마오쩌둥의 의도를 뛰어넘은 규모와 격렬함으로 행동하고 나선 배경은 복잡하다. 굳이 그 이유를 하나 꼽자면, 그 이전까지의 인민공화국이 많은 사람을 숨 막히게 느끼게 하는 출구 없는 사회[閉塞社會폐색사회][1]였다는 점을 들 수 있다. 개인당안과 밀고제도 등에 의한 사회 관리, 출신 계급에 따른 차별과 같은 것이 일상적이었던 반면에 혁명 선배들의 영웅담과 공산당 역사는 학교 교육과 미디어를 통해 끊임없이 젊은이들에게 주입되어 혁명으로 세상을 바꾸려는 꿈을 심어주었다. 그런데 이제는 마오 주석이 직접 나서서 그렇게 하라고 격려하고 있으니 그들이 떨쳐일어나지 않을 이유가 없다.

그러므로 홍위병들의 에너지는 낡은 것의 파괴나 권위 타도라는 방향으로 폭발하는 동시에 공산당 지배원리나 사회제도의 불합리에 대한 비판이라는 형태의 이의제기로 나타나기도 했다. 예를 들자면, 위러커遇羅克이라는 임시직 노동자 청년이 발표한 「출신론」(1966년 12월)이 있었다. 자본가 가정에서 태어난 그는 선천적 출신 계급에 기초한 혈통주의가 '인위적인 골'을

---

1) 사회 전체가 '폐색감', 즉 전망의 부재로 막막함과 우울감, 정신적으로 꽉 막힌 느낌으로 뒤덮인 사회를 지칭하는 말로, 현재 일본에서 '격차사회'와 더불어 많이 쓰이는 용어이다. 은둔형 외톨이, 자살자, 노숙자 등 병리적 현상이 커지는 일본 사회를 지칭하는 말이나, 여기에서는 통제가 물샐틈 없는 1960년대 중국 사회를 지칭하는 데 쓰였다._역

만들어 노골적인 차별의 근원이 되고 있다며, 인민공화국의 사회원리 자체를 고발했다. 그러나 홍위병과 노동자들이 가세해 들불처럼 번진 문혁의 열광 속에서 그러한 내적 성찰이 깊어질 여지는 없었고, 위러커는 1년쯤 뒤에 거꾸로 반동적 주장을 퍼뜨렸다는 무고를 당해 체포되어 반혁명죄로 사형에 처해진다.

각지에서는 자신들이야말로 마오쩌둥 가르침의 충실한 실천자라고 주장하는 조반造反 조직이 난립했고, 급기야는 무력 항쟁까지 시작되었다.[1] 지역에 따라서는 자동소총과 박격포가 동원될 정도로 무투武鬪가 격화되는 가운데 정상적인 경제활동과 일상생활은 중단되고 국가 운영조차 지장이 생기는 비정상적인 사태가 빚어졌다. 당시 중국 사회에서 조직다운 조직이 공산당 외에는 하나도 없었기 때문에, 그 조직이 마비 상태에 빠진다는 것은 사회의 유일한 통제 시스템이 없어진다는 것을 의미했다.

대응에 고심한 마오쩌둥 등은 이후 인민해방군을 동원해 사회질서 회복을 꾀하는 한편, 1968년경부터 도시 청년들을 반강제적으로 농촌이나 공장에 파견·이주시키기로 했다('하방下放'이라 한다). 농민과 노동자에게 배운다는 논리였지만, 실제로는 골칫거리가 된 불온분자인 도시 청년들을 내쫓는 조치였다. 문혁이 초래한 생산체제·경제제도의 혼란 탓에 도시지역에서는 이들 청년 노동력을 흡수할 수 없었기 때문이기도 하다. 문혁 전후를 포함하여 농촌으로 보내버린 청년은 1,600만~2,000만 명으로 추산된다.

도시에서 쫓겨난 것은 청년들만이 아니다. 진작부터 여러 차례 사상개조를 당해온 지식인들은 이번에도 표적이 되었다. 식상에서 한바탕 규탄 집회에 끌려가거나 가택수색을 당하는 등 박해를 받은 뒤 이들은 '오칠간부

---

1) 서로 글로 비판하는 문투(文鬪)와 대비하여 무투(武鬪)라고 한다._역

학교五七幹部學校'라는 재교육시설로 보내졌다. '오칠(5·7)'이란 문혁의 정신 -
전국을 혁명화한 큰 학교로 만들자 - 에 관해 마오쩌둥이 린뱌오에게 설명
한 서한의 날짜(1966년 5월 7일)인데, 그 지시 서한의 정신에 따라 2년 후에
지방 농장 등지에 시설이 설치된 것이다. 전국의 당 간부와 지식인 대부분
은 그 '학교'로 내려가 재교육을 받으라는 명령을 받았다. 이름은 학교지만
사실상 군이 관리하는 노동수용소였고, 장소에 따라서는 유배지였다.

　반우파 투쟁을 가까스로 빠져나갔던, 앞에서 나온 양쟝 여사도 문혁이
시작되자, 이직한 사회과학원(외국문학연구소)에서 '부르주아 학술 권위'
로 판정받아 굴욕적인 처사를 당한 뒤 허난성의 '간부학교'로 가야 했다. 덧
붙이자면 그녀의 경우 그나마 다행이었던 것은, 다른 수용자와 마찬가지로
'우귀사신牛鬼蛇神'(사람이 아님, 온갖 잡귀신이란 뜻) 취급은 받았지만 1969년
말부터 2년간 배정받은 징벌적 노동이 변소 청소와 같은 경노동에 그쳤다
는 점이다. 1957년의 반우파 투쟁은 어떤 행위로 인해 우파로 규정된 자가
대상이었지만, 문혁 때의 박해는 단지 부르주아 지식인이라는 이유만으로
가해진 것이었다. 그녀처럼 '오칠간부학교'에 보내진 사람은 당 간부와 지식
인 등으로, 그 수는 수백만, 일설에는 약 1천만 명에 이른다고 하지만, 공식
통계는 발표된 바 없고, 제대로 된 통계가 있는지도 불분명하다. 앞의 하방
이든, 이 간부학교든 문학작품의 소재가 되는 것이 고작이고, 중국 국내에
서는 아직 자유로운 연구나 통계자료의 정리·발표는 허용되지 않기 때문이
다. 참고로 문혁으로 류사오치 다음의 '당내 제2호 실권파'로 지목되어 실
각한 덩샤오핑도 '간부학교'는 아니지만 장시성의 트랙터 공장으로 하방되
어, 약 3년간 연금 상태에서 노동에 종사했다.

　문혁 초기의 조반·탈권奪權 운동으로 심각한 타격을 입은 기존 당 조직과
행정조직을 대신하여 각지에서 조직된 권력 기구가 혁명위원회이다. 1967

년부터 이듬해까지 각 성, 시에서 성립된 혁명위원회는 인민해방군, 혁명적 간부, 혁명적 대중의 3자 대표로 구성한다고 되어 있다. 하지만 특별히 선거에 의해 선출된 것이 아니며, 실체적 조직으로서 실력이 있는 군의 뜻이 존중되었다. 혁명위원회는 당무, 행정, 군사, 사법 등 광범위한 권한을 가진 독재형 기관이었으나, 전문적 지식과 기술을 가진 사람들은 문혁의 거친 풍파 속에 사회 일선에서 배제되었기 때문에 제대로 된 행정서비스나 경제 운영 등은 애초에 바랄 수도 없었다. 이들을 대신해 문혁을 통해 세력이 커진 것이 치안 회복과 국방의 기둥인 군軍(그 대표가 린뱌오), 그리고 마오쩌둥 숭배를 무기로 이데올로기·문화 분야에서 출세를 거듭한 장칭江靑(마오쩌둥 부인), 장춘차오張春橋을 포함한 '4인방四人幇'으로 불리는 인물들이다.

이러한 일련의 대규모 변동이 일단락된 1969년 4월, 공산당은 실로 13년 만에 당대회(제9차)를 열었다. 통상적으로 공산당의 대회는 제대로 준비되어 있지 않으면 개최하지 않는다. 지하활동을 하던 시절이라면 몰라도 집권당이 된 공산당이 10년 넘게 당대회를 열지 않았다는 것은 당시 중국 정치의 격동과 혼란스러움을 보여준다. 이 대회에서는 '마오 주석의 친밀한 전우' 린뱌오가 그의 후계자임이 명문화되었고, 군부 인사가 중앙위원을 절반 가까이 차지했다.

칼럼⑨ 제2의 국가國歌 - 「동방홍」

세상에는 '제2의 국가國歌'라는 것이 있다. 정식 국가는 아니지만 국민에게 널리 사랑받는 노래를 그렇게 부른다. 미국이라면

「갓 블레스 아메리카God Bless America」, 영국이라면 「위풍당당 행진곡[Pomp and Circumstance Military Marches]」과 같은 경우다. 대부분 법으로 규정된 것은 아니어서 사람마다 의견이 갈릴 것이다. 중국의 경우는 1950년 건국 1주년에 맞춰 만들어진 「가창조국歌唱祖國」(작사·작곡 왕신王莘)을 꼽는 사람이 많은 듯하다. 2008년 베이징올림픽 개회식에서 아홉 살 소녀가 독창했다가 립싱크였던 것이 뒤늦게 밝혀져 화제가 되었던 그 노래이다. "오성홍기가 바람에 나부끼며 승리의 노랫소리가 울려퍼진다"라는 가사는 국가로도 손색이 없다.

반면에 나이 지긋한 사람들은 「동방홍東方紅」쪽을 지지할지도 모른다. 하지만 오늘날 제2의 국가라고 하기에는 아래에서 알 수 있듯이 마오쩌둥 찬양의 색채가 짙어 이의를 제기하는 경향도 있을 것이다.

동쪽 하늘이 붉게 물들고 태양이 떠오르는 중국에 마오쩌둥이 나타났다.
그는 인민의 행복을 생각하는, 아! 그야말로 인민의 큰 구원의 별.

하지만 「동방홍」이야말로 문혁기까지 절대 착각할 리 없는 확실한 중국 제2의 국가였으며, 「의용군 행진곡」이 문제가 되었을 때는(칼럼⑧) 사실상의 국가였다. 이 단순한 곡조의 노래도 민요를 바탕으로 한 개사곡이기 때문에 앞서 칼럼④에서 언급했듯이 내력에는 의구심이 남아있다. 다만 「삼대기율 팔항주의」와 달리 원곡(선율)이 산시성陝西省 북부의 민요 「기백마騎白馬」라는 점, 여기에 가사를 붙인 것이 리유위안李有源이라는 가난한 농민(민요 소리꾼)이라는 것, 1943년에 최초로 불렸다는 점 등 기본적인 사항은 이미 확인되었다.

1943년이라고 하면, 3월에는 마오쩌둥이 당내 일상 업무를 담당하는 중앙서기처에서의 '최종 결정권'을 갖는 것이 승인되고, 5월에는 코민테른이 해산을 결정하면서 그야말로 마오쩌둥의 지도권이 당내에서 확립되었다고 해도 과언이 아닌 획기적인 해였다. 또한 그 전 해에는 마오쩌둥이 이른바 옌안문예강화를 발표하여, 노동대중을 위한 예술을 지향하도록 강조한 바 있었다. 그런 와중에 산베이 농민이 마오쩌둥을 찬양하는 노래를 현지 민요에 담아 '창작'했다는 화제는 이보다 더 완벽할 수 없는 이상적인 예술의 모습을 보여주었음에 틀림없다.

인민공화국 성립부터 문혁기까지 「동방홍」은 국가에 준하는 대우를 받아, 공산당의 각종 행사는 「동방홍」으로 시작하여 「인터내셔널」로 끝나는 식순으로 진행되었다. 해외용 라디오방송(베이징 방송)도 마찬가지였다. 또한 중국이 발사한 최초의 인공위성, 그 이름도 '동방홍 1호'(1970년)인 이 위성이 지상을 향해 송출한 음악도 「동방홍」이었다. 하지만 「동방홍」 가사에 보이는 구세주에 대한 희구(마오는 큰 구원의 별)가 「인터내셔널」 가사의 정신(구세주는 필요 없고 해방은 노동자가 스스로 쟁취하는 것이다 - 이 구절은 원곡에도 중국어 가사에도 있다)과 상충하는 것은 분명했기 때문에 일부 당 간부들은 석연치 않게 느꼈다고 한다.

한편 요즘 여러모로 마오쩌둥과 비교되는 시진핑이지만, 최근 5년 정도 사이에 시진핑을 숭배하는 노래가 속속 만들어지고 있다. 우선 2016년 3월경 동영상과 함께 인터넷에 올라와 화제를 모은 「동방우홍東方又紅」이라는 노래는, '우홍又紅'(다시 붉다)이라는 제목처럼 「동방홍」을 바탕으로 한 개사곡으로, "동쪽 하늘이 다시 붉게 물들고 태양이 다시 떠오르는 중국에 시진핑이 나타났다..."는 가사이다. 시진핑을 띄우려는 지지 세력이 꾸민 일이라는 이야기가 있는가 하면, 악의적인 선전가를 틀어서 시진핑의 이미지를 깎아내리려는 '사실상 저격'이라는 이야기까지 다양한 논평이 쏟아졌지만, 진상은 알 수 없다. 그 1년 후에는 「시 주석은 전국의 인민과 함께」라는 노래가 당대회 전후로 불렸다. 하지만 제2의 국가가 될 기미는 보이지 않는다.

제5장 | 혁명에서 멀어지다

1. 탈문혁脫文革의 모색 – 무엇이 중국공산당을 지탱했는가

문화대혁명은 국외에도 큰 영향을 미쳤다. 특히 1968년 전후에는 유럽, 일본, 미국 등 서방 국가에서 사회운동과 학생운동이 고양되고, 국제적으로는 소련과 선을 긋는 신좌파[New Left] 계열의 힘이 강했던 것도 작용하여, 마오쩌둥 사상과 문화대혁명이 주목받고 숭배의 대상이 될 정도였다. 일본에서도, 예를 들면 간사이關西 지역에 '마오쩌둥 사상 학원毛澤東思想學院'이라는 학교(겸 연수 시설)가 있었다고 하면 독자들은 의외로 생각할지 모르겠으나, 틀림없는 사실이다. 당시 국교가 없는 중국으로부터의 정보는 제한된 형태로만 들어왔고, 무비판적으로 혁명 중국과 마오쩌둥을 예찬하는 경향도 있었기 때문에 문화대혁명을 객관적으로 분석하기는 어려웠다. 하지만 그런 문혁 지지자들조차 이해할 수 없었던 것이 1971년 9월 린뱌오林彪 임표 사건이었다.

불과 2년 전 마오의 후계자로 인정받았고 마오에 대한 충성심 역시 두텁다고 알려졌던 당 부주석 린뱌오가 마오 타도의 쿠데타 미수 끝에 처자와 함께 비행기로 소련 쪽으로 도피하려다 도중에 몽골 초원에 추락사한 놀라운 사태가 벌어졌다. 그러나 그런 엄청난 사건이 있었다고 외국에 보도된 것은 열 달이나 지난 1972년 7월에 가서였다. 그 사이에 중국 언론은 린의 동정을 일체 보도하지 않았고, 해외 언론은 이를 두고 린이 실각한 것으로 추측했었다. 그러다가 사태가 '쿠데타' '추락사'와 같은 기괴한 전개였음이 중국의 공식 설명으로 보도되자 전 세계가 놀라자빠졌다.

린뱌오는 오랜 공산당원으로 국민혁명기에는 황푸군관학교에서 공부했고, 이후 징강산井崗山 시절부터 마오의 부하였다. 문혁 때까지 『마오 어록』의 편찬·발행을 비롯하여 인민해방군 전군에 마오에 대한 충성을 강조하고

후계자로까지 지명된 린이 왜 국외
도피를 해야 했는지, 비행기는 왜, 어
떻게 몽골로 추락했는지... 중국의 공
식 견해는 린뱌오의 야심과, 그것이
동기가 된 반당 활동이 드러났다고
강조하지만 그 설명을 곧이곧대로 믿
는 사람은 많지 않았고, 지금도 수수
께끼는 여전히 남아 있다. 앞서 류사
오치劉少奇유소기가 넘버 투이면서도

선전화 「네가 맡아준다면 나는 안심이다」(1977
년). 화궈펑에게 말을 거는 마오쩌둥은 기운차게
보이지만, 실제로 이 면회가 있었던 1976년 4월
30일에는 제대로 된 대화가 어려웠다고 한다.

점차 마오가 그를 멀리하면서 마침내 타도의 대상이 된 것처럼, 린뱌오도
마오의 신뢰와 그에 따라붙는 의심의 눈초리를 받아가 궁지에 몰려 파멸을
자초하는 행동을 한 것이라는 설명도 있지만 모두 정황증거다.

확실한 것은 도무지 이해가 안 가는 이 사건과 역시 이해 불가한 공식 설
명을 듣고, 그동안 문혁의 의의와 혁명의 대의를 믿어온 많은 사람들이 문
혁에 대한 열정과 심취를 냉철한 눈으로 보게 되었다는 점이다. 린뱌오 사
건을 계기로 당은 린뱌오와 공자를 합쳐 비판하는 운동(批林批孔비림비공)
을 전개하였다. 이 공자 비판의 배후에는 공자가 찬양한 고대의 성인 주공
周公을 저우언라이周恩來주은래에 빗대어 비판하려는 마오의 숨은 의도가 있
었다고 하는데, 그런 아전인수로 갖다 붙인 정치운동이 사람들의 지지를
끌어낼 수 있을 리 만무했다. 점차 이러한 정치운동 자체가 사람들에게 외
면받기 시작했다.

린뱌오 사건 전후부터 건강 악화가 잦아지던 마오는 1972년에는 미국·일
본 등과 외교 관계를 잇달아 개선하는 마치 곡예 같은 정책 대전환을 해내
더니, 1976년 조용히 세상을 떠나게 된다. 이해는 마오의 서거에 앞서 그와

2인3각으로 혁명을 이끌어 온 저우언라이와 주더朱德주덕라는 두 명의 원훈 元勳도 연이어 서거하여 한 시대가 갔음을 느끼게 하는 한 해가 되었다. 관계자들 사이에 음으로 양으로 불화를 일으켰던 마오의 후계자 자리에는 지방에서 충성스럽고 착실한 활동으로 마오에게 평가받아 발탁되었던 화궈펑華國鋒화국봉(당 제1부주석, 국무원 총리)이 4인방 일파를 누르고 오르게 됐다.

당내 기반이 취약했던 화궈펑이 의지한 것은 마오가 그를 신뢰했다는, 그야말로 증명서라 할 수 있는 생전에 남긴 메모 '네가 맡아주면 나는 안심이다(你辦事, 我放心)'였다. '나는 이렇게 신뢰를 받아 지도자 자리에 오르게 된 것이다', 그렇게 자부한 화궈펑은 마오가 사망한 지 얼마 지나지 않아 (1976년 10월) 군부에 인맥과 위망을 가진 예젠잉葉劍英엽검영(국방부장), 당 중앙경위국中央警衛局을 지휘하는 왕둥싱汪東興(경위국 제1비서) 등의 협조를 비밀리에 얻어내 장칭 등 4인방을 일거에 전격 체포했다. 마오가 추진한 급진적 사회주의의 악평을 어떻게 보면 대신 떠넘긴 것이다. 그렇기 때문에 원성의 표적이었던 4인방이 체포되자 사람들은 환호성을 올렸다.

당 주석에 취임한 화궈펑은 당시 문혁을 비롯한 마오쩌둥 사상의 모든 것을 계승하겠다고 선언했지만, '네가 맡아준다면'의 신통력이 통했던 것은 덩샤오핑鄧小平등소평이 당 부주석, 부총리로 1977년 중반 당 중앙에 복귀할 때까지였다. 덩은 1976년 1월에 저우언라이가 사망한 뒤 일어난 민중의 자연발생적 추모 기념활동이 마오쩌둥 등에 의해 반혁명활동으로 간주되어 탄압받았을 때(제1차 톈안먼사건, 4월) 민중을 부추긴 흑막으로 지목되어 그 생애 몇 번째인가 모를 실각을 또 했으나, 마오가 죽자 화궈펑에게 복직을 희망하여 마침내 중앙에 복귀할 수 있었다. 당의 주도권은 순식간에 당 경력·인맥·경험 모두에서 화궈펑을 훨씬 능가하는 실력자였던 덩샤오핑에게 넘어가게 된다. 당 부주석이지만 실질적으로 최고지도자가 된 덩샤오핑은 문혁에서 살아남아 차차 중앙 정계에 복귀한 펑전彭眞팽진, 천윈陳雲진운, 후차오무胡喬木 등 과거 실권파의 인사들, 그리고 그들의 복귀를 지원한 후야오방胡耀邦호요방 등과 함께, 1978년 말 당의 중요회의(제11기 3중전회)에서 '개혁개방 정책'으로 불리는 새로운 노선을 내놓았다.

개혁개방 정책의 특징은 후술하겠지만, 여기서는 그 정책의 맹아가 이미 문혁기에 나타난다는 점을 지적하고 싶다. 보통 '개혁개방 정책'의 중국은 마오쩌둥 시대의 중국과 대조적으로 그려지는 경우가 많다. 즉 마오쩌둥 시대는 잇따른 정치운동과 비효율적인 계획경제가 재앙이 되어 중국이 발전에서 뒤처져 있었지만, 정치운동을 억제하고 사회 안정화를 꾀하며 계획경제에서 시장경제로의 전환을 단행한 결과 덩샤오핑 시대의 중국은 갑자기 부유해졌고, 그것이 형태를 달리하면서도 오늘날까지 이어져 금일과 같은 중국의 지위를 만들었다는 도식이다. 따라서 문혁은 중국 경제를 망가뜨렸다고 생각하기 쉬운데, 확실히 GDP로 보자면 마이너스 성장한 해도 있다. 하지만 문혁기 10년을 평준화하면 연평균 4%에 가까운 성장률을 기록했다. 말하자면 가난 속에서도 발전이 있었던 셈이다.

그 배경에는 앞 장 제4절에서 언급한 바와 같이 마오쩌둥 시대의 정책이 계획경제라고는 하지만 중앙의 관리통제 범위가 작고, 그만큼 지방에 생산의 관리 조정 권한이 상당히 이양되어 있었다는 - 말하자면 지방분권화에 따른 경제의 유연한 구조[柔構造유구조] - 사정이 있다. 베이징의 중앙정부와 각 성, 각 시를 관할하는 지방성부의 재성규보는 1950년대까지는 중앙이 8, 지방이 2의 비율이었으나, 1960년대 이후에는 그것이 2:8로 역전된다. 물론 지방은 그 일부를 중앙에 상납하지만, 나머지에 대해서는 재량권이 있었다. 요즘 식으로 말하자면 그것이 인센티브가 되는 것이다. 이를 잘해낸 것이

쓰촨 경제를 재건한 경험을 높이 사서 중앙으로 발탁한 자오쯔양趙紫陽조자양이다.

더욱이 최근 연구에서는 문혁이 당 조직을 비롯한 사회 기반을 파괴한 후, 즉 1971년 무렵부터 당의 기율 이완, 사회 혼란, 식량 부족 등의 사태가 진행되면서 농촌 지역에서는 수백만, 수천만의 농민들이 암시장을 형성하고 공유여야 할 자산과 토지를 분배하고 있었다는 사실이 확인되었다.[1] 이름만 집단 소유일 뿐, 실제로는 각 호에 도급을 주는 기업 활동도 있었다. 마오가 죽기 전에도 농촌에서는 계획경제가 사실상 포기되고 '탈집단화'가 조용히 진행되고 있었다고 말할 수 있다. 행정단위로서의 인민공사는 1983년 이후 점차적으로 폐지되지만, 그즈음에는 완전히 껍데기만 남은 상태였던 것 같다.

극단적으로 말하면, 가혹하고 융통성 없는 마오쩌둥의 농업집단화 강제 때문에 몇 번이나 굶주림에 시달린 농민들은 공산당 정권을 뒤엎는 반란을 일으키는 대신에, 마오 주석이 강요하는 방식을 따르지 않거나 비밀리에 어기는 식으로 살아남아 꿋꿋하게 다음 시대를 준비했던 것이다. 문혁으로 당 조직이 이완·괴사한 덕분에 그게 가능했다고 볼 수도 있으니 참으로 아이러니한 일이다. 앞서의 대약진의 실패와 대량의 아사자, 그리고 10년 동란이라 불리던 문혁으로 인한 생산 활동의 정체, 이런 것에도 불구하고 중국 공산당이 그럭저럭 버틸 수 있었던 것은 공산당에게 어떤 덕성이나 시책이 있어서 '버텨낸' 것이 아니라, 무리한 통치라도 어떻게든 견뎌내고, 그래도 계속 궁핍해지면 말을 안 듣는 식으로 '조용한 혁명'을 일으킬 수 있는 농촌 사회가 공산당을 '버텨내게' 한 것이다.

---

1) ディケーター著, 谷川眞一監 譯, 『文化大革命-人民の歴史 1962~1967』下卷. 人文書院, 2020. 115~132쪽.

문혁 시기에 개별 경영에 의한 경제활동은 계획경제를 조롱하듯 발달하여 '제2의 사회'라 할 시장을 형성했는데, 덩샤오핑 지도부는 이를 유연하게 체제 내에 편입시켰다. 개혁개방기가 시작되자 집단소유적 성질을 가진 것은 지방의 향진기업鄕鎭企業으로 부르고, 또 개인경영의 것은 개체호個體戶(개인사업체)라고 부르도록 하여, 이른바 그 활동의 존재와 의의를 추인해 준 것이다.

문혁기에 준비가 갖춰졌던 것은 그뿐만이 아니다. 부르주아적 지식을 부정한다는 교육 방침에 따라 문혁기에 고등 교육기관들은 줄줄이 문을 닫아야만 했지만, 그 반면에 초중등 교육은 문혁 기간에 상대적으로 후한 보호를 받았고, 결과적으로 개혁개방 시기를 위해 순종적이고 값싼 노동력을 중국에 진출한 외국계 공장에 제공할 수 있었다. 이 또한 마오는 결코 서방 자본주의 국가를 위해 노동력을 제공해 주려고 이런 교육정책을 취한 것은 아니지만, 그 덕택에 마오의 후계자들은 의도치 않게 풍부하고 질 좋은 노동력을 미래의 '세계의 공장'을 위한 초석으로 삼을 수 있었던 것이다.

경제개방 측면에서는 선전深圳(광둥성) 등지에 외국인의 투자 및 사업 환경을 갖춘 경제특구를 조성하여 외자를 도입하는 한편, 국제적 외교 여건을 갖춰 차관과 선진기술을 적극 받아들였다. 1972년에 국교를 정상화한 일본이 제공한 총액 80억 달러에 이르는 플랜트 수입(공여)이나, 그 후에도 계속된 거액의 엔화 차관은 대표적이다. 이러한 과감한 자유화와 외자도입은 훗날 시장경제의 단계적 도입과 함께 사회주의 시장경제로 불리게 된다. 이렇게 추진된 개혁개방 정책의 성과는 눈부셨다. 1980년부터 1988년까지 GDP는 국가 전체로도 1인당으로도 2배가 증가했고, 이에 따라 재정수입 역시 2배로 늘어났다. 경제 분야에서 이러한 성장은 이후에도 - 약간씩 변동은 있지만 - 계속되어 세계 제2위의 경제 대국으로 중국을 밀어올렸다.

그러나 개혁개방 정책으로 중국에 들어온 것은 외자나 선진기술만이 아니다. 해외로부터 사람과 물건이 들어오면서, 서방의 문화나 유행도 들어오게 되었다. 중국 입장에서는 건국한 지 30년 만에 처음으로 해외 사조가 들어오게 되었다. 문화대혁명 시기까지의 중국은 외부 세계로부터 거의 차단된 정보 환경에 있었다. 1971년에 유엔의 대표권을 얻어 중화인민공화국이 안보리의 일원이 되면서 국제사회에서 그에 상응하는 지위는 얻었지만, 린뱌오 사건의 사례에서 엿볼 수 있듯이 중국이나 공산당의 실상은 밖에서는 알 수 없었고, 외국인은 고사하고 중국인조차 국내를 자유롭게 여행할 수 없었다. 거꾸로 중국인들 역시 세계에서 일어나는 여러 가지 일들을 알지 못했다. 홍위병이 비틀스도 로큰롤도 몰랐다고 흔히 말하지만, 퇴폐적이고 타락한 부르주아 예술인 이상 소개될 리 없는 것이다. 문혁기의 예술이라고 하면, 여배우 출신으로 연극·영화에 대해 일가견을 갖고 있던 장칭이 지도한 혁명 모범극과 같이 극히 한정된 작품만 상연되었다. 마오쩌둥을 찬양하는 혁명 선전가밖에 없던 중국에서 해외 음악이 공공연히 흘러나오는 일은 없었다는 이야기다.

개혁개방 정책은 이랬던 문화적 쇄국 상황을 크게 변화시켰다. 그에 따라 당시 중국 내에서 활발히 제기되었던 '4개의 현대화'를 두고, 국내 지식인들 사이에 '제5의 현대화'로 정치 현대화(민주화)도 필요하다는 의견이 나오기 시작했다. 나라 안에서는 '베이징의 봄'이라 불린 활달한 토론이 있었고, 나라 밖으로부터도 역시 위험한 부르주아 민주주의를 비롯하여 공산당에 바람직하지 않은 정보와 문화가 유입될 수 있었다. 그러므로 개혁개방이라는 정책을 펴는 이상, 이데올로기 정책의 재조정은 불가피한 과제가 되었다.

이데올로기 대책으로 제창된 것이 '네 가지 기본원칙', 즉 중국이 견지해야 할 정치 원칙으로 '사회주의로 가는 길', '인민민주주의 독재', '중국공산당의 지도', '마르크스-레닌주의, 마오쩌둥 사상'이다. 문혁으로 사람들이 겪은 쓰라린 고통을 다룬 문학작품, 혹은 당을 믿었다가 배신당한 지식인을 다룬 영화, 나아가 웨이징성魏京生 등이 대자보로 요구한 민주화 등은 모두 이 기본원칙에 위배된다며 금지와 탄압의 대상이 되었다. 특히 1980년대에는 그러한 사상이 '부르주아 자유화'로 생겨난 '정신 오염'으로 규정되어, 서양 자본주의 국가들이 평화적 수단으로 사회주의 국가를 전복시키려는 '평화적 변화[和平演變화평연변]' 전략의 일환이라며 경계를 촉구했다. 참고로 3장 5절에서 언급한 당의 역사와 마오쩌둥의 공과에 관한 당의 결정인 '건국 이래 당의 약간의 역사문제에 관한 결의'(1981년)도 문혁의 뒤처리에 따르는 이데올로기 대책의 일환으로 볼 수 있다.

한편 당의 운영 스타일을 한 번 살펴보면, 개혁개방이라고 표현하지만 자본주의의 공공연한 부활을 연상시키는 경제특구 등에 대해서는 당내 중진들의 반대도 있어 덩샤오핑은 개혁의 전진과 당내 균형 유지에 심혈을 기울였다. 마오쩌둥 시대의 반성에서 출발하여 당과 정부의 분업을 지향하는 새로운 헌법을 제정하기 위해 1982년 9월 제12차 당대회에서 당 규약을 개정하여 당 중앙위원회 주석, 즉 마오쩌둥-화궈펑-후야오방으로 이어진 당수로서의 당 주석제를 폐지했다. 대신에 새로 당의 최고직으로 총서기를 설치하고, 이 직책이 중앙서기처를 총괄해 당의 일상 업무를 수행하는 최고 책임자가 되도록 규정했다. 이에 따라 1년여 동안 당 주석이던 후야오방은 당 총서기에 취임하게 된다. 이렇게 쓰면 단순히 이름만 바뀐 것 같지만, 마오쩌둥 이래 절대적 권위를 갖고 있던 '주석'(당 중앙위원회를 대표함)이 '총서기'(당 중앙정치국의 지도 아래 일상 업무를 총괄한다)가 되면서 개인독재의 색채는 미묘하게 줄어들게 되었다.

'총서기'라는 말이 나온 김에 여기서 '서기'(혹은 총서기)라는 다소 의아한 단어에 대해 약간 보충 설명을 해보자. 현재 중국공산당 최고지도자 시진 핑의 직함은 당의 '총서기'인데 왜 '서기'인가 하는 질문이다. 이를 설명하려면 사회주의와 관련된 일본과 중국의 번역어 이야기뿐 아니라 코민테른 시절 소비에트 러시아의 영향까지 거슬러 올라가야 한다.

원래 '서기書記'란 일본어와 중국어 모두 본래 기록을 하는 사람을 가리킨다. 어떤 높은 사람이 회의에서 발언한 것을 기록하는 쪽의 사람이므로 '서기' 자신이 높은 경우는 상식적으로 없다. 그것이 공산당이 되면 '서기'는 지도자이고, 나아가 '총서기'까지 되면 수천만 당원의 정점에 군림하는 지배자이다. 공산당 지도자들이 '서기'라는 표현을 사용해 온 경위를 중국에서는 이렇게 설명한다. 예로부터 '서기'는 '문서 담당자' 혹은 '비서'라는 낮은 신분의 직책 이름으로 써왔는데, 공산당은 자신들이 종전의 지배자 관료와 달리 민중의 편임을 보여주기 위해 창당 때부터 '서기'라는 낮은 신분의 직책명을 사용했다는 것이다.[1] 즉 거만하지 않은 자세를 보여주는 겸칭이라는 말인데, 과연 그럴까?

중국공산당이 창당할 때부터 '서기'를 사용한 것은 확실히 맞다. 제1차 대회가 열린 1921년 시점에서 당시 당 지도자 천두슈陳獨秀진독수는 '중앙국 서기' 명의로 포고를 냈고, 비슷한 시기에 출범한 노동운동 본부의 명칭은 '중국노동조합 서기부中國勞動組合書記部'[2]였다. 그 후 천두슈의 직함은 이듬해부터 3년 정도 동안은 '중앙집행위원회 위원장'이 되는데, 1925년 이후에는 지도자가 바뀌어도 '서기' 혹은 '총서기'였고, 1940년대 중반 이후 마오쩌둥 시대에는 '주석'으로 격상되지만, 마오 사후에는 기본적으로 '총서기'

---

1) 李海文,「黨中央最高領導称謂的歷史沿革」『黨史文苑』, 2007년 제3기.
2) 이 조직명에 있는 '조합'이라는 말은 일본어를 그대로 사용한 것으로, 현재 '(노동)조합'은 중국어로는 통상 '공회(工會)'라고 칭한다.

로 되돌아가서 오늘날에 이르렀다. 이것이 대략적인 경위이다. 하지만 천두슈를 비롯한 초기 지도자들이 '서기'를 사용할 때 특별히 신분이 낮은 '서기'라는 말을 의식적으로 고집했다는 흔적은 전혀 없다.

당시 중국에는 '서기'를 지도자의 칭호로 사용하는 정당이 공산당 외에는 없었지만, 해외에서는 '서기'에 상당하는 'Secretary세크러테리'가 총무·사무 직책의 명칭으로 사용되었는데 반드시 낮은 직급에 국한된 것은 아니었다. 1920년 설립된 국제연맹의 '사무총장'(General Secretary)은 그 일례이다. 당시 일본과 중국 신문잡지에서는 '서기', '서기장'으로 표기되었는데, 실제로 연맹 사무차장에 취임한 니토베 이나조新渡戶稻造를 일본과 중국 신문은 '서기국 부서기장副書記長', '서기차장書記次長'으로 보도하고 있다. 다른 나라의 공산당, 예를 들면 미국공산당의 경우에도 중앙의 사무 방면의 수장은 'Executive Secretary이그제큐티브 세크러테리'였으며, 공산당의 1921년 잡지에는 '국제청년공산당 집행위원회 동방서기부'가 보낸 국제회의 초청장이 실려 있다. 즉, 일본어든 중국어든 이 무렵에는 해외 기관에서 일상 업무를 총괄하는 직으로 '서기'(서기장, 총서기)가 사용되었다는 뜻이다. 요컨대 어떻게 번역하느냐의 문제인 것이다. 오늘날 유엔의 Secretary General만 하더라도, '사무총장'이 아닌 '서기장'으로 번역할 수도 있고, 마찬가지로 중공 총서기(General Secretary)를 '중공 중앙 사무총장'이라고 불러도 틀린 말이 아니다.

그렇다면 문제는 'Secretary'라는 직책이 조직 내 권력을 독재적으로 행사하게 된 경위 쪽에 있게 된다. 'Secretary'가 사실상의 최고지도부(지도자)가 된 것은 1922년 러시아 공산당의 조직 개편으로 중앙위원회 아래 정치국, 서기국이 설치되고, 일상 업무를 담당하기로 한 서기국의 수장(서기장)에 스탈린이 취임하면서부터다. 이후 '서기국'은 일상적인 사무 작업

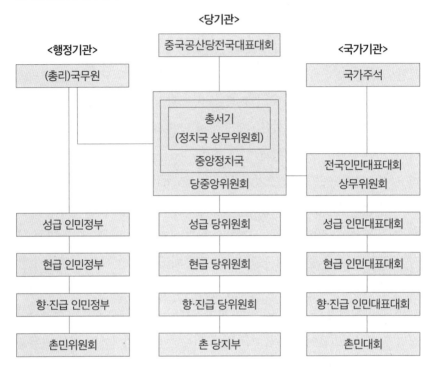

을 총괄한다는 명목으로 실제로는 정치국을 대행하게 되었고, 그 보스였던 스탈린의 독재적 지위를 조직적으로 뒷받침하는 역할을 하게 되었다. 대략적으로 말하면, 그 '서기장'(영어로 표기하면 General Secretary)이 전 세계 공산주의 정당에 전파되어 서기=지도자가 된 것이고, 같은 General Secretary라도 공산당의 것은 '서기장, 총서기', 유엔 등 국제기구의 것은 '사무총장'으로 나눠서 번역했을 뿐이다. 그런 점에서 보면, 천두슈가 1921년에 자칭한 '서기'는 '사무총장'에 가깝고, 그 4년 후에 자칭한 '서기'는 글자는 같지만 러시아 공산당과 유사한, 즉 훗날의 '총서기'로 이어지는 집권적 색채를 짙게 띠고 있었다고 할 수 있다.

당의 중앙집권적 운영원리로 보면, 그 운영 메커니즘에 현저한 대행주의, 즉 중앙위원회가 당대회를 대행하고, 중앙정치국이 중앙위원회를 대행하고, 중앙서기국이 정치국을 대행하고, 서기장(혹은 총서기)이 서기국을 대행한다는, 결국 개인 독재로 귀착되는 마트료시카 같은 형태의 대행구조를 상징하는 것, 그것이 바로 '총서기'이다. 따라서 중국뿐 아니라 북한이든 쿠바든 '총서기'나 '서기장'이 있는 나라는 당의 대행주의로 인해 소수 지도자의 권력 독점이 제도화된 나라라고 할 수 있다. 참고로 마오쩌둥은 이 대행구조를 한 단계 더 간단히 줄여 '총서기'가 아니라 '중앙위원회 주석' 지위에서 권력을 휘둘렀다. 중국공산당은 이 당 주석제가 집단지도체제를 파괴하고 문화대혁명에 이르는 재앙을 초래했다는 반성에 따라 당 주석제를 폐지하고 대신 '총서기'를 정치국의 사무를 총괄하는 역할로 다시 자리매김하였다. 그 결과 다소나마 개인 독재에 제동을 건 것이다.

그러나 최근 몇 년 동안 권한이 더욱 강화되면서 '총서기'의 실권은 이제 마오쩌둥 시대의 '주석'에 버금갈 정도로 커졌다고 해도 과언이 아니다. 시진핑이 '총서기'에 만족하지 않고 조만간 당 주석제를 부활시키는 것이 아니냐는 관측도 일부 있지만 마오쩌둥과 똑같은 '당 주석'이라는 금배지를 원한다면 모를까, 제도적으로는 '총서기'로도 아무런 불편함이 없는 상황인데다, 이미 '당 중앙 및 전당의 핵심'으로 위상이 확립된 마당에 굳이 당 주석제 부활이라는 논란의 씨앗이 될 만한 제도 수정에 나설 가능성은 희박해 보인다.

칼럼⑩ 창당 인사의 아들과 최고지도자의 아내
- 「희망의 들판에서」

　마오쩌둥 사후 한 달도 채 지나지 않은 1976년 10월, 마오의 위광을 배경으로 권력을 휘두른 4인방이 갑자기 체포되었다. 그동안 문혁으로 불만이 커져가던 각지 사람들은 그 소식을 듣고 쾌재를 부르며 일제히 건배주를 청하는 바람에 한때 가게에서 술이 동났다는 이야기가 전해진다. 그런 광경을 목도한 감동과 기쁨을 표현하여 사람들의 애창곡이 된 노래가 「축주가祝酒歌」였다. 경쾌한 리듬의 이 노래를 만든 사람은 스광난施光南이라는 젊은 음악가였다.

　스광난의 아버지 스춘퉁施存統시춘통은, 전국적으로 50여 명에 불과했던 창당 시기의 공산당원 중 한 명으로 사회주의청년단의 초대 지도자가 된 인물이다. 하지만 이후 자신의 뜻으로 성명을 내고 탈당한 경력이 있어 인민공화국에서는 당에 등을 돌린 '변절분자'로 불우한 말년을 보냈다. 아들 스광난 역시 그 여파로 좀처럼 활약의 기회를 얻지 못했는데, 그런 처지를 일거에 바꾼 것이 「축주가」였다. 때마침 탈문혁脫文革의 분위기와 맞아떨어져 이후 많은 유행가를 쏟아낸 대작곡가가 되었다. 그중에서도 유명한 것이 1981년 작품인 「희망의 들판에서(在希望的田野上)」이다. 개혁개방 정책으로 활기를 되찾은 농촌의 바뀐 모습을 찬양하는 이 노래는 그동안 오로지 신나기만 한 문혁 가곡에

식상해 있던 많은 사람들의 지지를 얻어, 1983년 제1회가 개최된 가요상인 신종상晨鐘賞(중국 원명은 晨鐘獎) 을 초대 수상했다.

우리 고향은 희망의 들녘, 아궁이 연기가 새 집에서 피어 오르고,
아름다운 마을 어귀에는 개울이 찰랑찰랑 흐른다. 겨울에는 보리, 여름에는 수수[1]
펼쳐진 연못, 펼쳐진 과수원......

가사만 놓고 보면 그야말로 그림을 그린 듯한 이상적인 농촌인데, 흥겨운 멜로디가 이 「희망의 들판에서」에 한 점 그늘 없는 올곧은 밝은 느낌을 주고 있다.

이 「희망의 들판에서」를 불러 인생이 바뀐 또 다른 인물이 가수 펑리위안彭麗媛, 즉 지금의 시진핑 부인이다. 스광난은 당시 19세의 인민해방군 소속 가수(문예병)였던 그녀의 재능을 간파하고 1982년 춘절문예만회春節文藝晚會(일본의 홍백가합전에 상당함)에 펑리위안을 「희망의 들판에서」를 부를 가수로 추천했다. 편안한 그녀의 목소리를 타면서 이 노래는 전국 방방곡곡에 울려퍼졌다. 지방 한 라디오방송국이 노래를 틀고 싶은데 음반을 구할 수 없다는 편지를 펑리위안에게 보냈더니, 펑이 곧바로 노

---

1) 원문은 중국어 발음대로 가오량(高粱)으로 되어 있음_역

| 젊은 날의 스광난(왼쪽)과 펑리위안

래가 담긴 카세트테이프를 보내줬다는 이름다운 일화가 남아 있다. 이렇게 명성을 얻은 펑리위안은 지난 1987년 지인의 소개로 당시 샤먼시 부시장이던 시진핑과 결혼, 그와 함께 중국 최고의 자리에 올랐다.

이후 스광난은 마침내 1984년에 아버지가 참여해 만든 공산당에 입당, 가극곡과 발레곡으로도 창작의 폭을 넓혔으나, 1990년 겨우 49세의 나이로 뇌일혈로 급사했다. 사후에 정부는 그에게 '인민음악가' 칭호를 추서하였다. 한편 펑리위안은 스광난 추모 콘서트 등 이후에도 한동안 무대에서 「희망의 들판에서」를 열창하기도 했으나, 시진핑이 중앙 정계에서 활동하게 되자 공개 석상에서 그 편안한 노랫소리를 선보이는 일은 크게 줄었고, 남편이 당 총서기에 취임한 이후로는 무대에 서지 않고 오늘에 이르고 있다.

창당 100주년이 되는 올해 2021년 7월, 공산당은 틀림없이 다양한 기념행사의 일환으로 대규모 음악회(건당일백주년기념연환만회建黨一百周年記念聯歡晚会)를 열 것이다. 개혁개방을 당의 위대한 공적으로 삼고 있는 이상, 그 연환만회에서 「희망의 들판에서」가 불려질 것은 거의 틀림없다. 하지만 누가 부를 것인가? 100년 전 창당 인사의 아들이 만든 명곡을 지금의 총서기 부인이 자신의 대표곡으로, 그리고 모두에게 사랑받는 노래로 낭랑

2. '개혁개방'의 빛과 그림자 - 1989년의 민주화운동

개혁개방 정책이 풍요를 원하는 사람들의 지지를 등에 업고, 약간의 이견과 풍파를 겪으면서도 일단 순조롭게 진전되고 있던 1980년대 중반, 중국 경제는 점차 비정상적인 과열 양상을 보이기 시작했다. 연평균 경제성장률은 1984년 15.2%, 1985년 13.5%에 달하고, 그때까지 3% 이하에 머물렀던 물가상승률도 1984~87년에는 7.3%로, 그리고 1988년에는 상반기에만 13%나 상승했다. 이런 과열 양상 속에서 일부 당원과 간부들이 특권적 신분을 이용해 부정축재를 하는 사안이 늘어나자 진작부터 사회경제 분야의 제도 개혁이 필요하다고 주장했던 학생과 지식인들 사이에서 보다 근본적인 정치체제 개혁을 요구하는 목소리가 높아졌다.

정치개혁을 요구하는 목소리는 왕뤄왕王若望(평론가), 팡리즈方勵之(과학기술대학 부학장), 류빈옌劉賓雁(언론인) 등 과거 반우파 투쟁으로 박해받았던 지식인들에게서 시작되어, 해외 사정을 알게 된 학생들의 징지 네모(1986년

---

1) 100주년 기념으로 열린 '위대한 여정[偉大征程]' 가요 프로그램에서 「희망의 들판에서」는 가수의 노래나 합창 없이 연주만 되었다._역

12월)로까지 고조되었다. 문혁 이후 처음 있는, 관제성이 아닌 시위였다. 어떤 형태로든 정치개혁이 필요하다고 생각했던 당 총서기 후야오방은 이러한 목소리에 귀를 기울이려 했다. 그러나 학생들의 주장에서 공산당의 정치 주도에 반대하는, 강한 잠재적 적대감을 느낀 당 원로들은 이듬해 1월 '민주생활회' 및 정치국 확대회의에서 후야오방을 비판했고, 후는 압박을 받아 사임해야만 했다.

'민주생활회'란 당 지도자들이 기탄없이 의견을 나누고 비판과 자기비판을 하는 모임으로, 제도로서는 1980년대 초에 마련되었지만 옌안정풍을 일종의 모델로 삼아 그 정신을 계승하는 것이다. 따라서 말은 좋지만 실상은 당사자에게 자기비판을 강요하는 성토장이 될 수 있다. 후야오방의 문제를 논의하는 '생활회'는 중앙고문위원회에 의해 정치국 정규 멤버 외에 당 경력 40년 이상의 원로들을 소집해 열렸다. 6일간 심한 언사를 들어야 했던 후야오방은 마지막 날 자기총괄에서 참다못해 흐느꼈다고 한다. 이어 열린 정치국회의는 후야오방의 사임을 위한 수순을 밟는 자리였다. 통상적으로 총서기가 주재해야 하는 자리이지만, 총서기의 처우에 대해 자문하는 회의였기 때문에 덩샤오핑(직함은 중앙정치국 상무위원)이 주재했다.

제도상 최고지도자인 총서기가 자기비판을 하는 것만으로도 이례적인데, 원로들에게 쓴소리로 지근지근 밟힌 뒤 사퇴해야만 했다는 것은 전례가 없는 사태이다. 지난 쭌이회의遵義會議에서도 당시 지도부는 마오쩌둥 등에게 혹독한 비판을 받았고 일부 자기비판을 했지만 그 자리에서 물러나지는 않았음을 감안하면 후야오방 사임은 일종의 궁정정변이라고 할 수 있다. 특히 후야오방을 호되게 꾸짖은 사람은 당력 60여 년의 원로 천윈陳雲이었다. 중앙에서 각종 회의를 여는 방식이나 진행이 엉터리인 점, 시찰이 너무 많은 점, 간부의 발탁이 편파적인 점, 덕이 없는 사람이 기용되고 있다는 점, ... 회의의 모습을 전하는 문건은 이런 점을 "회의에서는 동지식同志式의 엄한 비판이 이뤄졌다"고 개괄하고, 집단지도 원칙을 위반한 점, 중대한 정치문제에서 오류를 범한 것을 사임 이유로 들었다. 문서에 보이는 '동지식'이란 '동지同志'라는 입장 때문에 비판이 무자비했다는 어의이다. 이에 따라 곧바로 다음날부터 후야오방은 총서기 관련 집무 일체에서 손을 떼고, 후임 (총서기 대행)에는 국무원 총리였던 자오쯔양이 선임되었다.

후야오방의 해임은 전년도의 학생들의 민주화 요구에 대해 그의 대응이 미온적으로 보였기 때문이라는 관측도 있지만, 덩샤오핑은 학생 시위가 일어나기 이전 시점에서 이미 '부르주아 자유화', '정신오염 반대' 캠페인 등 이데올로기 분야에서 노력이 소홀한 점, 언론과 외국 인사 등 외부와의 접촉과 취재에서 경솔한 발언이 많은 점에 특히 강한 불만을 갖고 있었다. 경솔한 발언이란, 예를 들면, 1986년 11월에 방중한 나카소네 야스히로中曾根康弘 일본 총리와의 정상회담에서 "다음 전당대회에서 노인을 은퇴시키겠다."는 등의 발언을 한 것이다. 덩샤오핑 입장에서는, 개혁개방 정책 자체에 대한 공격도 있는 상황에서 머리가 굳은 원로들이 말참견하기 쉬운 이데올로기 분야에서 불필요한 풍파를 일으키는 후야오방에 대한 불만이 1986년 여름 시점에 이미 화를 누를 수 없을 정도로 커져 있었던 것 같다. 그 무렵의 사정을 자오쯔양은 다음과 같이 회상하고 있다.

1986년 여름 베이다이허北戴河(허베이성의 피서지)에서 덩은 양상쿤楊尚昆양상곤 등 몇몇 고참 동지들에게 "자신은 야오빙이라는 인간을 잘못 보는 큰 실수를 저질렀다."고 말하면서, 제13차 대회에서는

후를 총서기에 재선임하지 않겠다는 뜻을 밝혔다.[1]

한때 덩샤오핑의 후야오방과 자오쯔양에 대한 신뢰는 "두 사람이 있으면 하늘이 무너져도 괜찮다."고까지 단언할 정도였지만, 그중 후야오방을 잘라 냄으로써 수구파 원로들 편을 들어준 것이다. 인사의 경우, 마치 후야오방의 해임과 맞바꾼 듯 제13차 당대회(1987년 10월~11월)에서 덩샤오핑은 천원, 리셴녠李先念이셴녠 등 고참 1세대 원로들과 함께 정치국 상무위원에서 물러났고, 정치국은 크게 젊어졌다. 하지만 덩샤오핑은 중앙군사위원회 주석, 천원은 중앙고문위원회 주임, 리셴녠은 정치협상회의 주석으로 각각 지위를 유지했기 때문에 절반 은퇴라는 모양새였고, 더욱이 이들은 고문위원회 간부로서 표결권은 없지만 정치국 회의에 참석해 발언할 권리를 갖고 있었다. 1980년대 후반부터 1990년대 초반에는 당 최고지도부의 조직 운영이, 드러나지 않은 권력을 가진 원로들에 의해 왜곡되는 것이 일상화된 시기였고 1989년 위기에 대한 공산당의 대응에도 크게 영향을 미쳤다.

후야오방의 경질로 보수 원로들을 달랜 덩샤오핑은 자오쯔양을 앞세워 지론인 경제개혁의 추진을 인플레이션을 각오하고 추진했다. 그 결과가 1988~1989년의 급격한 물가상승이다. 하지만 시장경제 출현과 민주화를 주장하고 나선 학생들에게 경계감을 갖고 있는 보수파 노인네들이 여전히 '고문'으로 정치국 회의에 나오는 구조가 바뀌지 않은 이상 정치국에 풍파가 이는 것은 시간문제였다.

해외에서 유입되는 '부르주아 자유주의'와 사회주의적 가치관의 변질에 유독 강한 위기감을 갖고 있었던 사람이 천원이다. 그는 당 간부를 양성하

1) 趙紫陽, 『改革歷程』 香港, 新世紀出版社, 2009, 189쪽.

는 공산당 중앙당교中央黨校에서도 "사회주의 경제란 무엇인가"라는 물음에 답할 수 있는 사람이 없다는 사실에 경악했다. 이데올로기 방면에 나타난 혼란상을 목도하면서, 그는 "프롤레타리아 계급의 사상적 진지는 거의 전부 상실되었고, 온갖 부르주아파가 점령하고 있다. 이제는 반격해야만 한다."고까지 말하고 있다. 마치 이삼십 년 전의 마오쩌둥 같았다. 1930년대부터 당 중앙위원을 지냈고, 쭌이회의에도 참석했던 천윈은 개혁개방 시기 전형적인 보수파로 꼽히지만, 사안이 이데올로기에 관한 한 많은 당 간부들이 천윈과 같은 생각을 했을 것이다.

이렇게 물가상승과 당 간부의 부패, 지지부진한 정치개혁에 대한 초조감, 세계 냉전구조의 이완 등의 사태가 벌어지는 가운데, 1989년 4월 15일에 후야오방이 갑자기 세상을 떠났다(실각 후 실권도 발언권도 없이 계속 참석하던 정치국 회의에서 쓰러져 일주일 만에 심근경색으로 급사). 그를 당내에서 정치개혁을 추진하다 뜻을 이루지 못한 비운의 인물로 여기는 젊은이들과 학생들의 추모행사가 마치 저우언라이 서거 때처럼 톈안먼 광장을 무대로 대대적으로 열렸다. 이를 계기로 그동안 누적된 사회와 당에 대한 민중의 불만, 꽉 막힌 듯한 답답함을 해소하려는 학생들의 열기는 이 해가 5·4운동 70주년이었다는 점과 중·소 양국의 오랜 불화에 마침표를 찍기 위해 소련 지도자 고르바초프M. Gorbachev 서기장의 역사적 방중이 5월로 예정되어 있었던 것도 작용하여, 4월 하순부터 5월에 걸쳐 열기가 고조되었다.[1]

당초 비교적 자제를 하면서 온건했던 운동을 자극하여 반공산당의 성향을 띠게 만든 것은 4월 하순 『인민일보』에 실린 사설 '기치를 선명하게 하

---

1) 고르바초프의 방중으로 국제적 시선이 베이징으로 몰린 상황이었으므로 중국 정부가 이를 의식해 시위를 노골적으로 탄압하지 않을 것이라고 당시 관측했었다._역

고 동란에 반대하라'에서 학생들의 행동을 '계획적 음모'에 의한 '동란'으로 규정한 것이었다. 이로 인해 학생들과 당 사이에 대화의 여지는 일거에 사라졌다. 민주화를 위해 톈안먼 광장에 모인 학생들의 수는 50만 명에 육박했으며, 시위는 연일 계속되었다. 시위에는 학생 등 젊은이들뿐만 아니라 노동자와 언론인들도 가세했고, 베이징에서 다른 대도시로 확대되었다. 이 시기 북조선에 공식 방문(4월 23~30일) 중이었던 자오쯔양은 귀국 후 정치국 회의에서 이 동란 사설에 대한 재검토를 거듭 호소했으나 흐름을 바꿀 수는 없었다. 이런 와중에 고르바초프를 만난 자오쯔양은 "가장 중요한 문제에 관해서는 역시 덩샤오핑 동지가 키를 잡아야 한다."는 결정이 1년 반 정도 전에 열린 당대회 이후 이루어졌다는 당의 실상을 전했고, 이 발언이 당 안팎을 뒤흔들었다. 각국 언론은 이를 꼭두각시 상태의 자오쯔양이 쏟아낸 비통한 외침으로 보도했고, 당내에서는 시기와 상황을 분별하지 못한 경솔한 발언인데다 덩샤오핑에게 책임을 전가하려는 악의적인 발언이라며 거센 비판의 목소리가 나왔다.

민주화 청원을 동란으로 몰아가는 대응이 막후의 지배자인 덩샤오핑의 뜻임을 알게 된 학생들의 시위가 백만 명 규모로 확대되고 덩샤오핑 타도까지 외치게 된 5월 17일, 자오쯔양은 다시 한 번 '동란' 사설의 철회를 덩샤오핑에게 요구했다. 그러나 덩은 자택에서 정치국 상무위원회 확대회의를 개최하여, '동란' 사설 철회와 학생들과의 타협을 모두 거부하고, 오히려 베이징에 계엄령을 내릴 것을 요구했다. 수도 베이징에 계엄령을 선포하는 것은 알다시피 인민공화국 건국 이후 처음 있는 대사건이다. 이에 대해 자오쯔양은 계엄령 포고에 반대하며 당 총서기를 사임하겠다고 했으나 무책임한 태도라는 질타를 받았다.

이후 정치국 상무위원회 회의는 원래 소집권자인 총서기 없이 개최되었고, 논의와 결정은 리펑李鵬 (국무원 총리) 등의 현직 위원들보다 천윈, 리셴녠, 왕전王震왕진, 펑전, 양상쿤 등 원로들, 그리고 '키를 잡을' 권한을 가진 덩샤오핑에 의해 이뤄져, 계엄령 포고와 자오쯔양 해임이 진행되었다. 19일 새벽 광장을 찾은 자오쯔양은 "오는 것이 늦었

덩샤오핑 자택에서 열린 정치국 회의 사진. 1989년 5월이 아니라 그 이후의 회의 사진인데, 덩샤오핑, 장쩌민, 야오이린(姚依林), 양상쿤 등이 나온다.

다."며 울음 섞인 목소리로 (시위대에게) 사죄했으나, 그 비통한 모습을 끝으로 다시는 공개석상에 모습을 볼 수 없었다. 20일, 베이징에 계엄령이 내려지고 시가지 곳곳에 인민해방군 트럭, 장갑차, 병사들이 출현했다. 한편으로 시위대는 계엄부대의 도심 진입을 막기 위해 시내 곳곳에 버스 등으로 바리케이드를 구축했다. 같은 날 원로들은 다시 덩샤오핑 자택에서 회의를 열었고, 그 자리에서 덩샤오핑은 당시 상하이 시 당서기였던 장쩌민江澤民강택민을 새 총서기로 천거했다.[1] 장쩌민은 이미 4월 시점에서 후야오방의 공적을 보도하려 했던 상하이 『세계경제도보世界經濟導報』의 기사를 못나가게 막고, 이 잡지에 정간 처분을 내리는 등 일찌감치 '기치를 선명히' 했던 수완가였다.

　계엄령하의 대치 끝에 광장의 젊은이들에게 되거를 요구한 후, 6월 3일 밤

---

1) 장쩌민이 차기 총서기로 천거된 날짜(덩샤오핑 자택에서 개최된 팔로회의八老會議)에 대해서는 5월 20일설(『彭眞年譜』『鄧小平年譜』), 5월 27일설(張良編 『天安門文書』, 山田耕介·高岡正展譯, 文藝春秋, 2001, 315쪽)이 있다.

민주화운동 진압 후 계엄령하의 베이징에서 경비를 서고 있는 인민해방군 병사(저자 촬영, 1989년 7월)

부터 톈안먼 광장 제압을 위한 군사행동이 이루어졌다. 계엄군은 길가에서 저항하는 시민들에게 사정없이 총격을 가하며 광장에 접근했다. 무엇에도 아랑곳 않고 밀고 들어오는 군대 앞에서 끝까지 버티던 학생들도 광장에서 철수, 4일 아침까지 광장은 무력으로 완전히 제압되었던 것이다. 당국의 발표에 따르면 일련의 군사작전으로 인한 사망자는 군과 시민을 합쳐 319명으로 집계되었지만, 실제 희생자는 이보다 훨씬 더 많은 것으로 알려졌다.

무력 탄압은 그 날짜를 따서 '6·4톈안먼사건六四天安門事件' 혹은 1976년 저우언라이 추도 때의 소요를 따라 '제2차 톈안먼사건'으로 불리게 되었다. 중국 안팎에서 공산당 이미지는 '자국민에게 아무렇지 않게 총구를 들이대는 무서운 전제專制 정당'으로 변해갔다.

세계 언론이 지켜보는 가운데 벌어진 민주화운동과 이에 대한 폭력적 탄압은 개혁개방 정책으로 획득한 중국과 중공의 국내외에서의 위신을 결정적으로 훼손했다. 어찌 보면 그걸 알면서도 민중에게 총구를 겨누기로 선택한, 덩샤오핑을 포함한 원로들은 어떤 생각으로 그런 결정을 내렸을까? 계엄령이 선포된 며칠 후 5월 하순, 정세가 여전히 유동적인 상황에서 개최된 중앙고문위원회에서 천윈(당시 83세)의 발언은 그가 어떤 생각으로 민중을 상대했는지를 잘 보여준다.

일부 참석자들이 여전히 학생들에 대한 이해와 동정을 표하는 가운데, 천윈은 말한다.

지금이 바로 가장 중요한 고비이므로 물러서서는 안 된다. 물러서면 2천만의 혁명 선열의 목숨과 바꿔 만든 사회주의 중화인민공화국이 자본주의 공화국이 되고 만다.(1989년 5월 26일)[1]

말하자면 민주화를 받아들이는 내색을 조금이라도 보이면 공산당 통치에 균열이 생겨 사회주의 체제가 끝장나고 만다, 그래서는 혁명을 위해 희생된 영령들에게 드릴 말씀이 없다는 설명이다. 이와 유사한 설명은 다른 원로들도 반복적으로 하고 있으며, 그들 원로들에게 일종의 공통된 관념이 되었던 것으로 보인다.

혁명을 위해 목숨을 바친 인물을 가리켜 공산당은 '열사'라고 부른다. 천윈의 발언에 나오는 '선열'도 같은 뜻이다. 전국 '열사'의 총 숫자로 흔히 천윈이 말한 2천만이라는 숫자가 거론되지만, 정확한 통계나 근거는 없는 감각적인 수치이다. 이보다 앞서 공산당은 창당의 1921년부터 1945년까지 혁명운동을 위해 희생된 사람의 수를 총계로 76만 명으로 집계하고, 그중 공산당원을 32만 명으로 산정하였다.[2] 1985년에 다시 작성된 통계에서는 인민공화국 시기(사회주의 건설)에 희생된 자를 합한 총계로 150만 명이라는 숫자가 공표되었다. 2천만은 어떻게 봐도 너무 부풀려진 수치이다.

어쨌든 중국공산당 창당 이래 그 활동이 많은 열사들의 피로 얻어낸 것임은 틀림없는 사실이며, 그 과정은 이 책에서 서술한 바와 같다. 1925년 입당 이래 수많은 동지의 희생을 가까이서 지켜보고 자신은 살아남아 인민공화국 건국의 일원이 될 수 있었던 천윈에게 1989년의 위기는 어떤 상렬한

1) 「要反対動亂」 『陳雲文選』 第3卷(제2판), 人民出版社, 1995. 368쪽.
2) 中共中央黨史研究室第一研究部, 『中國共産黨第七次全國代表大會研究』, 上海人民出版社, 2006. 265쪽.

사명감 - '체제의 변질을 초래하는 일이 있어서는 죽은 동지에게 얼굴을 들 수 없다' - 을 불러일으켰다.

그 '열사'라는 것이 1989년 당시 중국에서 어떻게 취급되었는지를 보여주기 위해 필자의 체험과 사진을 소개하는 것을 양

열사능원에서는 기념촬영용 의상을 대여하고 있었다.(저자 촬영, 1989년 3월) 현재는 이러한 열사를 모욕하는 의상 제공이 금지되어 있다.

해 바란다. 위 사진은 지난 1989년 3월 나홀로 여행으로 중국을 방문했을 때, 구이저우성貴州省 쭌이의 '열사능원烈士陵園'에서 찍은 것이다. 중국 도시에는 대부분 공원처럼 정비된 '열사능원'이라는 곳이 있다. 말할 것도 없이 혁명운동에 목숨을 바친 사람들을 위한 기념 현창顯彰 시설로 위령탑 등이 서 있다. 쭌이는 이 책에서도 언급한 '쭌이회의'가 열린 혁명의 성지다. 그런데 당시 쭌이의 열사능원은 인사치레라도 '열사'를 존경하고 숭배하는 마음이 솟는다는 말은 도저히 못할 곳이었다. 위령비는 청소를 소홀히 한 모양인지 더러움이 심했고, 가끔 찾아오는 참배객들도 위령은 뒷전이고 대여한 의상을 입고 기념사진을 찍는 데만 열중했기 때문이다. 그것도 사진에서 보이다시피 열사를 죽인 측의 의상(군벌, 깡패, 특무, 국민당 군인)을 입고 즐거워하는 형편이었다. 당의 이데올로기 부문과 원로들이 보기에, 개혁개방으로 빚어진 '정신오염'은 열사에 대한 존경과 숭배라고는 한 점도 없는 개탄스러운 풍조를 불러오기에 이른 것이다. 이를 더욱 부추겨 사회주의 체제의 붕괴를 가져오는 일이 벌어진다면, 열사들을 볼 낯이 없다는 것이다.

하지만 여기서 일종의 기묘한, 논리의 바꿔치기가 생겨나고 있다는 점을 간과해서는 안 된다. 천원의 말대로라면, '사회주의 중화인민공화국'을 지켜

야 하는 이유는 그 자체가 뛰어난 체제라서기보다는 오히려 그 체제의 실현을 위해 많은 피가 흘렸기 때문이다. 말하자면 과거에 죽은 자들을 위해 지금 살아 있는 자들을 죽이자는 논법이고, 거기에는 자신도 한때는 사회 개조를 내세운 '폭란분자暴亂分子'였다는 내적 성찰은 전혀 없다. 설령 그런 성찰이 있다고 하더라도, 그들은 공산당 혁명을 위해 흘린 열사의 피는 민주화를 요구하며 저항하는 무리들이 지금부터 흘릴 피보다 훨씬 귀하다고 생각하고 있음이 분명하다.

참고로 열사능원은 최근 몇 년 사이 어디나 정비가 진행되어 깨끗해지고 있다. 공산당이 추진하는 '애국주의 교육 캠페인'에다가 '홍색관광[紅色旅游]'(혁명 사적 순례 투어리즘) 붐도 한몫을 해 다수의 참관객이 찾는 곳도 많다. 또한 열사로 모셔지는 인물은 예전에는 대부분 공산당 관계자였지만 최근에는 공산당에 협력한 비당원도 포함되는 경우가 늘어났고, 나아가 제국주의 열강에 맞서다가 (혹은 제국주의에 희생되어) 목숨을 잃은 사람들까지 다 묶어 '열사'로 취급하는 추세이다. 또한 그 열사들의 목숨을 대가로 마침내 얻어낸 것도 기존 '사회주의 인민공화국'에서 좀 더 추상적이고 정서적인 아름다운 중화의 산하로 바뀌었다. 그리하여 현대를 사는 모든 사람이 조국의 산하를 지키기 위해 목숨을 바친 열사에게 부탁받은 아름다운 조국을 지켜나가야 한다는 내셔널리즘의 서사가 형성되어 가는 것이다.

이 민주화운동 탄압 이후 출범한 장쩌민 지도부야말로 공산주의 이데올로기가 빛을 잃고 조락하는 가운데, 그 대신 이른바 중화 내셔널리즘 농원을 통한 애국주의 교육을 강력히 추진한 정권이었다. 중일 간에 역사 인식이 문제가 되는 시대가 도래하게 되는데, 이 점에 대해서는 나중에 다루기로 하겠다. '6·4톈안먼사건'에 이르기까지 당 중앙의 대응이 당시 서방 언론과 외국 조사기관이 예상했던 것보다 훨씬 강경하고 완강했던 이유는 덩샤오핑을 비롯한 원로급 실세들이 이러한 강박관념과 유사한 강한 체제 수호의 사명감에 사로잡혀 있었기 때문일 것이다. 그들의 압력은, 제도상으로는 원로들보다 위에 있어야 할 자오쯔양을 능가하는 것으로 위기에 직면했을 때 공산당이 제도와는 다른 메커니즘으로 움직인다는 것을 보여준다.

자오쯔양은 계엄령 등 일련의 결정에 반대함으로써 당의 분열을 획책했다는 이유로 당내에서 거센 비판을 받았으나 끝내 자신에게 잘못이 있다고 인정하지 않았다. 당 총서기에서 해임된 후 2005년 서거할 때까지 베이징 시내 주택지 일각에 연금된 그의 모습은 지난 날 청조의 광서제光緒帝가 겹쳐 보인다. 광서제는 청일전쟁에서 패배한 청조에 일대 변혁을 가져오고자 젊은 개혁가였던 캉유웨이康有爲강유위와 량치차오梁啓超양계초의 조언을 얻어 개혁운동(무술변법, 1898년)을 단행했다. 그러나 너무나 성급했던 개혁은 후견인 서태후西太后의 분노를 불러 변법은 100여 일 만에 좌절, 광서제는 폐위는 면했지만 병을 이유로 황궁 일각에 10여 년을 유폐되어 있다가 실의 속에 세상을 떠났다. 청조가 망하기 3년 전의 일이다.

그 정변과 황제의 유폐가 있었던 1898년 당시 각국 열강은 황제의 병세를 확인하는 정도에 그쳤지 노골적인 간섭을 하지는 않았다. 하지만 1989년의 민주화 탄압은 텔레비전을 통해 세계에 보도되어 국제 여론의 거센 비판을 불러일으켰을 뿐만 아니라 구미 선진국들의 경제 제재를 초래했다. 1989년 GDP에서 대외무역이 차지하는 비중이 40% 가까이로 커진 상황이었기 때문에[1] 경제제재는 큰 타격이 되었다. 같은 해 가을 이후 동유럽 각

---

1) GDP에서 대외무역이 차지하는 비율이 반드시 경제 전체가 그 비율로 대외무역에 의존한다는 것을 의미하는 것은 아니다. 이 시기 중국처럼 가공무역이 많은 국가에서는 GDP 대비 수출 비중이 높게 나오기 쉽다.

국에서 공산주의 체제가 연쇄적으로 붕괴함으로써 일당독재형 사회주의 국가로서의 존립을 우려하는 목소리도 적지 않게 되었다. 이에 대해 중국은 같은 사회주의 국가의 개혁이라도 동유럽에서는 정치개혁을 선행했기 때문에 체제 약화가 진행됐다고 보고, 그 전철을 밟지 않도록 경제개혁을 선행하는 방침을 취했다.

그리하여 장쩌민 지도부 공산당은 대외적으로는 '도광양회韜光養晦 유소작위有所作爲'라는 방침, 다시 말해 자신의 힘을 너무 과시하지 않고 제재를 참고 견뎌 힘을 축적한다는 방침하에 아시아 각국과의 관계 유지 및 개선을 통해 구미에 편중된 경제 관계의 균형을 다시 맞추었다. 예를 들면, 종래의 혁명외교 탓에 관계가 악화(혹은 국교단절)되었던 인도네시아, 싱가포르, 몽골(1990년), 1979년에 전쟁을 치른 이래 대립 관계에 있던 베트남(1991년), 나아가 한국전쟁에서 싸운 한국(1992년)과 외교 관계의 정상화, 국교 수립을 이루었다. 1972년에 관계를 정상화한 일본도 중국과의 경제적 유대를 중시하는 견지에서 대중 경제제재를 조기에 해제하고, 엔 차관의 공여 재개를 추진하였다(1990년).

전반적인 위기의식 속에 보수적 이데올로기 또한 강한 상황에서, 침체된 분위기를 바꾼 것이 1992년 전국 시찰 중에 가는 곳마다 개혁의 재가동을 강하게 호소한 덩샤오핑의 일련의 발언이었다. 상하이, 우한, 광둥 등 화중과 화난華南 지역의 시찰 중에 나온 지시였기 때문에 '남순강화南巡講話'로 통칭된다. 이 강화의 기조는 '혁명이란 생산력의 해방'이라는 덩의 지론을 바탕으로, 발전할 수 있는 지역은 먼저 풍요로워져도 좋다나 시방과 연해의 여러 도시에 대담한 경제 시책의 실시를 촉구한 것이었다. '사회주의 시장경제'가 선전되고, 장쩌민의 뒤를 이어 상하이 시장, 상하이시 당위원회 서기를 역임한 주룽지朱鎔基가 총리로 발탁되면서, 1990년대 중반부터 과감

한 경제정책이 속속 시행되었다. 국유기업 개혁, 분세제分稅制 도입 등이 그
것이다. 이전까지 '단위'가 제공하던 주택도 불하하거나 또는 융자 보조를
받아 각자 구입하여 소유하도록 했다.

또한 민주화 운동 탄압에 대한 비난의 일환으로 취해진 서구의 경제제재
는 중국의 잠재적 시장가치를 고려한 각국의 속내도 있어 점차 유명무실화
되었고, 오히려 중국을 국제적인 경제·금융 제도의 틀로 끌어들이려는 방
향으로 전환되었다. 이렇게 1990년대에 기른 경제력과 시장경제 체제화, 통
상·무역 관련 법제의 정비 등 세계경제에 적극적으로 참여하겠다는 의사표
명이 결실을 맺은 상징이 2001년의 WTO(세계무역기구) 가입이었다. 조기
가입을 위한 중국의 노력이 상당했다는 점, 그리고 세계가 중국의 실력을
높이 평가했다는 점은 구 공산주의권인 러시아의 WTO 가입이 중국보다
10년이나 늦었다는 데서도 분명히 알 수 있다.

칼럼⑪ 중국 유행가의 특징 - 어휘를 통계적으로 분석하다

'노래는 세상 따라, 세상은 노래 따라'라는 말이 있지만, 노래
가 세태를 반영하는 만큼 사회와 문화가 다르면 당연히 유행가
도 다를 것이다. 일본의 유행가와 중국의 유행가는 어떻게 다를
까? 이를 어휘의 통계적 비교를 통해 밝힌 중일 언어학자의 공
동 연구가 있다(中野洋, 王志英 등, 「中國における流行歌の語彙」
『計量國語學』第19卷第8號, 1995). 분석 대상은 1987년에 발행
된 중국의 유행가집에 수록된 53곡의 가사에 나오는 어휘와 그

빈도이며, 대체로 개혁개방 초기 상황을 반영한다고 할 수 있다.

| 허우더젠

우선 '주제'의 특징으로 이 논문이 꼽는 것은 중국의 유행가가 '정치적인 역할을 담당하고 있다', '일본만큼 향락적이지 않다'는 것이다. 이 정도는, 특별히 조사하지 않아도 짐작할 수 있는 것이지만, 어휘의 분포와 빈도에 있어서는 조금 재미있는 결과가 나온다. 예를 들어 '사랑', '사랑하다'의 빈도는 중일 모두 크게 차이가 없지만, 사랑의 대상이 일본의 경우 대부분 남녀 간의 사랑인데 반해 중국에서는 부모나 국가에 대한 감정인 경우가 많다. 게다가 중국 유행가에는 '산' '강' '바다' 등 자연을 나타내는 어휘의 출현율이 다소 높으며, 2인칭 대명사(너, 당신...)가 그러한 자연을 가리키는 경향이 있다는 점도 지적되고 있다. 즉 조국의 산하를 사람에 비유하여 그것을 '너는', '당신은'이라고 부른다는 것이다.

이 분석을 바탕으로 그에 해당하는 유행가를 찾아보면 확실히 그런 면이 있다. 예를 들면, 1982년 영화 「바다가 부른다」의 주제가였던 「바다여, 고향[大海啊, 故郷]」(작사·작곡 왕리핑王立平)은 "바다는, 큰 바다는, 어디를 가도 어머니처럼 항상 내 곁에 있어 주는 큰 바다여, 내 고향이어"이리는 가사이다. 또 하나 예를 들면, 1980년대 중반에 유행했던 「창장의 노래[長江之歌]」도 원래 TV 드라마 「화설장강話說長江」의 주제가였는데, "너는 설산에서 흘러나오오네", "봄의 파도는 너의 용맹한 모습"이라는 식으로 창장강長江에 건네는 노래이다.

이는 1980년대 유행가의 특징이라고 할 수 있다. 그동안 당과 마오쩌둥, 혁명과 같은 단어로 장식되었던 중국의 '붉은 노래'들이 크게 퇴조하고, 대신 조국의 산하를 찬양하고 그것을 '너'라고 부르거나 어머니에 빗대는 것이 늘어난 것이다. 그 의식은 '우리 인민'이라는 이전의 정치적 신분이 '우리 중국인'이라는 민족적 정체성으로 전환되는 것과 궤를 같이한다고 볼 수 있다. 타이완의 싱어송라이터인 허우더젠侯德健이 대륙에 들여와 대히트를 친 명곡 「용의 후예」(1978년)는 검은 눈동자, 검은 머리, 노란 피부를 가진 사람을 용의 후예[龍的傳人]라고 부르며, "거룡巨龍이여, 거룡이여, 너는..."이라고 부른다. 그 의식은 창장강을 '너'라고 부르는 것에 가깝고, 해협을 사이에 둔 대륙 중국과 타이완, 심지어 전 세계 화인華人들의 혈연적 일체성을 호소하는 것이었다.

허우더젠은 1983년에 자신의 뿌리를 찾아, 혹은 중국인으로서의 자기 자신을 확인하기 위해 중국에 왔다. 사실상의 망명으로 보였다. 공산당은 그를 환영하며 중국에서의 음악 활동을 인정했고, 그도 그때까지의 음악 창작 환경과는 다른 곳에서 새롭게 파트너가 된 젊은 여가수 청린程琳과 「새 신발 헌 신발」(1984년), 「서른이 되어서야 알게 된 것」(1988년) 등 앨범을 내면서 중국 음악계에 새바람을 불어 넣었다. 그가 대륙으로 옮겨감으로써, 「용의 후예」와 그 노래의 의식, 즉 정치체제를 초월한 하나의 중국인 의식이 침투해 가는데, 그가 그 대륙에서 본 것은 무엇이었을까? '우리 중국인'에 대한 질문은 다음 칼럼에서 이어진다.

3. 내셔널리즘의 부르짖음 - 애국자의 당으로 환골탈태

WTO 가입이 실현되고 중국의 부유함이 세계적 수준이라는 인상을 확실히 심어준 2001년은 그 풍요 속에서 공산당의 모습도 변화하고 있음을 상징적으로 보여준 해이기도 했다. 7월 창당 80주년 기념대회 연설에서 당시 총서기 장쩌민이 입당 자격을 노동자, 농민, 군인 등에서 더 많은 계층으로 확대하겠다고 밝힌 것이다. 이 방침은 이듬해 전당대회(16차)에서 당규약 제1장 제1조 입당 자격에 '기타 사회계층의 선진분자'를 추가하는 형태로 명문화되었다. '기타 사회계층의 선진분자'란 표현은 다소 애매하지만 있는 그대로 말해 사영 기업가 등을 가리키며, 옛날식으로 표현하면 '자본가, 부르주아지'도 그 안에 들어간다.

창당 이래 공산당은 '프롤레타리아트의 전위' 조직으로 자처해 왔다. 인민공화국이 되자 입당 조건은 농민, 노동자, 군인으로 상당히 엄격해졌고, 노동자 농민을 뜻하는 기반계급基盤階級이 당원 중 차지하는 비율은 문혁 말기에는 약 70%까지 달했다. 반면 거듭된 징지운동으로 사영 기업가로 불리던 사람들은 사회에서 거의 사라졌다. 따라서 여기서 말하는 사영 기업가란 개혁개방 정책이 인정해준, 개인 경영의 기업 활동으로 형성된 문자 그대로 새로운 사회계층이다. 한때 사라졌던 이들도 중국의 풍요가 커지는 것에 비례하듯이 그 수를 늘리며 사회 구성원으로 자리 잡았다. 이를 당으로 받아들이겠다는 말이므로, 창당 80년 만에 당의 정체성을 스스로 전환한 것이다. 장쩌민의 연설이 있었던 2001년에는 기반계급의 비율이 절반 이하로 떨어졌기 때문에 사실상 그러한 현황을 추인한 것이라고도 할 수 있다.

그러나 사기업 경영자까지 입당시키는 데는 어떤 식으로든 논리가 있어야 하는데, 그 근거가 된 것이 얼마 전부터 장쩌민의 이론으로 제시된 '3가지 대표'론[三個代表論] - 즉 공산당은 선진적 생산력, 선진적 문화, 광범위한 인민의 이익, 이 3가지를 대표한다 - 이다. 그렇기 때문에 '선진적'이기만 하면 '기타 계급'도 당원이 될 수 있다는 논리였다. 이처럼 당 지도자가 바뀔 때마다 'XX론'이라는 이론 혹은 모델이 만들어지고 당 규약이나 그 전언前言에 넣는 관행이 이 장쩌민 이후에 정착하게 된다. 장쩌민의 뒤를 이어 2002년 당 총서기 자리에 오른 후진타오胡錦濤의 경우는 '과학적 발전관'이었고, 그 다음이 '시진핑 신시대 중국의 특색 있는 사회주의 사상'이다. '과학적 발전관'은 후진타오 정권기의 당대회(17회 대회(2007년), 18회 대회(2012년))의 규약에서 '주요 방침', '행동 지침'으로서 제시되었는데, 장쩌민 시대의 '3가지 대표'론도 마찬가지로 규약에 나란히 써넣었기 때문에, 당 운영의 기본선에서 후진타오 정권은 장쩌민을 거의 답습했다고 해도 무방하다.

그런데 21세기 들어서 현실로 나타난 것은 사영 기업인의 입당만이 아니다. 대학생을 비롯한 고학력자들의 입당 역시 두드러진 추세이다. 2020년 시점에서 통계에 따르면 전체 당원에서 대학 이상 학력 소지자의 비율은 마침내 절반을 넘어섰다. 인민공화국 건국 당시에 그 비율이 1%에도 못 미치던 반면에 비문해자가 70%나 되던 것(제2장 제6절)을 생각하면 큰 변화이다. 소위 지식인은 이 책에서 반복해서 소개했듯이 인민공화국에서는 오랫동안 개조의 대상이었다. 문혁기에는 지식인이라는 이유만으로 혹독한

중화인민공화국 성립 후 당원수의 추이

년	당원 수 (만명)	인구 대비 (%)	당원 중 기반 계급 비율(%)	당원 중 대학 이상 비율(%)	공산당의 주요 이벤트
1949	448.8	0.83	63.12	0.32	건국 원년
1956	1250.4	1.99	61.17	1.05	건국 후 최초 당대회
1976	3507.8	3.76	69.15	데이터 없음	기반계급 비율 최고치
1979	3841.7	3.96	66.49	3.07	덩샤오핑시대 시작
1992	5279.3	4.58	53.33	11.74	덩샤오핑시대 종료
1993	5406.5	4.65	52.36	12.65	장쩌민시대
1997	6041.7	5.01	49.71	16.75	기반계급, 과반수 비율
2002	6694.1	5.21	45.1	24.2	장쩌민시대 종료
2003	6823.2	5.28	44.1	25.7	후진타오시대 시작
2012	8512.7	6.29	38.3	40	후진타오시대 최종 해
2013	8668.6	6.37	38.12	41.6	시진핑시대 시작
2018	9059.4	6.49	35.27	49.6	국가주석 임기 철폐
2019	9191.4	6.57	34.8	50.7	최신 통계

출처: 川島眞, 小島華津子 編著『よくわかる現代中國政治』(ミネルヴァ書房, 2020)을 바탕으로 郭瑞廷 主編『中國共産黨黨內統計資料彙編(1921~2000)』黨建讀物出版社, 2002, 및 매년『인민일보』의 기사로부터 작성함.

처우를 받았다는 것은 이 책에서 이미 언급한 바 있다. 문혁의 종결은 오랜 지식인 박해가 마침내 끝났다는 것을 의미했다. 대학 교육도 재개되었고, 교원의 처우 개선이 착실하게 이루어졌을 뿐만 아니라, 그때까지 일률적으로 낮게 책정되었던 교원의 급여도 그 사회적 지위에 걸맞게 인상되었다.

앞에서 말한 신흥 분야의 선진분자에 대한 입당 금지의 해제와 함께 생각해보면, 21세기 공산당은 더 이상 노동자·농민 계급을 기반으로 소위 계급독재를 하는 성당이 아니라 부유층 지식인을 적극적으로 끌어들이고, 커지는 경제를 전제로 각종 자본 이익의 파이를 최대한 공평하게 분배하는 조정자 역할로 자신의 담당 배역을 바꿔갔다고 할 수 있다. 그런 의미에서 당 구성원을 기업인, 지식인, 고학력자에게 개방해 나가는 것도 일종의 정치적 자원 분배로 볼 수 있다. 또 경제적 파이의 재분배라는 측면에서 보면, 중국의 고도 경제성장을 배경으로 농촌의 저개발 지역에는 빈곤 구제 보조금이 지급되었고, 국제여론의 동향에 민감한 지식인에게는 그 지적 성과에 따라 후한 지원이 배분되었다. 1989년 민주화운동이 자기 배만 불리는 일부 당 간부들에 대한 강한 반발에서 비롯되었던 것을 교훈 삼아, 당이 세운 틀을 넘지 않는 범위에서 일정 정도 언론과 연구의 자율성을 인정함으로써 이들 지식인을 끌어들였다. 그 틀이란 종래의 '계급독재'가 아니라 당 자체에 의한 독재이다. 이리하여 일찍이 1989년 민주화에 참여했던 학생들도 상당수가 몇 가지 권리를 포기하고, 그 대가로 '특권 클럽'에 가입하는 쪽으로 돌아선 것이다.

당원의 구성이 노동자, 농민 등 기반계급에서 상대적으로 신흥 사회계층의 선진분자나 고학력자로 옮겨가면서 이들의 의식이 탈공산주의 이데올로기화됨에 따라(이 책 202쪽) 당의 존재 의의나 역사적 역할을 어떻게 정의하는가에도 눈에 띄는 변화가 나타났다.

앞서 소개한 장쩌민의 공산당 창립 80주년 기념사는 당이 자신의 역사적 역할을 어떻게 생각하는지를 알 수 있는 좋은 재료를 제공한다. 그 연설에서 장이 꼽은 당의 가장 큰 역사적 공적은 중국의 '굴욕적 외교 역사를 끝낸 것'이었다. 아편전쟁 이래의 반식민지 상태를 끝낸 것이 우리 당이라는 것이다. 중국의 경제적 약진이 그 군사적 위상 증대와 맞물려 이른바 '중국 위협론'을 불러일으키게 되자, 공산당은 새로운 이데올로기적 구심력을 내셔널리즘에서 찾으려는 경향을 강화했다. '굴욕적 외교 역사를 끝냈다는 것', 즉 민족적 독립과 존엄을 되찾았다는 것을 더욱 강조하게 되는 것이다.

이 내셔널리즘은 공산당의 경우 냉전적 사고방식 이외에 과거 중국 근대 사상의 흔적, 역사적 사고방식의 잔존이라는 특징을 가진다. 크게 보면 다음과 같은 세 가지 사고방식이 함께 작동하고 있다고 생각한다.

① 해외의 적대 세력, 반공 세력은 공산당 지배를 전복시키려고 평소 음모와 정보전을 구사하여 끊임없이 중국을 교란하고 도발하며 젊은이들을 사주하여 체제 와해를 꾀하고 있다. (화평연변론)

② 국제정치는 결국 약육강식의 경쟁 원리로 움직이고 있다. 강해져야 한다. 미사여구나 이상론을 늘어놓아도, 약한 것은 당하고, 약소국에는 외교가 없다. (사회진화론)

③ 중국 근대의 발자취는 문명의 낙오자가 되어 학대받다가 반발하고 떨쳐 일어나 서구 열강에 맞선 고투의 역사이며, 이는 대대로 이야기로 전해져야 한다. (역사론)

각각에 대해 개별적으로 살펴보자. ①은 이른바 개혁개방 정책 초기부터 선전되던 것으로, 지난 1989년 민주화운동 탄압 때도 학생들의 행동에는 체제 전복을 꾀하는 자본주의자·제국주의자가 배후에 있으며, 이들이 젊은이들을 조종하고 있다고 해석했다. 이 해석에 특징적인 것은 '음모론적'(음모설) 세계관이다. 특히 1990년대 초반 동유럽과 소련의 체제 대전환으로 냉전체제가 붕괴하면서, 당 지도자들의 우려는 깊어졌다. 미국을 비롯한 서방 국가들이 그러한 체제붕괴 작전을 소련·동유럽에서 성공시켜 냉전에서 승리한 기세를 몰아, 중국을 다음 타깃으로 삼고 있다는 위기감이 커졌다.

이를 여실히 보여준 것이 1999년 5월에 일어난 재在유고슬라비아 중국대사관(베오그라드) 오폭 사건과 그에 대한 중국의 대응이다. 대규모 내전이 되어버린 구 유고의 혼란에 NATO(북대서양조약기구)가 개입한 이 분쟁에 대해 중국은 NATO의 개입을 반대하고 있었다. 그 와중에 베오그라드의 중국대사관이 미국 본토에서 날아온 폭격기에 의해 '오폭'을 당해 중국인 대사관 직원 등 다수의 사상자가 발생하였다. 미국 측은 잘못된 지도 정보를 사용한 데 따른 오폭이라며 사과했지만, 중국공산당 지도부는 '오폭'일 리 없으며 중국의 체제 붕괴를 기도한 음모와 도발이라며 격렬하게 반발했다. 정치국 긴급회의에서 공산당 수뇌부의 발언에는 "이것은 체제 전복을 노리고 용의주도하게 계획된 음모다. 세계의 반중국 세력은 분쟁을 일으키려고 국내외의 여러 조건을 교활하게 이용하고 있다."(리펑), "미국이 우리의 대응과 입장을 시험하고 있다는 것은 쉽게 알 수 있다. .... 공중폭격은 더 큰 음모의 일부일지도 모른다."(장쩌민) 등, 발언 기록 곳곳에 '음모'의 단어가 등장하여 중국 지도자들이 음모를 전제로 국제정치를 바라보고 있음을 엿볼 수 있다.

②와 같은 강박관념은 중국의 경우 청 말 이래 지식인들의 사상적 지주가 된 사회진화론과 결합하여 오늘날까지도 뿌리 깊게 남아 있다고 할 수 있다. 즉 적자생존, 우승열패를 생물학적 진화뿐 아니라 사회 전반에 적용·해석함으로써 도출되는 세계관이다. 중국에서는 '뒤처지면 당한다(落後就要挨打)'는 표현으로 사람들의 입에 자주 오르내린다. 이 문구는 소련의 스탈린이 2차 대전 이전(1931년)에 사용한 것으로 알려져 있는데, 나중에 마오쩌둥에게 계승되고 현재도 시진핑이 입버릇처럼 인용하고 있어 중국 지도자들이 오늘날에도 마음속으로 여전히 갖고 있는 심리라고 해도 좋을 것이다.

③은 중국 근대의 발자취와 그 경험이 '혈채血債(피값)'가 되어 현대에 계승된다고 보는 것으로, 눈앞에서 일어나고 있는 국권國權과 관련된 사안의 해결책, 성패, 교훈을 역사 속에서 찾으려는 것이다. 예를 들어 덩샤오핑은 민주화운동 탄압으로 7개국(G7) 정상회의 제재를 받게 되었을 때 다음과

같이 반박하고 있다.

> 나는 중국인이고 중국에 대한 외국의 침략 역사라면 잘 알고 있
> 다. 서방 국가들이 제재를 가하기로 결정했다고 들었을 때, 나는 곧
> 1900년(의화단 사건이 일어났을 때) 열강 8개국 연합군이 중국을
> 침략했던 역사를 떠올렸다.[1]

똑같은 반응은 앞서 말한 베오그라드 대사관 오폭사건 때의 『인민일보』
사설에서도 보인다.

> 지금은 1999년이지 1899년이 아니다. 지금은 서양 열강들이 원
> 하는 대로 고궁故宮(자금성)을 약탈하거나 원명원圓明園을 불태울 수
> 있는 시대가 아니다. 중국 인민을 얕잡아 보아서는 안 된다. 중국
> 인민의 혈관에는 150여 년에 걸친 반제국주의 지사들의 뜨거운 피
> 가 흐르고 있는 것이다.[2]

구미 선진국에 대한 일종의 복수[revenge]가 이루어졌을 때, 그것을 굴
욕의 역사를 극복한 날로 기념하는 방식 역시 ③의 범주에 들어갈 것이다.
예를 들면, 2008년에 개최한 하계 올림픽(베이징) 메달의 대거 획득은, 일찍
이 '동아시아의 환자[東亞病夫]'로 치부되던 불쌍한 민족의 화려한 부활의 행

---

1) 덩샤오핑 담화(1990년 4월 7일). 『鄧小平年譜』下, 中央文獻出版社, 2004, 1312쪽.
2) 『人民日報』1999년 5월 12일자.

보로 이야기된다.[1]

내셔널리즘으로의 경사는 1990년대 이후, 즉 장쩌민 집권기에 현저해진 것으로 후진타오 정권이 제시하고 현 정권이 더욱 높이 내세우는 '중화민족의 위대한 부흥'이라는 슬로건은 그 연장선상에 있다고 볼 수 있다. 그러나 과거의 역사에서 정당성의 근거를 찾는 내셔널리즘은 필연적으로 외부에 적의 존재를 필요로 하며, 그런 만큼 이웃 국가들과 구미와의 사이에 마찰을 유발하며, 나아가 이들 국가에서 대항적 내셔널리즘이 고양되게 부추기는 부작용을 불가피하게 낳는다. 그 결과 내셔널리즘의 대응이 확대·과격화되어 공산당이 제어하고 달래려고 하면 오히려 민중한테 나약하다는 비판을 받으니, 할 수 없이 불필요하게 강경한 대응을 하게 될 우려마저 있다.

이는 종래, 예를 들면 마오쩌둥 시대에는 계급투쟁을 근본으로 삼은 역사관에 바탕을 두고 주로 국내 적대 계급과의 투쟁, 그리고 이를 승리로 이끈 공산당(마오쩌둥)의 위대함을 주요한 모티브로 삼아 역사를 그려내고, 이웃 국가와의 관계를 국가와 국가 간의 경쟁·투쟁으로 보는 것을 조심스럽게 피했던 것과는 큰 차이가 있다. 또 정보 통제의 측면에서도 마오 시대에는 오로지 공산당만이 여론을 장악하고 유도할 수 있었기 때문에 당의 의도를 벗어난 내셔널리즘의 폭주 같은 것은 있을 수 없었다. 중일 국교정상화(1972년)를 앞두고 공산당은 일본에 적대감이 남아 있는 민중을 설득하고 협력시켜야 했고, 이를 위해 일련의 선전·설득 공작을 벌였다고 하는데, 이제 그런 방식은 통하지 않는다. 2005년, 2012년에 중국 각지에서 반일 운동이 일어나 그중 일부가 공산당의 통제가 통하지 않는 폭동과 약탈

---

1) '동아시아의 환자[東亞病夫, 동아병부]'는 서양 국가들이 원래 오스만 튀르크에 붙인 '환자(Sick Man)'라는 표현을 극동의 중국에 가져다 쓴 것이다. 원래는 국가의 병리적 상태[病態]를 가리키는 말이었지만, 훗날 중국에서 애용되는 과정에서 신체적[physical] 뉘앙스, 즉 운동이나 체육의 부진과 결부되어 사용되었다.

로 격화되었던 것은 고삐가 풀린 민족주의가 거대한 에너지를 가지고 있음을 여실히 보여주었다. 그리고 더욱이 공산당 지도부 내 불화나 대립이 있는 경우 그 에너지가 당내 경쟁자를 배제하거나 주도권을 잡기 위해 이용될 수 있음을 보여주었다.

내셔널리즘 문제는 중국 국내의 이른바 소수민족 문제와도 밀접하게 연동된다. 주지하는 바와 같이 중국 총인구의 대다수(92%)를 차지하는 것은 한족이고, 나머지 8% 정도가 55개 소수민족으로 이루어져 있다. 이들을 통틀어 '중화민족'이라고 총칭하여 마치 한 가족처럼 인민공화국을 구성한다고 하지만, 한족의 정치적·경제적 우위는 압도적이다. 게다가 이들 소수민족이 영토 안보상 중요한 국가 주변부에 거주하지만, 반드시 정주형 농경생활을 하는 것은 아니었기 때문에, 문혁기 등에는 민족문제란 결국 계급문제에 불과하다며 소수민족의 종교와 문화뿐 아니라 그 민족성마저 말살되었다.[1]

개혁개방기 이후에는 이러한 극단적인 정책은 시정되었지만, 다른 한편으로 '중화민족'의 일체성을 강조하는 여론 유도가 강화되었다. 또한 개혁개방기에는 한족의 민족자치구로의 이주와 경제활동이 증가하였고, 그 결과 한어漢語(공용어) 수요가 높아짐에 따라 소수민족 언어와의 이중언어 교육에서 사실상 한어 중심의 학교 교육으로 이행되고 있다. 이와 함께 다양한 규제는 특히 종교 생활을 중심으로 문화면에서의 민족 생활을 바꿔놓아 소수민족의 불만이 높아졌다. 티베트에서는 2008년에, 신장(위구르 자치구)에서는 이듬해에 가가 일어난 대규모 소요 시대는 이러한 배경에서 촉

---

1) 1962년 신장 지역에서 카자흐인, 위구르인 6만 명이 가축을 이끌고 소련 경내로 도망가버려 중소 국경분쟁을 심화시킨 일리사건을 염두에 둔 서술이다._역

발된 것이다.

최근 몇 년에는 시진핑 정권이 추진하는 국제적 광역경제권 구상인 '일대일로—帶—路' 정책에서도 신장은 중앙아시아와의 주요한 교역 루트 상에 위치하기 때문에, 위구르계 주민에 대해 예방적 구금 조치의 일환으로 격리수용 정책을 실시하여, 직업 훈련 교육이라 칭하며 학습과 한족 문화로의 동화를 조직적으로 추진하고 있다고 한다. 공산당은 소수민족 지역에서 일어나는 반한족, 반공산당 소요는 그 경위를 불문하고 외세와 결탁해 국가와 '중화민족'을 분열시키려는 폭도들[暴亂分子폭란분자]의 테러라고 보는 경향이 강하다.

동일한 인식을 타이완이나 홍콩에 대한 정책에서도 찾아볼 수 있다. 공산당에게 타이완은 '중화인민공화국 영토의 불가분한 일부'이고, 본디부터 그 주민도 중국인이며, 그런 자각을 가져야 한다는 것이다. 이와 같은 의식은 건국 이래 견지되어 온 근본적인 이념이며, 개혁개방 정책 중에도 공산당과 마찬가지로 '하나의 중국'관을 가진 국민당에 대해 통일을 위한 대화를 끊임없이 호소해 왔다. 하지만 그 공산당의 호소에 응하는 목소리는 21세기 들어 크게 흔들렸다. 최근 120년의 타이완 역사 중에 115년은 (대륙과) 분단 상태에 놓여 있었다는 사실과, 거기에서 비롯된 타이완 정체성의 강화가 중화 내셔널리즘에 대한 공명판을 없애고 있다.

더욱이 2000년 총통 선거에서 민진당民進黨의 천수이볜陳水扁이 국민당 후보를 꺾고 장기간 지속된 국민당의 타이완 통치를 끝낸 것은 의미가 컸다. 그 타이완 정체성 전환의 상징이라 할 수 있는 정권교체가 대륙에 없는 민주적 선거에 의해 이루어짐에 따라, 정치체제 차원에서도 중국과 타이완의 균열은 더욱 뚜렷하게 드러났기 때문이다. 이후 국민당이 일시적으로 정권을 탈환하면서 중국과 타이완의 비즈니스 왕래와 무역이 활발해진 시기가 있었지만, 또 얼마 지나지 않아 민진당 정권(차이잉원蔡英文 총통)으로 되돌아가면서 해협 양안 관계는 다시 냉각되고 있다. 이에 대해 중국에서는 타이완 독립 주장과 활동을 엄격히 단속하는 '반국가분열법'이 2005년에 제정되어, 타이완 독립 선언이 있을 경우 '비평화적 수단'의 행사 가능성을 명문화했다.

한편 홍콩과 마카오는 각각 1997년, 1999년에 반환되어 식민지 상태에서 마침내 조국의 품으로 돌아온 곳으로 여겨지며, 그곳에 사는 자는 '동포'로서 태어날 때부터 '중화민족'의 일원으로 상정한다. 하지만 여기서도 '중화내셔널리즘'은 공산당 통치에 대한 공순恭順, 정치적 지향으로는 '비민주'와 동의어로 간주되어 청년들을 중심으로 대륙과의 일체성을 거부하는 강한 반발을 불러일으켰다. 2019년 이래 홍콩 민주파의 저항이 거세지자, 이에 대한 탄압이 2020년 '국가안전유지법'의 시행이란 형태로 강행된 후, 공산당은 홍콩은 '애국자'에 의해 통치되어야 한다는 주장을 강화하고 있다. 그 논리는 홍콩에 사는 사람들이 가진 '홍콩인' 정체성에 대한 몰이해, 혹은 혐오감에 뿌리를 두고 있으며, 타이완을 바라보는 시선과 마찬가지로 여전히 국가와 민족의 통일이냐 분열이냐 하는 양자택일의 논리이다.

칼럼⑫ 톈안먼 광장에 울려 퍼진 노래 - 「피에 물든 용감한 모습」

무력 탄압에 제압당하기 전까지 1989년 톈안먼 광장에서는 민주와 자유를 내건 학생들이, 혹은 그들을 응원하는 사람들이 부른 많은 노래가 울려 퍼졌다. 당시 중국에서 (배척의 대상에서) 마침내 수용되기 시작하던 록(Rock) 음악의 개척자 추이젠崔健최건도 5월 단식투쟁 중인 학생들을 위문하고, 그들 앞에서 노래를 불렀다. '6·4톈안먼사건' 때 최후까지 광장에 남아 있던 사람들 중에는 6년 전 중국으로 이주한 타이완 출신의 인기 가수 허우더젠侯德健의 모습도 있었다. 훗날 노벨평화상을 수상(2010년)하는 류샤오보劉曉波 등과 민주화 지원의 단식투쟁에 참여하던 그는 계엄군이 육박해오자 광장 사수를 외치는 젊은이들을 계속 설득하면서 계엄군 현장 책임자와 교섭하여 학생들의 철수를 이끌어냈다. 그 자신은 6·4 이후 호주대사관에 잠시 피신했다가 나중에 타이완으로 돌아갔다. 그의 중국인으로서의 자아 찾기는 이렇게 막을 내렸던 것이다.

무력 탄압에 항의하고 민주화를 지원하는 움직임이 세계적으로 확산되면서, 중국에서도 희생자를 추모하는 움직임이 나타났다. 물론 대놓고 할 수는 없어서 교묘하게 위장되었지만, 추모의 마음을 담아 부른 노래 중 하나가 「피에 물든 용감한 모습[血染的風采]」(작사:천저陳哲, 작곡:쑤웨蘇越)이었다. 이 노래는 1980년대 중국·베트남 국경분쟁으로 전사한 중국 장병들을 기리는 레퀴엠(1986년 발표)으로 가사는 다음과 같다.

만약 내가 이별을 고하고는 다시 돌아오지 않는다면, 당신은 이해해 줄까?

만약 내가 쓰러지고는 다시 일어나지 못한다면 당신은 여전히 기다릴 수 있을까?

만약 그렇게 되더라도 슬퍼하지 않았으면 좋겠다. 공화국 깃발에는 피에 물든 우리의 용감한 모습이 있으니.

전장에서 산화한 젊은이들에 대한 애도가 그대로 민주주의가 있는 진정한 공화국을 위해 목숨을 바친 이들에 대한 추모가 된 것이다. 가져다쓰기[轉用]의 구조로 보면, 칼럼 ①의 「인터내셔널」에 가깝고, 이 노래를 부르는 것만으로는 죄가 되지 않는다. 그러나 그 의미를 간파한 당국은 한동안 「피에 물든 용감한 모습」의 방송을 허용하지 않았다. 이리하여 과거 춘절연환만회에서도 불렸던 이 노래는 1989년 이후 한동안 방송되지 않는 유행가가 되었던 것이다. 반면 자주 불린 곳은 홍콩으로, 추모 집회에서는 의례히 촛불을 켜고 이 노래를 다 같이 합창했다.

한편, 추이젠도 6·4 이후 한때 활동이 중단되었다가, 1990년부터 '새로운 대장정의 록'이라는 전국 투어를 개시, 해외에서도 유명한 록스타가 되어 이듬해 1991년에는 두 번째 앨범 「해결解決」을 발표했다. 수록곡 「최후의 일격[最後—槍최후일창]」은 곡의 대부분을 '6·4' 때를 연상시키는, 총성이 차지하는 이례적인 작품으로 물의를 빚었다. 마찬가지로 「붉은 천[一塊紅布일콰홍뽀]」이라는 신곡을 투어 콘서트에서 연주할 때는 머리띠 같은 붉은 천으로 눈을 가리고 트럼펫을 부는 퍼포먼스를 하는 등 반골 정신을 보

| 추이젠의 콘서트 장면

여주고 있다.

하지만 추이젠의 곡을 유행가로 볼 수 있냐고 누가 묻는다면, 자신 있게 그렇다고 대답하기 어렵다. 추이젠과 탕차오唐朝의 록, 베이징 뎬구이北京電鬼의 레게, 나아가 헤비메탈(중국어로는 중진수重金屬중금속)을 포함하여 20세기 말에는 다양한 분야의 음악이 물밀듯이 중국으로 들어왔는데, 그것을 듣는 사람들의 취향과 경향, 심지어 그것을 흘려보내는 매체가 급속도로 다양해지면서 어떤 특정 노래가 사람들의 마음을 하나로 묶어주는 현상이 급격히 줄어든 것이다. 마침 쇼와昭和시대(일본의 1926~1989년)가 끝날 무렵부터 일본 안방에서 TV에서 흘러나오는 노래를 모두 같이 듣는 일이 사라진 것처럼, 중국에서도 디지털 기기[digital device]의 급속한 확산에 따라 자신의 음악 플레이어나 스마트폰으로 음악을 접하는 일이 많아졌다. 일가친척이 섣달그믐날에 다 모여도, TV의 중국판 홍백가합전은 놔두고 모두가 자신의 스마트폰을 들여다보고 있다. 이런 시대에 모두가 부를 만한 유행가가 나오기란 쉽지 않을 것이다.

공통의 체험을 노래함으로써 근대 국민국가의 구성원 의식을 함양한다. 논리적으로 볼 때, 유행가란 그러한 요청이 있는 특정시대와 장소에 피는 꽃과 같은 것이다. 그 조건이 사라졌을 때 혹은 달성되었을 때 유행가는 모습을 감춘다. 일본도 그렇고, 중국 또한 그러하다.

4. 경제발전, 그 너머에는 - 중국 모델의 가치

21세기에 들어와서도 중국의 경제발전은 시들지 않았고, 항간의 '위기론'과 '붕괴론'을 불식하고 경이로운 성장을 계속했다. 2010년에는 GDP에서 일본을 제치고 세계 2위가 되었다.

공산당이 만들어진 100년 전 중국의 경제력은 어느 정도였을까? 안타깝게도 GDP를 정확히 산출할 수 있을 만큼의 통계 데이터는 작성되지 않았다. 뒤집어 말하면, 국가가 그런 국정 운영의 기본 자료조차 만들지 못하는 시대에 공산당은 탄생한 것이다. 어느 정도 데이터를 바탕으로 경제지표를 산정할 수 있게 된 것은 공산당이 생긴 지 10여 년이 지난 1930년대 무렵부터이다. 1930년대 중반 중국의 실질 GDP와 1인당 GDP를 2020년 수치와 비교하면, 전자는 배율로 해서 160배, 후자는 75배 정도로 팽창했다. 그 사이에 8년에 걸친 항일전쟁과 이후의 국공내전이 있었던 점을 감안하면, 이 수치는 공산당 통치 시대의 성적이라고 바꿔 말해도 좋을 것이다.

더군다나 이 책에서 상세히 설명했듯이 인민공화국 시기에도 대약진이나 문화대혁명과 같은 정체 구간(대불황)이 중간에 끼어 있으므로, 훗날의 개혁개방기 성장률이 얼마나 대단한 것이었는지 엿볼 수 있다. 현재 진행 중인 코로나 사태 와중에 GDP 세계 1위인 미국의 성장이 마이너스로 돌아

미국, 중국, 일본의 GDP(명목) 변화

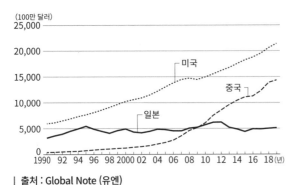

(100만 달러)
미국
중국
일본

| 출처 : Global Note (유엔)

선 반면, 중국의 성장률은 2020년에도 플러스를 유지하고 있으며, 얼마 전 발표된 한 영국 민간회사의 조사는 2028년에는 중국이 미국을 제칠 것으로 예측했다. 중국이 GDP 세계 1위 자리를 미국에 빼앗긴 것이 청나라 말기인 19세기 후반이라고 하니, 실로 한 세기 반 만에 세계 경제대국으로 복귀하게 된다는 얘기이다. 알아야 할 것은 이것은 '재도약'이지 소국이 노력해 올라간 것이 아니라는 것, 이것이야말로 공산당이 '중화민족의 위대한 부흥'을 내세우는 까닭이다.

중국의 GDP가 마침내 세계 2위에 올랐다는 속보가 세계를 누비던 2011년 1월, 중국 국영통신사(신화사新華社)가 미국에서 한 편의 시가 화제가 되고 있다는 기사를 내보냈다. 보도에는 "미국의 대표적 일간지 중 하나인 『워싱턴포스트』에 미국에 거주하는 한 중국인[華人] 대학교수가 한 편의 시를 발표해 뜨거운 화제가 되고 있다. 이 시는 많은 재미在美 중국인들이 오랫동안 느껴온 이중 잣대로 인한 부당한 대우에 대한 항의이자 서양의 편견을 향해 쏘아붙인 통렬한 일침이라는 평을 받고 있다."라고 해설을 붙이며, '우리더러 도대체 어쩌란 말인가(What Do You Really Want From Us?)'라는 제목의 시를 옮겨 실었다.[1] 시는 다음과 같았다.

---

1) 신화사의 2011년 1월 12일자 배포 기사.

우리가 '동아시아의 환자'였을 때, 우리는 '황화黃禍'[1]라고 불렸다.

우리가 차기 대국으로 거론되자, 우리는 '위협'이라고 불린다.

우리가 문을 닫고 있을 때, 당신들은 마약 밀수로 시장을 비집고 열었다.

우리가 자유무역을 받아들이자, 당신들은 우리가 일자리를 빼앗고 있다고 비난한다.

　……

우리가 공산주의를 시도했을 때, 당신들은 우리를 공산주의자라고 미워했다.

우리가 자본주의를 받아들이자, 당신들은 우리를 자본주의자라고 미워한다.

우리 인구가 10억이었을 때, 당신들은 우리가 지구를 망치고 있다고 말했다.

우리가 인구를 억제하려고 하자, 당신들은 인권을 침해하고 있다고 말한다.

　……

우리가 산업을 개발하자, 당신들은 우리를 공해업자라고 부른다.

우리가 물건을 팔아주자, 당신들은 온난화를 우리 탓으로 돌린다.

　……

당신들은 우리더러 도대체 어쩌란 말인가? 잘 생각해보고 일

---

1) 19세기 후반 러시아에서 처음 만들어진 용어로, 백인 유럽에 대한 아시아 인종의 위협을 뜻한다. 청일전쟁과 러일전쟁 시기에 독일 빌헬름 2세와 러시아 언론에 의해 크게 유행하였다. 당시 황화론의 주요 견제 대상은 일본이었다._역

려줘.

근대 이래 중국이 서양 각국으로부터 받아온 부당한 처사에 대한 불만을 숨김없이 털어놓고 있는데, 꽤나 신랄하다. 그 옛날 서양은 부탁도 안 했는데 중국에 교역을 압박하고, 아편을 들여와 전쟁을 일으키고, 중국은 문명화되어 있지 않으니 국제사회의 일원으로 못 넣어준다고 말했다. 그런데 상황이 확 바뀌어 중국이 근대화해서 국력이 붙고 서양과 똑같은 일을 하자, 이번에는 위협이라는 둥, 혹은 규칙이 바뀌었다는 둥 불합리하게 배척한다. "그럼 도대체 어떻게 하란 말이냐?"는 것이다.

당시 기사가 보도되자마자 중국 인터넷의 SNS는 금세 이 시의 공유와 토론으로 뜨겁게 달아올랐고, 중국 대형 매체들도 활발하게 옮겨 실었다. 인터넷에서는 중국이 구미와의 관계에서 오랫동안 겪어온 고충을 인정과 도리로 호소한 이 시에 찬동 일색이었다. "지금이야말로 중화 문명의 위대함을 보여줄 때다!", "서양의 기준으로는 우리를 이해할 수 없다!"라는 트윗이 넘쳐났다.

그런데 중국 독자들이 해당 기사의 원문과 시의 작자로 알려진 재미 중국인 교수를 확인하려 하자 모든 정황이 의심스러웠다. 작자로 지목된 인물은 "나는 그런 시를 쓴 적이 없다."고 말했고, 『워싱턴포스트』도 "우리는 인터넷에서 화제가 되고 있다는 것을 보도했을 뿐이고, 그것도 3년 전의 일"이라며 의아해했다. 결국 이 시는 2008년에 누군가가 인터넷에 올린 것 같다는 사실만 밝혀졌고, 중국인 교수가 『워싱턴포스트』에 발표했다는 것이나 미국에서 뜨거운 화제가 되고 있다는 것은 모두 불확실한 사실로 판명되어 신화사 통신이 보도 기사 자체를 취소하는 코미디로 끝났다.

공교롭게도 미국에 다음가는 경제 대국이 되었다는 보도에 딱 맞춘 것처럼, 이러한 서양 비판의 대합창이 일어난 것은 중국인의 마음속에 자리 잡은 서양 중심주의에 대한 반발, 국제적 입지에 대한 불만과 같은 내셔널리즘이 뿌리 깊음을 말해준다. 이뿐만 아니라, 드디어 세계의 강대국이 된 중국이 앞으로 어떤 역할을 맡아야 하는지에 대해 그들 자신도 답을 찾지 못해 난감해하고 있다는 것 - '우리더러 도대체 어쩌란 말인가' - 을 보여준다. 그런 의미에서 이 애국시 소동의 이듬해인 2012년에 최고지도자의 지위에 오른 시진핑은 이 시가 던진 과제에 해답을 제시해야 했다.

시진핑 현 당 총서기는 취임 초 '태자당太子黨'의 대표격으로 불렸다. '태자당'이란 공산당 지도자 자녀들이 인맥을 통해 형성한 일종의 정치 그룹을 일컫는 말로 '훙얼다이紅二代'라고도 한다. 실제로 그런 혈연으로 이어진 자들이 파벌을 형성하고 있는 것은 아니지만, 아버지, 할아버지가 구축한 정치체제를 지켜나가야 한다는 강한 계승자 의식이 있음은 알려져 있다. 시진핑의 아버지는 국무원 부총리까지 올랐던 시중쉰習仲勳이다. 태자당 유력자로 꼽히던 보시라이薄熙來(보이보薄一波의 아들, 충칭시 당 위원회 서기)가 2012년 부인을 둘러싼 권력남용과 거액의 비리가 적발되어 정치무대에서 사라진 것도 한몫하여, 지방 현(허베이성 정딩현正定縣) 서기에서 시작해 아모이[廈門], 푸저우, 저장, 상하이 등지에서 실적을 올려온 시진핑이 후진타오의 뒤를 이어 총서기 자리에 올랐다.

처음에는 시진핑의 당내 기반이 취약하다고 지적하는 목소리도 있었지만, 강권이라고 할 만한 방식으로 정치국 상무위원급의 거물 저우융캉周永康을 서액의 뇌물收受 부정축재 혐의로 적발(2013년)하는 등, 부패 간부의 대량 적발로 사람들의 지지를 얻었다. 그보다 먼저 적발된 보시라이와 함께, 거물들의 '실각'이 오랜만에 일어나 우리들의 기억에도 아직 선명하다. 예전 같으면 보통 비밀에 부쳐졌던 '실각 인물'의 죄상에 대해서는 보시라이도, 저우융캉도 나름대로 정보가 공개되었는데, 이는 중앙 지도자급이라면 얼마나 많은 특권과 이익을 누릴 수 있는지를 보여주는 것이기도 했다. 덧붙여서 보시라이의 죄상은 비즈니스 파트너였던 외국인의 살해와 1천억 엔(한화 약 9천억 원)에 달한다는 부정축재, 저우융캉의 경우는 부정축재로 총액이 5백억 엔(한화 약 4500억 원)이라고 하기도 하고 1천억 엔(한화 약 9천억 원)이라고도 한다.

다만 주의해야 하는 것은 이러한 지도자급의 부정행위에 대한 조사·검거·기소 등은 당의 특별기관 - 중앙기율검사위원회中央紀律檢査委員會 - 이 초법적 조치를 취한다는 점이다. 예를 들어서 일본에서는 이러한 부패나 고위급 비리 사건은 법무성 관할의 특별수사부가 수사하지만, 중국에서는 대상자가 공산당 간부일 경우 일본처럼 국가의 검찰 기구가 움직이는 것이 아니라 당의 중앙기율검사위원회가 조사·수사·검거를 맡고, 기소 내용이 확정된 단계에서 법원에 넘기는 절차를 밟는다. 말하자면 당 간부에게는 통상적 법률과는 별개의 법규와 처벌 체계가 마련돼 있는 것이다. 중앙기율검사위원회는 부패 간부의 적발을 위해 1946년에, 즉 당이 전국의 정권을 잡기 전에 설치된 것으로, 이른바 '철의 기율'의 DNA를 계승하는 것이다. 이후 인민공화국 초기의 '삼반', '오반' 운동 등에도 활용되었는데, 그것이 시진핑 정권에서 다시 한 번 큰 힘을 발휘한 것이다.

한편 외부에서 중국 최대의 과제로 꼽혀온 정치개혁에 대해 시진핑은 취임 초에는 헌정의 중요성을 강조했으나 점차 소극적이거나 역행하는 자세로 돌아섰다. 헌법과 법률을 권력 남용에 저항하는 무기로 삼으려는 시민파 변호사들이 활약하게 되자, 2015년에는 태도를 돌변하여 이들 법률가를 일제히 검거한 것이다.

얼마 전의 후진타오 정권 시절에는 '민주'나 '자유'와 같은 서구형 정치이념과 기본적 인권사상 등에 대해 그 보편성이 논의된 적이 있었고, 1989년 중앙판공청中央辦公廳 주임으로 톈안먼 광장의 단식투쟁 학생들을 위문한 자오쯔양을 수행했던 원자바오溫家寶는 총리 재임시 '정치개혁'의 중요성을 호소하고, 나아가 당시 심화하고 있는 격차 문제를 염두에 두고 '인민의 불만을 해결하고 인민이 바라는 바를 실현하기 위해서는 인민들이 정부를 비판하고 감독하게 해야 한다.'고 말했으나(2011년 3월), 이러한 주장은 단편적인 형태로 보도되는 데 그쳤다. 마찬가지로 백악관에서 열린 미국 대통령과의 회견(2011년 1월)에서 '인권에는 보편성이 있다.'고 한 후진타오 총서기의 발언 역시 중국 국내 보도에서는 누락된 것처럼, 당내에는 총서기의 말조차 차단될 정도로 서구식 이념에 대한 뿌리 깊은 거부반응이 있었다고 해도 과언이 아니다.

시진핑 정권 시기에 들어와서도 보편적 가치를 둘러싼 논쟁은 일시적으로 있었지만, 최종적으로는 언론 규제론자들의 손을 들어주며 마무리되었다. 즉, 2013년 중앙판공청은 '칠불강七不講' 통지(대학 강의실이나 공공장소에서 '논의해서는 안 되는 일곱 가지 사항')[1]를 내리고, 보편적 가치를 포함하여 공산당과 다른 의견의 표명을 금지한 것이다. 심지어 이 결정을 전달하는 공산당 문서를 해외로 유출한 혐의로 1989년 민주화운동에 참여한 적이 있는 언론인(가오위高瑜)이 체포되었다. 이렇게 규제가 가해지고, 이와 더불어 보도와 출판에도 유형·무형의 압력이 가해져 정치적으로 민감한 내용·제목의 책은 설령 원고가 들어와도 심사라는 명목으로 묵혀만 두고 출판하지 않는 경우가 2013년, 2014년쯤부터 현저하게 증가하였다.

---

1) 논의해서는 안 되는 7가지 사항이란, '보편적 가치', '보도의 자유', '시민사회[公民社會]', '시민[公民]의 권리', '중국공산당의 역사적 과오', '특권 부르주아지', '사법의 독립'이다.

'보편적 가치'를 받아들이지 않는 대신 시진핑 정권이 추진한 것은 거대한 경제력을 최대한 활용하여 중국의 존재감을 주변 지역을 넘어 전 세계에 과시하는 것이었다. 그중 주목해야 할 것은 세계에서 중국의 위상에 대해 지금까지의 지도부(장쩌민, 후진타오)보다 명확하게 중국의 독자적인 기준을 제시하려고 하는 점이다. 미국과의 관계에 대해 중국 측이 제안한 '신형 대국관계'(대항·충돌하지 않음, 상호존중, 그리고 원원win-win의 관계)가 그중 하나이고, 마찬가지로 아시아 인프라 투자은행(AIIB, 2013년 제창, 2014년 설립)과 같은 중국 주도의 국제개발은행도 그런 사례일 것이다. 기존의 아시아개발은행(1996년 설립)에서는 그 주요국인 미국과 일본 양국이 중요 안건에 거부권을 갖고 있고, 인권이나 환경이라는 요소를 고려해 융자 안건을 선별하지만, 이와 달리 그러한 조건을 완화하고 신속한 융자와 풍부한 자금력으로 인프라 설비의 대형 정비를 지원하는 것이 AIIB이다. 이러한 새로운 경제의 국제적 틀 만들기는 정보통신기기 등 개혁개방 정책 아래 중국에서 비약적인 발전을 이룬 첨단기술 분야에서 중국 기업의 표준과 제품을 세계시장에 내놓음으로써 진행 중이다. 이제는 중국 표준이 세계를 선도하는 분야도 결코 적지 않다.

인터넷으로 대표되는 IT 기술혁신의 도입과 응용·구현, 그리고 그 연장선상으로 나타난 고도로 독자적인 비즈니스 모델은 중국 경제의 경이적 발전의 엔진이 되고 있다. 이뿐만 아니다. 예를 들어, 2010년대에 급속히 발전한 전자결제 시스템은 다양한 개인정보(학력, 경력, 교우관계, 자산, 소득)를 바탕으로 신용을 수치화하고 이를 대규모로 공유·이용함으로써 경제활동의 편의성을 비약적으로 높였다. 사실, 이 '신용' 보장(미비)이야말로 전근대 이래 중국에서 충분히 발전하지 못해, 빚을 안 갚거나 계약 불이행에 대한 두려움으로 경제활동이 어느 정도 이상으로는 확대·광역화하지 못했던 원인의 하나이다. 그 신용에 관한 데이터가 전자결제 서비스(예를 들면 알리페이)를 통해서 수집되어 보장됨으로써 확실하고 안심할 수 있는 상거래가 가능해지는 것이다. 나아가 2017년에는 이러한 개인·기업의 신용 데이터를 대대적으로 보유하는 텐센트Tencent(騰訊) 등 8개 민간기업의 신용점수 정보를 정부 플랫폼에 통합하여 더욱 편의성을 높인다는 구상이 제시되었다. 목적도, 이해관계도 다종다양한 이들 신용점수의 통합이 간단하게 되지는 않을 것이다. 하지만 향후 공산당 통치를 완전히 다른 차원으로 고도화할 가능성이 높은, 인터넷을 활용한 사회통제에 대해서는 그 개요를 알아볼 필요가 있다.

신용점수로 대표되는 개인정보의 대규모 데이터화와 관련 서비스는, 조금만 생각해보면 알 수 있듯이 중국 정부가 추진하는 인터넷 공간의 지배, 사회 동향의 조사·분석, 감시카메라나 통신 감청을 통한 치안유지와 연계(link)됨으로써 총체적이고 완전한 사회통제의 길을 열어주는 것이다. 인터넷 이용에 관해서는 후진타오 정권 때 부패·비리나 권력남용 고발에 한시적으로 활용되어 시민의 연대와 독자적인 정보망 확보라는 의미로 평가되기도 했으나, 이후 시진핑 정권으로 넘어오면서 통제가 현격히 강화되었다. 인터넷이 본질적으로 월경적越境的(국경을 뛰어넘는)이라는 기존 개념은 최근 중국에서 특히 강조되고 있는 '사이버 공간 주권'의 개념 아래에서는 전혀 통하지 않는다. 잘 알려진 것이 '그레이트 파이어월Great Firewall'(진둔金盾, 팡훠창청防火長城 등)이라 불리는 국가 규모의 사이버통신 통제 및 검열 시스템이나. 위험하거나 불온하다고 판단되는 키워드로 검색하거나 해외 인터넷 사이트에 접속하는 것을 필터링하거나 차단함으로써 강력한 통제와 감시가 가능해져, 10억 명에 가까운 중국의 인터넷 사용자(2020년 12월 시점)를 포괄적이고 효율적으로 관리하고 있다.

인터넷상의 다양한 서비스에 대해서도 국내외의 자유로운 교신을 전제로 하는 서비스에는 규제가 걸려 있어, 구글, 페이스북, 유튜브 등은 중국 국내에서는 원칙적으로 사용할 수 없다. 다만 검색 포털사이트 바이두百度, SNS인 위챗微信(Wechat), 동영상 게시 사이트 아이치이愛奇藝(iQIYI)와 유쿠優酷(YOUKU) 등 대체 서비스가 자국 기업에 의해 제공되고 있어, 사람들은 별다른 불만이나 불편을 그다지 느끼지 못한다. 그렇기는커녕 이런 자국 기업들이, 예를 들면 위챗 계정처럼 본인의 확실한 신용 정보와 연동되는 서비스를 제공하고 있어서 사용자들이 오히려 해외 서비스보다 편리하다고 느끼는 현상까지 일어나고 있다.

기존에는 모아두기는 해도 너무 방대해 다 관리하지 못했던 개인정보(개인당안 정보 포함)가 전자데이터 형태로 축적되어, 한 개인이 언제, 어디서, 무엇을 하고, 누구와 만나고, 무슨 이야기를 했는지 상세한 정보를 수집·분석할 수 있게 되었다. 즉, 과거의 '단위'나 국영기업과 같은 소속 조직이 없어져도 정부는 직접적으로 인간을 포착하고 관리할 수 있게 된 것이다. 비단 중국에만 적용되는 이야기는 아니지만, 우리가 검색 사이트에서 입력하는 검색어는 바로 우리가 무엇을 생각하고, 무엇을 원하는지 등 내면세계를 스스로 노출하는 것인데, 그 데이터가 행동 이력, 경제 상태, 신용점수 등의 개인정보와 연계되어 관리·감시(안면인식 기술)되면 사람은 거의 발가벗겨진 것에 가까워진다. 사실상 극소수의 지도자가 움직이는 그 조직이 한 손에는 막강한 치안 유지력과 군사력을 쥐고, 그리고 다른 한 손에는 그야말로 창당 때의 초심(DNA)인 '볼셰비즘'을 쥐고 14억의 사람들 위에 군림하는 그림은 바로 세바스찬 하일만Sebastian Heilmann이 말하는 '디지털 레닌

주의' 세계나 다름없다.[1]

그러나 고도의 디지털 기술로 구현되는
이 통치 체제가 사람들을 감시하는 공포
지배의 역할만 한다고 보는 것은 너무
단편적인 생각이다. 개인에게 나쁜 일을
하지 못하게 할 뿐만 아니라, 신용점수를

중국의 대표적인 전자결제 시스템인 '위챗
페이(微信支付)'와 '알리페이(支付寶)'.
둘 다 일본에서도 사용할 수 있다.

마치 포인트가 쌓이듯이 행동을 선도하는 데 사용하는 그러한 시스템으
로 만드는 것이 핵심이다. 더 안심하고 잘 살기 위한 인센티브가 될 수 있는
서비스를 부가하여 사회를 안정·번영시키는 방향으로 사용하도록 하는 것
이다. 실제로 2014년에 국무원이 발표한 '사회 신용시스템 구축 계획 요항
(2014~2020)'에는 '모든 사회 구성원의 성실성 향상과 신용환경 조성'이 목
적으로 제시되어 있다. 잠재적인 반체제 인사를 탄압·감시함으로써 사회질
서를 지키는 것은 물론, 안심할 수 있는 사회 구축에 공헌한 사람에게는 신
용점수 향상으로 이어지는 '보상' 포인트가 주어지도록 한 것이다.

이 책은 이러한 디지털 기술과 통치에 관한 전문 연구가 아니기 때문에
더 이상의 검토는 하지 않겠지만, 감시카메라든 웹 열람 이력이든, 돌보는
것과 감시하는 것은 동전의 양면과 같다. 그 서비스를 받는 쪽이 안심이라
고 생각하면 그것은 돌봐주는 것이고, 반대로 불안이나 압력을 느끼면 그
것은 감시하는 것인데, 어느 쪽인지 시비와 판단은 보통 사회에 맡겨진다.
그런데 중국의 경우는 '모든 것을 결정하는' 위치에 있는 당이 사람들을 위
해 그런 판단을 하고 있다. 그러므로 중국 사람들은 개인정보가 삭송 사회

1) Sebastian Heilmann, "Leninism Upgraded: Xi Jinping's Authoritarian Innovations", *China Economic Quarterly*,
vol. 20, no. 4, 2016.

적 서비스와 결부되는 감시사회에 살고 있지만, 의외라고 할까 당연하다고 할까, 중국 사람들은 대체로 이 디지털 관리사회를 높이 평가하고 공산당의 통치를 찬양하고 있다. 거리 곳곳에 있는 감시카메라도 저것 덕분에 위험한 교통법규 위반이 줄었다고 칭찬하는 사람이 사실 대부분이다.

일본의 어느 중국학 대학 교원이 1997~2010년에 걸쳐 톈진 주택가의 주민들을 대상으로 현 정권의 통치에 대해 '당과 정부는 인민에게 무엇이 최선인지 알고 있다'는 질문에 대해 설문조사를 실시했는데, 어느 해든 70% 이상에서 80% 이상의 사람들이 '매우 그렇게 생각한다' 또는 '그렇게 생각한다'고 응답했다.[1] 엄청난 지지율이다. 이 설문조사는 인터넷 감시 시스템과는 직접적으로 관련이 없는 형태로 실시한 것이므로, 이 수치는 대다수 중국인이 공산당에 신뢰와 기대를 갖고 있음을 말해 준다. 같은 형식으로 최근 수집한 데이터는 없지만 리더로서 시진핑에 대한 평가가 높다는 점을 고려하면 이 지지율은 지금은 더 높을 것이다.

"우리나라는 잘하고 있다.", "공산당은 노력하고 있다." 이러한 말에 집약된, 영명한 지도자와 기술에 대한 신뢰는 체제 전반에 대한 강한 긍정으로 전환되어 이제는 자랑해야 할 일종의 모델, 즉 '중국 모델'로서 인식되고 있다. 즉, 중국의 학자나 당 간부들 사이에는 이러한 국가 운영체제나 발전모델을 보다 거시적인 관점에서 기존의 서양식과는 다른 현대화 모델, 개발도상국을 중심으로 많은 국가나 지역에 유효한 시스템으로 평가하자는 인식이 꾸준히 확산되고 있다.

자유선거나 다수결, 서로 다른 정치적 견해를 가진 사람들이 의회를 통

---

1) 園田茂人, 「第九講 社會の変化:和諧社會實現の理想と現實」(高原明生ほか編, 『東大塾 社會人のための現代中國講義』, 東京大学出版會, 2014).

해 정책을 협의하고 결정해 나가는, 이른바 '민주주의'라고 불리는 상당히 번거로운 방식에 의존하는 것이 아니라 소수의 영명한 지도자 집단이 필요한 결정을 신속하게 내린다. 선거나 토론, 이견을 제기하고 계속 주장할 권리 등은 기본적으로 없지만, 거기에 들어가는 사회적 비용이 들지 않는 만큼 적은 비용으로 효율 높은 정치를 기대할 수 있다. 세계에는 돈과 시간이 많이 드는 서양식 정치 시스템보다 오히려 재빨리 정책 결정을 할 수 있는 중국과 같은 권위주의가 필요한 지역이 아직도 존재한다. 민주주의니, 법에 의한 지배니, 인권이니, 삼권분립이니 해도 그것은 서양의 국가들과 그것을 받아들인 극히 일부의 국가·지역에서만 길러진 것이지, 세계 모든 국가가 다 따라야 할 이유는 없다는 것이다. 그것은 더 나아가 앞서 말한 '우리더러 도대체 어쩌란 말인가'라는 질문에 대해 스스로 낸 하나의 답변이라고 볼 수도 있을 것이다.

하지만 민주주의를 생략함으로써 비교적 저렴하게 근대화를 실현할 수 있었던 이 '중국 모델'은 향후의 세계에서 체제의 우수성 때문에 널리 인정받고 지지받게 될 것인가? 그 가능성은 부정하지 않지만, 지금 한 가지 생각해 두지 않으면 안 되는 것은, 이 '중국 모델'이 성립하고 실행할 수 있었던 것은, 그 사이 중국을 둘러싼 국제 환경이 상대적으로 상당히 양호했기 때문이다. 이제 중국의 부상에 따라 중국을 둘러싼 국제 관계는 크게 달라지고 있다. 그중에서도 미국과의 관계는 트럼프 정권 시절 험악해졌고, 미국의 정권이 교체된 후에도 여전히 '신냉전'으로 불리고 있다. 유럽연합(EU)과의 관계, 오스트레일리아와의 관계도 점점 어려워지고 있는 이런 상황은 '중국 모델'에 큰 도전이 되고 있다. '중국 모델'이 진정으로 확대되고 유효성을 가질 수 있을지 어떨지는, 그러한 국제 환경이 중국에 역풍으로 작용하더라도 이 모델이 여전히 중국과 세계를 지탱해 줄 수 있는가에 달려있을 것이다.

중국에 공산당이 만들어진 지 100년, 그 사이 세계의 규칙은 크게 바뀌었다. 경제의 구조와 작동 방식, 인간-사물-정보의 유통 방식도 바뀌어 민주주의와 사회주의의 가치와 보편성에도 의문이 던져지고 있다. 전 세계에 서양식 발전모델이 통용될 것인지, 아니면 중국 모델이 이를 뛰어넘을 가능성이 있는지, 현 단계에서는 아직 답이 나오지 않았다. 하지만 확실한 것은 이만큼 위상을 높인 이상 공산당 지도자들이 생각해야 할 것은 이제 중국이라는 한 나라를 어디로 이끌 것인가가 아니라, 중국과 세계를 어디로 향하게 할 것인가 하는 것이다.

14억 명의 인민 중에서 선발된 9천만 명의 선진분자로 이루어진 조직이, 전국을 커버하는 고도로 발달한 세계 제일의 기술을 구사하여 사람들을 감시하고 지켜보는 나라, 중화인민공화국. 현재 당 최고지도자는 마오쩌둥을 포함해 과거 그 누구도 갖지 못했던 힘을 가진 - 즉 사상 최강의 - 지배자라고 해도 과언이 아니다. 2020년 중국에서 신형 코로나바이러스의 감염 확산은 이 완벽한 사회관리 체제에 있어서는, 바로 전 세계가 주시하는 가운데서 그 실력을 시험받는 실전이 되었다.

칼럼⑬ '조국'을 향한 마음, 다시 한 번 - 「나의 조국」의 재유행

1989년쯤을 경계로 중국의 유행가를 둘러싼 상황은 크게 달라졌다. 사람들의 의식이나 가치관이 급속도로 다양해지면서 더 이상 특정 노래가 사람들의 심정이나 공통의 체험을 강렬하게 집약하는 일은 없어진 것 같다. 그렇다면 이제 중국 사람들이 모두 공감을 담아 부를 수 있는 노래는 더 이상 없는 것일까?

2019년 국영매체인 신화사가 인터넷을 통해 신중국 성립 70년간의 노래 중에 "들으면 뜨거운 눈물이 나오고 마는 노래가 있습니까?"라고 질문을 던졌더니, 「가창조국歌唱祖國」(칼럼⑨ 참조)과 「나와 나의 조국[我和我的祖國]」 등 이른바 '조국물'이 상위권을 차지했고, 당당히 1위에 뽑힌 것도 「나의 조국[我的祖國]」(작사: 차오위喬羽, 작곡:류츠劉熾)이라는 노래였다. 조국물이 많은 것은 건국 70주년이 되는 이 해에 애국가를 부르자는 관제 캠페인의 일환으로 인터넷 송신을 이용해 적극적으로 홍보된 것도 한 요인일 것이다. 많은 사람이 저마다 손에 작은 깃발의 국기를 흔들며 조국을 찬양하는 노래들을 부르며 중국 각지에 나타나는 중국식 플래시몹(快閃콰이산) 동영상이 대량 제작되었다. 「나와 나의 조국」은, 이 곡을 주제로 한 동명의 영화가 제작되어 더욱 열기를 고조시켰다.

하지만 아무리 선전을 잘한다고 해도 정부 측의 유도만으로 이들 조국물이 남녀노소 모두가 노래할 정도로 세상은 녹록치 않다. 사람들 쪽에도 이를 받아들이는 공통의 멘탈리티가 있을 것이다. 생각해 볼 수 있는 것은 지난 10년 사이에 눈부신 경세 발전과 존재감의 증대가 중국 위협론이나 중국 때리기를 유발하면서 펴져나간 일종의 불안감이다. 자신들은 세계인들에게 배척당하고 있는 것은 아닐까, '조국'의 융성이 아이러니하게도 그런 막연한 불안감을 불러일으키며 '조국'을 핵으로 한 응집이 일어나고 있는 것처럼 보인다. 자부심이 섞인 그러한 위기감이 조국물이 유행하게 하고 있다면 - 그것이 중국에 좋은 일인지 아닌지를 떠나서 - '조국'을 그리워하는 노래는 앞으로도 점점 인기를 끌 것이다.

1위를 차지한 「나의 조국」 이야기를 하자면, 원래 1956년 영화 「상감령上甘嶺」의 삽입곡이다. 영화에서는 한국전쟁에 파견된 중국인민의용군 야전병원 장면에서 노래된다. 강변의 내 고향, 그곳에 불어오는 바람, 오가는 배에서는 익숙한 뱃사공의 구령, 그런 정경을 독창으로 고요히 노래한 뒤,

　這是美麗的祖國, 是我生長的地方 在這片遼闊的土地上, 到處都有明媚的風光
　이것이 아름다운 조국, 내가 태어나 자란 곳, 끝없이 펼쳐진 이 대지는 아름다운 풍광으로 가득 차 있다

라고 합창이 이어지고, 타향의 전쟁터에 있는 병사들은 모두 각자의 고향을 떠올린다. 많은 조국 노래 중에서도 「나의 조국」이 유독 인기를 끄는 이유는 무엇일까? 「가창조국」이 국가 자체를 찬양하거나 「나와 나의 조국」이 국가 구성원으로서의 나(큰 바다에 떨어지는 한 방울의 물)를 노래하는 데 반해, 「나의 조

국」은 향토애 혹은 그곳에 사는 사람에 대한 마음이 조국애로 이어지는 구조이다. 가사 중의 "아름다운 조국"이 2절과 3절에서는 각각 "영웅적 조국", "강대한 조국"이 되어 조국의 강인함이 강조되지만, 그래도 「가창조국」 가사에 나오는 "태양이 동쪽 하늘에 떠오르고", "우리의 영도자 마오쩌둥", "우리를 침략하는 자는 누구든 멸망시킨다"에 비하면 친밀감이 고향과 사람 쪽에 기울어 있다. 즉 오래된 노래이기는 하지만 사람마다, 세대마다 다를 수 있는 다양한 조국에 대한 마음을 「나의 조국」은 더욱 깊이 있게 받아들이게 하는 것이다. 꼭 공산당이나 인민공화국의 열렬한 지지자가 아니라도 「나의 조국」을 좋아하는 사람이 많다고 하는데, 이와 같은 포용력에서 인기 있는 이유가 있을지도 모른다.

맺음말 - 100년 차의 시련

2019년 10월에 군사 퍼레이드를 시작으로 건국 70주년을 축하하는 다양한 기념행사가 한차례 펼쳐지고 얼마 지나지 않아, 우한武漢 식품시장 관계자들에게 알 수 없는 폐렴 바이러스 감염증이 발생했다. 감염자들은 고열로 병원에 실려갔고, 연말까지 그 수가 계속 늘어나면서 사망자도 나오기 시작했다. 정체불명의 전염병은 이후 우한시 전역에서 후베이성으로, 나아가 중국 전역으로 확대, 바로 아직도 전 세계가 겪고 있는 COVID-19 팬데믹의 시작이었다. 이 대유행은 중국공산당이 당 창건 100주년을 맞이하는 가운데 직면한 거대한 시련이다. 국내 감염을 종식시키는 것, 전 세계에 감염의 확산 경위와 원인을 설명하는 것은 이제 당의 100주년을 기념하는 것보다 더 중요한 책무라고 해도 과언이 아니다.

공산당이 미지의 호흡기 전염병과 마주한 것은 이번이 처음이 아니다. 2002~03년 중국 국내에서 발생·유행했다가 이후 세계로 퍼진 사스(SARS, 중증 급성호흡기증후군, 중국어로는 '페이뎬非典'으로 불림)는 당시 국내외를 뒤흔들었는데, 이번 신형 코로나바이러스의 감염 대책과 비교하면 그간 중국의 대응·위기관리 변화를 실감할 수 있다. 사스의 경우는 중국 내에서 5천여 명의 감염자, 사망자 350여 명을 내며 세계 40여 개국으로 퍼졌으나, 환자가 감염원이 되는 것은 중증화된 이후였으므로 환자 격리가 효과적 대책이 되어 반년 만에 확산을 막아낼 수 있었다. 또 중국인의 해외 이동, 나아가 세계경제와의 관련도 지금에 비해 훨씬 작았기 때문에 그 정도로 끝났다고 할 수 있다.

그러나 당시 중국공산당은 초기 감염 확산의 억제에 실패했고, 특히 정보 은폐가 국제 여론의 강한 반발을 불러일으켰다. 의도적인 감염자 은닉 등의 사실을 알게 된 WHO는 "국제사회는 중국 통계를 전혀 신용하지 않는다... 지금이야말로 신뢰 구축 작업을 시작해야 한다."며 강도 높게 중국 정부를 비판했다. 베이징시장, 위생부장(보건부 장관)을 비롯해 처분받은 당 간부, 행정 관료의 숫자는 확진자 수와 맞먹을 정도이다. 초기 감염 예방에 실패한 또 다른 이유는 농촌의 의료·보건 체제가 제대로 갖춰지지 않아 감염된 농민들이 고액의 의료비를 우려해 진료를 주저했기 때문이다. 사스의 만연은 당·정부의 비밀주의와 시장경제에만 의존하는 복지시스템이 초래한 결과라고 할 수 있다.

이번 코로나19의 감염 확산, 중국에 대한 비난은 사스 때와 마찬가지로 혹은 그때보다 훨씬 강해보이지만, 사실은 몇 가지 점에서 중국은 사스의 교훈을 배워 전방위적인 대책을 취하고 있음을 알 수 있다. 농촌 주민에 대한 의료보험 적용이 그중 하나이고, 도시지역이라면 '사구社區'(지역 커뮤니티)가 위생 행정에 적극 나선 것도 그런 사례이다(후진타오 정권 때 순차적으로 실시함). 초기 대응이 늦었다고 강하게 비난받고는 있지만 도쿄에 버금가는 인구의 우한, 영국 인구에 버금가는 후베이성을 '봉쇄'한 것은 인류 공중위생 역사상 전례가 없는 조치였다. 주민을 집 밖으로 내보내지 않는 것, 공사를 강행하여 대형 격리시설을 급조하는 것, 지원 인력을 속속 집중적으로 투입하는 것 등, 이 같은 대응은 모두 사스의 교훈을 살린 것으로 현재 세계 각국은 만연을 억제한 중국의 이러한 방식을 뒤따라가고 있다. 감염 대책에 쏟은 노력을 자화자찬하는 공산당이 역병과의 싸움을 중국형 모델의 유효성을 나타내는 실례로 내외에 떠들썩하게 선전하는 까닭이다.

하지만 이런 가운데 초기 감염 확산의 기미를 눈치 채고 누구보다 먼저 경종을 울렸으나, 유언비어를 퍼뜨렸다는 이유로 처분을 받은 우한의 한 의사가 있다. 리원량李文亮이라는 안과 의사이다. 불행히도 그는 얼마 지나지 않아 그 자신도 COVID-19에 감염되어 세상을 떠났지만, 죽음을 맞이하기 전에 "건전한 사회의 목소리는 하나여서는 안 된다."는 말을 남겼다. 무거운 말이다. 뒤집어 말하면, 한목소리에 지배되는 사회는 건전하지 못한, 즉 병든 사회라는 것이 그가 하고자 한 말이다. 의사 리원량에 대한 처분은 이후 철회됐지만, 그때 그는 이미 이 세상 사람이 아니었다. 리원량 의사의 사망 소식은 그동안의 사정을 아는 우한 사람들에게 큰 충격을 주었다. 우한 봉쇄를 일기로 기록한 29세의 사회복지사 궈징郭晶은 리원량의 죽음을 애도하며 촛불을 켜고 핸드폰으로 「인터내셔널」을 반복해서 재생하며 큰 소리로 울었다고 한다.[1]

우한의 상황이 진정된 2020년 10월 코로나19와의 싸움에서 승리한 것을 과시하는 '우한항역성취전武漢抗疫成就展[우한 방역 성과 전시회]'이 개최되었다. 공산당이 이 '항역저격전抗疫狙擊戰방역 저격전' 승리를 위해 영웅적인 사람들과 함께 얼마나 용감하게 싸웠는지 전시한 가운데, 이 전투에서 목숨을 잃은 의료진들을 '열사'로 현창하는 코너가 있었다. 리원량도 그중 한 명으로 사진과 함께 전시되어 있다. 하지만 사진에 붙은 설명은 극히 간단한 경력일 뿐, 발 빠르게 경고를 한 것이나 그 때문에 처분을 받은 것에 대해서는 단 한 글자도 언급되지 않았다. '건전한 사회의 목소리'에 대한 메시지를 남긴 것은 당연히 무시되었다.

물론 리원량 의사의 경고가 확산·공유되었더라도 팬데믹은 일어났을 것이다. 하지만 그의 메시지에 유언비어 혐의가 제기되어 삭제되고, 나아가 처벌을 받았다는 것은 리원량 이외에도 정보가 어떤 사람에게서 상사나 관계 부문으로 전달되는 매 단계, 매 고비마다 유사한 '이견' 봉쇄가 곳곳에

---

1) 『武漢封城日記』, 聯經出版, 2020, 121쪽. 「인터내셔널」을 부르는 것이 의미하는 바는 이 책의 칼럼①을 참조.

서 벌어지고 있었을 가능성이 높다는 것이다. 사회를 위협할 수 있는 사태가 벌어지는 기미를 알아채고 경각심을 불러일으키는 것, 이는 엄밀히 말하면 전염병 대책에만 국한된 것이 아니다. 한 사회에 살아가는 인간이 자신이 본 것, 들은 것, 그리고 생각한 것을 말할 수 있느냐의 문제이다.

COVID-19의 최초 발생 경위와 확대에 대해서는 과학적 조사에 기초한 결론이 추후 나올 수도 있고, 아닐 수도 있다. 하지만 최초 감염 경위가 설령 조사의 한계로 밝혀지지 못하더라도, 리원량 의사의 목소리를 유언비어라며 봉쇄한 일이 왜 일어났는지는 조사할 마음만 있으면 쉽게 알 수 있는 일이다. 바이러스가 한 것이 아니라 인간이, 혹은 조직이 저지른 일이기 때문이다.

공안 부문이 리원량에게 내린 '훈계서訓誡書'에서 지적한 것은 '사실과 다른 언론을 발표하여', '사회질서를 현저히 혼란스럽게 한' 것이 법률 위반이라는 것이다. 흑백이 뒤바뀐 것도 정도가 너무 심하다고 말하고 싶지만, 유언비어로 혼란을 일으키는 자는 법으로 단속해야 한다는 생각은 아마도 공안기관 특유의 것이 아니라 중국에 사는 보통 사람들 대다수의 생각이 아니었을까. 지금이야 리원량 의사의 경고가 중요했다고 누구나 인정하지만, 그것이 옳은지 아닌지 판단할 수 없는 상황에서는 사회질서의 혼란이 없는 편이 낫다는 것이 대부분의 중국인들의 감각이었을 것이다. 옳고 그름을 결정하는 것은 공산당 쪽이고, '굳이 쓸데없는 참견'을 해봐야 소용이 없거니와 오히려 당에 대한 의구심을 표출한 것으로 받아들여질 수 있다. 코로나19가 출현하기 전까지 대다수 사람들은 그렇게 생각했고, 당이 지도하는 편을 지지하며 충분히 행복하게 살아왔다.

"당이 모든 것을 결정한다." 스탈린의 소련공산당이 그렇게 말했고, 마오쩌둥이 그렇게 말했으며, 그리고 지금 시진핑 또한 그렇게 말하고 있는 문구이며, 즉, 이 당에 오랫동안 계승되어 온 DNA 중 가장 중요한 것이다.

현 상황을 보라. 세계 여러 나라가 좌충우돌의 방역 대책으로 봉쇄를 반복하며 많은 사망자를 내고 있는 가운데, 우리 중국은 잘 통제된 대책으로 최소한의 희생으로 막아내고 있다. 전 국민이 방역 애플리케이션을 스마트폰에 넣고, 접촉 이력, 위치 정보 등 개인정보를 빅데이터로 통일적으로 이용하는 편이 사회 전체의 감염 억제로 이어지고, 결국 개개인의 건강과 행복으로 이어지는 것이다. 사생활이 조금 침해되는 정도로 시끄럽게 따지지마라, 나만은 반대다 따위의 말은 하지 마라, 모두에게 민폐다. 다른 나라와 비교하면 중국과 당은 잘하고 있다. 이상이 중국의 압도적 다수의 사람들의 감각이기 때문에 다른 목소리를 낸 리원량 의사의 메시지를 탐지한 공안 부문은 당연하게도 그를 단속한 것이다.

하지만 리원량 의사의 말은 오히려 공산당이 공언한 이상임도 잊지 말아야 한다. 이 의사의 "건전한 사회의 목소리는 하나여서는 안 된다."는 말을 조금 바꿔 쉽게 말하면, "사회에는 다양한 의견이 있다, 바로 그렇기 때문에 서로 의견을 말하고 자유롭게 토론하는 것이 필요하다."라고 할 수 있다. 사실 어떤 의미에서 흔히 들을 수 있는 이 말은 지금으로부터 반세기 이상 전에 공산당 자신이 내뱉은 말이었다. 1956년 7월 1일, 즉 창당 35주년 기념일에 즈음하여, 『인민일보』는 사설 '독자에게'에서 자유로운 토론에 대해 이렇게 말하고 있다.

어떤 사회든 어떤 구체적인 문제에 대해 사회 구성원들이 모두 똑같은 의견을 갖는 일은 있을 수 없다... 어떤 명의를 빌리든 절대로 자신이 전지전능하다고 생각하거나... 어떤 문제에도 항상 절대로 올바른 결론을 낼 수 있다는 것은 있을 수 없다.

그러나 유감스럽게도 이 말은 당의 본심이 아니었다. 이 말을 믿고 자유로운 토론을 위해 발언했던 사람을 기다린 것은 '우파'라는 꼬리표와 사회로부터의 추방(반우파 투쟁)이었기 때문이다. 2019년 말 리원량 의사가 다른 목소리를 냈다는 이유로 처벌된 것은 이 '사설'이 오늘날에도 여전히 공수표임을 보여주는 것이다. 그의 유언이라 할 수 있는 "건전한 사회의 목소리는 하나여서는 안 된다."가, 잠재적 적대자를 유인하는 데 쓰인 이 사설의 문구와 같은 취지인 것은 참으로 아이러니하다.

　중국이 코로나 사태를 종식시키기 위해 취한 일련의 대책은 확실히 다른 나라가 흉내 낼 수 없을 정도로 조직적이고 철저했다. 천만 명의 거대 도시를 문자 그대로 '봉쇄'하고 주민들이 외출하지 못하도록 감시카메라가 달린 드론을 날리는 등, 중국 외에 과연 어떤 나라가 할 수 있겠는가? 물론 이를 부분적으로 혹은 정도를 낮춰 도입·실시하는 나라는 앞으로 틀림없이 나타나겠지만, 당에 옳음 그름을 맡기고 '감시'와 '돌봄'을 둘 다 받아들이고, 당의 판단에 전폭적인 신뢰를 보내는 것은 '당'이 없는 세상을 살아온 다른 나라 사람들에게는 무리한 이야기이다.

　이런 세계에 중국은 점점 더 짜증을 내고 있다. 그동안 서양 선진국 기준보다 엄격하고 과학적인 감염 예방과 확산 저지에 힘써 왔음에도 외국의 비난은 그치지 않고 있다. 방치하면 바이러스를 전 세계에 퍼뜨렸다는 비난을 받고, 엄격한 감염 예방 조치를 취하면 강권적이고 비인도적이라는 비난을 받는다. 마스크와 백신을 지원하면 이번에는 '외교'라고 속내를 의심받는데, 우리들 보고 도대체 어떻게 하라는 말인가? 요즘은 그런 소리가 중국에서 들리기 시작했다. 제5장에서 소개한 시, '우리더러 도대체 어쩌란 말인가'의 코로나19 버전이라고 할 만한 물음이다. 이 시가 중국 사람들의 애국적 정서를 자극한 지 꼭 10년, 중국은 혹은 중국공산당은 그에 대한 답을 스스로 제시하려는 것처럼 보인다. 올해(2021년) 3월, 대립이 계속되는 미국과 중국의 외교 수장 회담이 알래스카에서 열렸을 때, 회담 초반 격하게 말을 주고받다가, 중국의 양제츠楊潔篪(중앙정치국 위원, 국제문제 담당)가 이런 종류의 회담에서 보통은 입에 담지 않는 노골적인 발언을 했다. "미국은 내려다보는 시선으로 잘난 체하며 중국에게 말할 자격이 없다. 우리가 서양인들에게 받아온 고통이 아직도 부족하다는 말인가."

이런 자세에서 나올 중국의 대답은 "이제 질렸다. 앞으로 우리는 우리 방식으로 하겠다."는 것이다. 가령 아편전쟁 이후 서양문명의 기준에 이의를 제기하는 것에 집착하여 그와는 다른 기준을 내세워 세계에 어필하려 한다면, 그것은 그것으로 오랜 역사와 전통을 자랑하는 중국 혹은 동양 문명의 복권으로 이어질지도 모른다. 바라건대, 그때 세계 2위가 된 자신의 힘을 잘못 사용하지 않기를 바란다. 그렇다. 바로 지금으로부터 백여 년 전, '문명'의 서양 열강에 필적하겠다고 부국강병에 힘쓰다가, 그것에 성공하자마자 바로 위협으로 바뀌어 배척·경계당한 나라가 있지 않았는가? 서양문명에 대한 굴절된 반발을 에너지로 바꿔 서양 근대의 초극超克을 주창하던 그 나라가 이윽고 무엇을 했고, 결국 마지막에는 어떻게 되었는지 중국은 누구보다 더 잘 알고 있을 터이다.[1]

어쨌든 백 년의 역사를 기록한 공산당이 지향해야 할 목표가 더 이상 '중화민족의 위대한 부흥'에 그치지 않는다는 것만은 분명하다. 이와 관련해 시진핑 총서기는 최근 들어 한편으로는 글로벌 과제의 해결을 위해 '인류

---

1) 일본을 지칭함. 중국이 일본의 대륙 침략과 전쟁의 가장 큰 피해자였으므로 말 안 해도 알 것이라는 의미임._역

운명공동체의 공동 구축'[1]을 내세웠고, 또 다른 한편으로는 '중화민족의 혈액에는 다른 나라를 침략하고 패권을 주창하는 DNA가 없다'고 거듭 천명했다. 그 말이 과연 믿을 만한 것인지, 세계인의 지지와 공감을 얻을 수 있을 것인가? 그리고 인류의 운명에도 영향을 준다고 자부하는 공산당에게, 당의 DNA는 앞으로도 견지해야 할 가치로 남을 것인가? 이러한 일련의 물음에 정면으로 마주하는 것, 그것은 중국 사람들에게 행복과 불행을 안겨주면서 20세기의 거친 파도를 헤쳐 온 당, 그동안 그 자신도 변화에 잘 순응하여 마침내 백 년 차를 맞이할 수 있었던 거대 정당이 완수해야 할 큰 과제이다.

---

1) 시진핑이 2017년 1월 제네바 유엔 유럽본부 연설에서 제창한 구상으로, 공산당 이론 기관지 『구시(求是)』의 2021년 신년호에 다시 실렸다.

저자 후기

나는 2001년 4월에 『중국공산당 성립사』를 출간하면서, 중국공산당 초기 역사의 연구자로 중국 현대사 연구의 세계에 뛰어들었다. 당시 중국공산당은 창당 80주년, 나는 그 이후에도 계속 중국공산당사 연구를 해왔으며, 올해 드디어 창당 100주년을 맞아 그 역사의 전체상을 정리할 기회를 얻었다. 현대사 연구자라 하더라도, 자신이 그 탄생 경위를 밝혀냈던 연구 대상이 때마침 100세 생일을 맞는 자리에 입회할 수 있다는 것은 꽤나 행운이라고 할 수 있다. 그것도 중국공산당의 경우는 겨우 명맥을 유지하다 이날을 맞이하거나, 박물관의 케이스 속에 그런 정당이 있었다며 유물이 되어 전시되고 있는 것도 아니다. 세계 최강의 정당으로, 그리고 현재도 모습을 바꿔가며 존재감을 키우고 전 세계의 주목을 받는 가운데 100세를 맞이한 것이다.

무엇보다 나는 중국공산당의 역사를 연구해 왔다고는 하지만, 100년에 걸친 당의 발자취를 빠짐없이 알고 있는 것은 아니다. 특히 1949년에 중화인민공화국을 세운 이후의 당의 행보는 핵심적인 관련 자료가 좀처럼 공개되지 않고, 그렇다고 2차 대전 전처럼 일본에 특수한 조사 기록이나 자료가 있는 것도 아니어서 나 자신도 때로는 반신반의로 글을 써내려가야 했다. 이 책으로 치면, 제4장 이후 집필에 상당한 어려움을 겪었음을 고백하지 않을 수 없다. 다만 문화대혁명이 끝난 무렵부터의 시대는 동시대의 중국이므로, 나 자신이 비교적 가깝게 접하고 관찰해 온 것이어서 감각적으로 각 시기의 당의 특징을 파악하는 것이, 조금은 가능했다고 생각한다.

나와 중국과의 직접적인 인연은 대학 3학년 때 베이징대학 역사학과에 보통진수생普通進修生으로 2년간 유학한 것에서 시작된다. 1984년부터 1986

년까지 때마침 개혁개방이 궤도에 오르면서 중국 사회가 전체적으로 희망에 가득 차서 조금씩 세상이 좋아질 것이라는 분위기가 감돌았었다. 혁명을 했다지만 수수께끼도 많고 불가사의한 매력을 가진 큰 나라를 이것저것 보고 싶다는 것이 유학의 동기였기 때문에, 그 기간 동안 총 250일 가량이나 각지를 여행하며 견문을 넓히는 데 힘썼다. 여행에 불편한 점은 많았지만 전혀 힘들지 않았고, 그때의 체험은 나의 중국 이해의 원점이 되고 있다.

그러나 1989년의 민주화 운동과 그에 대한 탄압, 그리고 그 후의 눈부신 경제 발전으로 중국은 사회도, 나라 본연의 자세도 급속히 변하면서 베이징뿐만 아니라 중국 자체도 점차 나와는 인연이 먼 장소가 되어 가는 느낌이었다. 예전에 가졌던 공감, 혹은 남의 일 같지 않다는 마음은 어느새 희미해졌고, 특히 최근 10년 정도 사이에 중국은 나에게 단순한 연구의 대상이 되어 갔다.

그런 마음가짐이 되어 가던 차에 마침, 3년 정도 전에 출판사 치쿠마쇼보筑摩書房의 편집자 이시지마 히로유키石島裕之씨로부터 중국공산당 결성 100주년에 맞추어 그 역사를 정리해보지 않겠냐는 제안을 받았다. 준비를 거쳐 원고를 쓰기 시작한 것은 2020년 초였다. 그 무렵에는 '또 중국에서 뭔가 일어났나' 정도로만 생각했던 신종 코로나 바이러스의 확산은 집필을 진행하면서 심각해졌고, 순식간에 세계적인 대재앙이 되어 오늘에 이르고 있다. 우한 봉쇄 때만 해도 당 창당 100주년을 축하할 판국이 아니라고 생각했지만, 집필이 마지막 장에 이를 무렵 중국은 방역에 성공했고, 탈고할 즈음에는 일상생활이 돌아왔으며, 이제 100주년 축하행사도 예성내로 치러질 수 있도록 카운트다운에 들어갔다.

그러다보니 이 책의 구성도 100주년을 앞두고 당이 직면한 위기와 그에 대한 대응의 의미를 묻는, 당초 예상하지 않았던 마무리가 되었다. 집필하는 동안 상황이 계속 바뀌고 그에 따라 써야 할 내용이 달라지는 경험은 물론 처음이어서 집필 속도는 끝이 가까워질수록 느려지기만 했다. 이렇게 일단은 다 써서 지금은 안도하고 있지만, 변화무쌍한 중국이기 때문에 아무리 애를 써도 언젠가는 이 책의 내용이 낡은 것이 되는 일은 피할 수 없을 것이다. 그것이 조금이라도 앞당겨지기를 바란다. 그리고 그날이 오기 전까지는 조금이라도 더 많은 독자들의 눈에 띄어 기탄없는 비판과 의견을 얻을 수 있기를 바란다.

이시지마 씨에게는 구상 단계부터 여러 가지로 자문을 얻어 이 책의 순조로운 완성에 도움을 받았다. 진심으로 감사의 말씀을 드리고 싶다.

2021년 5월
이시카와 요시히로

역자 후기

이 책에 관심을 가지게 된 것은 코로나가 한창이던 2021년 11월 6일에 교토대학 현대중국센터가 주최한 온라인 '합평회', 즉 두 책 이상의 동일 주제의 신서를 서평하는 모임에서였다. 아직 대면 활동이 자숙되던 2021년이었으나, 중국공산당 창당 100주년이기도 하였고, 코로나 사태와 미중 디커플링(Decoupling)으로 중국공산당에 대한 글로벌 여론이 극적으로 악화되던 시점이었다. 이때 서평 대상이 된 책은 교토대학 인문과학연구소 이시카와 요시히로(石川禎浩) 교수의 이 책(일본에서 2021년 6월 출간)과 게이오대학 법학부 다카하시 노부오(高橋伸夫) 교수의 『중국공산당의 역사(中國共産黨の歷史)』(慶應義塾大學学出版會, 2021年 7月)였다. 두 석학 모두 중국현대정치사 전공자로 마오쩌둥과 공산당을 오래 연구해온 분들이다. 현대 중국에 연구의 방점을 두고 정량적, 통계적 분석이 빛났던 다카하시 교수의 책과, 중화민국 시기 공산당을 주로 연구해왔고 통찰과 문장력이 남달랐던 이시카와 교수의 책은 각각 다른 매력을 발했다. 그럼에도 공통된 것은 그 당시, 그리고 지금도 지속되는 중국 시진핑 체제에 대한 우려 섞인 시각이라고 하겠다.

이시카와 교수의 책은 이번에 처음 번역하게 되었지만, 그 업적에 대해서는 중국현대사 연구자라면 누구나 알만한 분이므로 잘 알고 있었다. 개인적으로는 '웃픈' 에피소드가 있다. 역자가 석사 과정에 있던 1993년 2학기 지도교수이셨던 고(故) 민두기(閔斗基) 교수님이 중국의 '중서문명론(中西文明論)'을 강의하시면서 이시카와 교수의 논문 「리다자오의 마르크스주의 수용(李大釗のマルクス主義受容)」(『思想』803, 1991年 5月)을 읽히셨다. 리다자오가 중국 잡지에 발표한 사상론[특히 '영육일체론(靈肉一體論)']과 마

르크스주의 관련 문장이 몇 달 차이로 일본 잡지에 앞서 실렸던 일본학자들의 주장과 흡사하거나 아예 똑같다는 점을 실증적으로 파헤친 글이었다. 지적 자체는 놀라웠으나, 역자는 당대에는 인용 원칙이 분명하지 않아 표절 개념이 희박했고, 혁명운동의 관점에서 중국에 필요한 선진 사상을 소개하는 것이 지식인의 의무라고 여겨졌으므로, '선택'의 행위 자체를 평가해야 한다고 보고서에 썼다. 다음 수업에 선생님은 역자의 주장이나 사관에 대해서는 일언반구도 안 하셨으나, 붉은 볼펜으로 점철된 보고서를 던져주시면서 무려 2시간 동안 각종 오타 및 오류를 낱낱이 지적하셨다. 최종 평가는 대학원 성적치고는 극히 이례적인 D였다.

　지금이야 학부 때 교실보다 거리시위 현장에 더 가까이 있었던 역자를 잘 아시는 선생님이 '실증'의 중요성을 확실히 교육시키기 위한 '훈도'였다고 믿고 싶다. 하지만, 학부 수업 때에도 유사한 장면이 있었다. 민두기 선생님은 중국혁명사관에서 농민혁명의 성전(聖戰)으로 추앙받는 태평천국운동을 비판적으로 실증한 교토대학의 미야자키 이치사다(宮崎市定) 교수의 논문(실제 반란을 키우고 이끈 것은 대운하와 국내 수로의 불황으로 대량 실직한 노동자들이었음을 지적함)을 학생들에게 소개했는데, 역자가 그래도 참여자의 90%가 농민이면 농민운동이라고 해야 하지 않냐고 반박했다가 혁명사관에 물들어 사료도 무시한다고 무참하게 혼난 적이 있었던 것이다. 문제는 선생님의 '훈도'가 너무나 격했던 탓일까 나머지 학생들이 갑자기 역자 편을 들고 일어나는 바람에, 교수님과 학생 일동이 수업이 끝나고도 2시간 동안 논쟁으로 대치하는 사태가 벌어졌다. 그런 상황에서 필자가 대학원 시험에 합격하자, '민심(民心)'은 알 수 없다는 여론이 비등했는데, '이시카와 사건'이 일어나자 리벤지, 2차전을 위해 합격시켰음에 틀림없다는 새로운 주장이 나오기도 했다.

소소한 에피소드이지만 그만큼 이시카와 선생과의 간접 '접촉'이 강렬했다는 말이고, 다른 한편으로는 중국사 연구에서 사관(史觀)과 실증의 긴장 관계가 얼마나 첨예한지 알 수 있는 사례이기도 하다. 이시카와 교수를 실제 만날 수 있었던 것은 2001년 10월 신해혁명 90주년 기념 국제학술회의가 우한에서 열렸을 때였다. 당시 역자는 우한의 화중사범대학(華中師範大學) 근대사연구소(近代史硏究所)의 외국인 교수로 고용되어 강의와 연구를 하고 있었는데, 회의 참석차 우한에 온 일본학자, 한국학자들의 맥주 모임에 끼게 되었다. 동호호텔[東湖賓館] 야외 정원에서 열댓 명이 맥주를 마셨던 걸로 기억한다. 그때 이시카와 교수를 소개받으면서 처음 떠오른 것은 바로 리다자오 논문이었고, 두 번째 느낌은 정말 젊으시구나, 하는 거였다. 한국식으로 82학번이니, 민두기 선생님이 대학원 수업에 읽혔던 논문은 석사를 막 마친 후에 쓴 논문이었던 것이다. 그런데 그 정도의 실증성을 확보하고 통설에 크게 도전장을 던질, 심지어 외국 교수가 수업 시간에 읽힐 글을 쓰다니 감탄이 나오지 않을 수 없었다.

그 이후에는 역자의 연구가 주로 경제사 분야였던 것도 있어 직접 교류할 기회가 적었다. 다만 국내에 번역 소개된 이시카와 교수의 책들을 읽으면서 역시 두 가지를 저자의 변하지 않는 강점으로 느꼈다. 하나는 사실에 철저히 입각한 서술이다. 실증으로 두리뭉실하게 표현하기는 아깝다. 이미지에 좌우되지 않고 디테일한 사실을 철저히 발굴, 검증하되, 거기에서 커다란 통찰을 이끌어낸다. 두 번째는 문학적으로 유려한 서술이다. 사실에 기반하되 이를 나열하지 않고 거시적 통찰로 나아가는 탄탄한 벽돌로 노련하게 구사하는 글쓰기는 명징하고 감수성이 넘친다. 이번에 번역한 『중국공산당, 그 100년』은 특히나 저자의 통찰력과 완숙한 필치가 빛난다. 이 책이 학술상으로 유명한 아시아 태평양상 특별상(제33회)을 수상하면서, 동시에 역사소설가로 유명한 시바 료타로 상(司馬遼太郎賞)(제25회)까지 수상한 것은 문장력까지 평가받았기 때문이 아닐까.

번역을 시작할 때는 코로나 종식 전이었지만, 이제 국내 출간을 앞두는 사이 코로나의 기억은 거의 희미해졌고, 타이완에서도 역서가 출간되었다고 한다. 이 책은 중국공산당 통치의 도그마와 전제성에 대한 통렬한 비판과 함께, 그러한 전제성을 낳은 시대상과 그 대가로 공산당 지도자들이 짊어진 엄청난 압박과 책임의 무게에 대해서도 서술을 빠뜨리지 않는다(책을 여는 류사오치의 침대 에피소드를 보라). 워커홀릭이 되어 뼈를 갈아 인민에 헌신하고자 했던 초기 지도자들의 말년은 대부분 비참했다. 왜 아무도 마오쩌둥의 말을 비판할 수 없었는지, 왜 자아비판의 과정은 한때의 동료를 죽음으로 내몰 만큼 무자비하게 될 수밖에 없었는지, 중국공산당을 이해하는 데 필수적인 독특한 심성과 집단 심리를 이 책은 섬세한 필치로 파헤친다. 나아가 오늘날 중국인이 미국과 세계의 중국 때리기(China bashing)에 대해 가지는 울분과 피해의식, 시진핑 정권에 대한 높은 지지율을 뒷받침하는 애국주의와 정치 인프라에 대해서도 심도 깊게 고찰하였다.

중국공산당의 창당에서 금일까지 걷는 백 년여의 여정은 사실상 동아시아 아니 세계 각지 동시대인의 여정과도 겹쳐있다. 중국공산당 창당은 소비에트 혁명과 코민테른이 아니면 있을 수 없었고, 조선공산당과 일본공산당 창당 역시 마찬가지였다. 이 책에서 썼듯이 지식인이라면 서가에 마르크스주의 서적은 반드시 한두 권 꽂혀있어야 했던 것은 중국민이 아니었다. 동아시아뿐만 아니라, 적어도 한국전쟁과 냉전 이전까지 세계는 엇비슷했다. 저자의 서술에는 공산당의 그 여정에 참여했던 지도자부터 일반 당원까지 인간적인 공감과 감탄, 안타까움과 애석함 역시 느껴진다.

번역하면서 개인적으로 흥미로웠던 것은 1920년대 중국공산당에 참여했던 젊은이들의 심리 세계와 젠더, 혁명관이 1980년대 한국 학생사회와 너무나 흡사했던 점이었다. 특히 여성해방을 주장하면서도 여성운동은 어디까지나 혁명운동에 종속되어야 한다며 여성 당원을 사실상 남성 당원의 부속물로 떨어뜨렸던 것은, 1989년 서울대학교에서 첫 여학생회를 조직했을 때 분열 책동이라며 온갖 비난을 다 뒤집어썼던 것을 연상시켰다(곧 해산했다). 남녀 성비가 안 맞는 상황에서 무학의, 경력이 긴 당원에게 당에서 여성 당원과 결혼을 주선했던 것은 현장의 농촌운동가나 노동운동가와 여대생의 결혼을 미담으로 권장했던 당시의 분위기를 생각나게 했다.

이 책은 국제 정치에서 내부 권력투쟁, 개인의 스토리에서 조직 메커니즘, 심지어 시대상을 반영하는 당대의 유행가를 칼럼으로 배치하여 문화사적 요소까지 다양한 영역을 다루고 있다. 아마 독자들은 각자의 취향에 따라 보물섬처럼 흥미로운 요소를 탐색하는 재미가 쏠쏠하리라 확신한다.

하지만 거기에 그치지 않는다. 인간이란 무엇인가, 자본주의를 뛰어넘고자 했던 혁명이란 무엇인가에 대한 묵직한 사색 역시 가능할 것이다. 우리의 취향에 맞든 안 맞든, 이 질문을 나름대로 모색해 온 중국 혁명의 여정은 아직 끝나지 않았다. 이 점에서 저자와 역자의 생각은 다를 수 있지만, 나는 중국공산당의 DNA가 코민테른에서 유전된 전체주의성이라 하더라도 과거 100년간 중국공산당은 변화해왔고, 앞으로도 진화할 것이라고 생각한다. 솔직히 지금은 기대가 0에 가깝지만, 기왕이면 DNA도 진화하면 좋겠다. 친미 사대주의니 친중 사대주의니 하는 경박한 '딱지붙이기'가 횡행하고 있으나, 한국과 세계에 두 나라의 행로와 각자 제시한 국가 사회 모델은 향후 더욱 영향력이 커질 것이다. 그때 선입견 없는 비판과 참고를 위해서라도 역사에서부터 공부를 시작해야 한다.

몇 분께 감사를 표하고 싶다. 원고를 여러 차례 읽고 교정해준 한양대학교 사학과 박사과정의 경후이 양, 국어국문학과의 강다은 양 덕분에 오류를 줄일 수 있었다. 원서와 달라진 몇 군데의 날짜는 저자 이시카와 교수가 직접 한국어판의 완성도를 위해 일본어판에서 미처 놓친 오류를 알려주신 덕분이다. 끝으로 책을 번역하고 싶은데 흔쾌히 응해주는 출판사가 없던 상황에서 출간을 결심해주신 투비북스의 신미희 대표께 감사 인사를 드린다.

2024년 2월
강진아

도판 출처

7p   류사오치 기념관 내 공관 침실을 복원한 전시실 _ 기념관 홈페이지에서

8p   류사오치 _ 中國革命博物館編, 『紀念劉少奇』, 文物出版社, 1986

15p   『성경시보(盛京時報)』, 1912년 4월 28일

30p   중국공산당 초기 지도자 천두슈(1879~1942) _ 판초프(Alexander V. Pantsov), 『중소관계비사』러시아어

33p   잡지『공산당』의 표지와 영국공산당 기관지 'The Communist'의 표지

34p   잡지『신청년』의 표지와 미국사회당 당장(黨章)

36p   중공일대회지기념관(中共一大會址紀念館) _ 저자 촬영

40p   코민테른 제4차 대회(1922년)에 참가한 각국 공산당원들 _ David McKnight, *Espionage and the Roots of the Gold War*, New York, Frank CASS, 2002

51p   쑨원이 삼민주의(민생주의)를 설명하기 위해 그린 개념도 _ 中華民國史料研究中心編, 『中國國民黨第一次全國代表大會史料專輯』, 中華民國史料研究中心, 1984

60p   북벌 관련 지도 _ 石川禎浩, 『革命とナショナリズム』, 岩波新書, 2010

62p   스탈린이 장제스에게 보낸 초상화 _ 판초프, 『중소관계비사』, 러시아어

70p   부녀 나체 시위를 보도한 신문기사 _ 『순천시보(順天時報)』, 1927년 4월 12일

88p   공산당 혁명 근거지 지도 _ 矢吹晉, 『毛澤東と周恩來』, 講談社現代新書, 1991

97p   쭌이회의를 그린 유화(일부분, 1997년 작) _ 中國革命博物館編, 『中國革命博物館蔵品選』, 文物出版社, 2003

99p   장정 관련 지도 _ 楊海英, 『獨裁の中國現代史毛澤東から習近平まで』, 文春新書, 2019

107p   루쉰의 장례식(1936년 10월)에 참석한 쑹칭링 - 張磊等編, 『孫中山與宋慶齡』, 廣東人民出版社, 1997

115p   산베이 도착 후 중공 중앙 간부들(1937년 12월) _ 張培森主編, 『張聞天圖冊』, 中共黨史出版社, 2005

117p   주더, 펑더화이 사진 _ 中國革命博物館編, 『紀念朱德』, 文物出版社, 1986

122p   옌안을 그린 판화 _ 李小山·鄒躍進編, 『明朗的天─1937-1949 解放區木刻版畫集』, 湖南美術出版社, 1998

128p   선샤(沈霞)와 그녀의 남편[샤오이(蕭逸)] _ 沈霞, 『延安四年(1942-1945)』, 大象出版社, 2009

140p 톈안먼에 걸린 마오쩌둥 초상화 _ 山西省圖書館編,『開國第一天』, 北嶽文芸出版社, 1999

147p 스노가 촬영한 마오쩌둥 _ Snow, *Red Star over China,* Grove Press, 1968

158p 마오쩌둥의 족보 _ 張民·胡長明主編,『毛澤東家事圖系』, 中央文獻出版社, 2003

165p 둥시원(董希文) 작품 「개국대전」의 세 가지 판본 _ 우 훙(Wu Hung) 著, 中野美代子監譯,『北京をつくりなおす政治空間としての天安門廣場』, 國書刊行會, 2015 ; 中國革命博物館編『中國革命博物館蔵品選』, 文物出版社, 2003

167p 문혁 지도자를 기리는 선전화 _ 秋山孝,『中國ポスター : Chinese Posters』, 朝日新聞出版, 2008

176p 마오쩌둥의 침실 겸 서재 _ 龔育之 等,『毛澤東的讀書生活』, 中央文獻出版社, 2003

177p 마오쩌둥 자필의 「심원춘·설(沁園春·雪)」 _『毛主席詩詞墨跡』, 文物出版社, 1973

178p 『마오쩌둥 선집』의 편집 작업을 하는 마오쩌둥과 비서들 _ 龔育之 等,『毛澤東的讀書生活』, 中央文獻出版社, 2003

179p 시진핑 저작집 _『習近平-國政運営を語る』, 外文出版社, 2014

181p 마오쩌둥이 써넣은 코멘트 _ 齊得平,『我管理毛澤東手稿』, 中央文獻出版社, 2015

206p 아메리카 제국주의 타도의 포스터 _ 秋山孝,『中國ポスター : Chinese Posters』, 朝日新聞出版, 2008

218p 개인당안 - 교토대학(京都大學) 인문과학연구소 소장

222p 유선방송에 관한 선전화 「붉은 스피커가 집집마다 울린다」 _ 교토대학 인문과학연구소 소장

226p 제1차 5개년 계획에 즈음하여 작성된 「제1개 5년 국민경제 계획 초안 도표(1953~1957년)」 _ 呂章申編,『復興之路-展品100個故事』, 時代華文書局, 2016

235p 면화 수확량 대폭 증가를 전하는 잡지 표지 _『만화(漫畵)』, 1958년 11월호

242p 홍위병 _ 中國革命博物館編,『中國共産黨七十年圖集』, 上海人民出版社, 1991

251p 선전화 「네가 맡아준다면 나는 안심이다(1977년)」 _ Victoria & James Edison, *Cultural Revolution, Posters & Memorabilia,* Schiffer, 2005

260p 중국공산당 조직도 _ 天児慧,『「中國共産黨」論—習近平の野望と民主化のシナリオ』, NHK出版新書, 2015

271p 덩샤오핑 자택에서 열린 정치국 회의 _ 趙紫陽,『改革歷程』, 香港 新世紀出版社, 2009

272p 베이징 가두에서 경비를 서고 있는 인민해방군(계엄부대) 병사 _ 저자 촬영

274p 쭌이 열사능원의 방문객 _ 저자 촬영

296p 일본, 미국, 중국 연도별 GDP의 변화 그래프 _ UN 데이터를 기초로 저자 작성

주요 참고 문헌

「중문」

『建國以來毛澤東文稿』全13冊, 中央文獻出版社, 1987~1998

高文謙, 『晚年周恩來』, 香港:明鏡出版社, 2003

高華, 『紅太陽是怎樣升起的:延安整風運動的來龍去脈』, 香港中文大學出版社, 2000

　　―『革命年代』, 廣東人民出版社, 2010

郭瑞廷主編, 『中國共産黨黨內統計資料彙編 1921~2000』, 中共中央組織部信息管理中心, 2002

郭晶, 『武漢封城日記』, 聯經出版, 2020

唐寶林, 『陳獨秀全傳』, 香港中文大學出版社, 2011

杜斌編, 『毛主席的煉獄』, 香港:明鏡出版社, 2011

師哲, 『在歷史巨人身邊 ― 師哲回想錄(修訂版)』, 中央文獻出版社, 1995

安廣祿, 「北伐時期武漢裸女遊行風波」『文史天地』, 2008年第4期

楊奎松, 『毛澤東與莫斯科的恩恩怨怨』第3版, 江西人民出版社, 2005

李海文, 「黨中央最高領導稱謂的歷史沿革」『黨史文苑』, 2007年第3期

李焱勝, 「1927年武漢'婦女裸體遊行'眞相」『黨史文匯』, 2001年第10期

林蘊暉, 『國史劄記―事件篇』, 東方出版中心, 2008

齊得平, 『我管理毛澤東手稿』, 中央文獻出版社, 2015

齊小林, 「裝備, 技術, 戰術及作戰效能：百團大戰中的八路軍」『抗日戰爭研究』, 2016年第2期

　　―「抗日戰爭期間八路軍彈藥來源問題研究」『近代史研究』, 2020年第5期

趙玉明主編, 『中國廣播電視通史』第2版, 中國傳媒大學出版社, 2006

趙紫陽, 『改革歷程』, 香港：新世紀出版社, 2009

中共中央黨史研究室, 『中國共產黨歷史』第1-2卷, 中共黨史出版社, 2011

　　― 編, 『中國共產黨的九十年』全3卷, 中共黨史出版社, 2016

中共中央文獻研究室編, 『鄧小平年譜』, 中央文獻出版社, 2004

　　― 編, 『毛澤東傳』第3版, 6卷本, 中央文獻出版社, 2013

陳永發, 『中國共產革命七十年』修訂版, 台北：聯經出版事業公司, 2004

何建明,『奠基者』, 作家出版社, 2010

何方,『黨史筆記 : 從遵義會議到延安整風』, 香港:利文出版社, 2005

『胡喬木回憶毛澤東』第2版, 人民出版社, 2003

「일문」

加茂具樹ほか,『黨國體制の現在ー変容する社會と中國共産黨の適應』, 慶應義塾大學出版會, 2012

加茂具樹·林載桓編著,『現代中國の政治制度:時間の政治と共産黨支配』, 慶應義塾大學出版會, 2018

岡本隆司,『近代中國史』, ちくま新書, 2013

高橋伸夫,『黨と農民ー中國農民革命の再檢討』, 研文出版, 2006

　　　ー 編著,『現代中國政治研究ハンドブック』, 慶應義塾大學出版會, 2015

高文謙著, 上村幸治譯,『周恩來秘錄』, 文藝春秋社, 2007

高山陽子,「英雄の表象ー中國の烈士陵園を中心に」『地域研究』14巻2號, 2014

高原明生ほか編,『東大塾ー社會人のための現代中國講義』, 東京大學出版會, 2014

高原明生·前田宏子,『開發主義の時代へ (シリーズ中國近現代史 ⑤)』, 岩波新書, 2014

谷川眞一,『中國文化大革命のダイナミクス』, 禦茶の水書房, 2011

光田剛編,『現代中國入門』, ちくま新書, 2017

久保亨,『社會主義への挑戰 (シリーズ中國近現代史④)』, 岩波新書, 2011

　　　ー『日本で生まれた中國國歌 ー「義勇軍行進曲」の時代』, 岩波書店, 2019

　　　ー 外『統計でみる中國近現代經濟史』, 東京大學出版會, 2016

　　　ー 外『現代中國の歷史両岸三地100年のあゆみ』第2版, 東京大學出版會, 2019

堀和生·木越義則,『東アジア經濟史』, 日本評論社, 2020

德田教之,『毛澤東主義の政治力學』, 慶應通信, 1977

ディケーター, フランク著, 谷川眞一 監譯・今西康子譯,『文化大革命ー人民の歷史 1962~1976』上·下, 人文書院, 2020

馬場公彦,『世界史のなかの文化大革命』, 平凡社新書, 2018

毛里和子,『現代中國政治を讀む』, 山川出版社, 1999

　　　ー『現代中國政治:グローバル・パワーの肖像』第3版, 名古屋大學出版會, 2012

武田泰淳·竹內實,『毛澤東ーその詩と人生』第2版, 文藝春秋, 1975

梶谷懷・高口康太,『幸福な監視國家・中國』, NHK出版新書, 2019

バーメー, ジェレミー・ミンフォード, ジョン編, 刈間文俊ほか編譯,『火種 - 現代中國文藝アンソロジー』, 凱風社, 1989

飯島渉,『「中國史」が亡びるときー 地域史から醫療史へ』, 研文出版, 2020

福本勝清,『中國革命への挽歌』, 亜紀書房, 1992

師哲著, 劉俊南・橫澤泰夫譯,『毛澤東側近回想錄』, 新潮社, 1995

石井知章編,『現代中國のリベラリズム思潮：1920年代から2015年まで』, 藤原書店, 2015

石川禎浩『中國共産黨成立史』岩波書店, 2001

　　　　　―『革命とナショナリズム (シリーズ中國近現代史③)』, 岩波新書, 2010

　　　　　―『赤い星は如何にして昇ったか』, 臨川書店, 2016

　　　　　― 編,『中國近代の巨人とその著作ー曾國藩, 蔣介石, 毛澤東』, 研文出版, 2019

小島朋之,『中國現代史』, 中公新書, 1999

小野寺史郎,『中國ナショナリズム』, 中公新書, 2017

ソールズベリー, ハリソン著, 岡本隆三監譯,『長征ー語られざる眞實』, 時事通信社, 1988

水羽信男,『中國近代のリベラリズム』, 東方書店, 2007

シュラム, スチュアート著, 北村稔譯,『毛澤東の思想』, 蒼蒼社, 1989

スノー, エドガー著, 松岡洋子譯,『中國の赤い星(増補決定版)』, 築摩書房, 1975

矢吹晉,『文化大革命』, 講談社現代新書, 1989

　　　　　―『毛澤東と周恩來』, 講談社現代新書, 1991

　　　　　―『鄧小平』, 講談社現代新書, 1993

　　　　　―『中國の夢：電腦社會主義の可能性』, 花傳社, 2018

　　　　　― 編譯『チャイナ・クライシス重要文獻』, 蒼蒼社, 1989

深町英夫,『中國政治體制100年』, 中央大學出版部, 2009

阿南友亮,『中國革命と軍隊 ― 近代廣東における黨軍社會の關係』, 慶應義塾大學出版會, 2012

アンダーソン, ベネディクト著, 白石隆・白石さや譯,『定本 想像の共同體』, 書籍工房早山, 2007

野村浩一ほか編,『現代中國研究案內(岩波講座現代中國別卷 2)』, 岩波書店, 1990

楊絳著, 中島みどり譯,『お茶をどうぞー楊絳エッセイ集』, 平凡社, 1998

楊海英,『獨裁の中國現代史 ― 毛澤東から習近平まで』, 文春新書, 2019

ワン・ジョン著, 伊藤眞譯, 『中國の歷史認識はどう作られたのか』, 東洋經濟新報社, 2014

奥村哲, 『文化大革命への道ー毛澤東主義と東アジアの冷戰』, 有志舍, 2020

衛藤安奈, 『熱狂と動員：1920年代中國の勞働運動』, 慶應義塾大學出版會, 2015

益尾知佐子, 『中國の行動原理』, 中公新書, 2019

日本現代中國學會編, 『新中國の60年』, 創土社, 2009

長堀祐造, 「永久革命者の悲哀 ー「もし魯迅が生きていたら」論爭覺書(上)」 『中國文學研究』31號, 2005

　　　ー「永久革命者の悲哀 ー「もし魯迅が生きていたら」論爭覺書(下)」 『慶應義塾大學日吉紀要言語・文化・コミュニケーション』36號, 2006

　　　ー『陳獨秀』, 山川出版社, 2015

張良編, ネイサン, アンドリュー・リンク, ペリー監修, 山田耕介・高岡正展譯, 『天安門文書』, 文藝春秋, 2001

田原史起, 『二十世紀中國の革命と農村』, 山川出版社, 2008

田中仁, 『1930年代中國政治史研究』, 勁草書房, 2002

　　　ー ほか『新圖說 中國近現代史』, 法律文化社, 2012

　　　ー 編『21世紀の東アジアと歷史問題ー思索と對話のための政治史論』, 法律文化社, 2017

鄭浩瀾, 中兼和津次編著, 『毛澤東時代の政治運動と民衆の日常』, 慶應義塾大學出版會, 2021

佐藤公彦, 『陳獨秀ーその思想と生涯』, 集廣舍, 2019

朱鵬, 「文革歌曲の分類とその時期ーその一・毛澤東の語錄歌について」 『中國文化研究』28號, 2012

中純子, 「文革音樂の研究動向」 『中國文化研究』28號, 2012

中村元哉, 『對立と共存の日中關係史：共和國としての中國』, 講談社, 2017

陳力衛, 「'主義'の流布と中國的受容：社會主義・共産主義・帝國主義を中心に」 『成城大學經濟研究』199號, 2013

川島眞・21世紀政策研究所編著, 『現代中國を讀み解く三要素』, 勁草書房, 2020

川島眞・小嶋華津子編著, 『よくわかる現代中國政治』, ミネルヴァ書房, 2020

天児慧, 『中華人民共和國史 (新版)』, 岩波新書, 2013

　　　ー『'中國共産黨'論 ー 習近平の野望と民主化のシナリオ』, NHK出版新書, 2015

淺野亮・川井悟編著, 『槪說 中國近現代政治史』, ミネルヴァ書房, 2012

村田忠禧,「毛澤東の文獻研究についての回顧と課題」『横浜國立大學敎育人間科學部紀要 III 社會科學』7號, 2005

諏璐美,『中國共産黨ー葬られた歷史』, 文春新書, 2001

蒲豊彦,『鬪う村落 ー 近代中國華南の民衆と國家』, 名古屋大學出版會, 2020

韓鋼著, 辻康吾編譯,『中國共産黨史の論爭點』, 岩波書店, 2008

狹間直樹·長崎暢子,『自立へ向かうアジア』世界の歷史27, 中公文庫, 2009

丸田孝志,『革命の儀禮 ー 中國共産黨根據地の政治動員と民俗』, 汲古書院, 2013

丸川知雄,『現代中國經濟』, 有斐閣, 2013

「영문」

Heilmann, Sebastian, "Leninism Upgraded: Xi Jinping's Authoritarian Innovations", *China Economic Quarterly*, vol. 20, no. 4, 2016.

Chia-lin Pao Tao, "The Nude Parade of 1927: Nudity and Women's Liberation in China", in: Shanshan Du and Ya-chen Chen (eds.), *Women and Gender in Contemporary Chinese Societies: Beyond Han Patriarchy,* Lanham, MD, Lexington Books, 2013.

* 중문·일문 참고 문헌은 한자음 가나다순, 영문 참고 문헌은 알파벳 순으로 배열하였습니다.

* 마오쩌둥, 마르크스, 공산당, 중국공산당은 빈도가 많아 따로 항목으로 두지 않았습니다.

* 인명 중 신해혁명 이전 출생자와 한자음이 널리 쓰인 인물은 한자음 항목에 실었습니다. 단, 원지음과 한자음이 가까이 배열된 경우엔 원지음만 항목으로 두었습니다.

중국공산당, 그 100년

천두슈부터 시진핑까지 초거대 집권당의 여정과 그 속성

지은이 이시카와 요시히로
옮긴이 강진아
발행일 2024년 3월 25일 초판 1쇄 인쇄, 2024년 4월 2일 초판 1쇄 발행
발행인 신미희
발행처 투비북스
등록 2010년 7월 22일 제2013-000091
주소 성남시 분당구 수내로206
전화 02-501-4880 **팩스** 02-6499-0104 **이메일** tobebooks@naver.com
디자인 여백커뮤니케이션 **제작** 한영미디어

ISBN 9788998286071
값 19,000원 © 2021 by Yoshihiro Ishikawa